安倍・清原氏の巨大城柵

鳥海柵跡・大鳥井山遺跡

樋口知志 監修
浅利英克
島田祐悦 著

吉川弘文館

目次

Ⅱ　清　原　氏

序論　安倍・清原氏と前九年・後三年合戦

樋口知志

はじめに

鳥海柵《とのみのさく》跡は前九年合戦（一〇五一～六二）で源氏と戦って滅亡した奥六郡《おくろくぐん》安倍《あべ》氏の、大鳥井《おおとりい》山《やま》遺跡は後三年合戦（一〇八三～八七）で源氏の介入の下に一族の内紛を繰り広げた出羽《でわ》山北《せんぼく》清原《きよはら》氏の、それぞれ当主が拠った居館の遺跡である。鳥海柵跡は平泉《ひらいずみ》が世界文化遺産に正式登録された約二年後の二〇一三年十月に、大鳥井山遺跡はそれより前の二〇一〇年二月に国史跡に指定された。

本書は、両遺跡の発掘調査を中心的に推進してきた考古学研究者、浅利英克（岩手県金ケ崎町、Ⅰ部執筆）・島田祐悦（秋田県横手市教育委員会、Ⅱ部執筆）両氏の手になる詳細な論考をあわせて一書に編んだものである。以下では本書の序論として、監修者の専門とする文献史学の知見を中心に、奥六郡安倍氏と出羽山北清原氏、前九年合戦と後三年合戦に関する概要を陳べたい。鳥海柵・大鳥井山遺跡を歴史的に理解するための一助としていただければ幸いである。

1　安倍氏と清原氏

かつて奥六郡安倍氏は、蝦夷《えみし》の血筋を引く在地豪族とされることが多かった。その根拠として、①『陸奥話記《むつわき》』（前九年合戦の顚末を記した軍記物《ぐんきもの》。以下『話記』と略す）の流布本系本文に「東夷酋長《とういのしゅうちょう》」とみえること、②安倍氏末裔を称する安藤《あんどう》（東）氏・秋田氏関係系図の中に、安倍氏の先祖が神武天皇に反逆し津軽外浜《つがるそとのはま》に流された「醜蛮《エゾ》」だったとするものがあることが挙げられていた。しかし、いずれの根拠も現在では信憑性が疑問視されている。

まず『話記』流布本の「東夷酋長」の語（①）は同書原本には存在せず、のちの筆写の過程で付加された造語とみられ、安倍氏が実際にそうした地位にあったとみることはできない。また安倍氏や安藤氏を「醜蛮」の子孫とする系図（②）の祖本である「下国伊駒安陪姓之家譜《しものくにいこまあべせいのかふ》」（八戸湊文書）は、安藤氏が南部《なんぶ》氏に攻められ蝦夷島（北海道）に没落していた一五世紀中頃の成立にかかり、それより一〇〇年ほど前の一四世紀中頃に成立した「安藤系図」（『諸家系図纂』・『続群書類従』巻第百七十）では安倍氏の祖が中央氏族安倍朝臣氏に求められているから、後者の方が本来的な系譜だった可能性が高い（樋口、二〇〇六）。また『範国記《のりくにき》』（宮廷貴族平範国の日記）長元九年（一〇三六）十二月二十二日条の記事より、前九年合戦時の安倍氏当主頼時《よりとき》の父とみられる「安倍忠好《ただよし》」が陸奥権守《むつのごんのかみ》に任じられたことが知られており、その点からも安倍氏が純然たる蝦夷系豪族であったとは考えがたい。

一方の清原氏についても、①『話記』中で当主清原光頼《みつより》が「出羽山北俘囚主」なる呼称で呼ばれていることや、②金沢柵《かねざわのさく》落城の際に源《みなもとの》義家《よしいえ》が発したとされる「武則、えびすのいやしき名をもちて、かたじけなく鎮守府将軍の名をけがせり」という言葉が『奥州後三年記《おうしゅうごさんねんき》』（後三年合戦の顚末を記した軍記物。以下『後三年記』と略す）中にみえることから、安倍氏と大同小異の蝦夷系在地豪族だったのではないかと推測する向きがあった。

しかし、「出羽山北俘囚主」の通称（①）や「えびすのいやしき名」という表現（②）についても、近年では当時そうした認識が一般的だったかについて深い疑念が懐かれ、むしろ出羽山北三郡がかつて蝦夷の地であったことに起因する単なる「俘囚《ふしゅう》」よばわりでしかなく、その父系出自が蝦夷にあったことの根拠とはなしがたいとの見解が有力になっている（入間田、二〇一三）。さらに清原氏が皇別《こうべつ》の貴姓である真人《まひと》姓を冠することや、近年の考古学的調査・研究によって横手盆地の古代城柵《じょうさく》払田柵《ほったのさく》（第二次雄勝城《おがちじょう》）の廃絶とほぼ踵《きびす》を接するかたちで大鳥井山遺跡の居館が造営されたことがうかがえることからも、同氏が中央政権に連なる伝統的権威をもつ氏族だったがゆえに、払田柵を拠点とした在地支配を引き継ぐことができたと推察されるに至っている。清原氏も安倍氏と同様に、父方に中央氏族清原真人氏（清原氏本流は朝臣《あそん》姓の清原朝臣氏）の血統を引いていた可能性が高いのである。

現在では安倍・清原氏の父系出自が中央氏族にあることはほぼ自明の前提とされているが、両氏が奥六郡・出羽山北三郡の地に台頭した時期については、研究者によって見解が分かれる。安倍氏の台頭を最も新しくみる見解は、長元九年末に陸奥権守に任じられた忠良（好）が都より奥六郡に移り土着化したと解する説であるが（戸川、二〇一九A・B）、『話記』や「治暦元年（一〇六五）伊予守源頼義奏状」（『本朝続文粋《ほんちょうぞくもんずい》』巻第六）には、安倍氏が奥六郡を前九年合戦勃発以前に、数代、数十年にわたって支配した旨を記した文章があるので、その種の説はいささか成立しがたい。

安倍・清原氏の現地社会での台頭時期を考えるうえで重要なのは、いずれも陸奥・出羽守や鎮守将軍《ちんじゅしょうぐん》、秋田城司《じょうし》として両国に深い関わりをもったのはほぼ九世紀代に限られる点である。すなわち両氏の人物が奥羽に下向し現地社会と接触できる機会は、一〇世紀以降になるときわめて乏しくなるのである。

また九世紀末の元慶二年（八七八）に勃発した元慶《がんぎょう》の乱においては、興味深いことに安倍比高《これたか》と清原令望《よしもち》の二人が揃って登場している。令望は出羽権掾《ごんのじょう》として乱平定に功があり、その後は秋田城司として戦後復興に尽力した。他方の比高は乱勃発時に鎮守将軍の任にあり、彼もまた乱平定後に新将軍小野春風《おののはるかぜ》とともに戦後復興に活躍したとみられる。おそらく奥六郡安倍氏・出羽山北清原氏とは、比高・令望と現地豪族の娘との間に生まれた安倍某・清原某を父祖として成立した在地豪族で、一〇世紀に入る頃より在地社会で台頭していったものではなかろうか（樋口、二〇一一A）。とすれば、安倍・清原氏は安倍朝臣・清原真人氏に父系出自をもち、現地豪族に母系出自をもつ〝両属的〟な氏族であったことになる。またそれゆえに、中央政界と地方政界の両方に顔が利き、それぞれ奥六郡主《おくろくぐんしゅ》・出羽《でわ》山北《せんぼく》主《しゅ》として現地支配や都への貢賦《こうふ》進上といった重要な役割を果たすことができたのであろう。

安倍・清原氏の母系氏族についてみると、まず安倍氏については、仏教寺院跡の分布などから一〇世紀〜一一世紀前期における中心的拠点が北上《きたかみ》盆地中部の和賀《わが》郡にあったように目され、九世紀末〜一〇世紀前期頃の胆沢城《いさわじょう》跡出土木簡に「和我連□□進白五斗」と記されたものがあることも考えあわせると、『続日本紀《しょくにほんぎ》』天平九年（七三七）四月戊午条に名がみえる和我君計安塁《わがのきみけあるい》の威勢を承け継ぐ蝦夷系豪族和我連《むらじ》氏が安倍氏の女系親族だった可能性がある。また清原氏については、元慶の乱において山北三郡の蝦夷系豪族と目される玉作《たまつくり》姓の正月麿《むつきまろ》と宇奈麿《うなまろ》（二人は兄弟か）が官軍側の俘囚指揮官として活躍しており、さらに九世紀末〜一〇世紀初頭頃の胡桃館《くるみだて》遺跡（秋田県北秋田市）出土木簡中に玉作姓をもつ二名の人名がみえることなども踏まえると、その女系親族は横手盆地の蝦夷系豪族玉作氏だったのではないかとも臆測される（樋口、二〇一三）。

なお近年、福岡県久山町で安倍宗任《むねとう》の念持仏かと思われる小さな一木造の如来《にょらい》坐像が見出された。九世紀後半〜一〇世紀初頭頃に京・畿内で制作されたものとみられ（井形、二〇一一）、造像年代は安倍比高の活動年代とほぼ重なっている。九世紀末頃、鎮守府より帰京した比高の依頼を受けた都周辺の仏師が、陸奥国に残された幼い子息を護持する仏像を造って陸奥へ送り、後にその仏像は奥六郡安倍氏の正嫡に代々承け継がれ、前九年合戦後には安倍氏嫡宗の宗任とともにこの地に移ってきたものだったとも考えられる。すなわちこの仏像は、安倍氏の祖が九世紀末頃に鎮守府へ下った都人と蝦夷系の血統を引く現地豪族の娘との間に生まれた男子であったことを示唆するものではなかろうか。

2　北辺の争乱

一〇世紀後半頃、多賀《たが》城・胆沢城・秋田城・雄勝城が機能を停止し、城柵支配が終焉を迎える。同時に奥六郡（胆沢・江《え》刺《さし》・和賀・稗抜《ひえぬい》・志波《しわ》・岩手郡）では安倍氏が、出羽山北三郡（雄勝・平鹿《ひらか》・山本郡）では清原氏が勢力を大きく台頭させていき、それぞれ鎮守府将軍（鎮守将軍が一〇世紀初め頃に改称）、出羽城介《じょうのすけ》の下僚の奥六郡主・出羽山北主として、現地豪族・有力者らを率い各地域の統治に寄与した。

一〇世紀末頃より、陸奥国では陸奥守と鎮守府将軍、出羽国では出羽守と出羽城介との間で、北奥・北方諸産物の国庫納入分の請負や私的得分の争奪を主因とする紛争・合戦がしばしば発生した。とりわけ陸奥国では一〇世紀後期頃より一一二〇年代頃まで、軍事貴族の鎮守府将軍が在地武装集団を率いて北奥の地で武断的な在地支配を強力に推進しており、武力衝突の一大要因をなしていた。

林ノ前遺跡は、東北新幹線八戸駅の北方約一・五キロ、朝水川《あさみずがわ》北岸の丘陵地帯より東側に半島状に突き出した標高二七〜四五メートルの段丘上に立地し、段丘頂部に空堀で囲繞《いにょう》された首長居住区とみられる区画があり、その外側の整地された傾斜面には数百棟もの竪穴住居や大型土坑などの遺構が密集する。時期は一〇世紀中頃〜一一世紀前半代とみられ、金・銀・銅の溶解坩堝《るつぼ》、竹の節を模した銀張りの銅製刀装具、佐波理鋺《さはりわん》、鉄製馬具、多量の馬骨など豊富な遺物も出土している。前九年合戦より古い時代の遺構で、おそらく軍事貴族鎮守府将軍の北奥・北方支配に関わるものと推察され、多量の鉄鏃《てつぞく》や異常な出土状態の人骨などは、激しい暴力をともなった支配や収奪のありようを髣髴《ほうふつ》とさせる。

一方青森市内には、鎮守府将軍と対峙する陸奥守の管掌下の施設かと目される新田《にった》（1）遺跡が存在する。青森平野西部より陸奥湾に注ぐ新城川（新田川）の右岸、標高五〜一〇メートルの沖積地と丘陵上に立地し、主たる年代は一〇世紀後半〜一一世紀前半頃とみられる。注目すべきは、土師器《はじき》・須恵器《すえき》・擦文《さつもん》土器とともに、物忌《ものいみ》札・斎串《いぐし》・形代《かたしろ》などの木製祭祀遺物、塔身《とうしん》・八稜鏡《はちりょうきょう》・木製仏像などの仏教的遺物や、檜扇《ひおうぎ》のような平安貴族文化的遺物が出土していることである。おそらく疫病や悪鬼が海の外より侵入するのを阻止し施設域内の清浄を保つことを目的とする律令制的な境界祭祀が行われていたと推測される。また中世海運の拠点であった油川《あぶらかわ》湊の近くに立地し、北海道の擦文土器が出土している点から、一〇世紀後半〜一一世紀前半頃に、陸奥湾岸一帯や津軽海峡以北の夷島《えぞがしま》に住む住人集団を対手とする交易の拠点として重要な機能を果たしていたと考えられる。

新田（1）・林ノ前の両遺跡とも成立時期は一〇世紀半ば頃であり、いずれも同時期における国家の北奥・北方支配と深く関わっていたとみられる。陸奥国交易馬や陸奥出羽臨時交易絹、貢金などの交易・貢納体制は一〇世紀半ばを画期として整備が進み、一一世紀前期頃にはあらゆる貢納物が出揃う（小口、二〇〇六）。また一〇世紀半ば以降、歌枕《うたまくら》に陸奥国北部の地名が急増することも指摘がある（渕原、二〇一三）。両遺跡の存続期はまさに国家の北方交易体制の確立期にあたっているのである。ほぼ同じ頃、青森県域など各地でいわゆる防御性集落（囲郭《いかく》集落）が出現するが、その現象もまた北方交易体制や陸奥守・鎮守府将軍による北奥・北方産物収奪体制の形成と深く関連していたことであろう。

『小記目録《しょうきもくろく》』寛仁二年（一〇一八）八月十九日条によれば、陸奥守藤原貞仲《さだなか》と鎮守府将軍平維良《これよし》が合戦におよんだ。それより前の長和三年（一〇一四）、鎮守府将軍維良は奥州より上京し、左大臣藤原道長に馬二〇匹・故籙《やなぐい》・鷲羽・砂金などの財物を数多く贈り、将軍重任《ちょうにん》を願い出た。道長の支援を得た維良は北奥・北方からの収奪に狂奔したとみられ、あるいは林ノ前遺跡の段丘頂部の居館施設は、鎮守府将軍麾下《きか》の在地武装集団の首領の支配拠点だったかと臆測される。

陸奥守貞仲と鎮守府将軍維良の合戦勃発を期に中央政府は、陸奥国と鎮守府の政治権力の一体化を図るための新たな政策を推進する。維良の後を受け寛仁二年中には平永盛《ながもり》が鎮守府将軍となり、混乱した鎮守府政の収束が図られた。治安二年（一〇二二）には秀郷《ひでさと》流藤原氏の武断派藤原頼行《よりゆき》が鎮守府将軍に就き、やや揺り戻しがみられたが、翌三年には永盛の親族の〝大物受領〟平孝義《たかよし》が陸奥守となり、彼の下で国政と府政との一体化が強力に推進された。結局長元元年（一〇二八）に鎮守府将軍職が廃止され、以後の鎮守府政は、陸奥守の監督下で鎮守府在庁筆頭の奥六郡主安倍忠良が実務を執る体制へと移行した。また『範国記』長元九年十二月二十二日条によれば、同日に忠良は陸奥権守に任じられており、守と将軍との対立・抗争に起因する陸奥国の内紛を収束に導く改革で多大な功績を挙げた彼は、陸奥守に次ぐ国内第二の顕職に就任したのである（樋口、二〇一一A）。

なお鳥海柵跡は『話記』などの記述から奥六郡安倍氏当主の居館跡と考えられるが、発掘調査成果によると一一世紀第2四半期頃に造営されたとみられ、鎮守府将軍廃止後に新営された鎮守府在庁筆頭安倍忠良の居館かと目される。彼が陸奥権守に任じられた後には、権守が居住する館《たち》として「鳥海館」と称されていたことであろう。一方で鳥海柵よりも前の安倍氏当主の居館の所在地は不明であるが、あるいは和賀郡の黒沢尻柵《くろさわじりのさく》であったか（樋口、二〇一三）。

この段階に至ると、鎮守府支配機構の実質的運用は、陸奥守の麾下に組み入れられた奥六郡主安倍忠良の手腕に委ねられるようになり、軍事貴族鎮守府将軍の武断的統治に替わり安倍氏が飛躍的成長を遂げる時代が到来し、それにともない列島北辺における政治的・軍事的緊張は大きく緩和され、奥六郡の地も比較的平穏で安定的な状態へと推移した。従来は、「治暦元年伊予守源頼義奏状」(『本朝続文粋』巻第六)中に、「爰《ここ》に奥州の中、東夷蜂起し、郡県を領して以て胡地と為し、人民を駈《か》りて以て蛮虜と為す。数十年の間、六箇郡の内、国務に従わず、皇威を忘るるが如し」とあることから、陸奥国では前九年合戦勃発以前の数十年間に戦乱が続き、その間に安倍氏が暴力的に奥六郡の地に支配権を打ち立てたとする見方もあったが、〝源氏史観〟のレトリックに惑わされた謬見《びゅうけん》に他ならない。

忠良から子の頼良《よりよし》(後に頼時と改名)に代替わりすると、奥六郡主安倍氏の権勢はいっそう強大化した。頼良は平永衡《ながひら》や藤原経清《つねきよ》(奥州藤原氏初代清衡《きよひら》の実父)ら陸奥国内に留住していた地方官僚を姻族に取り込み、その血統や政治的権威を借りて自らの政治的・経済的・軍事的実力を高めるとともに、奥六郡に南接する磐井《いわい》郡に勢力を張る金《こん》氏(磐井金氏)とも姻戚関係により緊密に提携、同郡内にも強い影響力をもつに至った。権守となった父忠良の遺産を足掛かりとし、奥六郡や周辺地域における支配権を一段と鞏固《きょうこ》なものとした奥六郡主頼良の存在は、陸奥国府勢力にとっては次第にかつての鎮守府将軍と同様の脅威として意識されるようになり、陸奥守と奥六郡主安倍氏との間に深刻な軍事的緊張が高まっていくこととなる。

「治暦元年伊予守源頼義奏状」と『今昔物語集』巻第三十一「陸奥国安倍頼時、行胡国空返語第十一」には、「東《とう》夷《い》」・「夷《えぞ》」と称される列島北辺の住人のことがみえる。前者によれば、奥州の中で「東夷」が蜂起、郡県を領して「胡地」とし人民を「蛮虜」となしたとされ、後者によれば、陸奥国の奥の「夷」が国家に反乱を起こした際に安倍氏が「夷」と同心しているとの風評がたち、陸奥守源頼義《よりよし》が安倍氏を攻めようとしたので、頼時は一家眷属《けんぞく》を連れて

「海の北に幽に見渡さるる地」に逃避行したとされている。両史料中の「(東)夷」は奥六郡や山北三郡よりも北方の住人を指すとみられるが、それらにみえる〝「(東)夷」の反乱〟は北方産物の争奪をめぐるかつての陸奥守と鎮守府将軍との戦乱を想起される。その際にも北辺の村々から数多くの軍兵が動員され、あたかも「(東)夷蜂起」のごとき様相を呈していたのであろう。おそらく「(東)夷蜂起」とは、かつて北辺で勃発した戦乱がその後も水面下でずっと継続していたかのように虚構した源氏によるプロパガンダとみるべきであろう(樋口、二〇一一B)。

長元元年以降、陸奥国内はひとたび平穏に治まるようになり、陸奥守麾下の国府勢力と奥六郡主安倍氏を頂点とする鎮守府勢力との関係は比較的良好であったと思われるが、頼良の代に至って安倍氏が勢力を拡大すると、在地豪族であるがゆえに「(東)夷」をはじめとする周辺の現地勢力と親和的関係を形成しやすいことを警戒され、奥六郡安倍氏は陸奥守として下向した受領層貴族に次第に脅威的な存在として認識されるようになっていった。当時は坂東で平忠常《ただつね》の乱(一〇二八〜三一)が猛威を振るったことの悪夢がいまだ醒めやらぬ頃でもあった。

3 前九年合戦

永承六年(一〇五一)、安倍頼良は陸奥守藤原登任《なりとう》と合戦を交えてしまう。任終年とて武力で嚇《おど》しをかけ奥六郡より富を掠奪しようとした登任側の攻撃に端を発したもので、『話記』も語るとおり安倍氏方は防戦で凌ごうとしたのだが、陸奥での内紛勃発の風評は都にも届いた。だがこの事件は、他史料に一切関連する情報が見出せないことから、さほど深刻視されてはいなかったようで、安倍氏がそのことで罪に問われたとも思えない。また『話記』はこの時出羽城介の平重成《しげなり》までが登任に加勢し参戦したとするが、作者による虚構の可能性が高く信を置きがたい(樋口、二〇一一C)。

陸奥で生じた内紛の円満な事態収拾を期待され、同年新国守に任じられたのが源頼義であった（以下の叙述に関しては、樋口、二〇一六Aを参照）。『話記』は彼が赴任当初から追討将軍として陸奥守と鎮守府将軍を兼ねていたとするが、甚だしい作為である。また頼良の叛逆罪が天下大赦により許されたというのも虚構で、実際には彼は何の罪にも問われていない。頼良は着任早々新司頼義との良好な関係構築に極力意を注いだようで、国守と同名であることを憚《はばか》り自ら頼時と改名している。

頼義は天喜元年（一〇五三）、長く廃されていた鎮守府将軍を復活させ自ら兼帯した（「治暦元年伊予守源頼義奏状」）。彼が鎮守府将軍を兼ねた同年こそ、源氏による安倍氏追討のシナリオ作りが開始された時点であった可能性が高い。同四年、陸奥守任終年を迎えた頼義は鎮守府将軍として鎮守府に入り府務を執ったが、『話記』によれば頼義一行の国府への帰途に「阿久利河《あくりがわ》」の畔で人馬殺傷事件が発生し、その後瞬く間に源氏と安倍氏との合戦が勃発したとされる。同書の主張する安倍貞任《さだとう》（頼時次男）下手人説はきわめて疑わしく彼は無実であった可能性が高いが、同年に源氏が安倍氏を謀略の罠にかけ、貞任の過去の行状に何らかの言いがかりをつけて攻撃を開始したことは多分事実であろう。

こうして源安合戦は天喜四年中に開戦した。最初の戦いは頼義配下の気仙郡司金為時《けせぐんじこんのためとき》率いる軍勢が頼時弟の僧良昭《りょうしょう》ら安倍氏方に挑んだ戦闘で、主戦場は岩手県南部の東磐井地方であろう。この時点では、安倍氏方は叛逆《はんぎゃく》・謀反《むほん》の烙印を捺されることを恐れ、源氏方の攻撃に対して慎重に防戦で凌ごうとしていた。

頼義は陸奥守の任期が切れた後も執拗に安倍氏への攻撃を続け、天喜五年には鉇屋《かなや》・仁土呂志《にとろし》・宇曽利《うそり》三部に勢力を張る安倍氏の同族富忠《とみただ》に命じて頼時を討たせ、その際の戦闘で重い矢疵《やきず》を負った頼時は七月末頃に鳥海柵で死去した。その時点では中央政界において、頼義の強引な軍事行動に対して疑念を抱く向きも強くあり、奥羽統治において長く顕著な貢献をなした安倍氏の立場を尊重し擁護する論調も存在していた。実は頼義の立場はかなりあやういものだったのである。

だが同年十一月、一族の長頼時を討たれた安倍氏方は、頼時次男貞任を総帥として磐井郡黄海《きのみ》（一関市藤沢町）において源氏軍に直接対決を挑み、四〇〇〇余の安倍氏軍は源頼義率いる一三〇〇余（樋口、二〇一一C）の源氏軍に大勝する。だが、安倍氏にとってはまさにそのことが仇《あだ》となり、安倍氏の謀叛を主張する頼義の側を大きく利する結果を招いてしまう。そして同年十二月二十五日に頼義は安倍氏追討を果たすべく陸奥守に再任され（『扶桑略記《ふそうりゃつき》』同日条）、ここに彼の安倍氏追討の軍事行動は国家政府の確実な支持を獲得するに至り、同時に安倍氏がついに反逆者の座に貶《おとし》められたのである。

ところがなぜか、陸奥守に再任された頼義は朝廷より東山《とうさん》・東海両道諸国に命じられた兵糧・兵士の支援も満足に得られず、安倍氏討伐の準備はいっこうに進まなかった。あまつさえ、陸奥国の人民の多くが兵役を忌避し、隣国の出羽守源兼長《かねなが》までが頼義の軍事行動に非協力的だった。頼義より支援要請を受けた朝廷は康平元年（一〇五八）四月二十五日に兼長を更迭《こうてつ》し、後任の出羽守に武人として聞こえた源斉頼《まさより》を据えた（『百錬抄』同日条）。ところが、その斉頼までもがまったく安倍氏追討に手を貸す気配すらなかったという（『話記』）。おしなべて奥羽両国では、頼義を孤立化させることで安倍氏を守ろうとする〝頼義包囲網〟というべき態勢が形成されつつあったのである。頼義が二期目の陸奥守の任期中に安倍氏追討を遂げぬまま空しく帰京させられることになれば、彼の野望は破滅へと向かい、安倍氏の反逆者の汚名もやがて消える。奥羽の人々の多くはそのことを見透かしていたのであろう。

〝頼義包囲網〟に阻まれ、三年もの間安倍氏に対して有効な攻撃を仕掛けられずにいた頼義は、康平四年に入った頃から、出羽山北の清原氏に対して安倍氏追討への援軍派遣を要請する。『話記』は頼義が光頼《みつより》・武則《たけのり》兄弟に与力《よりき》を懇願したと記すが、実際には早い時期に武則に的を絞ったようである。出羽山北主光頼の弟にすぎなかった武則が安倍氏を討つ前にすでに従五位下の位階をもっており（『扶桑略記』康平六年二月二十七日条）、合戦の際に出羽一国の総兵力一万人を委ねられたことは尋常ではない。おそらく源頼義が朝廷に対して秋田城在庁の軍事統率権を武則に委任するよう要請し、その結果武則は出羽国の軍政権を掌握するとともに従五位下に叙されたのであろう。『後三年記』には平（清原）武衡《たけひら》の郎従千任《ちとう》の言として、「名簿《みょうぶ》をささげて故清将軍をかたらいたてまつれり」とみえており、ここからも頼義が援軍を要請した相手が光頼ではなくその弟武則の方であったことがうかがえる。

また『後三年記』には武衡処刑の場面での頼義の言として、「武則、かつは官符の旨にまかせて、且《かつ》は将軍のかたらいによりて御方《みかた》にまいりくわわれり」、「武則、えびすのいやしき名をもちて、かたじけなく鎮守府将軍の名をけがせり。是《これ》、将軍の申《もうし》おこなわるるによりてなり」とあり、武則が朝廷から下された太政官符《だじょうかんぷ》の命に服するかたちで安倍氏追討に加わったこと（傍線部ア）、頼義の推挙によって合戦後に武則が鎮守府将軍に任じられたこと（傍線部イ）の二点が知られる。すなわち頼義は、朝廷に働きかけて武則に安倍氏追討への参戦を命じる官符を出させるとともに、武則にそれを受諾させるための最後の手段として鎮守府将軍任官の論功行賞まで用意させたのである（樋口、二〇一八）。

康平五年春、前年末に任了となった源頼義の後任国守として高階経重《たかしなのつねしげ》が下向した。経重の赴任について『話記』は、国内の人民が挙《こぞ》って前国守の頼義に付き従ったために間もなく帰洛させられたとするが、直前まで国内で頼義に対する兵役拒否が横行していたことを思えばきわめて疑わしい。さらに注意すべきは、経重の赴任後に朝廷で朝議《ちょうぎ》が紛糾したと『話記』が記している点である。おそらく清原武則に参戦を命じる官符の下給《かきゅう》や合戦後に武則を鎮守府将軍に補任《ぶにん》すべきことを求めた前司頼義の申請をめぐり、公卿らの意見が錯綜したのであろう。だが結局、頼義の執拗な政治工作が功を奏し、同年初夏頃、武則のもとに安倍氏追討への参戦を命じる太政官符が都から届いたと推察される。かくして七月、武則は一万余の大軍勢を率いて陸奥へ向かった。

しかし実際には、武則はただ源氏による懐柔や政治工作に根負けしたのではなく、彼の真の意図は、源氏と安倍氏との長い戦いの過程で、磐井金氏の女系親族である頼時次男貞任が安倍一族内でカリスマ的信望や軍事的実力を獲得しつつあったことへの危機感から、安倍氏追討に便乗することで貞任とその家族を屠《ほふ》り、合戦後には清原氏の女系親族である三男宗任を擁立して清原氏の後見の下に安倍氏本宗を継承させようとすることにあった。さらに言えば、軍略によって貞任らをおびき寄せて早々に討ち取り、安倍氏軍をできるだけ早く降服させることで、宗任ら清原氏女系親族の安倍氏子弟やその眷属の身柄を保護しようとする意図もあったと推察される。

康平五年八月十六日、源頼義・清原武則によって率いられた源氏・清原氏軍は栗原《くりはら》郡営岡《たむろがおか》を出発、松山道《まつやまみち》を通り安倍氏北伐《ほくばつ》の進軍を開始した。清原軍は一万余、一方頼義に従った源氏軍は実際には一〇〇〇人にも満たなかったようで、全軍は七陣に分けられそれぞれに陣押領使《じんのおうりょうし》（各陣の指揮官）が定められた（以下の叙述に関しては、樋口、二〇一八を参照）。

十七日、源氏・清原氏軍は磐井郡萩馬場《はぎのばば》に宿営を築き、小松柵《こまつのさく》（岩手県一関市）を攻めた。同柵は安倍頼時の弟僧良昭の居柵で、この時柵内には良昭とともに、頼時三男宗任、八男則任《のりとう》がいた。同日は「往亡《おうもう》」（陰陽道《おんみょうどう》の凶日で出軍を忌む）に当たっていて安倍氏方がその日の合戦はないものと油断していたところを、突然源氏・清原氏軍が何の事前通告もなく奇襲戦を仕掛けたとみられる。虚を突かれた安倍氏方は十分な戦闘態勢もとれず、また親しい関係にあったはずの清原氏の参戦を目の当たりにして動揺し、宗任率いる安倍氏軍は小松柵に火を放って衣川関《ころもがわのせき》に向け逃走した。なおこの時、源氏・清原氏軍に抵抗して敗れ一人逃走した則任は、磐井郡内にあった実母の実家に逃げ込み難を逃れた。

小松柵を陥落させ緒戦に勝利した源氏・清原氏軍であったが、『話記』によればその後一八日もの間長雨に降り込められ兵糧不足に陥り、食料補給のために相当な軍兵を営外へ派遣したために本営に残った兵はわずか六五〇〇余人まで減ったという。それを聞いた貞任は、敵軍を一気に撃ち破るチャンスとみて八〇〇〇余の軍勢を率いて厨川《くりやがわ》・嫗《うば》戸柵《とのさく》より出陣するも、九月五日には磐井川の南岸で老将武則の巧妙な奇襲や猛攻に遭って総崩れを起こし、一〇〇余人の兵を射殺され三〇〇余匹の軍馬を奪われ、磐井川の北へ敗走した。

源氏・清原氏軍はその後も攻撃の手を緩めず、同日深夜に武則率いる八〇〇〇余人の精兵が磐井川北岸の高梨宿《たかなしのしゆく》・石《いし》坂柵《ざかのさく》周辺に設営された貞任軍本営を夜襲した。不意を突かれた貞任軍は衣川関を目指し逃走。だが暗闇の中を逃げまどう貞任軍の軍兵らは、篝火《かがりび》を掲げ追撃する武則軍に次々と討たれた。また衣川関の南の堅固な要害に阻まれて貞任軍は渋滞を起こし追い詰められ、翌六日朝方には「卅《さんじゆう》余町の程、斃れ亡ぬる人馬、宛《あたか》も乱れたる麻の如し。肝《かん》胆《たん》地に塗《まみ》れ、膏膩《こうじ》野を潤《うるお》す」（『話記』）といわれるほどの惨状をなした。

貞任は衣川関に逃げ込んだ。同関は小松柵より退いた宗任が守っており、また頼時五男の正任《まさとう》（宗任同母弟）も貞任軍惨敗を聞き急ぎ駆け付けていた。攻め手は武則・長子武貞《たけさだ》はじめすべて出羽の清原勢で、関の中にいた三人の頼時子息のうち二人が武則の甥であった。武則は宗任に対して貞任の身柄引き渡しを条件に講和することを提案したが、宗任はそれを拒み、異母兄の助命を条件とした講和を武則に求めたと推測される。結局講和は成立しなかったが、宗任は源氏・清原氏軍への抵抗の意思がないことを示すべく衣川関を放棄し、貞任をともなって自らの居館である鳥海柵へ向かう。この時一人正任はすでに落城した小松柵へ戻り、叔父の僧良昭と落ち合い出羽へ逃走。二人は大鳥井山遺跡の中にあったと思われる大鳥山太郎頼遠《よりとお》（清原光頼の長子）の居宅に逃げ込み、しばらくそこで匿われていた（『話記』・『朝野群載』巻第十一「康平七年三月二十九日太政官符」）。

源氏・清原氏軍が衣川関を破った九月七日には、宗任と貞任はすでに鳥海柵に入っていた。宗任は九月九日の重陽《ちょうよう》の節供《せっく》にかこつけて源氏・清原氏軍を鳥海柵へ酒宴に招き、そこで貞任の助命を条件とする講和を請う算段であったとみられる（国立歴史民俗博物館蔵『前九年合戦絵詞』詞書にもとづく推察）。またその際に一族の全面的恭順を示すため、一家・眷属の老若男女を急遽柵内に呼び集めた。しかし源頼義はその講和要請を黙殺、十日深夜より鳥海柵に夜襲をかけ安倍氏を殲滅しようとした。事前にその計画を知った宗任は、十日中に安倍氏の人々を率いて貞任の居宅である厨川・嫗戸柵へ向かった。その中には頼時七男家任《いえとう》や藤原経清の姿もあった。

源氏・清原氏軍は鳥海柵に本営を進め、和賀郡黒沢尻柵（岩手県北上市）や鶴脛柵《つるはぎのさく》・比《ひ》与鳥柵《よどりのさく》（ともに位置不明。稗抜・志波郡域に所在したか）を抜き、九月十五日夕刻に厨川・嫗戸柵に到着した。厨川・嫗戸柵は厨川柵（盛岡市大館町、大新町付近）と嫗戸柵（同市北夕顔瀬町、前九年一・二丁目付近）の二柵が木柵などの区画施設で連結されたもので、西・北が大きな沢、東が北上川本流、南が雫石《しずくいし》川で画されたきわめて堅固な巨大要塞であった。

十六日朝方、激戦の火蓋が切って落とされた。源氏・清原氏軍の攻撃に対して城内の安倍氏軍は貞任・宗任指揮の下、弓矢や弩《おおゆみ》、投石などで応戦。源氏・清原氏軍の戦死者はたちまち数百人に上った。しかし形勢は翌十七日になって逆転。同日午後、頼義は八幡三所の神に祈願して柵に火を放ち、源氏・清原氏軍は川を渡り次々と城内に侵入、安倍氏方は敗色濃厚となった。安倍氏方の客将で頼時の娘婿の藤原経清は生け捕られた後、主家への叛逆を責められ、鈍刀《どんとう》で首を切り落とされ殺害された。貞任も鉾《ほこ》で刺され重傷を負い、頼義に「罪」を攻められつつ絶命した。貞任の同母弟と思われる頼時六男の重任《しげとう》も斬殺された。

貞任の子息千世童子《ちよどうじ》の最期は最も印象が残る。わずか一三歳の少年の健気な戦いぶりは頼義に哀憐《あいれん》の心を生じさせたが、武則が「将軍、小さき義を思いて後の害を忘るること莫《な》かれ」と詰め寄りこれを斬らせたという。武則が千世童子の殺害を主張したのは、先述のように貞任やその子息が生き残ることで宗任の安倍氏嫡宗継承に深刻な危機がもたらされることを強く懼《おそ》れていたからであった。

九月十七日夜、厨川・嫗戸柵はついに落城した。合戦で戦死した頼時の子息は磐井金氏の女系親族と目される貞任・重任の二人だけで、宗任・家任の二人はいったん城外へ逃れた後に投降し助命された。また途中で戦場から逃走した正任と則任も戦闘終結後に投降し許されている（正任の投降は戦闘終結より半年後の康平六年五月のこと）。

4　延久二年合戦

康平六年（一〇六三）二月二十五日、安倍氏追討の論功行賞により源頼義は正四位下伊予守に、清原武則は従五位上鎮守府将軍に、頼義の嫡男義家は従五位下出羽守に任じられた（『扶桑略記』同日条）。戦によって主を失った奥六郡の地は、源氏ではなく出羽山北三郡の住人だった鎮守府将軍武則の下で統治されることになった。

だがその後一年以上もの間、頼義は新任国の伊予へいっこうに赴かず陸奥国内で逗留を続ける。頼時の子息たちを自らの掌中に保護し、時期をみて嫡子格の宗任を擁立し安倍氏再興を企てようとする武則の思惑を察知し、それを妨害しようとしたのであろう。激しい鬩《せめ》ぎ合いの末に意を決した頼義は翌康平七年二月、隙を突いて武則の庇護下にあった宗任・正任・真任・家任・則任の五人の頼時子息を拉致し上京。朝廷に圧力をかけ、翌月に頼時の五子息を自らの任国の伊予へ移配することを許可させた（前掲「康平七年三月二十九日太政官符」）。

頼みとする宗任を失った武則は、計画の変更を余儀なくされた。当時都では合戦時に激減した北方産物の貢賦の確保を重視し、安倍氏の後継の奥六郡主に奥羽第一の実力者となった鎮守府将軍武則を推す世論が高まっており、結局その座には武則が就き、彼の一家も出羽山北より奥六郡に本拠を移した。また武則の長男武貞が清衡の母（藤原経清の妻）を新たな嫡妻として迎え、清衡が連れ子として清原氏に入ったのもその頃のことであった。その結果、清原氏の嫡庶両流が出羽山北三郡と奥六郡を国家政府の委任の下に分割統治する体制が成立した（樋口、二〇一一D）。

清衡の継父武貞には別の妻との間に生まれた長男真衡《さねひら》がおり、清衡との年齢差は一〇歳前後とみられる。また武貞と清衡の母との間には、清衡の同母弟家衡《いえひら》が出生。仮に治暦元年（一〇六五）の生まれとすれば、清衡とは九歳差となる。

治暦四年、後冷泉《ごれいぜい》天皇の弟尊仁《たかひと》親王が後三条《ごさんじょう》天皇として即位すると、かねてより信任の厚かった河内《かわち》源氏の頼義・義家父子が重用される。義家は翌延久元年（一〇六九）に下野守《しもつけのかみ》に任じられ、後三条天皇は同年五月、頼義による「東夷」征討を顕彰する意を込めて、石清水《いわしみず》八幡宮において紺泥大般若経供養《こんでいだいはんにゃきょうくよう》を行った（『皇代記』同月条）。

後三条天皇の下で頼義・義家父子が台頭し、前九年合戦を〝王権守護の武力たる河内源氏による凶賊追討の戦い〟と称賛する政治的風潮が都で高まってくると、すでに陸奥守の座にあった源頼俊《よりとし》（大和源氏棟梁《とうりょう》で義家のライバル）と清原氏は対抗の挙に出る。すなわち頼義・義家による奥羽への策動を封じるために閉伊《へい》地方の七村や衣曽別嶋《えぞのわかれのしま》（北海道南西部か）に住む「荒夷《こうい》」らの征討に乗り出し、手柄の先取りによって河内源氏を追い落とそうとした。そうして起こったのが延久二年合戦である（以下の叙述に関しては、樋口、二〇一一Eを参照）。

延久二年の春か夏頃、大将軍の陸奥守頼俊と副将軍清原貞衡《さだひら》（海道平氏嫡流より清原武則の猶子に入り真衡・清衡・家衡の継父となった人物）は閉伊七村や衣曽別嶋への征討を開始した。だがその直後、陸奥国府において、国府在庁官人の藤原基通《もとみち》が印鎰《いんやく》（陸奥国の公印と官物を保管する倉庫群のかぎ）を奪い逃走する事件が発生。急報に接した頼俊はただちに国府に戻り、基通とその一味の追討に転じ、その後閉伊・衣曽別嶋方面での征討戦はひとり副将軍貞衡の率いる軍勢によって行われた。

ところが頼俊率いる陸奥国軍は基通を捕捉できず、基通は七月下旬頃、下野守として任国にあった義家のもとに帰降した。だが関連史料（『朝野群載』巻十一「延久三年五月五日左弁官下文」、宮内庁書陵部蔵『御堂摂政別記』紙背文書「応徳三年（一〇八六）正月二十三日前陸奥守源頼義款状」、『扶桑略記』延久二年八月一日条）を精読するに、義家と基通とがあらかじめ共謀していた形跡が認められる。基道を「捕縛《ほばく》」した義家はただちに朝廷に基通の「帰降」を報じる一方、頼俊の「失態」を喧伝《けんでん》し、それに押された朝廷は八月、頼俊に基通一味掃討作戦の中止を命じた。

翌延久三年六、七月頃、頼俊と貞衡は討ち取った叛徒《はんと》の首を携え上洛した。その際副将軍の貞衡は征討の功により鎮守府将軍に任じられたが、頼俊は印鎰を掠奪された失態を責められ恩賞に与《あずか》ることができなかった。直後に頼俊は残敵掃討に尽力するが後三条天皇の信頼を回復することはできず、武門としての名誉は失墜。自分に煮え湯を飲ませた宿敵義家への憎悪をますます募らせた。「荒夷」追討によって河内源氏を追い落とし武門の頂点に立とうとした頼俊の思惑は、義家の周到な応酬によって挫折させられたのである。

5　後三年合戦

後三年合戦は清原氏一族の内訌《ないこう》に端を発し、時の陸奥守源義家の介入によって事態の複雑化・激化をみせた奥羽両国における戦乱であり、『後三年記』に比較的詳しい記述がみえる。同書は晩年期の藤原清衡の監修下で作成されたと推測されるが、やや作為的な叙述も含まれており、書かれていることすべてを信用するわけにはいかない（以下の叙述に関しては、樋口、二〇一六Bを参照）。

祖父武則の死去後、嫡孫真衡が継父貞衡より清原の家督を継承し、奥六郡主に就任した。その頃すでに、清原氏の宗家はかつての光頼流から武則流へ交替しており、新当主真衡は奥六郡のみならず出羽山北の支配権をも掌中にしていた。

男子がなかった真衡は、海道小太郎成衡《かいどうこたろうなりひら》という海道平氏出身の少年を養子に迎え後継者とし、成衡が成長すると、源頼義が常陸《ひたち》国住人平宗基《むねもと》の娘に産ませた女子をめあわせた。真衡は義家の異母妹を成衡の妻とすることで、源氏の奥羽侵略の策動を封じ込め、同時に海道平氏とも関係が深かった常陸平氏との同族的連合化をも図ろうとしたのである。

だが真衡によって進められたこの極端な嫡宗継承路線が、一門・同族内で大きな反発を招いた。奥六郡と出羽山北の主として在地勢力を代表する清原氏の次期当主とその妻の座に清原の血を引かないよそ者が据えられてしまえば、まるで他氏に乗っ取られたも同然となる。ここに当主真衡に対する抵抗勢力＝守旧派が急速に形成されていった。そしてその守旧派が真衡ら主流派に対抗するために擁立したのが清衡と家衡だった。こうした主流派と守旧派との確執・対立こそが、合戦勃発の主因だったと考えられる。

永保三年（一〇八三）夏頃、成衡と頼義の娘との婚礼が挙行された。豪勢な飲食や祝儀《しゅうぎ》の品を献上する奥羽両国の従者らの中に、出羽山北の老将吉彦秀武《きみこのひでたけ》の姿があった。『後三年記』によれば、老齢の秀武は庭で朱塗りの盤に盛った砂金を頭上に捧げ臣従《しんじゅう》の礼を表していたのに、真衡が護持僧《ごじそう》と囲碁に興じ目もくれなかったことに腹を立て、金を投げ捨て甲冑に身を固め出羽へ逃げ帰った。それを知った真衡は激怒し、ただちに諸郡の兵を集め秀武を攻めに出羽に向かったという。だが、まるで子どもの喧嘩のような秀武と真衡との感情的衝突に合戦の原因を帰している点は物語作者による作為とみられ、秀武はもともと清衡・家衡と親密な守旧派の長老的存在であったように推察される。

真衡の追撃を知った秀武は清衡・家衡のもとに文《ふみ》を送り、真衡の館《たち》を焼き払い妻子を人質に取るよう要請した。その指示どおりに清衡・家衡は真衡の館を攻めに出陣、その膝下《しっか》の白鳥《しろとり》村の在家《ざいけ》四〇〇余を焼き払った。だが真衡軍が舞い戻り、清衡・家衡は急ぎ退却した。

真衡は次の戦で両方の敵を討つべく戦闘準備を進めたが、おりしも赴任した陸奥守源義家に対し陸奥国府で「三日《みっか》厨《くりや》」という饗応儀礼を行った。その後奥六郡に戻り、自らは再度秀武を討つべく出羽国へ進発した。

清衡と家衡は前と同様、真衡の館を攻めに向かった。そのおり、陸奥守義家の郎等《ろうどう》で胆沢郡内を巡回していた三河《みかわ》国住人兵藤大夫正経《ひょうどうのたいふまさつね》・伴次郎傔仗助兼《ばんのじろうけんじょうすけかね》のもとに、真衡の妻が使者を遣わし援軍を要請してきた。正経・助兼はその由を聞いて是非もなく真衡の館に入り、攻め寄せる清衡・家衡軍と戦った。

正経・助兼は真衡の館で成衡と力を合わせ戦ったが、攻め手の清衡・家衡の側が優勢だった。救援を請われた陸奥守義家は自ら精兵を率いて真衡の館に駆け付け、成衡を助けた。「退くべきか、なおも戦うべきか」と問うた義家に対して、清衡・家衡軍の将であった藤原重光《しげみつ》（清衡の父方のイトコ）が、「一天《いってん》の君《きみ》といえども恐るべからず。況《いわん》や一国の刺史《しし》においてをや。既に楯を対し刃を交うるの間、戦うべし」と主張し、結局清衡・家衡軍は義家軍と戦った。すると清衡・家衡軍はにわかに敗色濃厚となり、重光は義家に誅せられ、清衡・家衡は一頭の馬に跨《またが》って敗走した。

奥六郡内の戦いは義家の支援を受けた成衡方が勝利したが、ほぼ同じ頃、秀武を討つため出羽へ進軍中だった真衡が頓死《とんし》する。真衡死亡の報は清衡・家衡敗走後に奥六郡内に伝わり、その後清衡・家衡は義家のもとに投降した。清衡・家衡は、本来自分たちに野心はなく、死亡した重光が逆臣であった旨を弁明した。それを聞いた義家は二人の罪を許し、あまつさえ真衡の遺領である奥六郡を三郡ずつ分割相続させた（真衡嫡子の成衡は廃嫡）。

その後、奥六郡の分割相続がなされた後の応徳元年（一〇八四）頃より、家衡が陸奥守義家に対して兄清衡のことをしばしば讒言《ざんげん》するようになったが、義家はかえってそれを咎《とが》め、一方で清衡ばかりを褒賞した。清衡と家衡の仲は次第に悪化し、同三年夏頃、家衡は清衡の館に同居させられていたおりに、青侍《あおさぶらい》を使い清衡殺害を図った。清衡は危険を察知して庭の草叢《くさむら》に身を隠し難を逃れたが、家衡は清衡の館を焼き払い、清衡の妻子・眷属はみな殺害された。

おそらく義家は陸奥守着任の当初から、清原一門守旧派の頂点にいた清衡に目をつけ、最初に真衡に味方するふりをみせてまず真衡を暗殺し、次に成衡を追い出し、その後家衡に反乱を起こさせてこれも始末し、最後に一人残る清衡を傀儡《かいらい》として奥羽を自らの支配下に収めようとする謀略をもっていたと推測される。一方家衡が清衡を襲撃した理由についても、その背後には真衡没後に自分たちを裏切った義家を憎悪していた清原一門主流派の暗躍があって、家衡はその後押しを受けるかたちで挙兵したことが考えられる。

出羽国平鹿郡沼柵《ぬまのさく》（秋田県横手市雄物川町）に楯籠もった家衡の軍勢は、応徳三年九月頃より陸奥守源義家率いる軍勢と合戦した。義家軍の将兵の中には清衡の姿もあった。義家は「数千騎」（『康富記《やすとみき》』文安元年〈一四四四〉閏六月二十三日条）で家衡軍を攻めたが長期戦となり、厳寒と大雪に見舞われて苦戦、結局敵を攻めきれずに陸奥国府へ引き上げた。義家軍の陣中では、飢えと寒さで数多くの軍兵が凍死・餓死し、馬の肉を食い、大将義家が凍えた兵士を懐《いだ》き体温で温め蘇生させることもあったとされる。

その間、義家が奥羽で合戦を始めたとの情報は都へも伝わったが、宮廷貴族・官僚や都人の多くは義家に冷ややかだった。九月二十八日に関白藤原師実《もろざね》を中心に陸奥国の兵乱への対応について協議がなされ、義家の次弟義綱《よしつな》を出羽へ遣わすことが検討されたが、結論は出なかった。十月十七日夜にも陸奥の義家からの申請（家衡追討の宣旨《せんじ》を要求したものか）について公卿らの協議が行われ、十一月二日には関白師実が義綱を召し兄義家の合戦について意見を聞いている。明らかに公卿らは義家の戦闘行為に対して懐疑の目を向けており、陸奥守任官の栄典をちらつかせることで彼の次弟義綱を繰り、戦乱を停止させようと画策していたことがうかがえる。

陸奥守義家を追い返した家衡のもとに、彼のオジである平武衡（清原武衡とも）が陸奥国磐城《いわき》郡から軍勢を率い合流してきた。武衡は清原武則の三男で、海道平氏に入嗣してその嫡流を継ぎ、真衡亡き後には主流派の頭目の地位にあった人物とみられ、家衡に挙兵を促したのも彼だった可能性がある。翌寛治元年（一〇八七）、武衡・家衡軍は沼柵から山本郡金沢柵（横手市金沢）に移り、再度の籠城戦に備えた。義家はこれを聞き激怒、今度は数万の大軍勢で攻め寄せた。義家のもとには、清衡や守旧派の面々とともに、都の武官の地位を捨てて駆けつけた義家の末弟義光《よしみつ》の姿もあった。

金沢柵の攻防戦は激戦をきわめた。同柵の守りは非常に堅く、義家の軍勢は当初苦戦を強いられた。だが前年の戦い同様に冬が迫り戦況が膠着《こうちゃく》化していく中、吉彦秀武が義家に兵糧攻めを進言し、義家はそれを容れて攻撃を止め金沢柵を包囲する陣形を採った。その後兵糧攻めが次第に効果を現わし、籠城を続ける武衡・家衡軍方は飢餓に苦しみ、武衡は義家の弟義光に宛てて文を送り、降伏を願い出てきた。義光は、武衡の降伏を受け入れるべきことを総大将の兄義家に進言したが、義家は決して許そうとしなかった。剛勇で名の聞こえた義光郎等の腰滝口季方《こしのたきぐちすえかた》が義光の名代《みょうだい》として金沢柵に赴き武衡と会談したが、その季方もまた降伏を懇願する武衡にまったく取り合わず、いっさい投降に応じない旨を強く示して陣中に帰還した。武衡らの降伏の道を絶ち、無理やり落城に追い込むことを意図したようなこの時の季方の言動は、主君義光よりもその兄義家と意を通じたものであったと推察される。降伏を受け容れられなかった武衡は女・子どもなど非戦闘員の命を救うために城門を開けて下らせ、それらの身柄を義家方に委ねようとしたが、義家はこれまた吉彦秀武の提言を容れてたちどころに皆殺しにした。

寛治元年十一月十四日の晩から翌朝にかけての戦闘で、ついに金沢柵は落ちた。城内では義家方の軍勢による目を覆わんばかりのおびただしい殺戮と掠奪が繰り広げられ、凄惨をきわめた。武衡は城中の池に身を隠したが発見されて引き出され、千任も生け捕られた。武衡は義光を頼り命乞いをし、義光も義家に向かい、「兵《つわもの》のみち、降人《こうにん》をなだむるは古今の例なり。しかるを武衡一人、あながちに頸をきらるる事、其の意如何《いか》に」と述べて、武衡の処刑に反対した。だが義家は義光の意見を退け、武衡はあっけなく斬首された。

家衡は落城の際に、奥六郡一の名馬といわれる愛馬花柑子《はなこうじ》を自ら射殺し庶民の姿に変装して城外に逃げたが、陸奥国に名をえた兵である県小次郎次任《あがたのこじろうつぎとう》によって街道で発見され撃ち殺された。次任が討ち取った家衡の首を義家の前に持参したところ、義家はそれをみて大いに喜び、紅《くれない》の絹や鞍《くら》を着けた馬などを褒美として次任に与えた。また武衡・家衡の主な郎等ども四八人の首が、義家の前に懸けられた。

おわりに

以上で本書の本論をお読みいただくための時代背景に関する蕪雑《ぶざつ》な解説を終えるが、最後に浅利・島田両氏の執筆になる本論におけるいくつかのポイントについてご紹介しておきたい。

まず一つ目は、書題のとおり「安倍・清原氏の巨大城柵」についての最新の研究成果がそれぞれの調査の最前線で活躍する研究者の手によって具体的に示されていることである。Ⅰ部では安倍氏の主柵である鳥海柵の全体像の提示をメインとして、一般に「安倍氏十二柵」と称される安倍氏方の諸柵の現地比定や関連する考察も行われている。Ⅱ

部では清原氏の主柵である大鳥井山遺跡と、後三年合戦の戦場となった沼柵・金沢柵に加え、秋田市虚空蔵大台滝《こくぞうおおだいたき》遺跡・同勅使館《ちょくしかん》跡の五柵について、最新の調査・研究成果がふんだんに盛り込まれている。

二つ目は、それらの城柵遺跡の調査・研究成果を踏まえて、奥六郡安倍氏・出羽山北清原氏の歴史的性格についての考察が大いに深められていることである。安倍氏・清原氏がいかにして律令制に淵源《えんげん》する古代城柵制支配に替わり新たな在地支配者として台頭していったかが、考古学的知見などによって知られる奥羽北部の現地社会の動きとも関わらせてダイナミックに描き出されている。その結果、かつて疑いもなく広く信じられていた安倍・清原氏蝦夷出自説はもはや成立が不可能であることを宣告されたようにもみえる。

三つめは、奥六郡地域と出羽山北三郡地域における律令制下から一二世紀初頭の平泉開府に至るまでの歴史的展開が展望され、そこにおける安倍・清原両氏の歴史的貢献が具体的なかたちで明らかにされていることである。文献史学の世界では古代史と中世史との間で、東北における古代から中世への転換について、時に対話が困難なほどに認識の差が大きいのが現状であり、モノを主たる対象資料とする考古学の側から、文献史学のこれまでの到達点を一定程度踏まえつつ提示された新たな歴史像には、大きな意義があるものと考える。

本書の三大メリットはだいたい以上のようなものであり、Ⅰ部・Ⅱ部の本論にはこれまでの東北史の書籍類には見られなかった清新な魅力が満載されている。しかし今後あらためて深めるべき重要な課題もまた少なくない。

まずⅠ部の浅利氏の論とⅡ部の島田氏の論との間に、出土土器の年代観に関する認識のズレがあることである。概して出羽よりも陸奥の方が土器の年代観が古めに見積もられており、とくに鳥海柵と大鳥井山遺跡の成立期の前後関係を比較するうえで悩ましさが残る。また鳥海柵の終末をめぐる両氏の見解にも齟齬《そご》があり、前九年合戦の終結後に鳥海柵が機能を終えるとみる浅利氏に対して、島田氏は同柵がしばらく存続し奥六郡主権を安倍氏より承け継いだ清原武則の居柵として使用された可能性を示唆する。

つぎに安倍氏の柵と清原氏の柵とを直接比較対照し検討する考察がやや不足していることである。台地状の自然丘陵・谷地形を利用した鳥海柵と幾重にも堀と土塁を繞《めぐ》らし区画した大鳥井山遺跡とは一見外形が大きく違うようにみえるけれども、互いに造営ノウハウを共有したところも少なからずあったのではないのか。最近島田氏は一九八〇年代の発掘調査実測図をもとに大鳥井山遺跡の小吉山《こきちやま》北部地区に北に孫廂《まごびさし》がつく南北棟の四面廂建物を復元し、その成果は本書Ⅱ部にも反映されているが、同建物北面のすぐ北の位置では外側の堀が土橋で途切れていて、この柵全体の北側の出入り口と直結していたらしいことがうかがえる。つまりこの建物は北を正面とする可能性があるが、島田氏はⅡ部の論述において、大鳥井山頂部の四面廂建物も北を正面としていたと述べている。対する鳥海柵に関する浅利氏のⅠ部の論述においても、同柵の原添下《はらぞえした》区域の四面廂建物が北向きであったことが示唆されている。すなわち両柵ともに〝北に対する意識〟が存在していたことが見て取れるのであり、そのことがもつ意味について今後じっくりと考えてみる必要があろう。

なお本書においては、Ⅰ部・Ⅱ部と序論をそれぞれ別の執筆者が分担しているが、一度だけ素原稿の段階でリモートによる〝三者面談〟を行ったけれども、具体的な執筆内容については意見の調整や擦り合わせをあえて行わなかった。したがってそれぞれで主張・見解が異なっている部分が少なからずあり、読者の方々には不安を覚える向きもあるかもしれない。しかし逆にそうした論者による見解の相違について、それらを支える根拠や論理を探りつつ比較・検討することによって、かえって歴史研究の面白さや奥深さを楽しんでいただけたら幸いである。そのことを切に願って筆を擱くことにする。

【参考文献】

井形　進　二〇一一「福岡県久山町の個人蔵の古仏」『九州歴史資料館研究論集』三六
入間田宣夫　二〇一三「安倍・清原・藤原政権の成立史を組み直す」同『平泉の政治と仏教』高志書院、初出二〇一二年
小口雅史　二〇〇六「防御性集落の時代背景―文献史学の立場から―」三浦圭介・小口雅史・斉藤利男編『北の防御性集落と激動の時代』同成社
戸川　点　二〇一九A「前九年合戦と安倍氏」同『平安時代の政治秩序』同成社、初出一九九九年
戸川　点　二〇一九B「安倍氏と鳥海柵」同右、初出二〇一七年
樋口知志　二〇〇六『諸家系図纂』所収の「安藤系図」について―奥六郡安倍氏の祖先系譜に関する一考察―」細井計編『東北史を読み直す』吉川弘文館
樋口知志　二〇一一A「「奥六郡主」安倍氏について」同『前九年・後三年合戦と奥州藤原氏』高志書院、初出二〇〇一年
樋口知志　二〇一一B「前九年合戦と北方社会」榎森進・熊谷公男編『古代中世の蝦夷世界』高志書院
樋口知志　二〇一一C「『陸奥話記』について」同前掲『前九年・後三年合戦と奥州藤原氏』初出二〇〇九年
樋口知志　二〇一一D「藤原清衡論」同右、初出二〇〇八年
樋口知志　二〇一一E「延久二年合戦について」同右、初出二〇〇七年
樋口知志　二〇一三「奥羽における古代城柵の終焉と「館」の形成」鈴木靖民編『日本古代の地域社会と周縁』吉川弘文館
樋口知志　二〇一六A「前九年合戦」同編『東北の古代史5　前九年・後三年合戦と兵の時代』吉川弘文館
樋口知志　二〇一六B「後三年合戦から平泉開府へ」同右
樋口知志　二〇一八「奥六郡安倍氏の滅亡―安倍頼時子息たちの動静を中心に―」『アルテス　リベラレス（岩手大学人文社会科学部紀要）』一〇二
渕原智幸　二〇一三「歌枕の用例分析からみる平安期東北支配の推移」同『平安期東北支配の研究』塙書房

Ⅰ　安倍氏

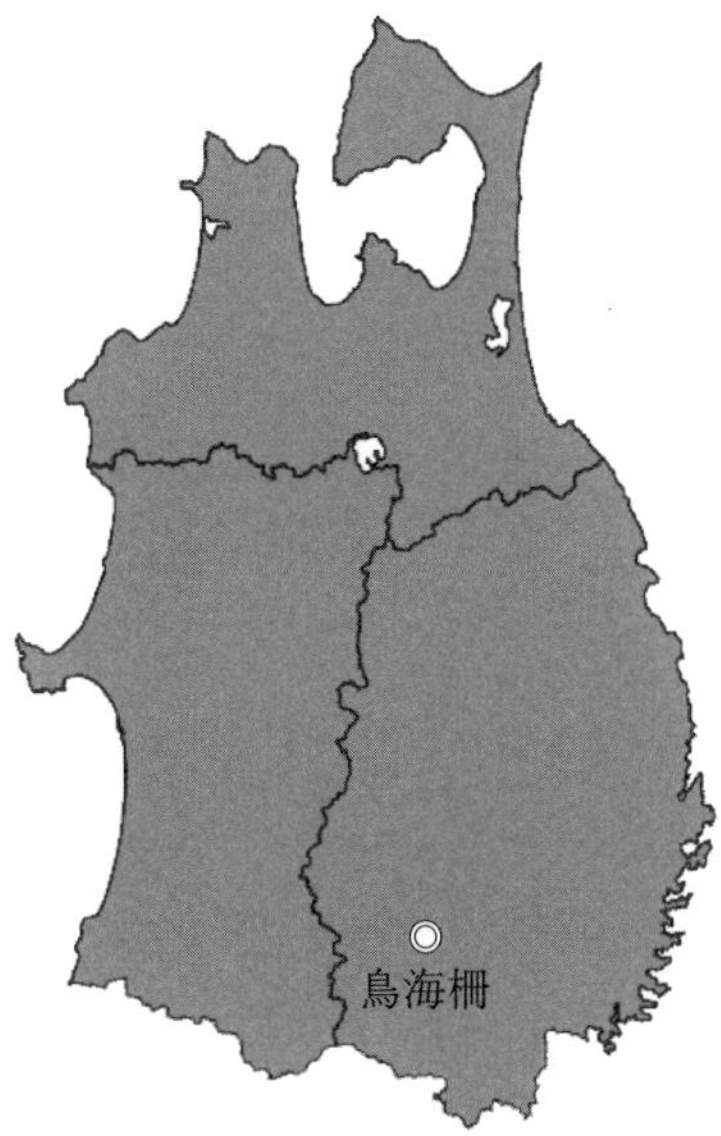

第一章　陸奥国の奥六郡と安倍氏

1　奥六郡と鎮守府胆沢城

陸奥国の奥六郡

平安時代、陸奥《むつ》国には奥六郡《おくろくぐん》（あるいは六箇郡）と呼ばれた地があった。奥六郡とは、阿弖流為《あてるい》ら蝦夷《えみし》と呼ばれた人々と中央政府（ヤマト政権）との戦いのあとに、当地方を中央政府が支配するため置かれた郡であり、鎮守府《ちんじゅふ》胆沢《いさわ》城《じょう》が管轄した胆沢・江刺《えさし》・和我《わが》（和賀）・薭縫《ひえぬい》（薭抜）・斯波《しわ》（志波）・岩手の六郡の総称をいう。平安時代後期、安倍頼良《よりよし》（のちの頼時《よりとき》）を当主とした一族が統治した地で、鎮守府将軍源頼義《よりよし》ら国府軍との前九年合戦（一〇五一〜六二）の舞台となり、安倍氏、清原氏、藤原氏、さらには源頼朝まで奥六郡の継承をめぐって覇権争いを行うこととなる。

胆沢・江刺・磐井《いわい》の三郡は、胆沢城造営の延暦二十一年（八〇二）頃に置かれた。和我・薭縫・斯波の三郡は、『日本後紀《にほんこうき》』の中で弘仁二年（八一一）に置かれたとある。後者の三郡は北方との物流をつなげるために重要であり、和我郡は日本海に抜けるルート、薭縫郡は閉伊《へい》や太平洋岸からさまざまな物資が入ってくるルート、斯波郡は糠部《ぬかのぶ》や爾薩体《にさったい》（岩手県北部）さらに北海道まで連なるルートとなり、東北北部の馬・漆《うるし》・毛皮製品・琥珀《こはく》や、北海道の鷹の羽根・アザラシやヒグマの皮、三陸沿岸以北の昆布などの特産品が運ばれた。『菅家後集《かんけこうしゅう》』哭奥州藤使君（奥州藤使《おうしゅうとうし》君《くん》を哭《こく》す）には、一〇世紀初めに菅原道真《すがわらのみちざね》が陸奥守の死を悼んだ漢詩の中に蝦夷との交易は莫大な利益を得ることができると記されている（高橋、二〇一四）。

岩手郡は、一〇世紀中頃成立の『大和物語』（百五十二段）に「陸奥国、磐手の郡（岩手郡）よりたてまつれる御鷹」とあることから、その頃までに置かれたとされる（樋口、二〇一四）。また、一〇世紀後半までに北方交易が盛ん

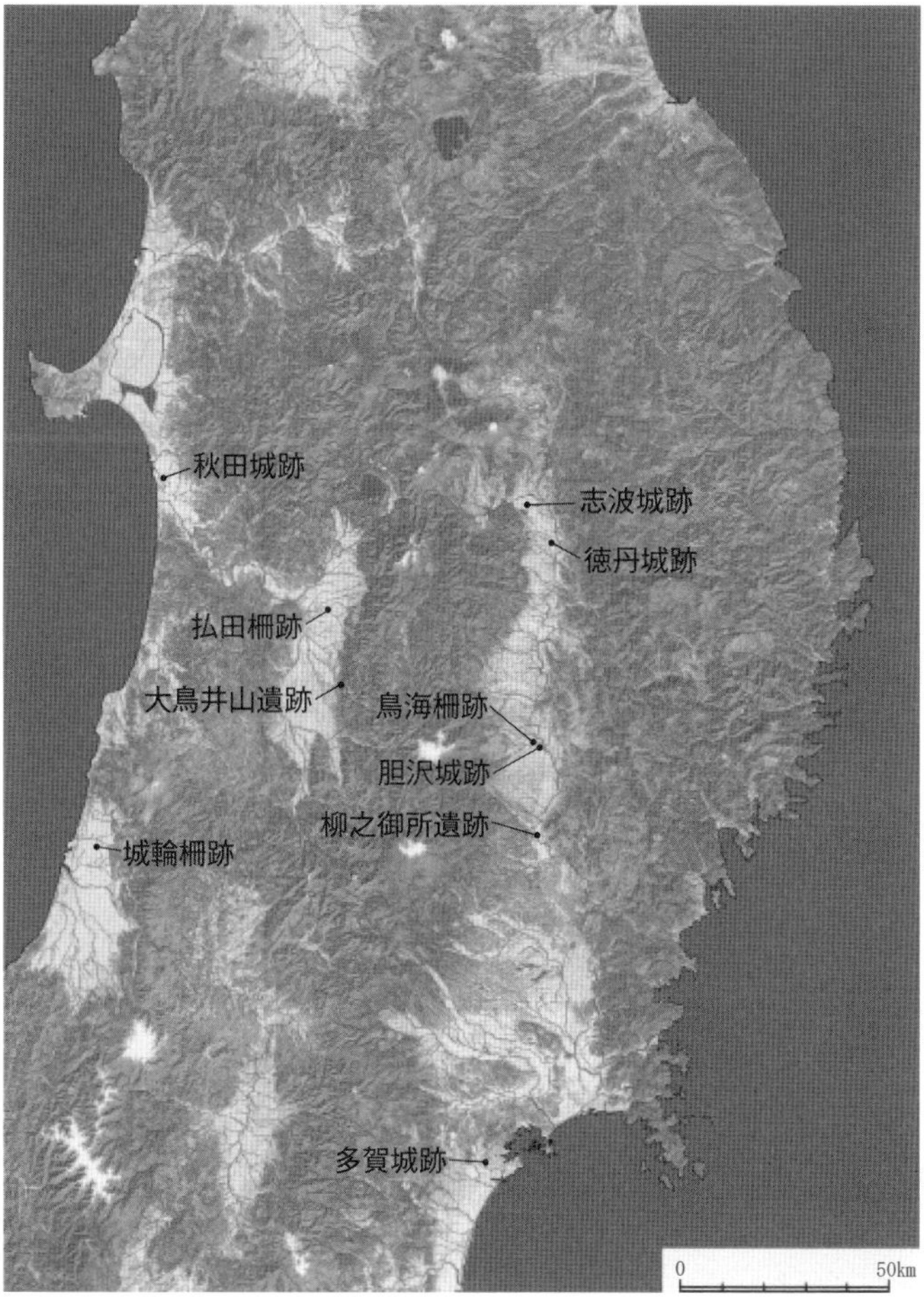

1-1　平安時代の東北地方の主要遺跡（国土数値情報〈河川，海岸線，湖沼，標高・傾斜度５次メッシュ〉国土地理院）

となり、交通路の整備という新たな課題を専管するため斯波郡から独立させたとの説もある（八木、二〇一六）。以上より、遅くとも一〇世紀後半までには岩手郡が置かれ、磐井郡を除いた六郡となったとされる。

『陸奥話記《むつわき》』冒頭文に「衣川の外に出て」とあり衣川関《ころもがわのせき》から南側（磐井郡）まで勢力を拡大したように記載があること、阿久利《あくり》河での人馬殺傷事件で安倍貞任《さだとう》に嫌疑が掛けられ安倍頼時が陸奥守《むつのかみ》源頼義に合戦を挑むため衣川関を閉じることから、陸奥国府領との境に衣川関があり、その北が奥六郡と捉えられた。関とは、元来国と国との境に置か

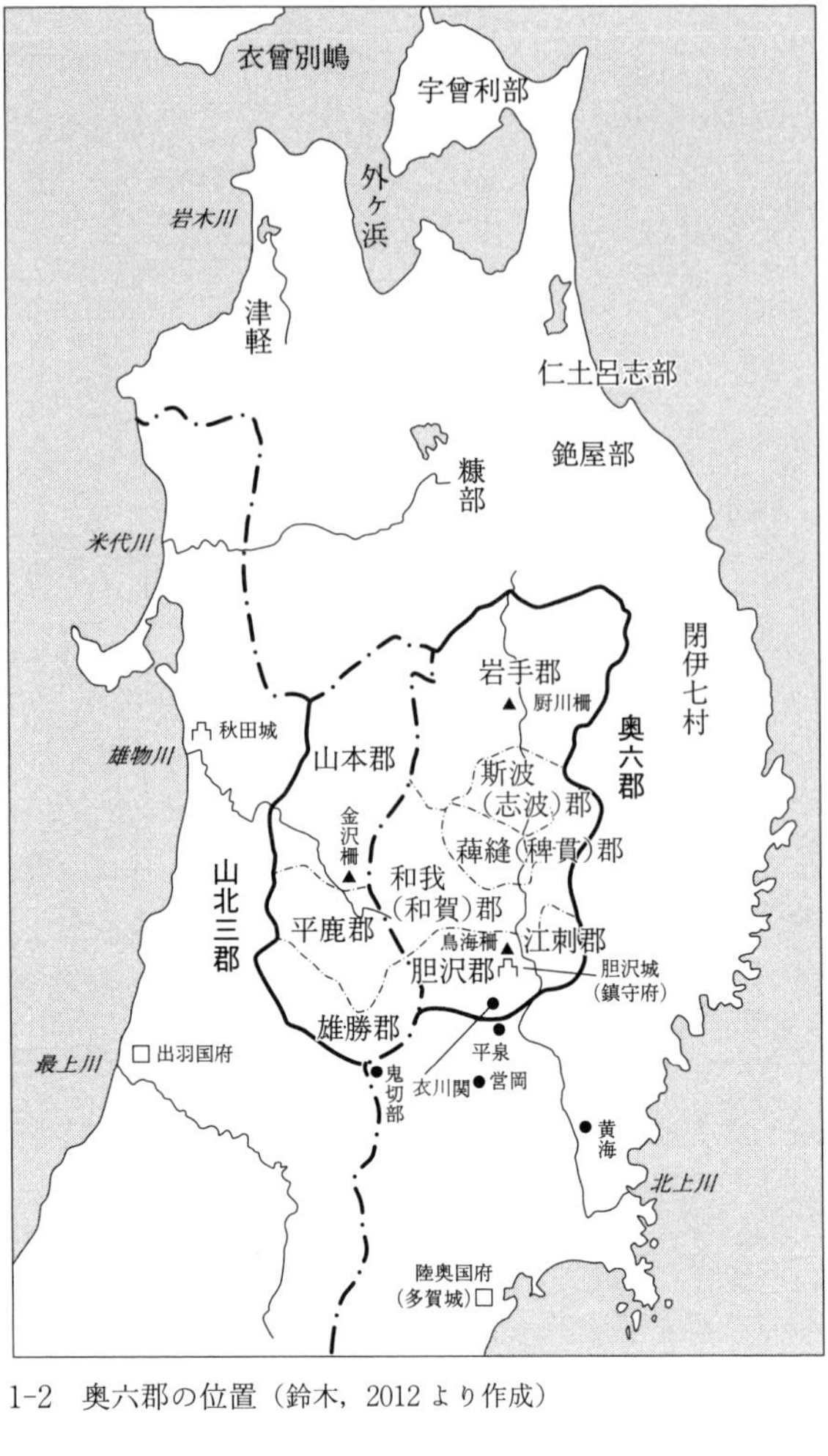

1-2　奥六郡の位置（鈴木，2012 より作成）

れた施設であり、衣川関は陸奥国府と鎮守府が管轄する領域「奥六郡」との境であったと考えられてきた。しかし、奥六郡は陸奥国の領域内であり、職務に関して、鎮守府将軍が蝦夷への軍事対応、国司（陸奥守）が奥六郡を含む陸奥国の行政を担うとし、管轄する領域の境はなかったとの見解もある（渕原、二〇〇二）。

磐井郡は奥六郡に含まれなくとも、『陸奥話記』に記された前九年合戦の地は、河崎柵《かわさきのさく》・黄海《きのみ》・中山大風沢《おおびぞ》・萩馬《はぎのば》場《ば》・小松柵《こまつのさく》・仲村《なかむら》・磐井河・高梨宿《たかなしのしゅく》・石坂柵《いしざかのさく》・鬼切部《おにきりべ》など、磐井郡に集中する。たとえ、安倍氏と姻戚関係であっても戦いの大半を他氏（金《こん》氏）が治める土地で行うことはきわめて不自然であり、遅くとも合戦時には磐井郡も安倍氏の重要な領域に編入されていたとされる（八木、二〇一六）。衣川関を閉じた直後の戦いでは、源頼義は戦うことなく衣川（関）まで近づいており、磐井郡まで難なく通過したものと想定される。その後、藤原経清《つねきよ》の策略によって源頼義が国府に還る際、安倍頼時を攻めるために気仙《けせ》郡司《ぐんじ》金為時《こんのためとき》を遣わすとある。通過点である磐井郡の郡司ではなかった理由は、磐井郡が国府にとって統治が不安定な領域であったからと推察される。また、安倍頼時の討死後に起こる黄海の合戦では、安倍貞任が磐井郡の所在と推定される河崎柵を営所として軍勢を率いている。柵主は貞任の舅である金為行《ためゆき》で、為時と同じく金氏でありながらも安倍氏側で参戦していることから、遅くとも黄海の合戦までには安倍氏の一族が管轄する領域になっていた可能性は十分に考えられる。

鎮守府胆沢城と鎮守府将軍

奥六郡を管轄していた胆沢城は、中央政府（ヤマト政権）が律令国家として統一を目指すにあたり、延暦二十一年（八〇二）に坂上田村麻呂《さかのうえのたむらまろ》によって造営される（『日本紀略《にほんきりゃく》』延暦二十一年正月九日条）。中央政府は、大化元年（六四五）の大化の改新後、七世紀後半から八世紀にかけて東北地方への侵略を進め、神亀元年（七二四）頃、多賀《たが》城が創建され、陸奥国府と鎮守府が置かれる。宝亀五年（七七四）～弘仁二年（八一一）に中央政府と蝦夷社会との人々との間で「東北三十八年戦争」が行われ、蝦夷社会の中心人物大墓公《たいものきみ》阿弖流為・磐具公《いわぐのきみ》母礼《もれ》らは投降し、当地方の奈良時代が終わりを告げる。

大同三年（八〇八）頃、鎮守府が国府多賀城から胆沢城へ移される。鎮守府とは、東北地方を攻めて蝦夷と呼称された人々を軍事的に支配するために、兵を配備した役所である。弘仁三年（八一二）に鎮守府の官員は三等官制とな

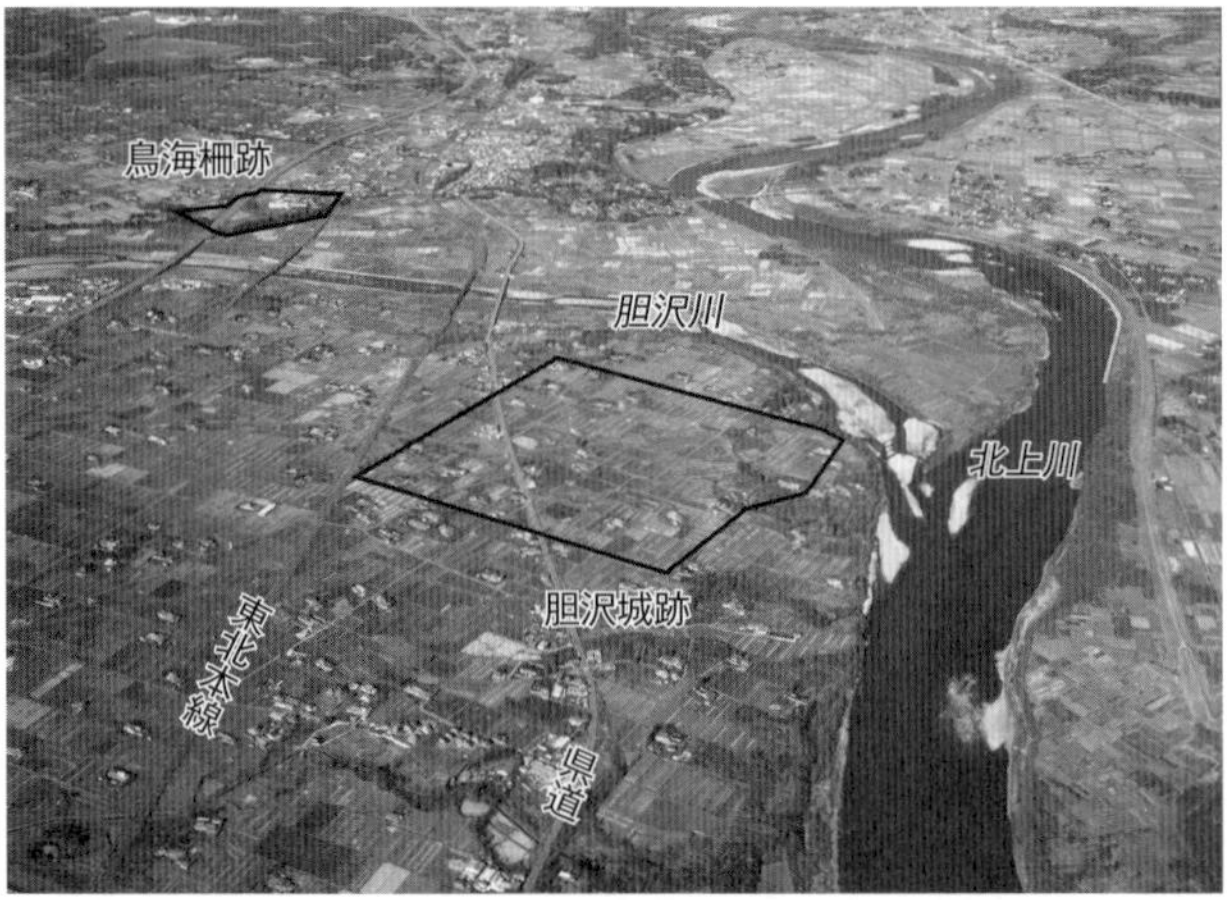

1-3　胆沢城跡と鳥海柵跡（奥州市教育委員会提供，一部加筆）

1-4　胆沢城 CG 画像（奥州市教育委員会提供，一部加筆）

り、最高責任者として鎮守将軍（一〇世紀以後は「鎮守府将軍」）、その補佐として軍監《ぐんげん》や軍曹《ぐんそう》が置かれた。承和十年（八四三）に府掌《ふしょう》（庶務や施設管理を行う役人の最高責任者、国府の介《すけ》相当）、元慶六年（八八二）に陰陽師《おんみょうじ》（戦いや日常の吉凶を占う者）が置かれた。胆沢城では、鎮守将軍着任の儀式のほか、出土した漆紙文書「古文孝経《こぶんこうきょう》」によって孔子を祀る「釈奠《せきてん》」が行われていたことが明らかとなった。また、貞観十八年（八七六）の太政官符《だじょうかんぷ》には、鎮守府で国家鎮護の儀式（最勝講《さいしょうこう》と吉祥悔過《きちじょうけか》の講修）を行ったことや、俘饗《ふきょう》（降伏した蝦夷をもてなす儀式）が定例行事として行われていたことが記されている。現在までの発掘調査成果によると、胆沢城は現時点で一〇世紀中頃まで存続していたとされる。政庁の建物などは大きく三期（Ⅰ～Ⅲ期）の変遷があったとされる。Ⅰ期が造営期～九世紀中頃、Ⅱ期が九世紀後半～一〇世紀初頭、Ⅲ期が一〇世紀前半～中頃で、Ⅱ期に政庁正殿が礎石建ち瓦葺《かわらぶき》建物に整備された。Ⅱ期は、貞観十一年に陸奥国で大地震が起き、元慶二年に出羽国で元慶《がんぎょう》の乱が起こった時期であり、社会情勢が大きく変化した時期であった。貞観の大地震は、『日本三代実録』（八五八～八八七年の清和・陽成・光孝三代の天皇の治績を記した政府編纂の歴史書）などの史料から、人的被害は溺死者約一〇〇〇人、圧死者（不明）、地割れに落ち込んだ死者（不明）で、物的被害は家屋の倒壊、多賀城の城郭・倉庫・門・櫓《やぐら》・築地塀の倒壊、原野・道路の広範な浸水、田畠・作物の被害、土地被害は地割れ、広大な津波浸水被害であっ

1-5　多賀城第Ⅱ期政庁復元模型の合成航空写真（東北歴史博物館提供）

たといい（柳澤、二〇一六）、多賀城の被害が発掘調査で明らかにされている（宮城県教育委員会・宮城県多賀城跡調査研究所、一九八二・二〇一〇・宮城県多賀城跡調査研究所、二〇一三）。陸奥国（福島・宮城・岩手県域）で最も被害が甚大なことがうかがえるとあり（柳澤、二〇一六）、多賀城ばかりでなく胆沢城の物的被害が想定され、胆沢城のⅠ期とⅡ期の移行期には多賀城と同じく大地震の影響があったと考える。胆沢城の基本的な構造は東北における他の古代城柵（官衙）と同じで、外周を一辺七五メートル《メートル》の築地土塀で区画し、政庁を中心に多くの官衙《かんが》（役所）が配置されていた。南辺と北辺の塀の中央にはそれぞれ外郭南門と外郭北門、塀の各辺を十分割した位置には櫓が造られている。外郭南門は多賀城や他の城柵に見られない一二脚門で、政庁南門の南にも同規模の政庁前門があり二重構造となっている。Ⅱ期とⅢ期の境の出来事としては、奥六郡の成立（一〇世紀初頭）、十和田《とわだ》火山灰の降下（九一五年）、平将門《まさかど》の乱（九三一〜九四〇年）などが挙げられる。

鎮守府将軍（九世紀末までは「鎮守将軍」）は、弘仁三年に鎮守府の官員が三等官制となって以来、鎮守府胆沢城のトップとして中央政府から派遣されていた。その職務は蝦夷への軍事対応と奥六郡の行政支配とされる。鎮守府将軍や陸奥守の地位は、平将門の乱の勝者たちが継承をめぐり競っていくことになり、陸奥出羽国の支配者たることが勝者（坂東《ばんどう》武士）たちのステータス・シンボルとなっていったと考えられる（鈴木、二〇一二）。勝者とは、乱を平定した藤原秀郷《ひでさと》・平貞盛《さだもり》・源経基《つねもと》である。藤原秀郷の子孫が散位《さんい》藤原朝臣経清（亘理権守《わたりごんのかみ》・亘理大夫）、源経基の子孫が陸奥守兼鎮守府将軍の源頼義とされる。藤原経清は安倍頼良の婿となり、前九年合戦において共に源頼義と戦うことになる。一一世紀代の鎮守府将軍は、長和元年（一〇一二）の藤原兼光《かねみつ》（秀郷流藤原氏、『御堂関白記《みどうかんぱくき》』）と、長和三年の平維良《これよし》（貞盛流平氏、『小右記《しょうゆうき》』）、寛仁三年（一〇一九）の平永盛《ながもり》（貞盛流平氏、『小右記』）、万寿二年（一〇二五）の藤原頼行《よりゆき》（秀郷流藤原氏）であり、秀郷流藤原氏と貞盛流平氏が交互に任用されてきた（関、二〇〇六）。藤原経清は、鎮守府将軍の兼光が祖父、頼行が叔父との説もある（鈴木哲雄、二〇一二）。経清と同じく安倍頼良の婿となった平永《なが》衡《ひら》（伊具《いぐ》郡主・伊具十郎）の系統は不明であるが、その名から平永盛の子弟であった可能性もある（樋口、二〇一六）。一〇～一一世紀には、陸奥守と鎮守府将軍の対立がたびたび起こり、双方による利権争を防ぐため、藤原頼行在任後の万寿四年には鎮守府将軍の補任（任命）が中断された（滑川、二〇一六）。中断時の長元九年（一〇三六）には、藤原頼宣《よりのぶ》が陸奥守に、安倍忠好《ただよし》（良）が陸奥権守に任じられており、当時の陸奥出羽按察使《あぜち》は藤原道長の子能信《よしのぶ》であったことから、北方物資の獲得や奥六郡支配の強化などの要請があったとみられる（戸川、二〇一九）。

鎮守府将軍の中断後、平氏や藤原氏はその地位を切望していたものと考えられる。そのために、陸奥権守安倍忠好（良）の子であって実質的な権力を所持する安倍頼良と姻戚関係になることは欠かせないものであったと想定される。しかし、天喜元年（一〇五三）にふたたび鎮守府将軍が補任され、藤原氏でも平氏でもない源頼義が陸奥守と兼任で任じられたことは、合戦の勃発に大きく影響を与えたものと考えられる。

2　安倍氏の出自と奥六郡

出自について

前九年合戦時、奥六郡を治めていたとされる人物が安倍頼良（のちの頼時）である。前九年合戦の模様を記した一一世紀後期成立の『陸奥話記』の冒頭には、頼良のことが記される。この文献には原本がなく複数の諸本が存在する。水府《すいふ》明徳会彰考館《めいとくかいしょうこうかん》蔵本（『群書類従』巻第三百六十九所収。以下「群書類従本」とする）などの写本では、頼良が「六箇郡之司」とあり郡司として六郡を治めていたと解釈されてきたが、前田育徳会尊経閣《いくとくかいそんけいかく》文庫蔵本（以下「尊経閣本」とする）には「司」という言葉は記されておらず、それらの説は史料的根拠を失ったとされる（樋口、二〇一六）。安倍氏が郡司であったか否か、奥六郡の統治に関しては出自とともにさまざまな見解がある。

安倍頼良は『陸奥話記』『今昔物語集』の中で「安大夫」と呼ばれていることから、五位の位階があったとされ、れっきとした官人であったことがわかる。本来、「大夫」とは、国の役所に勤務する幹部クラスの官人、すなわち在《ざい》庁官人《ちょうかんじん》の主立ちを意味する（入間田、二〇一二）。在庁官人とは、在地の者で任命された官人のことで、「庁に在る官人・雑任」に由来する（『朝野群載』巻二二、延喜十年〈九一〇〉月日加賀新司宣）。一〇世紀後半になると国司は形だけ補任されて赴任しない者が見られるようになって現地の有力者が補任されるようになり、中央から派遣される地方官としての性格を失う。一方で在地の有力者にとっては自国の国司は名誉な地位であり、王権・諸権門と結びつき補任を求めた（佐藤、二〇一五）。中央（都）から国司（受領）とともに国衙（役所）に赴き、その後に土着化した実務官人たちの呼称として、一一世紀中頃から在庁官人という呼称が見える。安倍頼良（頼時）が在庁官人として「在る庁」は、『陸奥話記』に天喜四年（一〇五六）鎮守府に滞在した源頼義を頼時が給仕したとあることから、鎮守府胆沢城で間違いない。『後三年記』冒頭にある「貞任・宗任《むねとう》か先祖六郡の主にてはありけるなり」の記述により、安倍氏が本来「六郡の主」の地位にあったことが明らかであり、藤原秀衡《ひでひら》が「御館《みたち》者奥六郡主」と源頼朝に呼ばれていることから、奥六郡の地を安倍氏から清原氏を経て、藤原氏がその地位を継承し与えられてきたと考えられる（『吾妻鏡《あずまかがみ》』文治二年〈一一八六〉四月二十四日条）。

安倍頼良には良昭《りょうしょう》という舎弟がおり、父の安倍忠良《ただよし》は、頼良と良昭の二人の子息がいたことがわかる。また、康平五年（一〇六二）の合戦で戦死する平孝忠《たかただ》は、陸奥守を務めた平孝義《たかよし》と忠良の娘を父母に持つ国府在庁官人（遠藤、二〇〇九）であったことから、忠良には少なくとも二男一女の子がいたことになる。

安倍頼良の祖父に関して、「尊経閣本」には名がなく「自称酋長《しゅうちょう》」とある。また、「群書類従本」や他諸本には名が「忠頼」で「東夷《とうい》酋長」とあることから、在地住民の長であったとされる。この記述や『扶桑略記《ふそうりゃっき》』『百錬抄《ひゃくれんしょう》』などに源頼義が安倍頼良を「俘囚《ふしゅう》頼時」と中央に報告したことから、安倍氏は蝦夷と解釈されてきたことがうかがえる。平将門の叔父で坂東平氏の祖平良文《よしぶみ》の子に「忠頼」がいる。平忠頼の子・忠常《ただつね》は乱を起こし、源頼義の父で河内《かわち》源氏の祖源頼信《よりのぶ》がその乱を鎮めており、『陸奥話記』にもその乱が記される。源頼信・頼義父子の敵であるとして、その名を用いたのだろうか。

頼良の父忠良は、『陸奥話記』に名前以外の記述がみられない。忠良に関しては、『範国記《のりくにき》』長元九年（一〇三六）十二月二十二日条にある「陸奥権守安倍忠好」と同一人物とされる（戸川、二〇一六）。最初に、この説を唱えた戸川点氏は、長元九年中央貴族の安倍忠好（良）が陸奥権守に任じられて下向し、陸奥国に土着して勢力を伸ばしていったとする。「尾張国郡司百姓等解文《おわりのくにぐんじひゃくしょうらのげぶみ》」で有名な藤原元命《もとなが》が子弟郎等《ろうどう》を引き連れ任国に下向して強力な任国支配を実現している事例から、忠好（良）が任命後から永承六年（一〇五一）までの一五年間で、子息頼良を引き連れて奥六郡支配を展開することも可能としている（戸川、二〇一六）。

しかし、安倍氏の姻戚関係には多くの金一族がおり、前九年合戦時の敵方にも気仙郡司の金為時がいることから、引き連れてきたのではなくすでに土着しており姻戚関係となったと思われる。頼良の娘婿となる藤原経清も源頼義の弟頼清《よりきよ》の郎従で、頼清が陸奥守として長久年間（一〇四〇〜四四）に赴任したおりに陸奥国に下向し亘理郡を拝領し、亘理権大夫（権守）となるが、その後に安倍頼良の娘婿となり土着して、在庁官人になったとされる（樋口、二〇一六）。また、天喜五年（一〇五七）奥六郡の奥地（青森県の太平洋沿岸部）鉋屋《かなや》・仁土呂志《にとろし》・宇曽利《うそり》の三部の夷人（現地住人）の頭領となった安倍富忠《とみただ》が、富忠の説得に向かった頼時との合戦に及ぶ。同じく下向した一族と仮定すると勢力範囲が奥六郡より広がることとなり、一五年で土着できたとは考えがたい。忠良の娘が嫁いだ平孝義は治安三年（一〇二三）から長元元年まで陸奥守の職にあったことから、忠良は陸奥権守に任じられる前から陸奥国にいたものと想定される。「大法師浄蔵伝《だいほうしじょうぞうでん》」引用の『外記日記《げきにっき》』には、天慶三年（九四〇）平良文が将門敗死の情報を伝達し都へ伝えた人物として安倍忠良なる人物が登場するが（鈴木、二〇一二）、安倍頼良につながる一族であるとすれば前九年合戦より一世紀以上前から陸奥国以南の坂東で官人として活躍していた可能性がある。

『陸奥話記』では、陸奥守である源頼義が兵糧に困り、諸国から送ってもらうように中央へたびたび要請していることから、その間も安倍氏は陸奥守に代わって兵糧を得ていることとなる。一〇世紀以降に、稲を貸し付けて利息とともに回収するという出挙《すいこ》のシステムが、国家（国府）と公民（百姓）の契約関係である公出挙から富豪層と百姓の私出挙に転換したことで、富豪層（貸与者）と百姓（借用者）の間における「恩恵と人格的恭順の関係」を創出する面があったというが（鈴木、二〇一三）、奥六郡での富豪層はもちろん安倍氏であり、奥六郡の公民との一世紀以上にわたる関係から、陸奥守ではなく安倍氏が兵糧を得るシステムを生み出したものと思われる。摂関家領が陸奥国に多いということは、中央の貴族たちが独自に富を得るつなぎを作った証であり、そのつなぎ役の基礎を安倍氏が築いたとされる（大平、二〇一五）。よって、下向した官人が安倍氏の祖となっているとすれば、九世紀後半に鎮守府将軍を務めた安倍比高《これたか》や安倍三寅《みとら》、陸奥守を務めた安倍貞行《さだゆき》、一〇世紀前半より藤原氏や源氏とともに坂東で活動してきた安倍氏一族（平将門の敗死を伝達した安倍忠良か）のいずれかが、陸奥国における安倍氏の始まりで、次第に鎮守府胆沢城の在庁官人として勢力をつけていったと推察される。

国司は、律令制で四等級の官職があり、すべて中央から下向しそれぞれの役目が決められていたが、九世紀以降は国司一人にすべての監督権限が委ねられ、地方国の政治を一手に握ってしまうことから、受領《ずりょう》と呼ばれるようになった。受領は自分の手足となって働く者を中央から引き連れてくるが、その者たちの中には土着化する者が現れる。一〇世紀後半になると、律令制では避けられていた在地の有力者を官人に補任することが行われるようになる。権力が集中した受領が交代しても、補任された在庁官人が国衙《こくが》を実質的に支配するようになった（大平、二〇一五）。官人の中には、貞観年間（八五九～八七七）から、貴族が国家行事などで献金して、政府により見返りとして任命される者もいたという。この制度を成功《じょうごう》といい、献金による肩書きであり実態がないといえる。また、権守は、上流貴族に政府が給与として任命権を与えた役職のひとつである。この制度を年官《ねんかん》といい、任命された者はその貴族に任料を払うこととなり、中央政府は官職の任命権を与えることで、間接的に貴族へ給与を与えることになる。このように任命された国司や権守は、仮の守という名で実態がないといわれてきた。しかし、陸奥や出羽の両国の場合は、実際に下向して、実権を持つ場合もあったと考えられている（戸川、二〇一六）。

安倍氏が在庁官人だった一一世紀前半（あるいは一〇世紀後半以降か）には鎮守府胆沢城の機能が低下あるいは停止しており、在庁官人安倍氏の拠点が政治の中心となっていたと考えられる（大平、二〇一五）。発掘調査において、胆沢城跡から一〇世紀後半以降の建物遺構が確認されておらず、代わりに鳥海柵《とのみのさく》跡から一一世紀前半の大型建物跡が、胆沢城との関連性がうかがえる遺物（官人が身につける銙帯《かたい》の鉸具《かこ》、水晶玉）とともに見つかっていることが、その根拠を示すものと考える。よって、陸奥権守安倍忠好（良）らが居住し政治の中心となっていた地は、胆沢城に近い鳥海柵の可能性が想定される。これは第三章で検証していきたいと考える。

安倍氏の一族とその拠点

『陸奥話記』によると、安倍氏の一族には安倍頼良の子息や姻戚関係の親族らがいる。頼良の子息は、貞任・宗任・正任《まさとう》・重任《しげとう》・家任《いえとう》・則任《のりとう》、弟は僧良昭とある。重任は「字北浦六郎」と記され、六男と読み取れる。また、康平五年（一〇六二）十二月十七日の国解《こくげ》（以下「康平五年の国解」とする）として、藤原経清・散位平孝忠・藤原重久《しげひさ》・散位物部維正《もののべのこれまさ》・藤原経光《つねみつ》・同正綱《まさつな》・同正元《まさもと》（以上、斬獲）、散位同為元《ためもと》・金為行・同則行《のりゆき》・同経永《つねなが》・藤原業近《なりちか》・同頼《より》久《ひさ》・同遠久《とおひさ》ら（以上、帰降）、散位平孝忠・金師道《もろみち》・安倍時任《ときとう》・同貞行・金依方《よりかた》ら（以上、戦死）の一族の名が挙げられる。また『吾妻鏡』には、厨河《くりやがわ》次郎貞任・鳥海《とのみ》三郎宗任・黒沢尻五郎正任・白鳥《しろとり》八郎行任とあり、次男が貞任、三男が宗任、五男が正任、八男が行任であったと想定される。『朝野群載』第十一所収「康平七年（一〇六四）三月二十九日太政官符」（一一一六―一一三三年。以下「太政官符」とする）には、帰降した安倍頼時の子息の安倍宗任・貞任・家任・沙弥《しゃみ》良増（俗名則任）の名がある。この貞任に関して、合戦の間は病のため軍に与せずとあることから、『安藤系図』や『藤崎系図』にある盲目の長男井殿のことで、実名は真任と想定される（樋口、二〇一六）。

『陸奥話記』には、安倍氏の拠点として厨川柵《くりやがわのさく》・嫗戸柵《うばとのさく》・比与鳥柵《ひよどりのさく》・黒沢尻柵《くろさわじりのさく》（「正任所居和我郡」）・鶴脛柵《つるはぎのさく》・鳥海柵・大麻生野柵《おおあそうのさく》・瀬原柵《せわらのさく》・藤原業近柵・石坂柵・小松柵《こまつのさく》（「宗任叔父僧良照柵」）・河崎柵（「金為行之」）の一二柵と、衣川関が記される。『吾妻鏡』により、厨川柵は貞任、鳥海柵は宗任、黒沢尻柵は正任の柵であったと推測される。「太政官符」には「貞任が嫗戸楯《たて》（柵）」とあり、嫗戸柵も貞任の柵と推察される。

厨川柵の安倍貞任は、阿久利川人馬殺傷事件で源頼義配下の陸奥権守藤原説貞《ときさだ》の子らの陣を襲ったと嫌疑を掛けられた人物であり、父頼時は衣川関を閉じ源頼義との戦いに挑むことになった。頼時の死後には、安倍氏の核となり黄海の戦いで頼義らを破ったが、前九年合戦の最後、厨川柵で頼義に罪を責められて殺された。享年三四であったといい、逆算すると一〇二八年頃生まれ、二三歳頃に合戦が始まったこととなる。その容姿は、丈が六尺有余（一・八メートル余）、腰回りが七尺四寸（二・二四メートル）で、大きくて色白の立派な姿とある。貞任子息の千世童子《ちよどうじ》は一三歳で、父とともに殺される。美しい顔立ちで、鎧をまとって戦う姿は強く勇ましい祖（頼時）のようであったという。

貞任の妻は『十訓抄《じっきんしょう》』に「貞任等四千余騎の勢を集めて、しうと金為行が河堰柵にこもりて」とあり、貞任は金為行の娘をめとっていたと推察される（樋口、二〇一六）。一方、『陸奥話記』の登場人物「貞任伯父安倍為元字赤村介」は、『前九年合戦絵詞《えことば》』に描かれる「金為元」と同一人物と推察され、安倍頼時の父忠良の婿であり、為元と金為行とは兄弟の可能性もある（遠藤、二〇〇九）。為行らとともに金則行や金経永も帰降しており、金氏が姻戚として安倍氏の一族に加わっていたものと想定される。

ほかに、合戦での死者として散位平孝忠・金師道・安倍時任・同貞行・金依方らは、貞任や宗任の一族とある。鳥海柵の宗任は、康平五年に源頼義と清原武則《たけのり》の軍が合流して最初に攻める小松柵での戦いが、『陸奥話記』の中での初見である。小松柵は宗任の叔父良昭の柵で、宗任は柵を出て騎馬を率いて戦ったとされる。柵の焼失後は宗任の命により磐井以南の複数の郡が運搬中の官軍の物資を奪っており、郡司以上の権限を有していたと想定される。衣川関の破られた後、鳥海柵を棄てて厨川柵に行き、貞任が誅殺されて数日後に投降したとある。「太政官符」には、宗任が衣川関を破られた日に鳥海楯（柵）を去って、兄貞任の嫗戸楯（柵）に籠り共に戦い、貞任らが殺される間に傷を負って逃脱し、その後に武器を棄てて合掌し帰降したとあり、『陸奥話記』との相違がみられる。衣川関が破れる場面において、藤原業近柵の主である業近は宗任の腹心で、字《あざな》が大藤内《おおとうない》と『陸奥話記』に記載される。安倍氏一族の大半は婚姻関係であるが、主従関係と目される藤原業近の存在は興味深い。

1-6　安倍宗任（『前賢故実 第6巻』国立国会図書館所蔵）

黒沢尻柵の正任は、宗任の弟で五男とされる。「太政官符」には正任が衣川関を落とされたのち小松楯（柵）へ逃げ、伯父の僧良昭と一緒に出羽国へ逃亡したと記される。また、「康平五年の国解」によると出羽国清原光頼《みつより》の子の大鳥山太郎頼遠《よりとお》のもとでかくまわれていたが、宗任が帰降したと聞き康平六年五月に投降したとされる。正任の妻は光頼の娘、頼遠の姉妹だったと推測され（戸川、一九九九・遠藤、二〇〇九）、妻の実家に身を寄せたこととなる。

貞任の弟で六男の重任は、兄が殺された直後に斬られている。康平六年二月十六日には、重任の首が兄貞任や藤原経清の首と共に京都へ献じられた。兄貞任と共に奮戦したことが想像できるが、その描写はなく、貞任や経清と違って具体的な罪状はわからない。重任の字は「北浦《きたうら》六郎」であり、貞任とともに斬殺されたことから、厨川柵の近くにいた可能性が想定され、厨川や嫗戸の二柵と雫石《しずくいし》川で結ばれた北浦（盛岡市字北ノ浦付近）が拠点とみられる（樋口、二〇一八）。

則任は、「太政官符」によると最初の戦（小松柵の戦い）で追い散らされた後、助かるために出家して名を沙弥良増に改め、母を先導に合掌して投降したとされる。則任の名は、『藤崎系図』に頼時の子に白鳥八郎則任、『安藤系図』に白鳥八郎行任の子（安倍頼良の孫）として白鳥太郎則任、頼良の兄弟として則任（法名良昭）とある。双方の系図から、頼良の八男（もしくは孫）である則任は「白鳥」の地にいたと想定される。「白鳥」とは、源頼義らが大麻生柵・瀬原柵を攻め抜くときに到った白鳥村付近と推察される。ほかに、岩手県紫波町の陣ケ岡《じんがおか》（「日本先住民族史」）や善知鳥《うとう》館（「紫波郡誌」）が安倍（比与鳥七郎）則任の居城と伝わる。

家任は、「太政官符」に貞任の嫗戸柵（楯）に籠って共に戦い、貞任らが誅殺される間に歩兵に混じって逃げ、二日後に自ら手を束ねて投降したとある。また、『藤崎系図』には鳥海弥三郎家任とあり、兄の宗任と鳥海柵にいたと推察される。

小松柵の良昭は、『陸奥話記』に頼良の舎弟で宗任の叔父の僧侶とある。天喜四年の合戦時には、頼時の命により気仙郡司金為時の攻撃を防いでいる。また、康平五年の小松柵の戦いでも柵主として戦ったものと想定される。『前九年合戦絵詞』や「太政官符」には、正任の「伯父僧良昭」とあり、「伯父＝親の兄」と「叔父＝親の弟」を使い分けているとすれば、頼良の兄でありながら嫡子ではなかった可能性がある。『安藤系図』では、頼良の兄弟に則任と安倍為元がおり、則任の法名が良昭であったとされる。「太政官符」によると良昭は正任とともに出羽国に逃走し、出羽守源斎頼に捕らえられていたと記され、「伯父僧良昭」と出家して名を「沙弥良増」に改めた則任の名が混在して沙弥良増と系図に伝えられたものと想定される。『吾妻鏡』（文治五年〈一一八九〉九月条）の「境講師官照」、『義経《ぎけい》記《き》』巻第一・吉次が奥州物語の事の「境冠者良増」は、いずれも良昭のことと推察される。講師とは、国分寺に設置された上座の僧侶のことで、国内（郡内）の寺院の監督なども行った役職であり、「冠者《かじゃ》」は六位で無官の者をいう。

柵のうち安倍氏以外の柵である河崎柵は、衣川関が閉じられた後に黄海の戦いで貞任が営所としたことから、関以南の磐井郡に位置したと推察される。また、康平五年の戦いで衣川関が突破される以前に登場する柵は石坂柵・小松柵であり、これらも同じく磐井郡と想定される。よって、奥六郡は『陸奥話記』に記述される九柵にて治めていたこととなる。

安倍氏は磐井郡を司る金氏と姻戚関係となり、その結果衣川の外（国府管轄領）へ勢力拡大したことが、合戦の原因となったと考えられてきた。しかし、小松柵が安倍頼良の兄弟である良昭の柵であれば、金氏とは姻戚関係以上の関係で、金氏は自らの領内へ安倍氏が柵を築くことを許していたことになる。宗任の腹心である藤原業近の柵（拠点）は、衣川北岸で安倍氏の管轄領域に所在したと推察されることから、金氏が管轄した領域の磐井郡を安倍氏が利用したのではなく、同じように安倍氏が管轄した領域を金氏が拠点としていたと考えられないだろうか。

もし前九年合戦の要因が安倍氏の勢力拡大であったとすれば、金氏との姻戚関係による磐井郡への進出だけではなく、国府多賀城を越えて南に位置する亘理郡の藤原経清や伊具郡の平永衡との姻戚関係が、影響した可能性も考えられる。鬼切部の合戦で平永衡は陸奥守藤原登任《なりとう》ではなく、舅の安倍頼良に与している。安倍氏は金氏ばかりではなく、藤原氏や平氏との姻戚関係により一族を増やし、衣川関以南の磐井郡だけではなく多賀城周辺まで勢力を広げつつあった可能性は否めない。

第二章　安倍氏と前九年合戦

1　前九年合戦の原因と源頼義の任命

「永承の頃、太守（陸奥守）藤原登任は数千の兵を発し、出羽国の秋田城介平朝臣重成《しげなり》を前鋒《せんぽう》として安倍頼良を攻めた」と『陸奥話記』にあり、これが前九年合戦の始まりとされる。安倍頼良は諸部の囚俘《しゅうふ》（俘囚）と共に鬼切部で戦ったとされ、「鬼切部の戦い」という。本来、太守とは親王の任国である上総《かずさ》・常陸《ひたち》・上野《こうずけ》の国の守をいうが、陸奥が大国であることから太守としたと想定される。また、『吾妻鏡』などには前九年合戦が「十二ヶ年」とあり、合戦終了が康平五年（一〇六二）九月十七日であることから、鬼切部の戦いは永承六年（一〇五一）頃と推察される。

登任は永承年間（一〇四六〜五三）に陸奥守として下向する。『造興福寺記《ぞうこうふくじき》』（永承二年二月二十一日条）には藤原氏の氏寺である興福寺を修理するため、藤原頼通《よりみち》が「藤氏諸大夫（五位以上の藤原氏）」へ寄付を命じ、寄付した藤原氏の名簿《みょうぶ》が表記されるが、その中に名を連ねる登任は所在地が陸奥（六奥）と記されていない。よって、永承二年以前は陸奥国に着任しておらず、永承六年から任期四年をさかのぼると永承三年に着任したと推察される。『吾妻鏡』の記述から、永承五年、平重成は秋田城介に任官とされる（関、二〇〇六）。秋田城介は鎮守府将軍と並ぶ北方防衛の責務を担い、鎮守府将軍の停止時期は秋田城介が代わりを務めた。『尊卑分脈《そんぴぶんみゃく》』には、藤原登任の子息長宗の母が「平兼忠《かねただ》の女」と表記されるが、兼忠は平維茂《これもち》（余五《よご》将軍）の実父であり、その子息である平重成の祖父ということにな

1-7　将軍頼義，陸奥へ進発（『前九年合戦絵詞』国立歴史民俗博物館所蔵）

ることから、藤原登任と平重成は義理の叔父と甥の関係となる。任期の終わりが近づいた登任が重成との連携を模索し、登任から中央政府に働きかけて、合戦の前年に重成が秋田城介に任命された可能性があり（関、二〇〇六）、登任は用意周到に計画を立て安倍氏との「鬼切部の戦い」を起こしたと推察される。

国司は初任時に一国へ荘園整理令を発することがあり、一一世紀中頃以降急増した。また、荘園整理令は長久元年（一〇四〇）荘園整理令によって内裏《だいり》造営の費用調達がされ、以来寛徳二年（一〇四五）、天喜三年（一〇五五）、その後も相次いだ（鎌倉、二〇一三）。藤原登任は、永承二年に興福寺の修理に寄付したとされるが、その負担を賄うため陸奥国に着任して荘園整理令を発して、安倍頼良が従わず生じた摩擦が「賦貢《ふこう》を輸《いた》さず」となった可能性が想定される。後の藤原基衡《もとひら》も、徴税をめぐって陸奥守藤原師綱《もろつな》と衝突しており（遠藤、二〇一五）、同様の要因が想定される。

鬼切部の戦いは、安倍頼良が諸部の俘囚らとともに戦い、藤原登任らに大勝した。鬼切部が宮城県大崎市鬼首《おにこうべ》とする説は、「鬼切部」を「鬼功部」の誤写と解した江戸後期の史家相原友直《あいはらともなお》以来である。しかし、『陸奥話記』には「諸部の俘囚」「一部一落」と「部」を含む語がみえることから、中国思想に由来する北方異種族の集落や地域集団を指す文字と解するのが妥当とされ、鬼切部は郡制施行外の最辺境に位置した現地住人の集落ということになる。よって、奈良時代以降玉造《たまつくり》郡の領域であった鬼首の地ではありえず、反逆者追討の物語を描き出そうとした作者によって案出された架空の地名である可能性が濃厚である（樋口、二〇一六）。「諸部の俘囚」の諸部も、最辺境の同じく現地住人を意味し、安倍氏が治める領域の奥六郡との境、磐井郡の北部にある俘囚の集落と区別し、それを強調するために、郡ではなく部を用いた可能性は十分にある。「鬼切」という名称に関して、『太平記』に源頼光《よりみつ》とその家臣渡辺綱《わたなべのつな》が牛鬼を切った逸話が収録され、牛鬼を切った剣が「鬼切」であるという。また、『平家物語剣之巻《つるぎのまき》』には頼光が鬼の腕を切った逸話が収録され、切ったことで剣に「鬼切（鬼丸）」という名が付いたとされる。同書には、源頼義が源満仲《みつなか》から「鬼丸」「蜘蛛切」という名の太刀を賜ったとある。源頼光は頼義の叔父であり、源満仲は頼義の祖父であることから、いずれの逸話も源頼義やその親族が登場しており、「鬼切」という名称は源氏との関連性が考えられる。

永承六年、藤原登任の後任として源頼義が陸奥守に任命された。平重成が解任された後の天喜元年には秋田城介の官職も停止となり、源頼義によって復活した鎮守府将軍が代わりに責務を担った（樋口、二〇一六）。鬼切部の敗退が尾を引き、陸奥国統治を強化する狙いがあったとされる。頼義の父は、平忠常の乱を鎮めた源頼信（平将門の乱で功績を挙げた源経基の孫）で、河内源氏の祖といわれた人物である。『陸奥話記』の中では、平忠常の追討軍にいた頼義は勇決が群を抜いて才気が溢れ、射芸の巧みさに感心した追討使《ついとうし》の平直方《なおかた》（平貞盛の曽孫）が娘をめとらせたとある。しかし、実際は平直方が追討使として功績を挙げられず、源頼信が乱を平定したことに感服したことで、その嫡男（頼義）に娘を嫁がせたという（鈴木、二〇一二）。源頼義が着任して間もなく、後冷泉天皇の祖母である上東門院《じょうとうもんいん》（藤原彰子、藤原道長の長女）の病気平癒祈願の大赦によって、安倍頼良は罪を許される（『扶桑略記』第廿九、永承七年五

1-8 『前九年合戦絵詞』に描かれた安倍頼時の館(『国指定史跡鳥海柵跡ガイドマップ』トレース図)

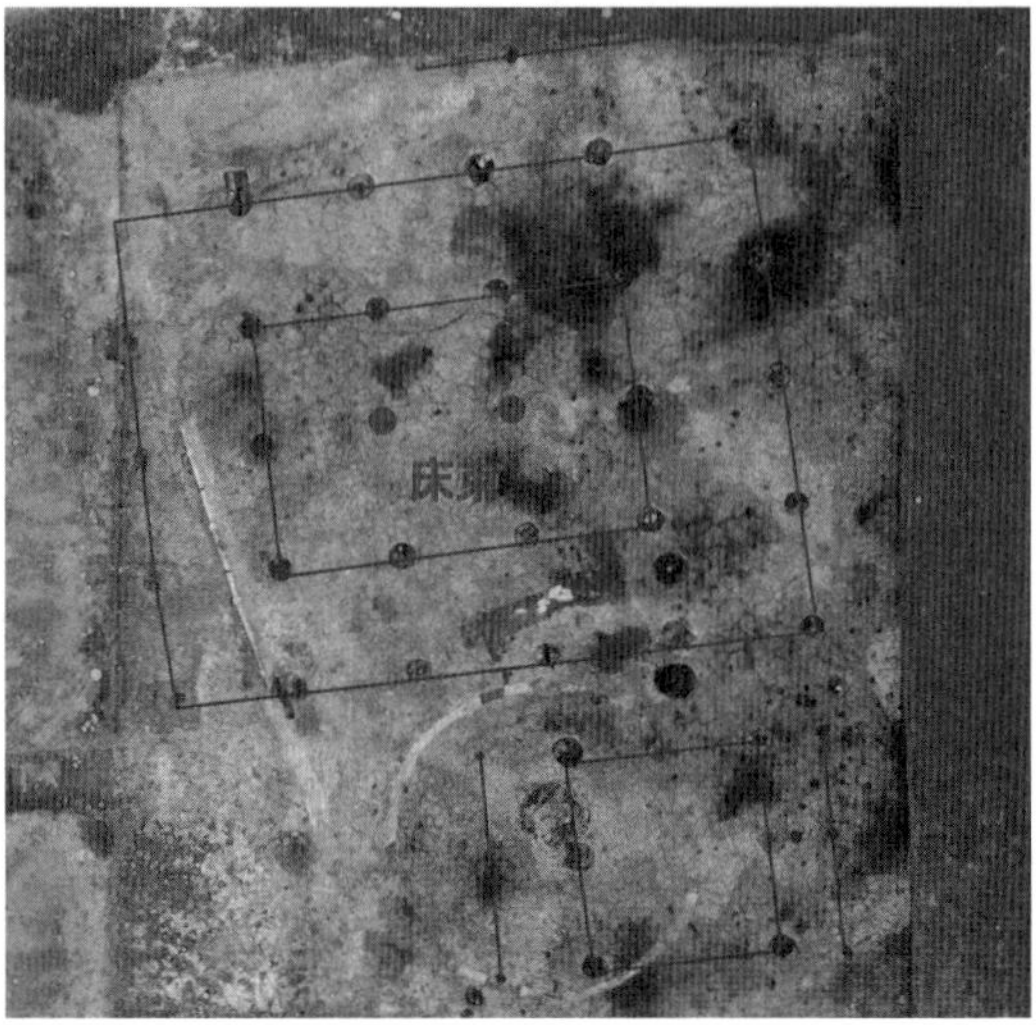

1-9 縦街道南区域の大型建物跡写真(金ケ崎町教育委員会提供)

月条)。頼良は喜び、陸奥守源頼義と同じ名であることを慎むとして名を「頼時」と改めたとされることから、陸奥守あるいは源氏との争いを安倍氏は避けたかったと読み取れる。

天喜元年、頼義が鎮守府将軍を兼任することになる。この時期の武威の象徴であり競望の対象とされた将軍への就任は、東国進出をねらう源氏の頼義にとって大きなチャンスとなり、逆に貞盛流平氏や秀郷流藤原氏が従来交互に任用されてきた地位であったことから、平氏や藤原氏にとって衝撃的な出来事であったに違いない(関、二〇〇六)。

安倍頼時は源頼義に身を委ねて帰服する。陸奥守任期が終了する天喜四年に、頼義は鎮守府(胆沢城)に数十日滞在し、頼時は頭を下げて給仕し、駿馬・金宝を兵士にまで渡す。前年には全国へ荘園整理令(天喜令)が発令されており、陸奥国も例外ではなく賦課され、頼義が現地へ直々に赴いて責務を遂行した出来事を描いたとも考えられる。

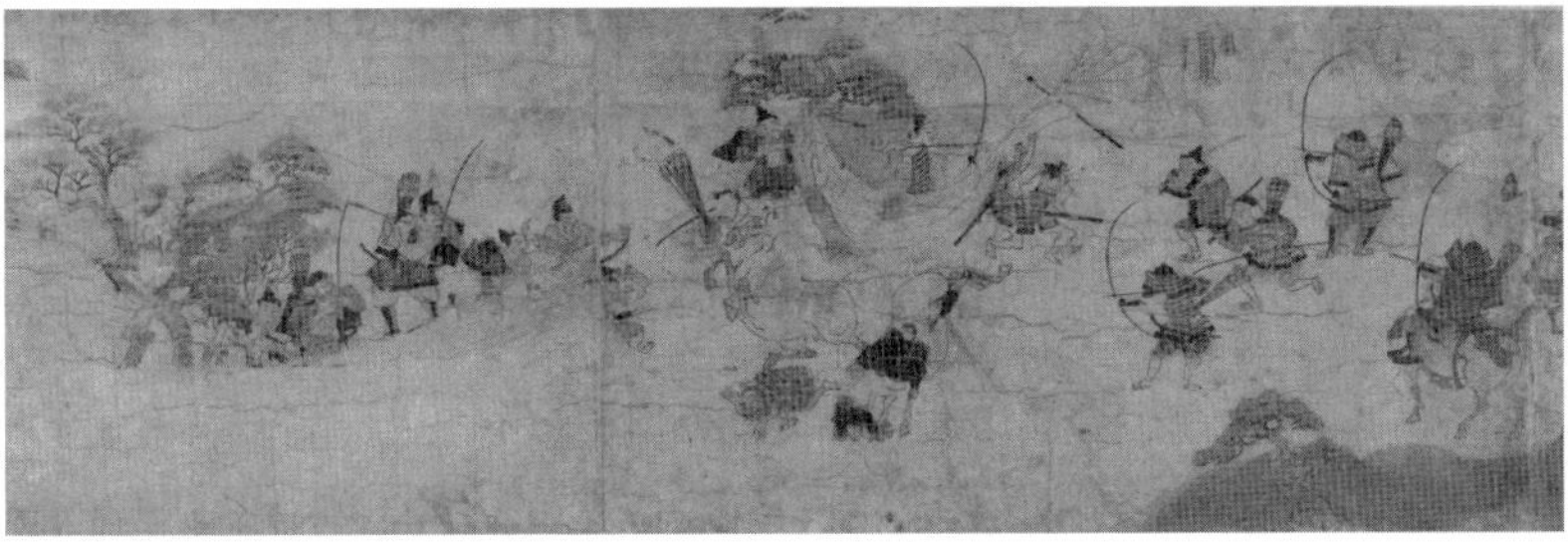

1-10　藤原光貞・元貞，阿久利河岬で安倍貞任の逆襲に遭う（『前九年合戦絵詞』東京国立博物館所蔵）

発掘調査の成果では、胆沢城は、これまでの発掘調査で建物跡から一一世紀代の遺物が出土しておらず、前九年合戦時には機能していないとの見解が示されている。しかし、城内の築地塀に近い溝跡や南門付近の土坑などから一一世紀代の土師器《はじき》や陶器が出土しており、仮設の鎮守府が設けられた可能性がある。また、『前九年合戦絵詞』の「安倍頼時、将軍頼義に駿馬・金宝を献ずる」の場面では、安倍頼時の館で頼義をもてなして馬を見せているが、ここで登場する建物は縦街道《たてかいどう》南区域の大型建物（SB〇一・〇二）と形態がよく似ている。康平五年（一〇六二）に鳥海柵へ入城した源頼義は、清原武則に初めて鳥海柵の様相を見ることができたと語っているが、在庁官人の力が強くなっていたことを象徴する逸話であって、鳥海柵へ儀式的に出入りすることはあったのではないかとの見解もある（大平、二〇一五）。建物の創建年代は出土遺物から一一世紀前半と想定されるが、中頃まで存在したと考えられ（千田、二〇一八）、実在した建物が語り継がれ、絵詞に描かれたと考えるとロマンが膨らむ。

2　阿久利河事件と在庁官人の権力争い

源頼義が滞在を終えて鎮守府から国府（多賀城）へ帰庁する途中、陸奥権守藤原朝臣説貞の子光貞《みつさだ》・元貞《もとさだ》らが、野宿した阿久利河の辺りで人馬を殺傷される事件が

1-11 藤原光貞，将軍に急を伝える（『前九年合戦絵詞』東京国立博物館所蔵）

起こる。光貞は源頼義に「貞任から妹を嫁したいと言われたが、身分が低いと断ったので、貞任は深く恥じ事件を起こしたと推測される」と報告し、頼義は怒り貞任を呼び処罰しようとする。貞任を引き渡すように迫られた頼時は、「人倫の世に在るは、皆妻子の為なり（人間として生きていく道理はみんな妻子のためである）。貞任愚かなりといえども、父子の愛は棄て忘るること能わず（貞任がたとえ愚かであったとしても、父子の愛は忘れることができない）。〔以下省略〕」と語り、周りの皆は一丸となって戦うことを決意して衣川関を閉じ、合戦の幕が切って落とされることになる。安倍頼時ら一族の家族愛や強固な結束が心に響く場面である。

『前九年合戦絵詞』には、藤原光貞が源頼義へ報告する場面において、黄海の戦いで頼義を死守した源義家《よしいえ》や大宅光任《おおやのみつとう》・藤原通利《みちとし》・修理少藤原景通《かげみち》・藤原則明《のりあきら》の重臣が描かれる。掲載された人物は藤原説貞・光貞父子をはじめ藤原氏が大半であることから、陸奥権守の現職である説貞の藤原一族とかつて陸奥権守であった安倍忠良（好）ら安倍一族との奥六郡の利権をめぐる争いの可能性が想定される。頼時は「一旦罪を認めてしまえば」と貞任の事件への関与を否定しており、藤原説貞らの謀《はかりごと》であると推察される。

源頼義は衣川関が閉じられたことに激怒し、数万に上る坂東の騎馬や歩兵を集めた。藤原経清や平永衡《ながひら》らは、舅である安倍頼時に叛《そむ》いて私兵を率い国府軍に従軍した。しかし、衣川に近づいたときに永衡が銀の冑をかぶっていたので、「合戦時、安倍頼時

1-12　将軍頼義，安倍頼時・貞任の衣川関に進撃する（『前九年合戦絵詞』国立歴史民俗博物館所蔵）

の軍勢が矢を当てないようにしている。前陸奥守登任の郎従として下向し伊具郡を領したが、頼時の娘を嫁とし、登任に叛いた不忠不義の者である。密かに頼時と内通しているので、早く永衡を斬ったほうがよい」と頼義に告げる者がおり、永衡は斬殺された。同じく安倍頼時を舅とする「経清等」（複数か）は怖れて、「其の客」に対して自分も殺されるかもしれずどうしたらよいかと語ったら、頼義は必ず疑うので安大夫（安倍頼時）に従ったほうがよいと「其の客」に言われたとされる。経清は了解し、安倍頼時が国府を攻めて将軍の妻子を捕まえようとしていると軍中でデマを流し、国府へ急ぎ還る源頼義ら軍勢の混乱に乗じて、経清らは私兵八百余人を率いて安倍頼時のもとに走ったという。頼義は退却時に気仙郡司金為時に頼時を攻めさせ、頼時は舎弟の僧良昭らに防がせたとされる。

「経清等」との表記から、源頼義を怖れて離反した者は、経清だけではなく複数であったと推察される。また、「其の客」も離反者の一人と考えられる。永衡と同じく安倍頼時と姻戚関係にあったのは、経清のほかに貞任の舅金為行や伯父安倍（金）為元もいる。永衡を斬る前、将軍は戦うことなく衣川の近くまで進軍している。衣川関を閉じた頼時らは関の外に出ず、河崎柵の金為行が防戦した記述もない。衣川関以南に所在する河崎柵が安倍氏の営として登場するのは、安倍頼時の死後である。つまり、永衡の処刑を境に、金氏を含む「経清等」複数の官人が頼時のもとに走ったのではないだろうか。

経清は源頼義の弟頼清の郎従であり、頼清が陸奥守として長久年間（一〇四〇〜四四）に赴任したおり陸奥国に下向し亘理郡を拝領して留任、その後河内源氏の家来筋にもかかわらず奥六郡安倍頼時の娘をめとりその娘婿となったとされる。また、鎮守府将軍藤原秀郷の子孫（秀郷流藤原氏）であり、同じく鎮守府将軍の藤原兼光の孫、頼行の甥との説もある（鈴木、二〇一二）。『造興福寺記』には、永承二年（一〇四七）に経清と藤原説貞が「六奥（陸奥国）」にいたことが記される。ともに「権守」という地位にあり、中央の藤原一門に列した人物だったという（大石、一九七八）。説貞とともに源頼義側であった藤原景道・則明は、延喜十五年（九一五）に鎮守府将軍となった藤原利仁《としひと》の子孫（利仁流藤原氏）で、経清は秀郷流藤原氏であることから、二つの系統の末裔による派閥争いが想像される。安倍氏と姻戚関係のある藤原経清や平永衡そして金氏と、権守藤原説貞をはじめとする藤原氏一族との陸奥国府における官人の権力争いが背景にあり、結果的に安倍氏の姻戚であった官人の永衡が殺され、経清らが離反せざるを得なかった状況となったのではないだろうか。天喜元年、藤原頼行以降に空席であった鎮守府将軍に源頼義が任用されたこともきっかけとなり、一族の念願であった将軍職への道が閉ざされたことで、助力を求めていた安倍頼時側へ同じく姻戚関係にある者と一緒に離反した可能性も考えられる。

3　天喜の飢饉と安倍頼時の死

『陸奥話記』には、天喜四年（一〇五六）、中央政府が新司（新たな陸奥守）を任命したが、合戦の知らせを聞いて辞退し赴任しなかったので、源頼義を重任《ちょうにん》して安倍氏を攻め滅ぼそうとしたとある。しかし、『扶桑略記』によると、

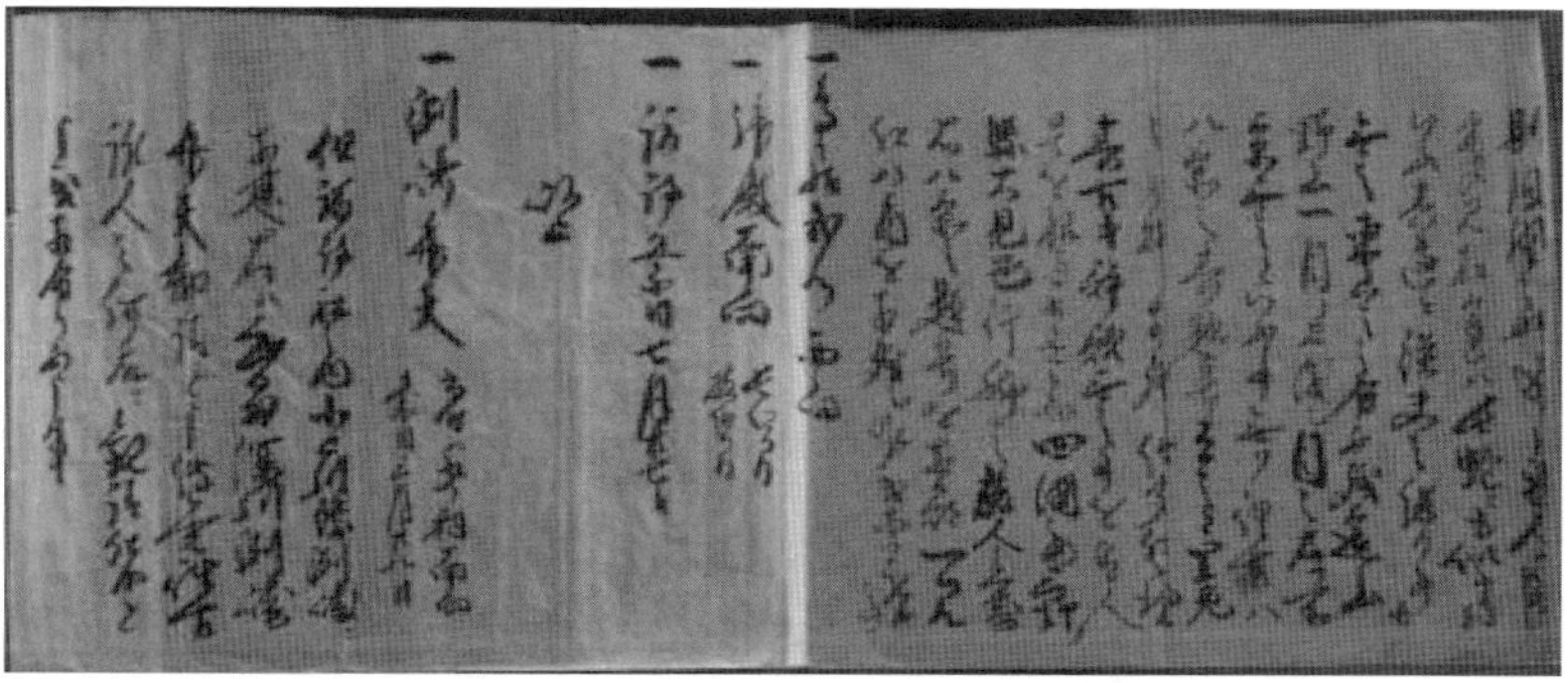

1-13 「神社書上之事 諏訪大明神」（安永５年８月，金ケ崎神社所蔵）

天喜五年十二月二十五日、陸奥守の藤原良経が兵部大輔に遷任となり、陸奥守には源頼義を補任したとされる。また、同文献では、良経が陸奥守に在任した期間中において、源頼義の肩書きが陸奥守ではなく「前陸奥守」「鎮守府将軍」と記される。つまり、実際は天喜四年に藤原良経が陸奥守に赴任し、在任中の天喜五年十二月二十五日までの約一年間、源頼義は陸奥守の任にはなかったことが判明する（樋口、二〇一六）。

『陸奥話記』によると、天喜五年九月の国解では、源頼義が安倍頼時を誅伐したとし、「金為時・下毛野興重《しもつけぬのおきしげ》らを使わして、奥地の俘囚に兵を挙げるよう口説く。鉇屋・仁土呂志・宇曽利の三部の夷人《いじん》（現地住人）は安倍富忠を頭領に兵を発し金為時に従おうとする。安倍頼時はその計略を聞き、二〇〇〇人を率いて説得に向かう。富忠は伏兵で頼時を撃とうとして二日間戦い、頼時は流れ矢にあたり鳥海柵に還って亡くなる。しかし、安倍氏の残党がいまだ服従しない。願わくば官符によって諸国の兵士や兵糧を送ってほしい」と言上したとされる。

安倍頼時が矢にあたった日は、『百錬抄』に七月二十六日の合戦と記され、数日後に頼時の屋敷がある鳥海柵へ還り息を引き取ったと想定される。鳥海柵跡の北東方向に鎮座する諏訪社（現金ケ崎神社）は、祭日が旧七月二十七日であり、安倍頼時の命日と伝わる。

天喜五年九月二十三日、頼義の言上を受けて公卿らの仗議《じょうぎ》がもたれたが、八月十日以前に現地へ太政官史生紀成任《ししょうきのなりとう》らを遣わしていることから詳しく実情を調査すべきことが決められたとされ、この時点では安倍氏が反逆者として認定はされておらず、逆に公卿らの間では源氏の軍事行動に対して深い疑念が懐《いだ》かれる向きすらあったとされる（樋口、二〇一六）。

天喜五年九月の国解にある「計」とは、飢饉によってしばらく見送られた謀のことで、陸奥国内で飢饉が起こった年は、計略が実行に移された前年の天喜四年で、その年末に源頼義に代わって藤原良経が陸奥守に赴任したと想定される。よって、飢饉が起こって民衆が離散した要因は、源頼義が陸奥守の時期にあったことになる。

フィクション性の高い説話とされる『今昔物語集』第一二（「陸奥国安倍頼時、行胡国空返語」）では、陸奥国の奥の「夷」者が陸奥守源朝臣（頼義）を攻めようとし、「夷」と同心していると疑われた安倍頼時は頼義に攻められそうになり、古より公（国府か）に勝てる者はいないとし、（夷のいる）奥よりも海の北の「胡国《ここく》」（北海道か）へ貞任・宗任ら子や郎等二〇人と船で渡ったという。しかし、着いた地は断崖絶壁で現地の人と遭遇したものの上陸を断念し、船に積んできた食糧が尽きない三〇日ほどで本国に帰り、その後間もなくして頼時は死んだとある。この話の一部を参考にすると、源頼義は戦乱が続いたことが要因で起こった飢饉で「奥の夷」（安倍富忠か）が反乱を起こすという大失態をひた隠し、反乱を収めに向った安倍頼時が亡くなったことを利用して、飢饉によって不足した兵や食糧を諸国から集めるために安倍氏追討を理由に挙げ、自身の手柄で頼時が死亡したと報告した可能性が考えられる。

4　黄海の合戦の重要性

1-14　重陽の節供に安倍貞任，将軍を奇襲する（『前九年合戦絵詞』国立歴史民俗博物館所蔵）
楯を並べた陣内に安倍貞任・宗任や良昭らの姿がみえる．

天喜五年（一〇五七）十一月、中央政府の命令はなかったが、源頼義は安倍貞任を討つため軍勢一三〇〇人余で進軍した。対して、貞任は精兵四〇〇〇人余を率いて金為行の河崎柵を営所とし、黄海（一関市藤沢町）で迎え戦った。頼義らの軍勢は厳しい風雪で進軍に難儀し食糧もなくなって、勢いや数で勝る貞任の軍勢に大敗する。頼義側は数百人が亡くなって兵が散り散りとなってしまい、最後に残った源義家・修理少進藤原景通・大宅光任・清原貞広《さだひろ》・藤原範季《のりすえ》・藤原則明らが死守して戦い、貞任の軍勢二〇〇騎余は退く。合戦の中で、散位佐伯経範《つねのり》・藤原景通子景季《かげすえ》・散位和気致輔《わけのむねすけ》・紀為清《きのためきよ》らは討死にし、頼義腹心の藤原茂頼《しげより》は出家、出羽国の散位平国妙《くにたえ》は捕虜となったが経清の親戚であったため解放されたことが記される。金為行は黄海の合戦が初見で、反対に気仙郡司の金為時は登場しなくなる。

合戦で死亡した佐伯経範は、『尊卑分脈』によると藤原秀郷流で鎮守府の軍監《ぐんげん》を務めた人物である。佐伯は母姓、相模国の住人で頼義の重臣とされる。『秀郷流藤原氏系図』によると、経清の祖父兼光の兄弟文行の曽孫にあたる（鈴木哲雄、二〇一二）。藤原景通や則明、景通子の景季は、先に述べたとおり利仁流藤原氏の末裔で、源頼信以来の河内源氏の郎等の次世代である。大宅光任は駿河出身で相撲人《すまいびと》として上京、そこで頼義と主従関係が結ばれたものと推定される。それ以外の者には、東国（坂東）出身者を見出すことはできない（元木、二〇一一）。

大敗後の頼義の動向として、『陸奥話記』に記す天喜五年十二月二十五日の国解では、「諸国から兵や食糧が届かず、陸奥国の人民は他国（出羽国）へ逃げ兵役に従わない。出羽国へ文書で伝えたが、出羽守源兼長は越境する者を取り締ろうとしないので討伐もできない」と源頼義が中央政府へ伝えたとされる。鳥海柵跡の北東に鎮座する諏訪社（現金ケ崎神社）の由緒によると、天喜年中（五年か）頼義が貞任や宗任に勝てず帰洛して、康平年中（五年か）ふたたび下向し信州諏訪大明神社に祈願して勝利を得たので勧請《かんじょう》したとある。康平五年（一〇六二）の戦いでは坂東の精兵が揃っており、臣下の多くを失った頼義は一度帰洛してふたたび下向した可能性は十分ある。源頼義の国解によって、中央政府は出羽守を兼長から源斉頼に交代したが、斉頼も安倍貞任を討つ意志がなく、兵や食糧も届かないため攻めることができなかった。そのため、貞任らはますます諸郡に横行し、経清は数百人の軍勢（私兵か）で衣川関を越えて、「白符を用いて、赤符を用いるな」と伝え、諸郡へ放って官物を徴納したが、頼義は制することができなかったとされる。赤符は陸奥国の印がある国符《こくふ》、白符は印を捺さない徴符《ちょうふ》である。白符は安倍氏ではなく藤原経清が放ったとされるが、陸奥守もしくは鎮守府将軍の職に憧れた行動であったのかもしれない。頼義が経清を斬首する際にも「白符」の使用を責めており、この出来事が頼義への挑発に結びついたと考えられる。また、国解には陸奥国の人民が他国へ越境しても出羽守源兼長が取り締ろうとしないと記されており、出羽国への越境は清原氏にとっても見過ごせない出来事であることから、参戦へと繋がった可能性がある。

5　出羽清原氏の参戦と安倍氏の滅亡

出羽山北俘囚主清原氏の加勢

『陸奥話記』によると、康平五年（一〇六二）春、源頼義は陸奥守の任期が切れて、高階経重《たかしなのつねしげ》が陸奥守に着任するが、陸奥国内の人民が前守頼義の指揮に従ったため、経重はすぐに帰洛したとされる。しかし、天喜五年（一〇五七）のときと同じく、『扶桑略記』康平五年十二月条には「将軍」、康平六年二月条には「鎮守府将軍前陸奥守」とあることから、天喜五年のときと同じく陸奥守と兼任ではなかったことになる。また、頼義は安倍貞任や藤原経清の行動を止められずにいたことから、人民が頼義の指揮に従ったとは考え難く、高階経重は帰京することなく陸奥国府で政務に携わったと想定される（樋口、二〇一六）。

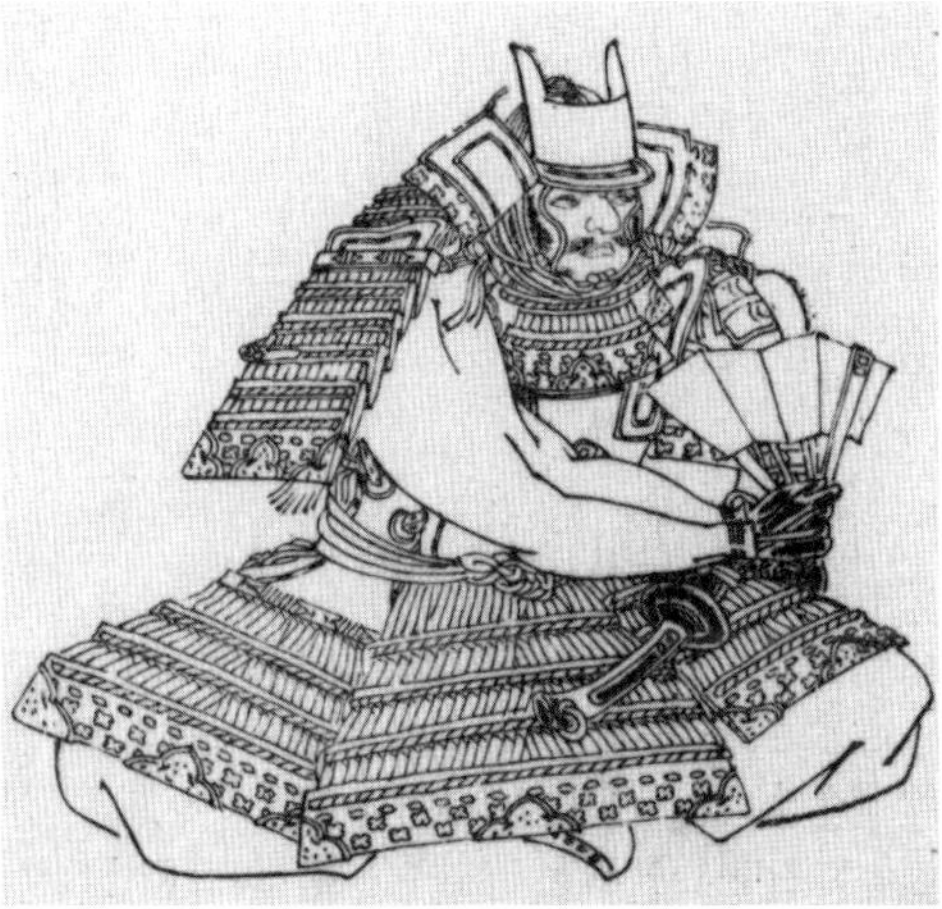

1-15　清原武則（『前賢故実 第6巻』国立国会図書館所蔵）

　朝議が紛糾し決断を下せぬ間、頼義は出羽山北《せんぼく》俘囚主清原真人《まひと》光頼とその舎弟武則らに、甘言を重ねて加勢を説得する。康平五年七月、ついに清原武則らは軍勢一万人余を率いて陸奥国に越境する。『扶桑略記』康平六年二月条には、合戦前に清原武則が従五位下を授かり出羽一国の総兵力を委ねられていたこと、『奥州後三年記』には合戦後に武則が鎮守府将軍に任命されたことが、頼義の推挙によるとうかがい知ることができ（樋口、二〇一六）、説得時の「甘言」であると推測される。また、同文献には「武則、官符の旨にまかせて」とあり、安倍氏追討の官符によって参戦したとも推察される。『奥州後三年記』によれば頼義が「名簿をささげて」と武則を主《あるじ》として主従関係を結ぶほどに低姿勢としたことも参戦の理由に挙げられる（樋口、二〇一六）。

源頼義と清原武則の軍勢合流、出発

康平五年（一〇六二）七月二十六日、源頼義は大いに喜んで軍勢三〇〇〇人余を率いて国府を出発し、八月九日に栗原《くりはら》郡 営岡《たむろがおか》に到着する。営岡は、かつて坂上田村麻呂が蝦夷征討のおりに軍を整えた地で、以来「営」といい、堀跡が残っていたとされる。合流した源頼義と清原武則は、八月十六日に諸軍を定める。押領使《おうりょうし》（指揮官）は、一陣が清原武貞《たけさだ》（武則の子）、二陣が 橘 貞頼《たちばなのさだより》（逆志方《さかしかた》〈途志万〉太郎、武則の甥）、三陣が吉彦秀武《きみこのひでたけ》（荒川太郎、武則の甥・聟）、四陣が橘頼貞《よりさだ》（新方〈新万〉次郎、貞頼の弟〈武則の甥〉）、五陣が三陣に分かれ一陣が源朝臣頼義、一陣が清原真人武則、一陣が国内の官人など、六陣が吉美侯武忠《きみこのたけただ》（班目四朗）、七陣が清原武道《たけみち》（貝沢三郎）である。源頼義配下の坂東の精兵は、平真平《まさひら》・菅原行基《すがわらのゆきもと》・源真清《まさきよ》・刑部千富《おさかべのちとみ》・大原信助《おおはらののぶすけ》・清原貞廉《さだかど》・藤原兼成《かねなり》・橘孝忠《よしただ》・源親季《ちかすえ》・藤原朝臣《あそん》の時経《ときつね》・丸子宿禰《まりこのすくね》弘政《ひろまさ》・藤原光貞・佐伯元方《さえきのもとかた》・平経貞《つねさだ》・紀季武《きのすえたけ》・安倍師方《もろかた》らとある。藤原兼成は鎮守府将軍藤原頼行の孫（あるいは頼行の弟兼助の子）、藤原時経は参議藤原兼経《かねつね》の子（道綱《みちつな》の孫）、藤原光貞は陸奥権守説貞の子である。東国（坂東）出身とされる人物は藤原兼成・平経貞・佐伯元方のみで（鈴木、二〇一二）、頼義は黄海の戦いで配下の大半を失い、安倍氏に戦いを挑むには清原氏と官符による諸国の兵に頼らざるを得ない状況であったことがうかがえる。

源氏・清原氏の連合軍は、栗原郡営岡を出発し、松山道《まつやまどう》、磐井郡中山の大風沢、翌日に同郡の萩の馬場、小松柵へと進軍した。栗原郡営岡は、伝承の残る宮城県栗原市栗駒八幡の八幡館（屯岡八幡神社）付近とされる。清原氏の軍勢が源頼義と合流するまでのルートは、山脈の切れ目を考慮すると、大鳥井《おおとりい》山《やま》遺跡への交通路とされる羽州街道を南下し、羽後街道（現在の国道一〇八号、鬼首）付近を進んできたと思われる。連合軍の北上ルートには河崎柵が登場しないことから、北上川沿いとは別のルートを北進したと想定される。羽後街道からやや真北方向を流れる三迫川《さんはさまがわ》に沿った道（現在の国道四五七号）は丘陵の切れ目となっており、「栗駒松倉《くりこままつくら》」付近の道が「松山道」であろうか。磐井郡中山の大風沢は、「風沢」を「びぞ」と読むとし、山腹の窪んだ所を意味する「ひど」が変化したとされ（東条操編『全国方言辞典』）、三迫川の川上に所在する栗駒湖が山腹の窪地のような地形である。磐井郡の萩の馬場は、栗駒湖付近から東に流れる河川（磐井川の分岐川）を東に下った「一関市萩荘馬場」と思われる。

1-16　栗駒湖（中山の大風沢か）

安倍宗任の活躍と安倍貞任の失態

『陸奥話記』によると、清原武貞（第一陣）・橘頼貞（第四陣）らは、萩の馬場より五町余に位置する小松柵に近づく。歩兵が外の宿舎を焼き、城内からは安倍側が応戦し矢石を乱発する。そこで、清原側は騎兵で要害を囲み、歩兵で城柵を攻める。源氏・清原氏側の兵士深江是則《ふかえのこれのり》・大伴員季《おおとものかずすえ》らは勇兵二〇人余で剣や鉾《ほこ》を使って岩崖を登って柵を壊し、内部に乱入して城中をかき乱し柵中の者を蹴散らした。

安倍宗任は八〇〇騎余を率いて城外で戦うが、対する頼義配下の坂東の精兵によって撃退される。清原武道（第七陣）は要害を防御していた宗任の精兵三〇余を迎撃し、ほとんどを殺傷する。安倍氏は城を捨て小松柵を焼き逃走する。頼義側の死者は一三人、負傷者は一五〇人であった。

小松柵を抜いた後は長雨が続き、頼義は数日を経て食糧が尽きる。そこで、宗任が磐井以南の郡々へ命じて、連合軍へ物資を運搬する者を遮り奪う。磐井以南の郡々とは、頼義らが小松柵を攻める前に通過した複数の郡で、国府との間に位置する栗原郡や磐井郡などが想定される。複数の郡の民が陸奥守（受領）でもない宗任の命に従った背景には、出挙のシステムが国家（国府）による公出挙から富豪層による私出挙に転換していき（鈴木、二〇一三）、宗任の叔父良昭の小松柵が所在する磐井郡を含む複数の郡の民（百姓）と富豪層の宗任との「恩恵と人格的恭順の関係」があったと考えられる。

九月五日（小松柵の戦いから一八日経過）、貞任は頼義の営所に残る兵が六五〇〇人余と判断し、精兵八〇〇〇人余を率いて営所を襲う。源氏・清原氏側の兵士は全部で一万五〇〇人余とみられ、栗原郡営岡で清原氏軍と合流したとき（一万三〇〇〇人余）と比べ、先に述べた死傷者（一六三人）の一〇倍以上の二五〇〇人ほど減っていることとなる。合流時の源氏軍の兵数が、実際はわずか五〇〇人程度だった公算が大きい（樋口、二〇一六）。小松柵の攻略後に安倍側の軍を追わなかったことから、営所は移動していないと考えられる。貞任の襲撃に対して、清原武則は頼義に「貞任は戦略を誤った。安倍側が嶮《けん》（柵か）に籠れば、我々の軍は食糧が乏しいので、疲弊し攻め込むことができない。よって、貞任が防戦ではなく戦いを挑んできたことは、将軍にとって福となる」と述べたとされる。頼義は「常山の蛇勢」の陣形（「孫氏」に記す兵法。先陣と後陣の左右両翼が互いに助け合う戦法）で迎え撃ち、両軍は午の刻から酉の刻まで（正午〜夕方六時前後）大いに戦い、貞任は敗北した。

頼義ら軍勢は北に追い、磐井川に到った貞任らは川湊を失い、高岸より墜ち、あるいは深淵に溺れた。戦場より川辺に到るまでに一〇〇人余が射殺され、三〇〇頭余の馬が奪われたとされる。さらに同日深夜、武則は精兵八〇〇人余で追い打ちをかけ、勇兵五〇人で西山より貞任の軍中に入り火を点ける。その火を見て、武則らは三方向より攻撃し貞任の営所を攪乱し、多くの兵を死傷する。貞任らは高梨宿や石坂柵を棄てて逃げ、ついに衣川関に入る。

難航不落の衣川関の開放

九月六日午時（正午）、源頼義は高梨宿に到着し衣川関を攻める。関までの行路は険しくて狭い道であり、多勢で進むことができず、樹を切ったり岸を崩したりして道が絶たれ、加えて長雨で川が洪水となっていた。清原武貞（第一陣）が関上道を、橘頼貞（第四陣）が上津《じょうしん》衣川道を、清原武則（第五陣）が関下道《したみち》を進軍し、未の時から戌の時まで（午後一時頃〜九時頃）攻め戦う。清原軍の死者は九人、負傷者は八〇人余。武則は岸辺を見て兵士の久清《ひさきよ》に命じ、三〇人余の兵士とともに久清は曲木に縄をつけて伝って向う岸に渡って営所に入り塁《るい》（砦）を焼いた。貞任らは、業近の柵の焼亡を見て大いに動揺し、衣川関を塞がずに鳥海柵へ向かうことになる。業近の柵は、武則が攻めた関下道から通ずる位置で衣川関から見える場所にあったと考えられる。

1-17　衣川関跡

『陸奥話記』には「衣川関」とあるだけで柵とはない。『吾妻鏡』では、「衣河遺跡」に貞任や宗任ら兄弟姉妹八人が家屋を構え、郎従らや家門（一族）が囲むとあるが、柵（楯）という記述はない。柵（楯）

とあるのは小松楯と琵琶柵だけである。「奥州合戦記」（『扶桑略記』所収）には「六日、衣河に攻め入り、重々の柵を焼き了ぬ」とあるが、この場合の「衣河」は河川や関の名称ではなくエリアのことで、そのエリア内に安倍氏方の複数の柵が存在したとされる（野中、二〇一七）。鎌倉時代中期成立の『古今著聞集《ここんちょもんじゅう》』九（武勇「源義家安倍貞任衣川連歌事」）には、城の後ろから逃れた貞任を源義家が衣川まで追いかけて「衣のたてはほころびにけり」と歌で呼びかけた逸話が掲載される。防具の楯と館（楯）の掛詞《かけことば》であるが、「衣のたて」も衣川館を示すのではなく衣川所在の館（藤原業近柵か）の可能性が考えられる。衣川関という最初で最大の防衛拠点を失ったことが、この歌に含意される。

なお、後の文治奥州合戦における阿津賀志山《あつかしやま》は奥州藤原氏の防衛ラインであるが、衣川関と比較してみても防衛という観点でよく似ており、防衛線のつくりは安倍氏から奥州藤原氏へと継承されたと推察される（関、二〇〇六）。

『陸奥話記』によると、九月七日には、衣川関を破って胆沢郡白鳥村（奥州市前沢）に到り、大麻生野および瀬原の二柵を攻めて抜いた。陥落させた際に、捕虜から貞任・宗任の一族を含む指揮官数十人が戦死したことを聞くことになる。

鳥海柵入城と厨川柵への進軍

九月十一日の鶏鳴《けいめい》（午前二時頃）、源氏・清原氏の連合軍は鳥海柵を襲う。大麻生野柵もしくは瀬原柵からの行程は一〇里余（約五・五キロ）で、衣川関を破ってから四日後に到着した。頼義らが到着する前に、安倍宗任や藤原経清らは鳥海柵を離れ厨川柵へ向かう。衣川関陥落時には貞任も鳥海柵へ向かうとあり、ともに厨川柵へと向かったのだろうか。宗任らのいない鳥海柵に頼義は入城し、しばし兵を休ませる。柵内の家屋には芳醇な酒が数十瓶あった。兵は我先にと飲もうとするが、頼義は安倍氏軍が策略で毒酒を置いたのだと制する。しかし、雑人《ぞうにん》が試しに飲んでも大丈夫だったので、皆で酒を飲み「万歳」と叫んだ。

『陸奥話記』には、頼義は武則に「鳥海柵の名は聞いていたがその容姿を見ることができなかった。今日、あなたの忠節により初めて入ることができた」と語った場面がある。鳥海柵は安倍頼良の父忠良が奥六郡を治めた一一世紀前半に造営された安倍氏嫡宗の居館で、忠良が陸奥権守に任じられた長元九年（一〇三六）十二月以降の数年間には権守が居住する「館」であったとされる（樋口、二〇一二）。

頼義が入城する前後に戦いの描写がないことから、無血開城とされることが多い。しかし、鳥海柵の北に鎮座する本宮観音堂には源頼義らが陣を敷いたとの伝承が残るなど、周囲には戦いを物語る伝説が多く伝わる。鳥海柵跡の発掘調査では焼失したと推定される建物跡が見つかったことから（金ケ崎町教育委員会、二〇一三）、戦いがあった可能性は否定できない。

『陸奥話記』によると、源頼義ら連合軍は次に安倍正任の和我（和賀）郡黒沢尻柵を襲う。「太政官符」では、衣川関を落とされたのち、正任が小松柵を経て良昭と出羽国へ逃亡したとあるので、黒沢尻柵の攻略時には正任がいなかったと想定される。黒沢尻柵の戦いでは、射殺者が三二人、負傷者や逃亡者が数知れずであったという。その後、鶴脛と比与鳥の二柵が破られる。『陸奥話記』によると、頼義らの軍勢は営岡から衣川関、胆沢郡白鳥村、鳥海柵へと北上川西岸を北上する。黒沢尻柵より厨川柵までは直線距離で四五キロ以上もあることからその間に安倍氏方の地域支配の拠点となる施設が一つもなかったとは考えにくく、比与鳥柵は北上盆地北半に所在した可能性が高いとうかがわれる（樋口、二〇一八）。厨川柵までに通過する稗縫と斯波の二郡は、太平洋沿岸との重要なルートであり、鶴脛と比与鳥の二柵はおのおの郡に所在したか。詳細は第三章で述べる。

厨川柵の陥落

『陸奥話記』には、九月十四日、頼義ら軍勢は厨川柵に進み、翌十五日の酉の剋《こく》（午後五〜七時頃）には到着して厨川と嫗戸の二柵を包囲したと記される。包囲の範囲は七、八町（約七六〇〜八七〇メートル）ばかりである。迎えた安倍氏は、翼を張るように厨川と嫗戸の柵（陣）を結んで終夜守る。柵の西と北は「大沢」で他の二面は「河」が阻む。河岸は三丈有余（一〇メートルほど）で壁が立って道がない。柵の内部には木の柵を築いて防御を固める。木柵の上には楼櫓《ろうろ》を構えて、ここに鋭卒がいる。河沿いには木柵を築いて隍《ほり》を掘り、隍の底には逆さまに刃を立て、鉄刀を蒔《ま》く。遠い者は弩《ゆみ》で敵を射て、近い者は石で敵を打ち、敵が柵の下まで到れば煮え湯をかけ、刀を振って殺す。『陸奥話記』には、厨川柵の具体的構造や防御方法が記される。

源頼義は十六日の卯の時（午前五〜七時頃）から攻める。終日、弩を乱発し矢や石を雨のごとく射込むが、城中の護りは堅固で抜けず、頼義側の兵は死者が数百人となる。十七日未の時（午後一〜三時頃）、源頼義は兵に命じて、村落の屋舎を壊して運び城の隍に埋める。また、萱草《かやくさ》を苅って河岸に山のごとく積む。頼義は馬から下り皇城（王都）を遙拝《ようはい》して、風で火を吹いて柵を焼きたまえと石清水《いわしみず》八幡宮の神々に祈る。そして、「神火」と称して火を投じると、たちまち暴風が起こって煙炎が上がった。楼櫓や屋舎は、源氏・清原氏の連合軍が射った木柵や楼上の矢羽に引火し、あっという間に燃える。詳細は第三章で述べるが、川風の影響が想定され、その描写は三国志の赤壁の戦いを彷彿させる。また、「神火」のほか、翔ぶ「鳩」を拝する場面も描かれ、お定まりの源氏神話の原景もみることができる（関、二〇〇六）。

柵中の男女数千人は泣き悲しんで壊乱し、そこへ頼義らの軍勢は川（水）を渡り攻める。安倍側は勇猛な数百人の兵が包囲網へと突進したので、頼義側に多数の死傷者がでる。そこで、武則は「道を開き賊の衆を出すべし」と命じ、外へ出てきた安倍側の者を武則の兵は横から撃ちことごとく殺した。その中で生け捕られた藤原経清は、頼義から「お前の先祖は私の家僕である。それにもかかわらず元の主を蔑むとは、大逆無道である。今日、白符を用いることができるか」と責められる。頼義は憎みを込め、経清が苦痛を長く感じるように鈍刀でゆっくりと斬首した。

頼義と経清の関係は、安和二年（九六九）の安和の変にさかのぼる。その事件で、藤原千晴《ちはる》・子息久頼《ひさより》らは検非違《けびい》使《し》の源満季《みつすえ》によって検挙・禁獄されたが、満季は頼義の祖父満仲の弟、千晴は経清の四代前の千常《ちつね》の兄にあたり、当時に主従関係が結ばれたといい（鈴木、二〇一二）、頼義が経清に対し「先祖は私の家僕」と責めることになる。また、第一章で述べたとおり経清は頼義の弟頼清の郎従で、頼清と一緒に陸奥国へ下向し、亘理郡を拝領したとされる。よって、弟頼清の郎従であった経清が安倍頼時の娘を妻としたことが頼義の不信感や怒りを買い、源氏と安倍氏との関係をいっそう悪化させる直接的なきっかけをなしていた可能性もあろう（樋口、二〇一六）。

1-18　安倍則任の妻（『前賢故実 第6巻』国立国会図書館所蔵）

「容貌魁偉《ようぼうかいい》」の安倍貞任は剣を抜いて敵を斬っていたが、鉾で刺されてしまい、六人がかりで大楯《おおたて》に乗せられ頼義の前へ連れられて来た。頼義は罪を責めるも、貞任は一度顔を向けそのまま息絶える。厨川柵の近くにいた弟の重任も斬られた。子息千世童子は驍勇《ぎょうゆう》なること祖（安倍頼時）のようであると、頼義は哀れみ許そうとするが、武則は「小義を思いて巨害を忘れることなかれ」と進言し斬殺した。城中の美女数十人が源氏・清原氏側の軍士（将兵）に掠奪される中で、則任の妻は三歳の息子を抱いて、「あなたは今死のうとしている。私一人で妾として生きていくことはできない」と言い、自ら深い淵に身を投げて死んだとされる。則任の妻は、以後

1-19　安倍貞任宗任図（対幅）のうち宗任図（江戸時代中期，狩野古信画・伊達吉村賛，共生福祉会所蔵）

「列女」と語り継がれる。なお、『今昔物語集』の中では、則任ではなく貞任の妻とある。貞任の家族で生き残った者がいないことから、貞任の妻であるほうが自然かと思われる。その後間もなく、貞任の伯父安倍為元や弟の家任が投降、数日経て宗任ら九人が投降した。

6　合戦後の展開

『陸奥話記』に掲載される康平五年（一〇六二）十二月十七日の国解には、斬獲《ざんかく》した者が安倍貞任・同重任・藤原経清・散位物部維正・藤原経光・同正綱・同正元、帰降した者が安倍宗任・弟正任・家任・則任・散位安倍為元・金為行・同則行・同経永・藤原業近・同頼久・同遠久らとある。また戦死者は、貞任や宗任の一族の散位平孝忠・金師道・安倍時任・同貞行・金依方らである。康平六年二月十六日、貞任・経清・重任の三人の首が献上され、二十五日に合戦を鎮圧した論功行賞が行われ、源頼義は正四位下・伊予守に、源義家は従五位下・出羽守に、源義綱は左衛門尉に、清原武則は従五位上・鎮守府将軍に任命される。

治暦元年（一〇六五）、安倍宗任・正任・真任・家任・沙弥良増ら五人は陸奥国から連行されてきたが、入京を許されなかった。「太政官符」によると、頼義の任国である伊予国に配流となる。『平家物語剣之巻』の「安倍の貞任・

宗任成敗の事」には、生捕《いけどり》にされた宗任を殿上人《てんじょうびと》たちが「いざや、奥の夷を見ん」と行き（源頼義の宿舎か）、梅の花を折って「やや、宗任。これはなにとか見る」と蔑み聞いたなら、宗任はすぐに「わが国の梅の花とはみたれども大宮人はいかがいふらん」と申して、気まずくなった殿上人は帰ったという逸話が収録される。江戸時代の肥前国平戸藩主が書き綴った『甲子《かっし》夜話《やわ》』には、伊達政宗が宗任の逸話を真似て「大宮人 梅にも懲りず 桜かな」と詠んだ話が収録されており、宗任の逸話は語り継がれてきたことがわかる。

伊予国に配流となって三年後、宗任は本国へ逃げ帰ろうとしている風聞が立ったため、大宰府へ再配流となる。ほかに、少しずつ勢力をつけたためともいわれる。宗任の配流地としては、大宰府管内の筑前の大島説、豊後の石垣別府（別府）説、肥前の松浦説など諸説がある。筑前大島説は現在の福岡県宗像市大島に宗任創建とされる安昌院があ

1-20　安倍宗任の墓（安昌院）

1-21　安倍貞任・宗任の位牌（龍雲寺所蔵）

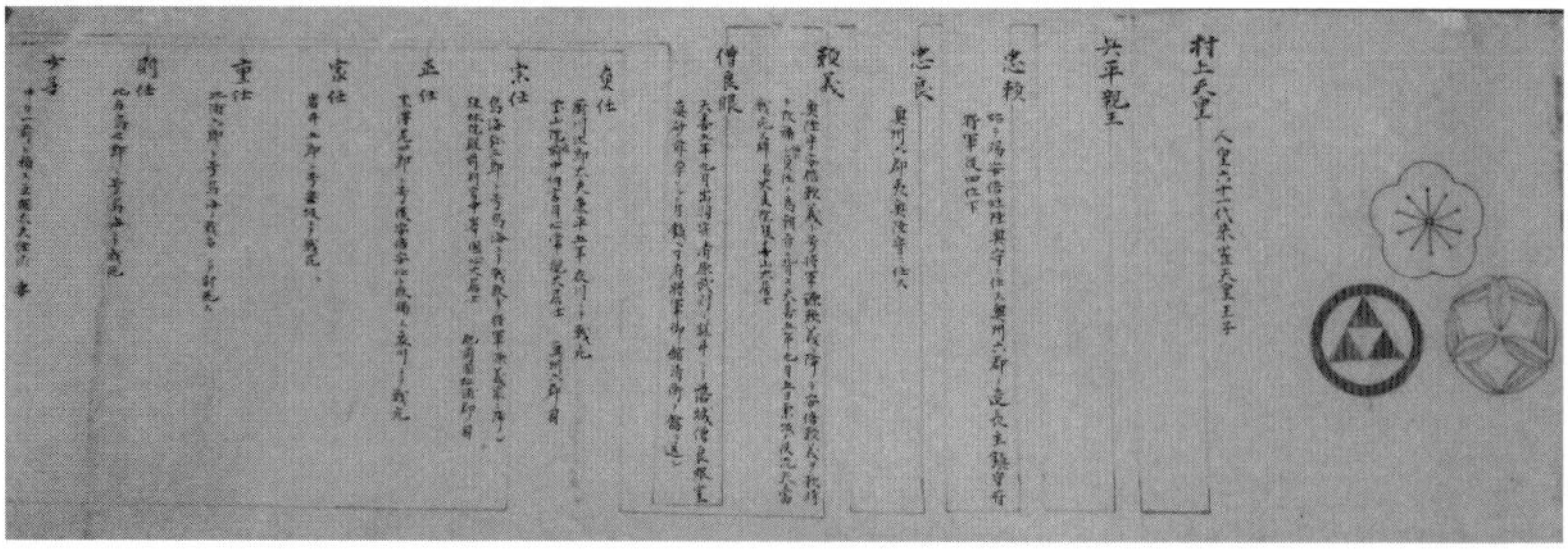

1-22　安部氏宅系図（個人蔵）

り、宗任の墓所と護り本尊「薬師瑠璃光如来《やくしるりこうにょらい》」が伝わる。同院の記録には、宗任が嘉承三年（一一〇八）二月四日に七七歳で死亡したとある。石垣別府説は現在の大分県大分市に宗任三五代後胤の安部氏宅があり、伝世の過去帳には、天永元年（一一一〇）二月十五日に宗任が死亡したと記される。同市内には宗任末裔の貞観が開いた龍雲寺があり、貞任と宗任の位牌や貞任の木像が安置される。肥前松浦説は現在の長崎県平戸市田平町所在の弥勒《みろく》寺跡に宗任の墓があり、弥勒寺の住職は宗任末裔の阿倍氏という。

宗任の娘は、奥州藤原氏の二代基衡の妻で、三代秀衡の母という。つまり秀衡は宗任の孫にあたる。鳥海柵跡の発掘調査では経塚《きょうづか》と思われる竪穴状遺構が検出され、出土した陶磁器から宗任の娘もしくは孫秀衡の時期の遺構と推定される。よって、宗任の娘（もしくは孫秀衡）が宗任や安倍氏一族を弔うため、鳥海柵に築いたのであろう。

7　前九年合戦を振り返って

源頼義の描くストーリーにおいて、合戦の大きな原因となった阿久利河の人馬殺傷事件の主犯とされた安倍貞任は処罰しなくてはならなかった。また、国府に叛き国府に代わる権力を白符によって得ようとした藤原経清も、主従関係に反したとして殺さなくてはならなかった。しかし、それ以外にもさまざまな合戦の要因がうかがえる。

最初の鬼切部の戦いに関しては、在庁官人が支配権を握った地域に国司（受領）が派遣されたことで、地域の権力をめぐるトラブルが生じたと考えられる。日本各地では同じような争いは発生していたが、奥六郡ではほかの地域と違って背後に蝦夷社会の巨大な経済的利権が潜んでおり、その規模が大きかったとされる（大平、二〇一五）。この背景には、一一世紀中頃に急増する国司の荘園整理令があり、そのきっかけとなった出来事に永承二年（一〇四七）藤原氏の氏寺興福寺の再興があり、のちに陸奥守となる藤原登任や陸奥（六奥）の藤原経清や藤原時（説）貞の資金調達が影響したのではないだろうか。

次に起こった戦いは、天喜四年（一〇五六）に安倍頼時が衣川関を閉じ徹底抗戦を決めたときで、その発端は阿久利河事件とされる。事件で襲撃を受けた人物は藤原説貞の子光貞らであったことから、元陸奥権守安倍忠好を父に持つ頼良より権守藤原説貞が実質的な権力を奪うために謀ったのではないか。

また、この事件前の天喜元年には源頼義が鎮守府将軍に任じられている。一一世紀以降の鎮守府将軍は藤原兼光・平維良・平永盛・藤原頼行と、源頼義が任命されるまで秀郷流藤原氏と貞盛流平氏が交互に任用され（関、二〇〇六）、うち兼光は経清の祖父、頼行は叔父といわれることから（鈴木、二〇一二）、経清は代々任命されてきた鎮守府将軍となることを望んでいたのではないだろうか。斬首された平永衡も血縁関係は不明であるが、永盛と名が似ており、平氏一族として鎮守府将軍職を求めていた可能性がある。平維良は、長和三年（一〇一四）二月七日に鎮守府将軍の再任を働きかけるため奥州より藤原道長邸に参上し、馬二〇疋（匹）・胡籙《やなぐい》・鷲羽・砂金・絹・綿・布などの膨大な品々を献上したという（鈴木、二〇一二）。よって、経清らも一族の悲願である鎮守府将軍の職を得るために、安倍氏と姻戚関係となることで助力を得ようとしたことがうかがえる。以上のような思惑や要因がからみ、陸奥守と鎮守府将軍の双方に任じられた源頼義や権守藤原説貞ら官人と、奥六郡などの実質的支配権を持つ安倍頼時ら在庁官人との軋轢《あつれき》を生み、戦いを大きくしていった可能性が推察される。

続いて起こった黄海の戦いでは、謀で殺された安倍頼時の弔い合戦として、子息貞任らが圧倒的戦力で頼義ら坂東の精兵に大勝する。しかし『今昔物語集』などを参考とすると、陸奥守頼義が戦いに明け暮れて内政を疎かにした結果、飢饉や蝦夷の反乱が起こり、それを鎮めようとした頼時が亡くなってしまうという頼義の大失態が裏にあったのではないか。頼義は失態を隠蔽するため、自分の謀で頼時が死亡したこととし、さらに黄海の戦いでの大敗を利用して、国府軍を大敗させた安倍氏の戦力は脅威になると多くの兵力を求め、安倍氏討伐の必要性を伝えたと考えられないだろうか。

最後に清原氏が参戦した合戦では、安倍頼良の跡目争いが影響したとの説がある。安倍頼良の子息の中において、貞任の母は金氏（磐井郡か）、宗任の母は清原氏の出身者で、宗任が嫡子格とされた。黄海合戦以降に貞任が信望や軍事的実力を獲得しつつあり、清原武則は源氏の安倍氏討伐に便乗して貞任とその家族を亡き者として、合戦後には自らの後見の下に宗任を擁立し安倍氏再興を企てようとして敢えて参戦に踏み切ったとする（樋口、二〇一一）。『前九年合戦絵詞』の合戦場面で頼良の子息のうち貞任・重任・則任の三人のみが甲冑に身を固めた馬上の武者として描かれる。このことからも、貞任と同様の金氏出身者の子息は、一緒に斬殺された重任と出家した則任であり、逆に宗任と同じく清原氏出身者の子は、清原頼遠に匿われた正任である（樋口、二〇一八）。ただし、磐井郡を司りながら貞任の舅であった河崎柵の金為行、貞任の伯父の散位安倍（金）為元らも、貞任の親族として安倍氏側に加勢し、斬殺されてもおかしくはないが、宗任とともに帰降者となる。金一族の中に戦死者はあっても斬殺された者はいないことから、貞任ら金氏ゆかりの安倍の子息のみが排除されたように推測される。

以上のとおり、源頼義ら受領と安倍頼良ら在庁官人による勢力争いが平将門の乱や平忠常の乱に代表される坂東の勢力争いと同じく複雑化した大戦《おおいくさ》となり、『陸奥話記』では俘囚安倍氏を鎮守府将軍源氏が討伐する構図の「前九年合戦」として描かれたのではないかと考えられる。

第三章　『陸奥話記』と安倍氏一二柵

1　安倍氏の拠点「一二柵」探究のはじまり

地元紙上で「一二柵について総合的に研究史と引用文献をまとめた今回の大会の意義は極めて大きかった」と評価された二〇一三年の岩手考古学会第四五回研究大会（以下、「研究大会」とする）から九年が経過する。同大会では、「安倍氏の柵―一二柵の擬定地の検討―」をテーマとし、『陸奥話記』に記される一二の柵の所在地・実態の解明を試みた。

研究大会以前、『岩手県史』（一九六一年）では一二の柵が提示された。また、岡部静一氏は『奥羽沿革史論』（一九一六）の中で「一郡一柵説」を唱え、奥六郡の一二の柵の所在地を研究している。ほかにも、主に文献史学研究者が個々に『陸奥話記』の解釈、あるいは『吾妻鏡』の表記によって所在地の探究をしている。

同大会では、一二の柵の擬定地が所在する岩手県内自治体の文化財担当者が集い、発掘調査成果も踏まえて発表、全体での議論を行った初めての機会であったろう。今後、岩手県内に所在する安倍氏の柵の所在地や実態の解明に向けて研究するきっかけとなったことは間違いない。今回は、改めて同大会の発表内容を紹介し、その後の研究を踏まえ、改めて一二柵の姿の解明を試みたいと考える。一二柵の擬定地は研究大会資料から引用し、『陸奥話記』の記述は樋口知志氏による読み下し文を参考とした。

2　河崎柵

河崎柵の擬定地

①一関市川崎町門崎字川崎（河崎柵擬定地遺跡）＝吉田東伍（『大日本地名辞書 第七巻奥羽』一九〇六年）などによる

②宮城県柴田郡川崎町（川崎城、川崎要害）＝青木武助（『大日本歴史集成 上巻二』一九一三年）による

『陸奥話記』によると、源頼義は一三〇〇人余の兵で安倍貞任を攻め、貞任は精兵四〇〇〇人余を率いて、金為行の河崎柵を営所として黄海で戦ったとされる。

安倍氏の12柵　下

館以外の機能や性格

未発掘多く研究に期待

安倍氏12柵の擬定地を討論する各遺跡担当者＝20日、金ケ崎町中央生涯教育センター

安倍氏12柵擬定地とその評価

確定		
①鳥海（とのみ）柵	金ケ崎町西根鳥海ほか	（浅利英克会員提示）
②河崎（かわさき）柵	一関市川崎町門崎	（羽柴直人同）
非常に可能性が高い		
③大麻生野（おおあそうの）柵	奥州市前沢区阿部館	（及川真紀同）
④瀬原（せわら）柵	奥州市水沢区瀬台野～水沢区佐倉河杉ノ堂	（高橋千晶同）
⑤嫗戸（うばと）柵	盛岡市稲荷町付近	（井上雅孝同）
⑥厨川（くりやかわ）柵	盛岡市前九年1、2丁目・北夕顔瀬	（室野秀文同）
可能性がある		
⑦小松（こまつ）柵	一関市赤荻清水付近	（鈴木弘太同）
⑧石坂（いしざか）柵	平泉町平泉毛越・田面	（島原弘征同）
⑨藤原業近（ふじわらなりちか）柵	奥州市衣川区下衣川川端	（二階堂里絵同）
⑩黒沢尻（くろさわじり）柵	北上市黒岩	（杉本良同）
⑪鶴脛（つるはぎ）柵	奥州市江刺区稲瀬下台	（野坂晃平同）
⑫比與鳥（ひよとり）柵	花巻市石鳥谷町五大堂・蛇蝦蛆（じゃのめり）遺跡～八重畑・宿遺跡	（榎本征也同）

1-23 「安倍氏の12柵」（『岩手日報』2013年10月24日付）

研究大会の発表者の羽柴直人氏（当時は岩手県立博物館）は、地名が「川崎」であること、地名「黄海」との位置関係・発掘調査成果などから、①の一関市川崎町門崎字川崎（河崎柵擬定地遺跡）が擬定地と推察した。『大日本地名辞書』にも、同じく砂鉄川《さてつがわ》が北上川に合流する旧門崎村川崎の地で、黄海より北へ二里ばかりであると大槻（近代国語学者の大槻文彦か）が述べたとされる。発掘調査では、北上川と直交す

る方向へ平行に走る二条の堀跡が検出された。ほぼ同規模で上幅が約四メートル、深さが一・二メートルほどで、断面形が逆台形を呈する。周辺からは一一世紀中頃の土師器が出土した。航空写真では、自然堤防北側高地「針山」の裾まで、堀跡から連続するように地境が見出されたことから、羽柴氏は北上川上流方面への交通が遮断できると考えた。また、一一世紀代の建物跡がまったく検出されず、土師器の出土が少ないことから、河崎柵は居館を構えた恒久的な生活空間ではなく、合戦時に源氏方を迎え撃つために構築された交通遮断施設と推察した。

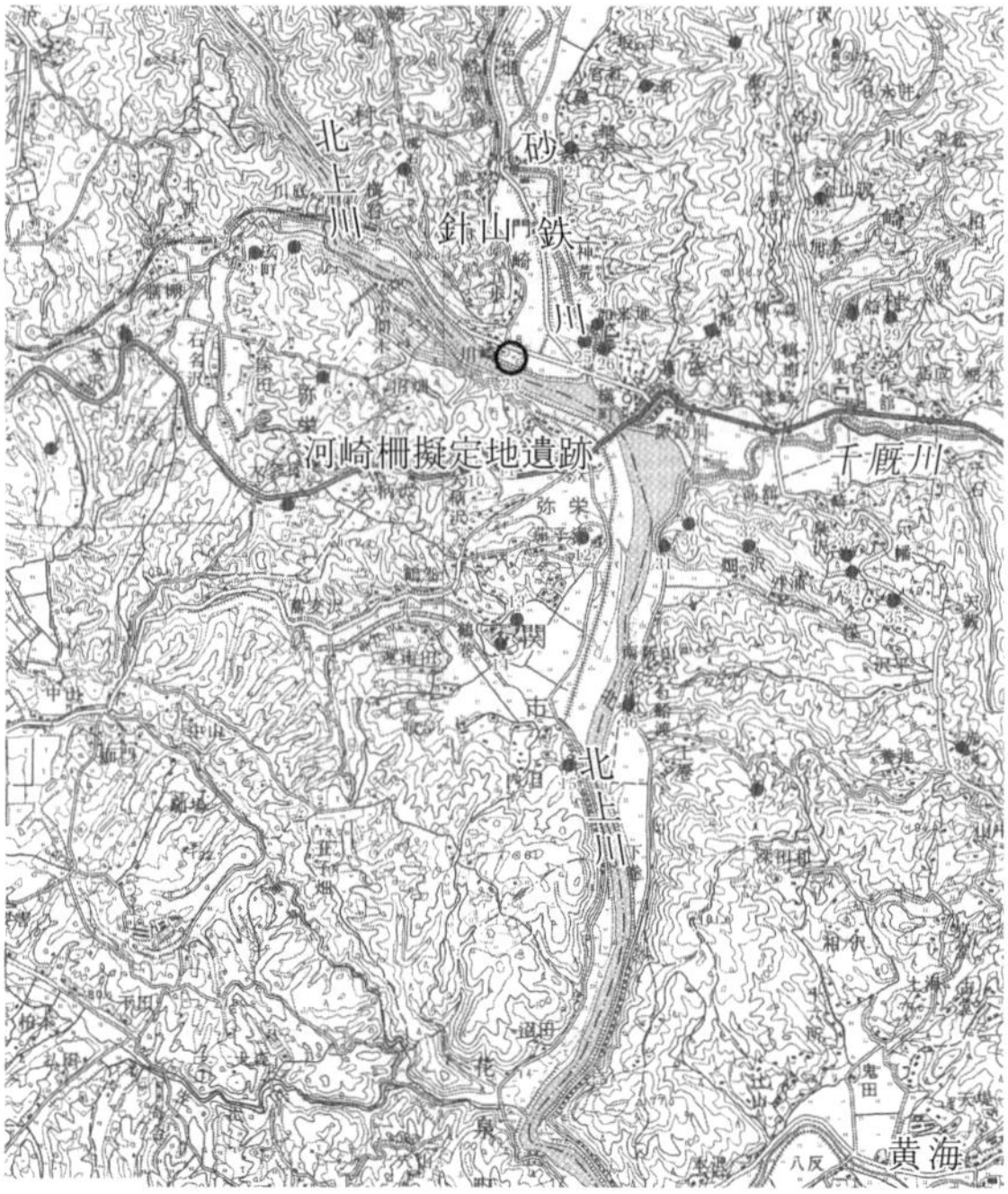

1-24　河崎柵擬定地遺跡周辺の遺跡分布図（写真提供〈公財〉岩手県文化振興事業団埋蔵文化財センター）

1-25　河崎柵擬定地遺跡航空写真（2003年撮影，写真提供〈公財〉岩手県文化振興事業団埋蔵文化財センター）

『大日本歴史集成』には、②の陸前国柴田郡川崎（現在の宮城県柴田郡川崎町）とあるが、その根拠が記されていない。国府多賀城の南方に位置しており、衣川関をはるかに南下して合戦に挑むとは考えにくい。

①の河崎柵擬定地遺跡は、北上川の東岸沿いで針山丘陵の麓に立地する。下流約一キロには砂鉄川との合流点があり、南を北上川、東を砂鉄川に囲まれる。また、合流地点の南側には東から流れる千厩川《せんまやがわ》と合流しており、大川を含む河川の開析谷《かいせきこく》は気仙沼へと続き、太平洋へのルートが存在したと推察される。余談であるが、そのルートを金為時が気仙郡から西進して加勢したら、安倍氏も危うかったであろう。また、同遺跡は宝亀十一年（七八〇）三月に造営着手した覚鱉《かくべつ》城の擬定地とも伝わり、蕨手刀《わらびてとう》や和同開珎《わどうかいちん》が見つかったことからも、古来より交通の拠点が存在していた可能性が想定される。その南東には、地名「黄海」があり、北上川の東岸には黄海の合戦に関連した伝承が数多く残る。二〇一五年開催の第六八回蝦夷研究会では、河崎柵本体が近接地（針山丘陵か）に存在する可能性があるとされた（八木・樋口、二〇一五）。河崎柵は、古来より太平洋沿岸と繋ぐルートの拠点が存在したと想定され、四〇〇〇人以上が籠れる柵であったことから、居館としての河崎柵が存在したのではないだろうか。

3　小松柵

小松柵の擬定地

①一関市萩荘《はぎしょう》上黒沢・下黒沢・谷起島《やぎじま》付近（磐井川南岸）＝吉田東伍（『大日本地名辞書 第七巻奥羽』一九〇六年）、小笠原謙吉（『県史跡名勝天然記念物調査報告』一九二五年）などによる

②奥州市衣川・衣川北岸・下衣川村＝『吾妻鏡』『奥羽《おうう》観蹟聞老志《かんせきもんろうし》』『平泉実記』などによる

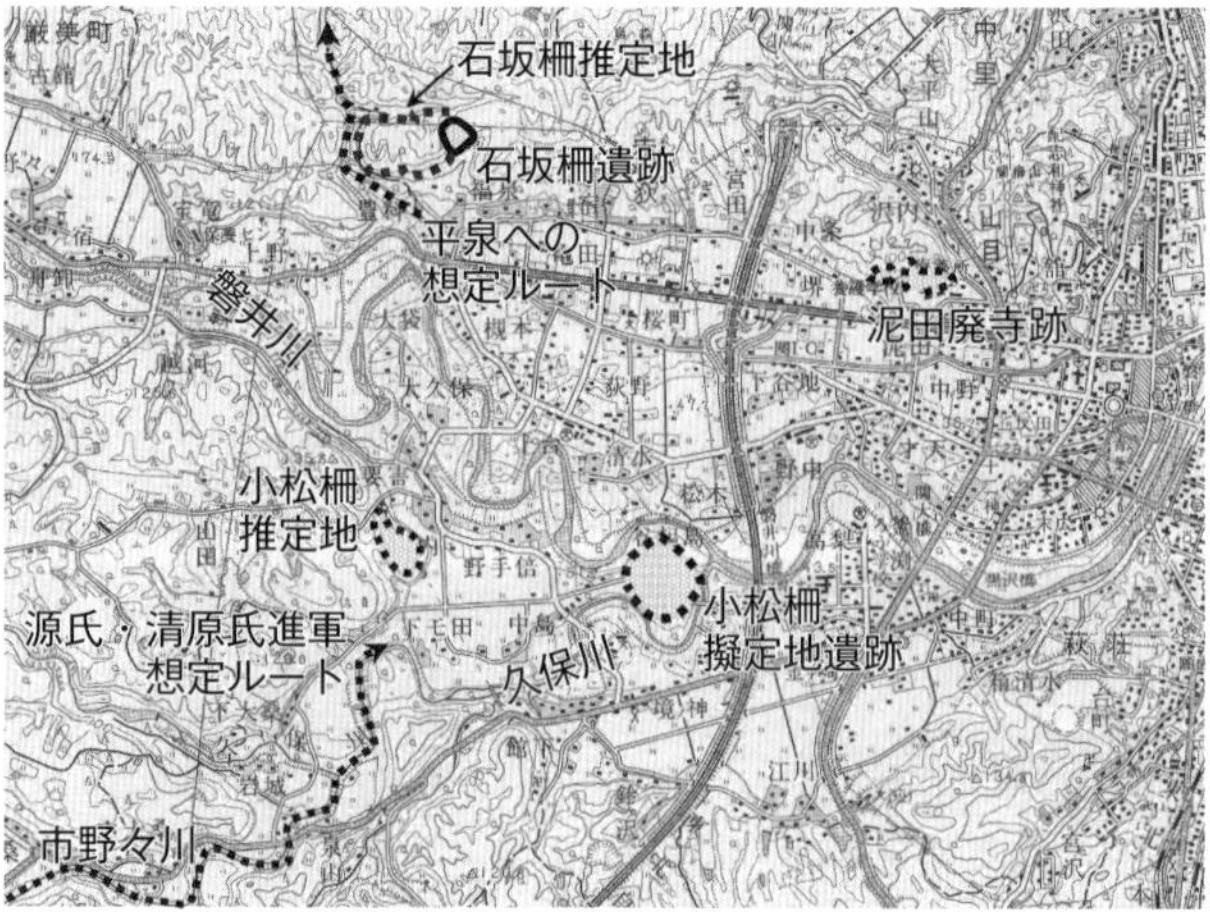

1-26　小松柵・石坂柵の推定地位置図（国土地理院5万分1地形図「一関」より作成）

③一関市赤萩清水付近（磐井川北岸）＝鈴木弘太氏の説（研究大会発表）による

『陸奥話記』から小松柵の所在や構造に関する記述を挙げると、源頼義と清原武則らの軍が合流し最初に攻める柵であり、磐井郡萩馬場が小松柵から五町余の場所にある。清原氏の歩兵が火を放って柵の外の宿廬《しゅくろ》（宿舎）を焼く。安倍氏側は城内から矢石を乱発する。源頼義ら軍勢は、騎兵で要害を囲み、歩卒で城柵を攻める。柵の東南には深く青々とした川が細長く周りに流れ、西北には壁立つ青巌《せいがん》を背負う。頼義・武則側の兵士深江是則・大伴員季ら敢死《かんし》の者二〇人余を引率し、剣や鉾を用いて巌を登り、柵の下を斬り壊して城内に乱入し攻め撃つ。城中は擾乱し、安倍氏側の兵は敗れる。宗任八〇〇騎余を率いて、城外に攻め戦う。源頼義の部下、坂東の精兵が宗任の軍を破る。宗任の精兵三〇騎余が遊兵として襲うが、清原武道は迎え戦いほとんど殺傷する。安倍氏は城（小松柵）を捨てて逃走し、小松柵は火が放たれ焼失したとされる。

『大日本地名辞書』では①の萩荘上黒沢を擬定地とし、『県史跡名勝天然記念物調査報告』では現地調査をもとに磐井川と久保川の合流点付近（萩荘谷起島か）と推察した。いずれも、磐井川の南岸である。研究大会の発表者の鈴木弘太氏（当時は一関市教育委員会）は、『陸奥話記』の描写のように東と南に川が流れ、北と西に崖面となる立地として、磐井川と久保川との合流地点と想定したうえで、磐井川を防衛ラインと考えると、北岸が合理的であろうとし、一関市赤萩清水を擬定地に挙げている。

しかし、「太政官符」には安倍正任が衣川関を落とされた後に小松楯（柵）へと逃げたとある。また『吾妻鏡』によると、衣河のエリア内に官照（良昭）の小松楯（柵）などの旧蹟があったとされることから、②の奥州市衣川付近とする説もある。

1-27　小松柵の推定地（一関市萩荘付近）

康平五年（一〇六二）の戦いの展開では、「太政官符」よりも『陸奥話記』の記述が自然な流れと考えられる。『陸奥話記』によると、小松柵が焼失した後、源頼義は安倍貞任の軍勢に営所を襲われるが、撃退されて北に追われた貞任らは磐井川に到るとあることから、源頼義らの営所や小松柵は磐井川の南側に所在したと推察される。また、源頼義ら軍勢が栗原郡営岡から、三迫川沿いに北進して栗駒湖《くりこまこ》付近から東流する市野々《いちのの》川に沿って東進したと仮定すると、久保川に合流し、一関市萩荘西黒沢付近に到る。一関市萩荘上黒沢・下黒沢に近い西黒沢付近は、北に磐井川が位置し、南と東が磐井川や久保川に囲まれ、北西には栗駒山から延びる丘陵がある。よって、立地と進軍行程の観点から、①の一関市萩荘付近が小松柵と推察される。

『陸奥話記』には「城内」「城中」「城」と表記されていることから、鳥海柵や厨川柵と同レベルの様相と想定され、柵の本来の性格である

「安倍氏一族・姻族・眷属《けんぞく》の居宅」（八木・樋口、二〇一五）であったと想定される。また、要害・城柵・柵外の宿盧（舎）との用語が記されるが、清原武則指揮下の歩兵が柵外の宿舎を焼き、要害を騎兵が囲んで城柵を攻めたとあることから、「要害」は小松柵、「城柵」が城の木柵、「柵外」が「木柵の外」を意味し、要害の小松柵は少なくとも城と宿舎で構成されていたと推察する。深江是則ら兵が巌を登った後に、柵の下を斬壊して城内に乱入し攻撃したとの描写から、城と宿舎の境には木柵の存在がうかがえる。城の規模は、宗任が八〇〇人余の騎兵を連れて城外で戦ったことから、少なくとも八〇〇人以上の馬と人が籠ることが可能な城であったと考えられる。また、小松柵は良昭の柵でありながら、その甥宗任の兵が駐屯兵の一翼を担う重要な拠点であったと想定される。

4　石坂柵

石坂柵の擬定地

①一関市赤萩字福泉（磐井川北岸）＝大槻文彦（『復軒雑纂《ふくけんざつさん》』一九〇二年）による

②平泉町平泉字毛越《けごし》・田面《たおもて》＝羽柴直人（「安倍氏の「柵」の構造―「交通遮断施設」の視点から―」『平泉文化研究年報』五、二〇〇四年）による

③平泉町平泉字倉町＝島原弘征氏の説（研究大会発表）による

『陸奥話記』によると、小松柵陥落から一八日が経過した九月五日、安倍貞任は精兵八〇〇〇人余を率いて源頼義らの営中を襲うが、敗れて北へ逃れた。源氏・清原氏軍に追われ貞任らは磐井川まで着くが、湊を失って高い崖より堕ち溺れる者、撃ち殺される者が出た。武則は精兵八〇〇人余を引き連れて暗夜（闇夜）に追い、五〇人で西山より

貞任の営（軍）に入って火を挙げ、その火を合図に三方より攻める。貞任らは高梨宿ならびに石坂柵を捨てて逃れ、衣川関に入る。歩騎は迷いて、巖に殺《はな》たれ谷に墜ちる。三〇町余ほど（約三・三キロ）、斃《たお》れ亡くなった人馬が乱れた麻のようであったとされる。

羽柴直人氏は、「三十余町程」が石坂柵と衣川関の間であるとし、擬定地の②平泉町字平泉毛越・田面付近と推察する。同地は西側に高地が連なることが『陸奥話記』と合致し、太田川と寿徳院後ろの高地（伊豆権現堂）を結ぶ東西ラインに交通遮断施設を設定する北側（衣川関）方面への通行が妨げられ、小松柵（一関方面）から平泉への想定ルート（㋐厳美→達谷窟《たっこくのいわや》経由、㋑豊科→外山→小金沢経由、㋒山目経由）のすべてが通過する地点であることから、交通遮断施設には非常に合理的な場所と推察した（羽柴、二〇〇四）。

1-28　石坂柵の推定地（一関市赤萩字福泉付近）

研究大会の発表者の島原弘征氏（平泉町教育委員会）は、「三十余町程」を羽柴氏と同様に石坂柵から衣川関までの距離であるとしたうえで、西側に高地、西・南・東を太田川の氾濫原に囲まれる地形が『陸奥話記』の描写にあてはまることから、③の平泉字倉町（国衡《くにひら》館跡・高衡《たかひら》館跡）を擬定地に挙げている。

近代の国語学者の大槻文彦は、『封内風土記《ほうないふどき》』（仙台藩編纂、一七七二年）の赤萩村の箇所で、往還に険しく坂上田村麻呂が経歴したと伝わる駒泣坂・鐙越《あぶみごえ》などの付近（①の赤萩字福泉）であろうかとする。また、樋口知志氏も、「三十余町程」が行程中の衣川南岸までとし、一関市山目から赤萩の付近と推察した（樋口、二〇一五）。

貞任らは源頼義の営中への襲撃で敗れ、北へ敗走して磐井川を渡った後、軍中（営中）を武則に攻撃されて、石坂柵を棄てて衣川関に入る状況より、石坂柵の所在は衣川関と磐井川との間と読み取れる。石坂柵から逃れる際、歩騎が迷って巌にうたれ谷に堕ちる描写から、険しい山道を逃れたと思われ、羽柴氏の提示した三つのルートのいずれかを逃亡したと想定される。また、武則は磐井川を渡って追い石坂柵を攻めるが、土地勘があるはずの安倍側の歩騎が迷うほどの山道を暗夜に越えて北進するとは考え難く、その手前付近の①の福泉地内に石坂柵が所在した可能性が考えられる。その東側には石坂柵遺跡（平安時代、城柵跡）が所在するが、過去に発掘調査を行った記録はない。北側と西側には開析谷が介入し、南側は磐井川の沖積低地（平野）が広がり、南西には高地（杭丁《くいちょう》館遺跡）が立地して、武則が攻め込んだ西山を彷彿させる。福泉地内の東方には一〇世紀の寺院跡「泥田《どろた》廃寺《はいじ》跡」、西方には達谷窟毘《び》沙門《しゃもん》堂《どう》へのルート（ア）がある。また、石坂柵は「城」ではなく「営（軍）中」と記されるが、八〇〇〇人余がこもる場所で、高梨宿と併設する柵であることから、急造した仮設の営所でなく、古くから軍事や交通の拠点として存在したと推察される。

5　藤原業近柵

藤原業近柵の擬定地

①奥州市衣川川端＝吉田東伍（『大日本地名辞書　第七巻奥羽』一九〇六年）などによる

②奥州市衣川並木前＝熊田葦城（『日本史蹟大系　第三巻』一九三五年）などによる

『陸奥話記』によると、九月六日午時（正午）、頼義は高梨宿に到着し即日衣川関を攻めるが、険しくて狭く進軍に難儀する。三軍にて関上道・上津衣川道・関下道から攻め、関下道から攻撃した武則は久清ら兵士に命じ、曲木に縄をつけて対岸に渡り、営に入って塁（砦）を焼く。貞任は、業近柵の焼亡を見て衣川関を拒《ふせ》がなかったとされる。『陸奥話記』には、藤原業近の字が「大藤内、宗任腹心なり」と記されることから、柵名は人名の藤原業近ではなく別にあったと推察される。『吾妻鏡』（文治五年〈一一八九〉九月二十七日甲申条）の源頼朝が衣河（川）の遺跡を見聞する場面では、「成通貞任後見、琵琶柵等旧跡」とあり、『陸奥話記』の記述と比べると「業近＝なりちか」と「成通＝なりみち」、「宗任腹心」と「貞任後見」と似た表記であることから、本来の柵の名称は琵琶柵であった可能性がある。

研究大会の発表者の二階堂里絵氏（一関市教育委員会）は、擬定地①の衣川川端（琵琶柵遺跡）が北を除く三方を衣川に囲まれた天然の要害地形で城柵を築くに相応しく、その南端は関山丘陵の北西麓から衣川を隔てた対岸にあることから、『陸奥話記』の記述にも当てはまり、藤原業近柵の可能性があると推察した。『大日本地名辞書』では、琵琶柵跡の場所が「中尊寺の西北十町許、戸河内川の衣川に会する辺とす」と記述があり、同じく衣川川端付近としながらも、藤原業近柵とは別物とする。

近代歴史学者の熊田葦城は、②の衣川並木前を擬定地とする。衣川北岸から一〇〇《メートル》ほど離れた場所で、衣川柵（並木屋敷）遺跡が所在する。

双方の周辺を見ていくと、河岸段丘上に立地する衣川柵（並木屋敷）遺跡と小松館遺跡の間を衣川が南流し、段丘下（沖積低地）の川端地内（琵琶柵遺跡）を囲むように東へ湾曲する。段丘上の両遺跡には土塁が残り、その間が出入口の様相を呈する。南側に張り出した琵琶柵遺跡は城館の外桝形《そとますがた》のような立地である。衣川柵遺跡や小松館遺跡では

1-29　琵琶柵遺跡周辺の遠景写真（写真提供〈公財〉岩手県文化振興事業団埋蔵文化財センター，一部加筆）

1-30　小松館遺跡

小規模な発掘調査が行われているが、平安時代の遺物は未確認である。しかし、衣川並木前（衣川柵遺跡）の北東には一一世紀前半の寺院跡「長者ヶ原廃寺」が立地し、小松館遺跡の北に所在する北館遺跡の発掘調査では、竪穴建物跡やその付近から平安時代の土師器坏が数点出土したことから、周辺が平安時代に使用されていたことは明らかである。藤原業近柵は久清ら兵士が川の対岸に渡って塁（砦）を焼くことから、衣川北岸（奥六郡側）に所在した可能性がある。また、『陸奥話記』には衣川関から業近柵の焼亡を見たと記されることから、土塁が残る段丘上の遺跡が衣川関で、段丘下の①琵琶柵遺跡付近が藤原業近柵であった可能性が考えられる。

6　大麻生野柵・瀬原柵

『陸奥話記』によると、九月七日に源頼義ら軍勢は衣川関を破って胆沢郡白鳥村に到り、大麻生野および瀬原の二柵を攻めて抜く。九月十一日鶏鳴（明け方）鳥海柵を襲い、その行程は一〇里余（約五・五キロ）とされる。

大麻生野柵

大麻生野柵の擬定地

①奥州市前沢字阿部館＝『目呂木村《もくろぎむら》風土記《ふどき》御用書出《ごようかきだし》』（一七七七年）などによる

②奥州市前沢白山字館・内館＝『岩手県管轄地誌　第六号巻之三』（岩手県、一八八〇年）などによる

近世の『目呂木村風土記御用書出』には、安倍館という古館が天喜・康平年間の麻生柵ではないかと伝わり、館内にある四間四方の塚「安倍塚」は戦死した軍兵の塚であることが記される。また、目呂木村の北境が「安倍館（麻生柵）」までとあることから、研究大会の発表者の及川真紀氏（奥州市教育委員会）は、①の前沢字阿部館付近を擬定地に挙げた。阿部館は東西を川に挟まれた微高地にあり、白鳥村から北進して最初の渡河点となることから要害の地と推察する。

『岩手県管轄地誌』には、上麻生柵（麻生館）が陸中国胆沢郡稲置《いなおき》村から北東方向の字「舘」、現在の②前沢白山字

1-31　大麻生野柵の推定地（安倍館遺跡・上麻生城遺跡）位置図
（国土地理院２万５千分１地形図「前沢」より作成）

1-32　上麻生城遺跡付近

館に所在と伝わると記される。頼義が貞任を破ったのちは、麻《あ》生《そう》玄長《はるなが》の居城だったとされる。

双方ともに発掘調査は行われておらず、年代を含む詳細は不明である。②の前沢白山字館周辺には、一二世紀の遺物が出土した祭祀関連遺跡が点在する。また、地内に鎮座する白山神社は源義家の陣所であったと伝承が残る。二つの擬定地は約一・五キロの近距離で、鳥海柵と白糸柵の立地に似ており、①の前沢字阿部館が大麻生野柵、②の前沢白山館が川湊として、一体的に存在した可能性が想定される。

瀬原柵

瀬原柵の擬定地

①平泉町字瀬原＝志羅山《しらやま》頼順《らいじゅん》（『平泉名勝誌』一九〇五年）、『衣川村誌』（一九二四年）などによる

②奥州市前沢白鳥字鵜ノ木（鵜木の関址）＝吉田東伍（『大日本地名辞書 第七巻奥羽』一九〇六年）、岡部精一（『奥羽沿革史論』一九一六年）などによる

③奥州市衣川瀬原か（旧衣川村大字下衣川）＝熊田葦城（『日本史蹟大系 第三巻』一九三五年）などによる

④奥州市水沢真城瀬台野《せだいの》・水沢佐倉河字杉ノ堂近辺＝藤原相之助（『日本先住民族史』一九一六年）などによる

藤原相之助は、鳥海柵へ向かう行程一〇里余（約五・五キロ）の出発地点が瀬原柵であるとして、金ケ崎町西根の鳥海柵跡から約五・五キロ離れた④の水沢真城瀬台野を擬定地とする。地名「瀬臺野（瀬台野）」は瀬原（または瀬臺原）とも言うとして、その地に残る古塁二基のうち一基が「瀬原の柵の址（瀬原柵跡）」と推察している。羽柴直人氏は同じく出発地点が瀬原柵であるとし、瀬台野の北隣りである旧安土呂井《あとろい》村内、現在の佐倉河字杉ノ堂が北上川西岸の微高地に立地しており、交通遮断に適した場所であることから瀬原柵と推察した（羽柴、二〇〇四）。

研究大会の発表者の高橋千晶氏（奥州市教育委員会）は、羽柴氏の提示した杉ノ堂地内が交通遮断施設に有効な立地であるとしながらも、同地内に所在する杉の堂遺跡から、発掘調査において一一世紀代の遺構・遺物が確認されておらず、今後の課題としている。

擬定地の④は、大麻生野柵の後に瀬原柵を攻める行程であることに対して、そのほかの擬定地は白鳥村を陣営として二柵を攻めたと想定される。①の平泉町瀬原は、近隣に鎮座する七高山観音堂付近に「湟渠《こうきょ》（大堀）跡」が残る。②の前沢白鳥は関跡の擬定地、③の衣川瀬原は地名によるが、いずれも一一世紀代の遺構・遺物が確認されていない。

1-33　瀬原柵の推定地位置図（国土地理院２万５千分１地形図「陸中江刺」より作成）

1-34　白井坂Ⅰ・Ⅱ（お伊勢館）遺構配置図（写真提供〈公財〉岩手県文化振興事業団埋蔵文化財センター）

二柵を「抜く」という記述から破りながら進軍する印象を受け、記述の順序どおりに、大麻生野柵を破った後に瀬原柵を抜いたと想定される。よって、鳥海柵跡まで約五・五キロとする出発地点は瀬原柵と推察される。頼義ら軍勢は、出発の地を坂上田村麻呂ゆかりの「栗原郡営岡」としたが、鳥海柵を襲う前に坂上田村麻呂造営の胆沢城の場面が『陸奥話記』に描かれていない。鳥海柵の戦いに備えた、胆沢城の代わりとなった陣営は、鳥海柵と近距離の要害であり、戦略を立てるうえで最適な立地であったと考える。胆沢城の南には白井坂遺跡が立地しており、河岸段丘に自然の沢が入り込む地形の特徴が鳥海柵と似ている。また平安時代から中世の土器も出土している。瀬原柵から鳥海柵までの行程を直線距離とすれば、④の水沢真城瀬台野地内となるが、鳥海柵へ通ずる道は直線とは限らないことから、白井坂遺跡付近に瀬原柵が立地した可能性を探っていきたいと考える。

7 黒沢尻柵

黒沢尻柵の擬定地

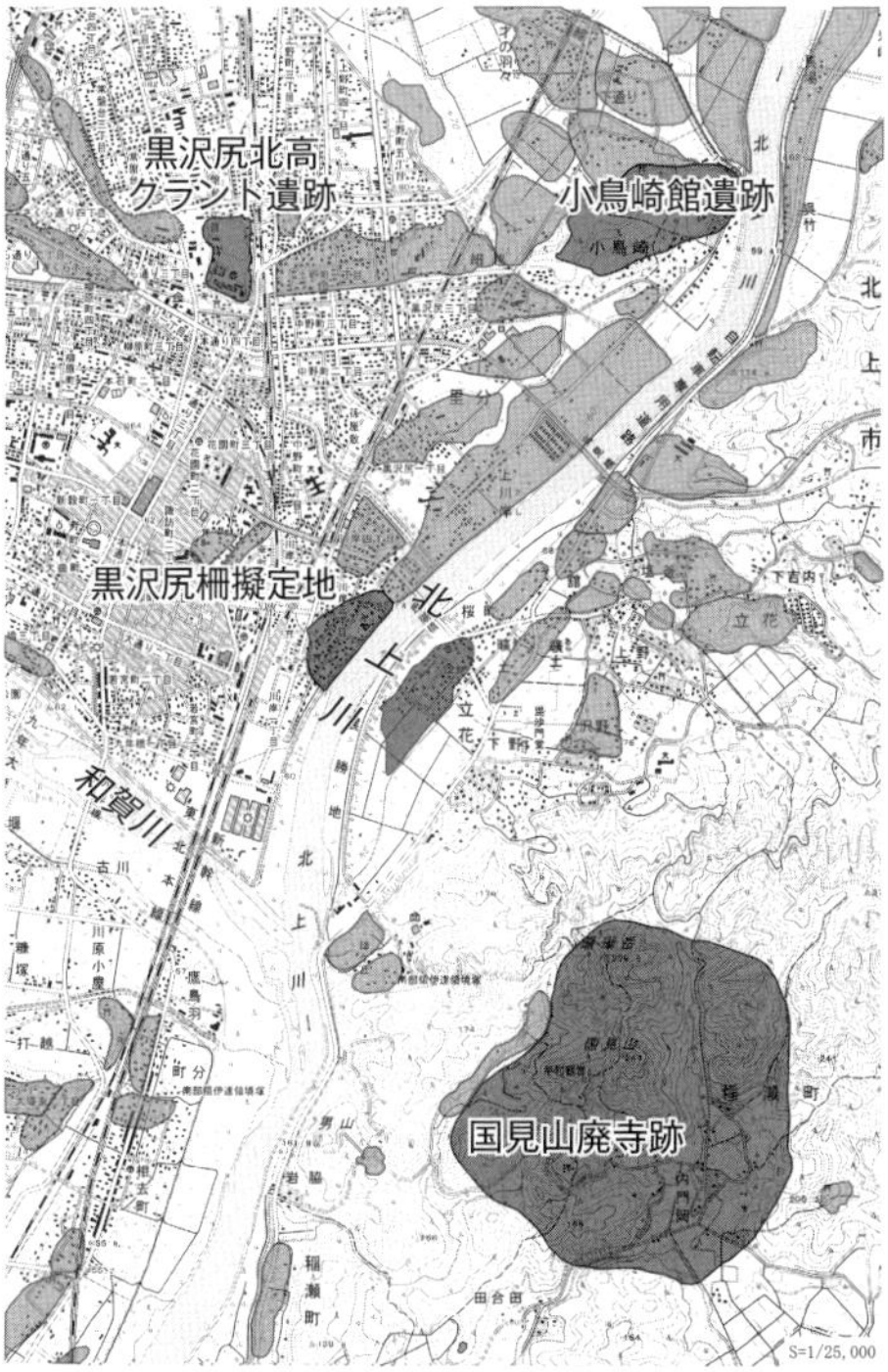

1-35 小鳥崎館跡周辺の遺跡分布図（写真提供〈公財〉岩手県文化振興事業団埋蔵文化財センター）

①北上市川岸＝菅江真澄《すがえますみ》（「けふのせば布」一七八五年）による

②北上市小鳥崎＝羽柴直人（「安倍氏の「柵」の構造―「交通遮断施設」の視点から―」『平泉文化研究年報』五、二〇〇四年）などによる

③北上市黒岩＝杉本良氏の説（研究大会発表）による

『陸奥話記』によると、すなわち正任の和我郡黒沢尻柵を襲って抜くとされる。その際に射殺した安倍氏側の兵は三二人、傷を負っ

1-36　小鳥崎館跡航空写真（写真提供〈公財〉岩手県文化振興事業団埋蔵文化財センター）

て逃げる者は数知れないとある。

研究大会の発表者の杉本良氏（当時は北上市立埋蔵文化財センター）は、一一世紀の黒岩《くろいわ》城跡・白山廃寺跡、一〇世紀の根岸《ねぎし》遺跡が所在することから、③の北上市黒岩周辺を擬定地に挙げた。『陸奥話記』では、安倍頼良の五男正任の柵とされ、短文ながら抵抗があったことが記載されることから、郡単位の支配拠点と考える方がよいと思われるとした。そのうえで、北上川東岸に立地する黒岩城周辺が黒沢尻柵、根岸遺跡の双堂《ならびどう》や大竹《おおたけ》廃寺跡が付属寺院との可能性を提示した。

国学者の菅江真澄は、遊覧記「けふのせば布」（天明五年〈一七八五〉九月二十八日）によると、天明五年（一七八五）九月に黒沢尻という駅家《うまや》に着いて、宿の主に「阿部のふる館のあと」（黒沢尻柵擬定地）を案内される。加志（河岸）という場所に行き、黒沢尻四郎政任（正任）を偲んでいる。その場所からは北上川をへだてて、国見山《くにみやま》がよく見えたという。菅江真澄が見て記録した場所は、現在の①北上市川岸を指し、擬定地の中でも有力地とされたが、過去の発掘調査では成果がでていない。羽柴直人氏は、②の北上市小鳥崎付近が段丘との比高二〇メートルほどであるとして、交通遮断すれば北方への進軍を阻止できることから擬定地と推察する。

黒沢尻柵は、所在地が和我郡（和賀郡）と明らかであり、現在の和賀郡で黒沢尻という地名の範囲は、黒沢川が西から北上川に流れ込む北西付近である。その範囲には、擬定地の①北上市小鳥崎のみが含まれる。黒岩周辺は南側に国見山廃寺跡があり、天安元年（八五七）準官寺の定額寺《じょうがくじ》となった極楽寺《ごくらくじ》の可能性も考えられている。また、周辺には立花《たちばな》毘沙門堂《びしゃもんどう》（万福寺）があり、一〇世紀の伝慈覚《じかく》大師作の本尊木造毘沙門天立像、一一世紀の持国天《じこくてん》・増長天《ぞうじょうてん》の二天立像が残ることから、北上川東岸の一帯は安倍氏や清原氏が信仰地として使用したことは間違いない。しかし、黒岩城跡の調査では一一世紀後半の遺物が出土し、前九年合戦後の利用が推定される。黒沢尻柵は地名の範囲・頼義らの進軍路を考慮し、北上川の西岸に位置した可能性が想定される。小鳥崎は築城時期不明の小鳥崎館跡があり、その南には正任が創建したとされる弁財天社が鎮座する。その立地は、交通の要所の白鳥館遺跡、鳥海柵跡の北東の白糸柵遺跡（第五章参照）に類似する。小鳥崎の西に延びる丘陵は里分《さとぶん》・常盤台《ときわだい》まで続く。丘陵の南側を黒沢川、中間を新堰《しんせき》川、北側を大堰川が、西方から北上川へと流れ込む。三条の河川は丘陵の北と南を囲む自然の堀のように介入する。丘陵の南側は出羽国から東の沿岸部まで続く平和《へいわ》街道が交差する場所であり、四方を結ぶ交通の要衝であったと推察される。特に常盤台（黒沢尻北高等学校付近）は、南へと突き出た立地で南側を黒沢川に囲まれることから、城柵に相応しい立地であり、黒沢尻柵の存在がうかがえる。

8　鶴脛柵・比与鳥柵

『陸奥話記』の記述では、鶴脛・比与鳥の二柵も、（黒沢尻柵と）同じくこれを破ったとある。頼義ら軍勢が鳥海柵を襲った九月十一日から厨川柵に着く十四日までに二柵を破ったことになるが、その行程は不明であり、場所も特定できない。

文化館）は、柵名に似た鶴羽衣《つるはぎ》という地名があり、土塁や堀跡が残る①の奥州市江刺稲瀬字下台（鶴羽衣館跡）を擬定地に挙げた。菅江真澄が文政五年（一八二二）に江刺郡倉沢村を訪れ「鶴脛五郎家任」の古館を記録しており、当時から擬定地と認識されていた。『岩手県管轄地誌』においても同地に鶴脛と比与鳥の二柵を比定したことに従い、鶴羽衣館跡の東館が鶴脛柵、西館が比与鳥柵と推察した。

②の花巻市鳥谷ヶ崎は、稗縫郡に位置し、花巻城（鳥谷ヶ崎城）が所在した場所である。

地名の観点からは①の鶴羽衣館跡が有力視されるが、現時点までの発掘調査では一一世紀の遺物は出土していない。『陸奥話記』によると、鳥海柵や和我郡黒沢尻柵が抜かれた後に、鶴脛柵や比与鳥柵が破られることから、その北に

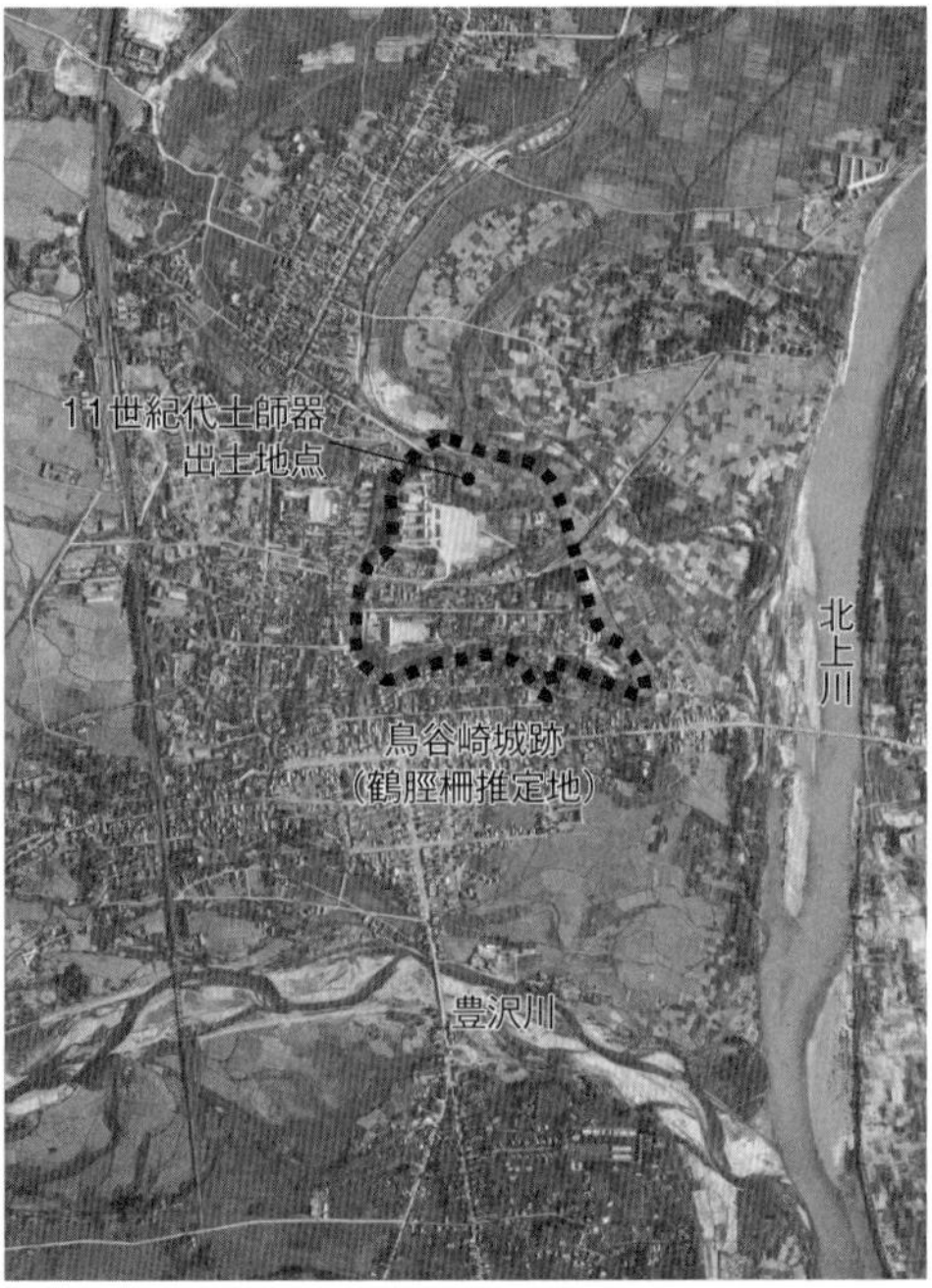

1-37　鶴脛柵の推定地（鳥谷崎館跡・花巻城跡）位置図（1948年鳥谷ヶ崎付近航空写真より作成，国土地理院ウェブサイト）

鶴脛柵

鶴脛柵の擬定地

①奥州市江刺稲瀬《いなせ》字下台＝菅江真澄（「委《い》波氏迺夜麼《わてのやま》」一八二二年）、『岩手県管轄地誌』（一八八一年）、『江刺郡誌』（岩手県教育会江刺郡部会、一九二五年）などによる

②花巻市鳥谷ヶ崎《とやがさき》＝吉田東伍（『大日本地名辞書』一九〇七年）、岡部精一（『奥羽沿革史論』一九一六年）などによる

研究大会の発表者の野坂晃平氏（えさし郷土

位置したと想定される。また、衣川関や鳥海柵は北上川西岸であることから、そのまま頼義ら軍勢は西側を北進した可能性がある。さらに、「並」との記述がみられないことから二柵は連城ではなく、記述のとおり鶴脛柵、比与鳥柵の順序で破られたのではないかと考える。黒沢尻柵が所在する和我郡、その北の稗縫・斯波の二郡は、北方との物流を繋げるために重要であり、和我郡は日本海に抜けるルート、稗縫郡は閉伊、斯波郡は糠部や爾薩体（岩手県北部）さらに北海道まで連なるルートに連なる。また、稗縫・斯波の二郡は太平洋岸からさまざまな物資が入ってくるルートとして重要である。杉本良氏は、黒沢尻柵が和我郡の支配拠点である可能性を挙げたが、稗縫や斯波の各郡にも、支配・物流の拠点が必要と考えられ、それらの二郡にも拠点が存在したと想定される。鳥谷ヶ崎城跡は、東に北上川、南に豊沢川、北にかつて北上川が流れ三方面を河川が囲み、東の東和《とうわ》・遠野《とおの》・釜石《かまいし》への交通を考慮した場合、重要な拠点である。発掘調査では、本丸の土塁の下から土師器の坏《つき》が出土し、一一世紀代の年代観が想定されている（室野、二〇一七）。地名ではなく、発掘調査を踏まえ『陸奥話記』の記述と立地を比較検討し、鳥谷ヶ崎に鶴脛柵が存在した可能性が高いと推察される。

比与鳥柵

比与鳥柵の擬定地

①紫波町陣ヶ岡《じんがおか》＝吉田東伍（『大日本地名辞書　第七巻奥羽』一九〇六年）、藤原相之助（『日本先住民族史』一九一六年）による

②紫波町古館《ふるだて》＝岡部精一（『奥羽沿革史論』一九一六年）による

③紫波町南日詰《ひづめ》（善知鳥館跡）＝『紫波郡誌』（岩手県教育委員会紫波郡部会、一九二五年）による

④花巻市宮野目〜石鳥谷町《いしどりや》＝及川雅義（「鳥海・比与鳥二柵の擬定について―花巻城周辺の城柵に関する一考察―」

『岩手史学研究』第一〇号、一九五二年）による
⑤花巻市石鳥谷町八重畑（宿・蛇蜒蛆《じゃのめり》遺跡）＝橋本征也氏の説（研究大会発表）による
⑥北上市滑田《なめしだ》男鳥＝羽柴直人（「安倍氏の「柵」の構造—「交通遮断施設」の視点から—」『平泉文化研究年報』五、二〇〇四年）による
⑦奥州市江刺稲瀬字鶴羽衣台＝『岩手県管轄地誌　江刺郡照沢村誌』（一八八一年）などによる
※稲瀬は、ほかに瀬谷子や正源寺台の説もあり。
⑧奥州市前沢白鳥館（白鳥館遺跡）＝橋本征也氏の説（研究大会発表）による

研究大会の発表者の橋本征也氏（当時は花巻市東和ふるさと歴史資料館）は、発掘調査で竪穴状遺構などから一一世紀代の土師器が出土したことから（岩手県文化振興事業団埋蔵文化財センター、二〇〇四）、⑤の石鳥谷町八重畑（宿・蛇蜒蛆遺跡）が擬定地と推察する。現在、宿遺跡は統合され、八重畑遺跡となった。

1-38　高水寺城遺跡航空写真（紫波町教育委員会提供）

明治時代の文献『岩手県管轄地誌』には、比与鳥館（柵）が照沢村（現在の⑦奥州市江刺稲瀬・北上市稲瀬町）の中央にあり、安倍七郎則任がいたと記載される。鶴脛柵を奥州市江刺地内として連城《れんじょう》を想定した擬定地と推測される。羽柴直人氏は、北上盆地西縁の道を遮断する施設として⑥の北上市滑田男鳥が擬定地と推察する（羽柴、二〇〇四）。①の紫波町陣岡（陣ヶ岡）は、頼義らの軍勢が北上川の西側を北進し、和賀郡—岩手郡間の稗貫・紫波郡に鶴脛・

比与鳥の二柵が所在したと想定したことによる。『日本先住民族史』では「(陣ヶ岡)蜂の社の付近」が「比与鳥の七郎則任」の居城とある。安倍則任の妻と子は厨川・嫗戸柵で身投げしており、そこから近い斯波郡に拠点があった可能性はある。及川雅義氏は「宮野目以北紫波郡境迄の中」を擬定地に挙げ、現在の④の花巻市宮野目〜石鳥谷町にあたる。『奥羽沿革史論』には「古館村」と記され、②の紫波町古館(高水寺城《こうすいじじょう》遺跡)を擬定地とする。『紫波郡誌』には旧赤石村の③善知鳥館跡が安倍則任の居所、比与鳥柵ではあるまいかと思うとある。

北方や太平洋沿岸と繋ぐ交通路として重要であった斯波郡には、交通の拠点があった可能性がある。頼義らの軍勢は北上川の西側を北進したと仮定すると、①陣ヶ

1-39　善知鳥館遺跡

1-40　比与鳥柵の推定地(高水寺城遺跡・南日詰遺跡・善知鳥館跡)位置図(国土地理院2万5千分1地形図「日詰」より作成)

岡・②高水寺城跡・③善知鳥館跡付近があてはまる。高水寺城遺跡は北上川西岸の段丘に立地する中世の城跡とされるが、二ノ郭の北部西縁付近から掘立柱建物跡（もしくは柱列）が検出され、一一世紀代の土師器坏片が出土した。東側柱列の柱穴からは錫《すず》製品の器片が見つかっている（紫波町教育委員会、二〇一五）。善知鳥館跡は、北上川旧河道の西側に面し、南側に滝名《たきな》川が流れる。比高七メートル前後の河岸段丘が形成され、東西に長い長方形状の区画を呈する。北と東には堀をめぐらし、真ん中を奥州（陸羽）街道が通る。調査の結果、台地の南辺付近から東西に並ぶ柱列が発見されたが、時期は明らかではない（紫波町教育委員会、一九六四）。高水寺城遺跡と善知鳥館跡は、北上川との間に奥州藤原氏三代秀衡の舎弟俊衡《としひら》の比爪《ひづめ》館跡が立地し、近年の調査研究で平泉と並ぶ都市の存在が示唆されることから、その以前から交通拠点が存在したと想定され、双方の遺跡付近に比与鳥柵が所在した可能性が推察される。

9　厨川柵・嫗戸柵

『陸奥話記』から、厨川・嫗戸の二柵の所在や構造に関する記述を挙げると、九月十四日に頼義ら軍勢は厨川柵へ向かい、十五日の酉の時（午後五～七時頃）に到着して二柵を包囲した。その範囲は七、八町ばかり（約七六〇～八七〇メートル）とされ、安倍氏は陣（柵）を結んで翼を張るように護った。二柵の西北は大きい沢で、二つの面は河（川）が阻む。河岸は三丈有余（約一〇メートル）で道がない。柵（城）内には、木柵を築き、柵上に楼櫓を構える。河と柵との間に隍《みぞ》を造り、堀底に刀を立て、地上に鉄を蒔く。十六日卯の時（午前五～七時頃）の頼義らの軍勢の攻撃では、城中が堅固で抜けず、数百人が死んだ。十七日未の時（午後一～三時頃）、頼義は兵に命じて村落の屋舎を壊して運んで隍に填め、刈った萱草を山のごとく河岸に積む。頼義が神火と称して火を投じたところ、暴風が起こって炎が飛び、木柵や楼に蓑毛《みのげ》のごとく射っていた矢羽に引火し、楼櫓や屋舎はあっという間に燃えた。城中の者は潰乱《かいらん》し、碧潭《へきたん》に身を投じたり、刀で首を刎ねたりした。頼義らは水を渡って攻め戦い、安倍貞任らは斬殺される。柵が破れたとき、安倍則任の妻が深淵に自ら投じたと記述される。

厨川柵

厨川柵の擬定地

①盛岡市安倍館《あべたて》町（安倍館遺跡）＝『南部領内総絵図』（盛岡藩、一六四四〜四八年）、『奥羽観蹟聞老志』（一七〇九年）による

②盛岡市天昌寺《てんしょうじ》町（里館遺跡・厨川柵擬定地）＝吉田東伍（『大日本地名辞書 第七巻奥羽』一九〇六年）による

③盛岡市天昌寺町〜大館町の里館・勾当館・大館台地（里館遺跡〜大館町遺跡）＝菅野義之助（「厨川の柵」一九二五年）による

④盛岡市天昌寺町〜安倍館町＝板橋源（『厨川柵擬定地盛岡市権現坂発掘概報』一九五八年）による

⑤盛岡市新田町〜盛岡駅付近＝岡部精一（『奥羽沿革史論』一九一六年）による

⑥盛岡市前九年一・二丁目、北夕顔瀬《きたゆうがおせ》（宿田・館坂・宿田南遺跡付近）＝室野秀文氏の説（研究大会発表）による

研究大会の発表者の室野秀文氏（盛岡市遺跡の学び館）は、北上川と雫石川の合流点を俯瞰する滝沢台地の南端に所在する⑥の宿田・館坂・宿田南遺跡付近を厨川柵の可能性があるとした。鳥海柵跡のような立地であること、周辺に江戸時代に複数の街道が通って交通の要衝に所在することや、宿田遺跡から一一世紀前葉の土師器が出土したことなどを根拠に挙げる。北上川と雫石川の合流地点から北西の一帯は、岩手山を起源とする滝沢台地（火山灰台地）が広がり、天昌寺町から稲荷町にかけては滝沢台地より新しい雫石川や諸葛《もろくず》川による堆積段丘（砂礫《されき》層）が連なる。天

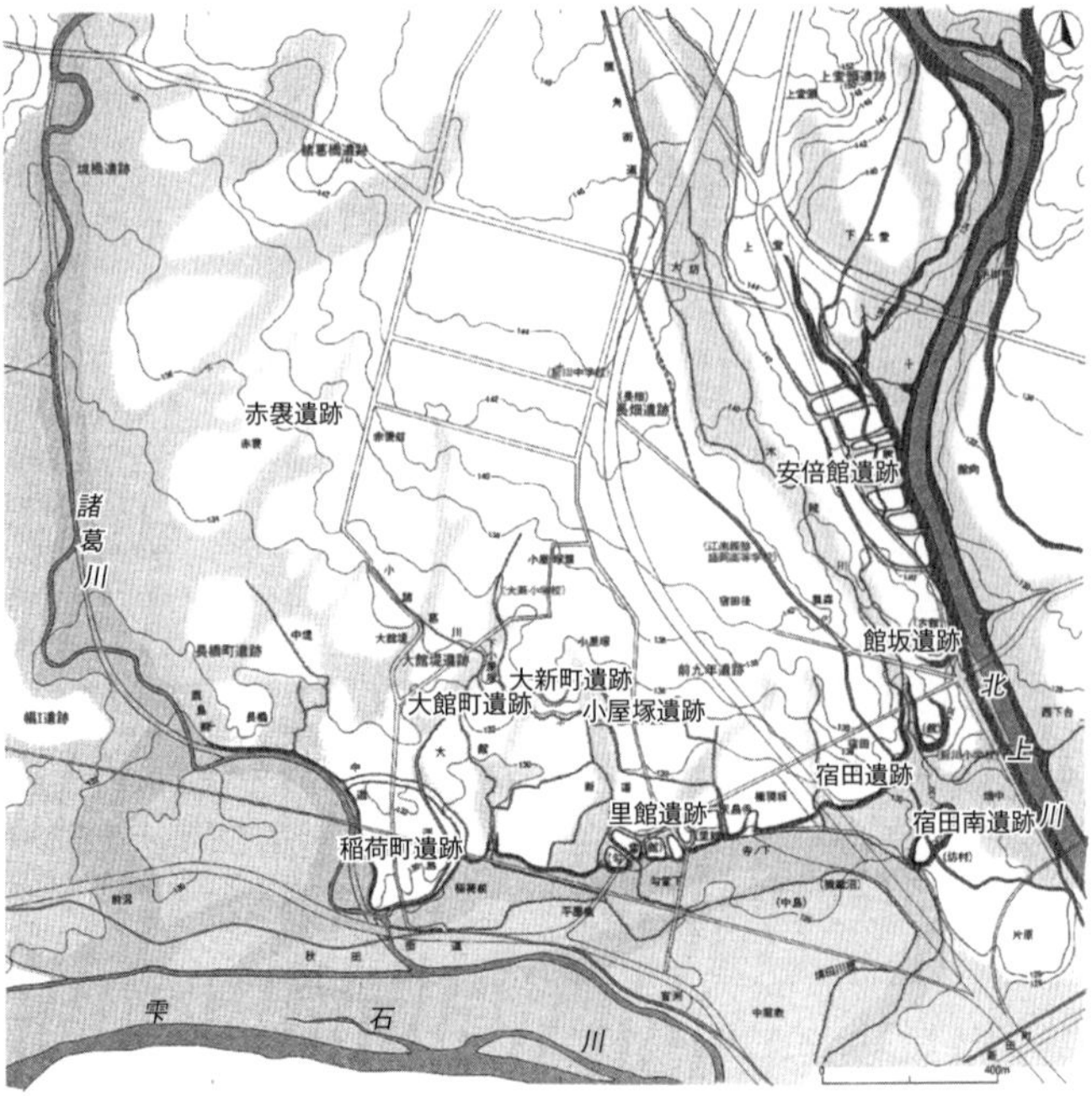

1-41　厨川の地形と遺跡（盛岡市遺跡の学び館，2019 より転載・作成）

昌寺町東側から北上川に到る間は、滝沢台地南辺が雫石川旧河道（北岸）に面し、比高四〜八メートルに及ぶ。また、北上川西岸の館坂から安倍館町までは急峻な断崖が続き、比高二〇メートルを超える。

その後、室野氏は「平成二六年度・二七年度盛岡市内遺跡赤袰遺跡第三次・四次発掘調査報告書」（盛岡市教育委員会、二〇一八年）において、滝沢台地の南辺で東西に並ぶ大館町・大新町・小屋塚《こやつか》遺跡が、厨川柵の可能性が高いと新たな見解を示した。三遺跡からは一一世紀代の土師器が出土し、大新町・大館町遺跡の南側には南向きに構えられた大溝が検出され、室野氏は一一世紀の溝であれば前九年合戦に備えて急造したと想定する。また、大新町遺跡の掘立柱建物群が一一世紀前葉から中葉にかけての館跡であるならば、三遺跡には行政拠点として構えられた厨川柵が存在したのではないかと推察する。その東方で北上川沿いの安倍館付近は、防御拠点の嫗戸柵が存在したと推定する。

擬定地の①の安倍館町（安倍館遺跡）は、北上川の断崖に立地し天然の要害を彷彿とさせる。安倍氏関連の伝承が残るが、調査結果では平安時代の遺跡は確認されていない。②③④の天昌寺町（里館遺跡・厨川柵擬定地）は、①と同じく伝承が語り継がれる。大正期の記録では、試掘調査で火災の痕跡や東側（権現坂）段丘上で方坑の列（柵や楼櫓と推定）・溝・堀を確認したとされるが、室野氏は方坑に柱痕跡が認められず浅いことなどから柵の遺構として認定することができないとする。⑤の新田町〜盛岡駅付近は特段の根拠がない。

嫗戸柵

嫗戸柵の擬定地

①滝沢市鵜飼《うかい》字姥屋敷《うばやしき》＝『旧蹟遺聞《きゅうせきいぶん》』（一八〇六年）による

②盛岡市大館から里館（大館町〜天昌寺町）＝菅野義之助（「厨川の柵」一九二五年）による

③盛岡市安倍館（安倍館遺跡）＝伊能嘉矩（「嫗戸考」一九二五年）、板橋源・佐々木博康（『盛岡市安倍館古代末期城柵遺跡』一九七八年）による

④盛岡市上堂＝草間俊一（『前九年の役』盛岡市教育委員会、一九九三年）による

⑤盛岡市稲荷町（稲荷町遺跡東側）＝羽柴直人（「安倍氏の「柵」の構造―「交通遮断施設」の視点から―」『平泉文化研究年報』五、二〇〇四年）による

⑥盛岡市大館町・稲荷町（大館町・稲荷町遺跡）＝井上雅孝氏の説（研究大会発表）による

研究大会の発表者の井上雅孝氏（当時は野田村教育委員会）は、発掘調査成果から大新町遺跡を厨川柵擬定地であると想定すると、その東側で同じ滝沢台地の段丘上と諸葛川までの間に嫗戸柵が存在する可能性が高いとして、⑥の大館町・稲荷町遺跡を嫗戸柵擬定地と推察した。

①のみ滝沢市内であるが、地名「姥屋敷」と柵名が似ていることが根拠である。擬定地の④も、上堂を「うわど

う」と読むことで、柵名の読み方「うばと」に似ていることに由来する。擬定地の②③は、厨川柵と同じく調査成果や地形が根拠となる。⑤は羽柴直人氏が地名や地形を分析し、交通遮断施設として提示した（羽柴、二〇〇四）。

厨川柵・嫗戸柵の再考

厨川柵と嫗戸柵は、『陸奥話記』の中で陣（柵）を結んだとの記述があることから、連城のように隣接していたことがうかがえる。提示された擬定地は、すべてが北上川と雫石川の合流地点から北西に位置しており、柵の二面を阻む河（川）は北上川と雫石川と想定される。二つの河川の合流地点付近は、江戸時代に南北の奥州道中、北への鹿角《かづの》街道、西への秋田街道、東への宮古街道と四方と結ぶ交通の要衝地であった。平安時代、奥六郡は北方貿易に重要な役割を果たしたとされる。中でも岩手郡は交易が盛んとなったため、一〇世紀後半までに交通路整備を目的として斯波郡から岩手郡を独立させたとの見解もあることから（八木、二〇一六）、古来より当地は河川やその開析谷沿いに、東北北部や北海道と結ぶ北ルート、出羽国と結ぶ西ルート、太平洋岸と結ぶ東ルートが存在していたと想定される。よって、交通路の整備という課題を専管するために、北上川と雫石川が合流する付近には双方の河川に関連した交易拠点が隣り合わせに存在し、連城のような厨川柵・嫗戸柵になった可能性が想定される。

合戦の様子から双方の柵の立地を探ると、頼義ら軍勢が包囲した河岸は高くそびえ立ち、十六日の攻撃では破れずに数百人の犠牲を出していることから、北上川との合流地点に近い雫石川旧河道の北岸（北上川〜天昌寺町付近）と推察される。しかし、十七日には柵面や楼頭へ蓑毛のごとくたくさんの矢を射るなど攻めやすくなったと思われ、軍勢を移動した可能性が高い。大館町・大新町・小屋塚遺跡の北側は緩やかな台地が続いていることから、雫石川で比較的渡りやすい天昌寺町西側（小諸葛川付近か）から緩やかな台地の北側へと廻り込んで攻撃したと推察される。雫石川を渡った一帯には、村落と目される上堂頭遺跡や境橋遺跡（盛岡市遺跡の学び館、二〇一九）、土器の工房跡の赤《あか》袰《ほろ》遺跡（盛岡市教育委員会、二〇一八）が所在し、頼義が隍を塡める材を集めたという屋舎の存在がうかがえる。川風は夜間に陸から川へと風が吹くとされ、未の時（午後一～三時）から河岸に萱草を積む作業に時間を要して攻撃は夜間となり、神火は北西から投じられて川風によって燃え広がったのではないだろうか。柵は河や沢に囲まれていたが、一方は城中の者が身投げするほど深い川底であって柵の東側と南側を流れる北上川や雫石川の合流地点付近と、もう一方は敵が渡れるほど浅くて西側を流れる小諸葛川やその支流の小川であったと推察され、北西からの攻撃の根拠になりうると考える。

二柵の包囲規模が約七六〇～八七〇メートルと推定されることから、一つの柵の範囲が平均で三八〇～四三〇メートルと仮定する。頼義らが雫石川北岸（滝沢台地の南辺）を包囲した場合、東側に位置する柵の範囲は館坂（北上川付近）から天昌寺町までとなり、双方の柵の擬定地の中では、厨川柵の④天昌寺町～安倍館町、厨川柵の⑥宿田・館坂・宿田南遺跡付近がほぼ当てはまる。前述のとおり、宿田・館坂・宿田南遺跡は鳥海柵跡に似た立地で、宿田遺跡から一一世紀前葉の土師器が出土したとされることから、一つの柵が存在したと推察される。その西隣で天昌寺町の西端から小諸葛川まで約四〇〇メートルとなり、擬定地の中では、大館町～天昌寺町（厨川柵③・嫗戸柵②）、大館町・稲荷町遺跡（嫗戸柵⑥）がほぼ当てはまる。室野氏の提示した地形や調査成果から、大館町・大新町・小屋塚遺跡付近が柵の一つであった可能性が高い。

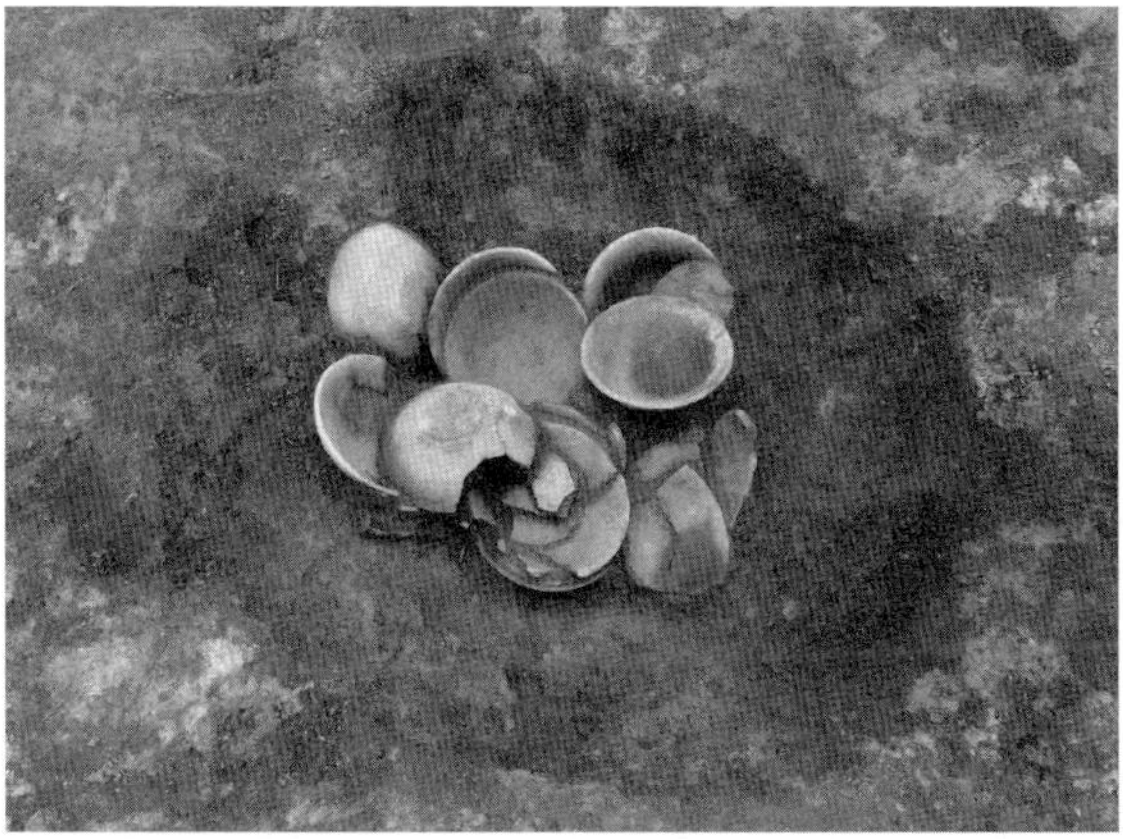
1-42　赤袰遺跡 轆轤穴上部土器埋納状況

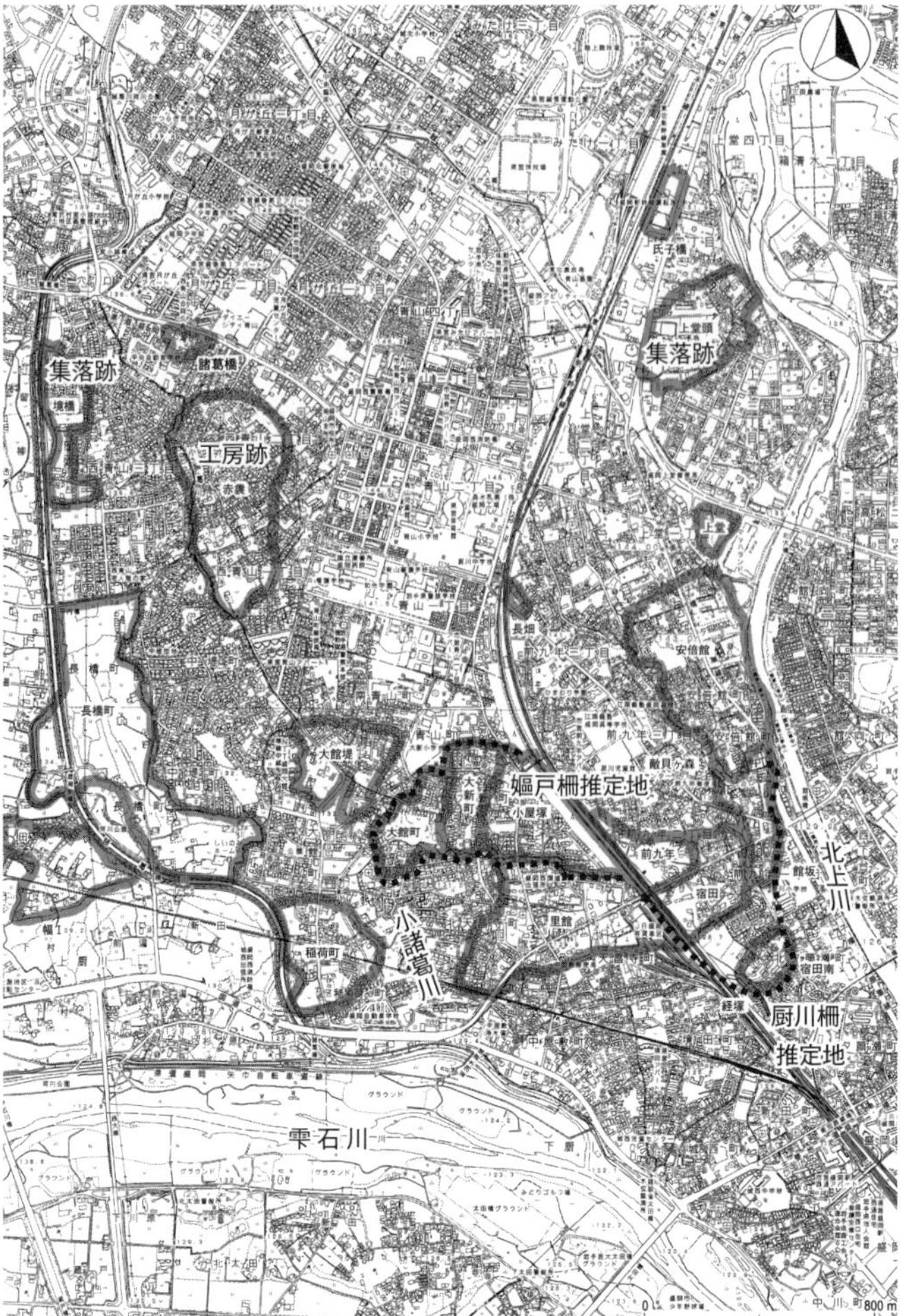

1-43　厨川柵・嫗戸柵の推定地位置図（盛岡市遺跡の学び館提供，一部加筆）

二柵のうち、嫗戸柵の嫗《おみな》とは、古代社会において再婚の対象からはずれた女性をいい、結髪ではなく垂髪《すいはつ》姿が認められる（『続日本紀』慶雲二年〈七〇五〉十二月乙丑条）。垂髪は四〇歳以上の女性（『日本書紀』天武十三年〈六八四〉閏四月丙戌条）とされる（今津、二〇一五）。「雑女数十人、楼に登りて歌を唱う」の場面における雑女とは、嫗を蔑視し

厨川柵
嫗戸柵
大釜館遺跡
盛岡
山北三郡
奥六郡
比与鳥柵か
閉伊
払田柵跡
鶴脛柵か
金沢柵
大鳥井山遺跡
黒沢尻柵
沼柵
横手
国見山廃寺跡
鳥海柵
胆沢城跡（鎮守府）
大麻生野柵
衣川関
瀬原柵
高梨宿・石坂柵
気仙
小松柵
河崎柵
営崗
黄海
北上川
鳴瀬川
0
60km
名取川
阿武隈川

1-44　安倍氏 12 柵ほか位置関係図（樋口，2016 より作成）

た呼称と思われ、「嫗戸柵」は嫗のいる家（戸）を意味するのではないかと考える。雑女に侮辱された頼義はこれを憎み、二日後に楼頭に矢を射て燃やしたことから、北西からの攻撃であった場合、西方に所在した大館町・大新町・小屋塚遺跡付近が雑女のいた「嫗戸柵」であった可能性がある。また、その東隣に位置する宿田・館坂・宿田南遺跡付近は厨川柵が所在したと推察される。北方の糠部や爾薩体（岩手県北部）から奥六郡へと特産品を運搬する北上川は、貴重な食糧をもたらす「厨（台所）」のようであるとして、その物流拠点が「厨川柵」となったか。あるいは、涅《くり》色は最下級服色であることから（『和名類聚抄《わみょうるいじゅしょう》』）、北方の地を蔑み「涅や川」の柵と呼称したとも思われる。

第四章　鳥海柵とは何か

1　史跡「鳥海柵跡」の断定

平成二十一年（二〇〇九）十一月二十六日、文化庁や鳥海柵遺跡調査指導委員会など有識者の助言を受け、金ケ崎町教育会は、岩手県胆沢郡金ケ崎町西根に所在する鳥海柵遺跡を『陸奥話記』などの文献に登場する安倍氏の拠点「鳥海柵」と特定した。そして、平成二十三年十月二十六日には安倍氏の歴史を明らかにできる重要な遺跡であるとし、国指定史跡「鳥海柵跡」となった。岩手県内に擬定地が複数存在した「鳥海柵」は、『陸奥話記』の描写や近世・近代の文献の記述、発掘調査成果から総合的に評価され、本遺跡が鳥海柵跡として認められたのである。

2　鳥海柵の立地

鳥海柵跡は、奥羽山脈と北上山地との間に位置する南北に細長い北上低地帯（北上平野）の中にある。この一帯は、かつて奥六郡と呼ばれた土地である。鳥海柵跡の所在する東側は、岩手県岩手町の弓弭《ゆみはず》の泉を源泉とする北上川が南流する。南側は北上川の支流である胆沢川が奥羽山脈から東流し、やや離れた北側には支流の城堰川が東へと流れ、三方を囲む。西側は遠方に奥羽山脈の駒ケ岳《こまがだけ》（標高一一三〇㍍）や経塚山《きょうづか》（一三七三㍍）がそびえるが、鳥海柵跡を区

1-45　鳥海柵跡周辺の航空写真（1948年，国土地理院ウェブサイト）

画する山や河川などはない。駒ケ岳から流れ出る夏油川《げとうがわ》によって形成された六原扇状地（金ケ崎面低位段丘）の南扇端で、北上川と胆沢川によって浸食された河岸段丘上にあり、段丘面と沖積低地との比高一〇《メートル》ほどである。沢田川などの三条の沢により形成された開析谷が介入し、四つの台地に分割される。その地名（字）は、北より縦街道南、原添下《はらぞえした》、鳥海、二ノ宮後《にのみやうしろ》である。

　その地形から、鳥海柵跡の範囲は南と東が段丘崖までと考えられるが、北と西が地形では判断しがたい。仙台藩『風土記御用書出』（一七七六年）には、次のとおり記述がある。

　鳥海館　一　本丸　南北七十六間　東西八十八間
　一　二ノ丸　南北二十八間　東西廿八間
　一　三ノ丸　南北五十間　東西八十間　鳥
海弥三郎籠候由申伝候

大正末年頃作製「鳥海柵見取図」は、同風土記の記述を現地にあてはめ図化したと想定される。同図には、北より三の丸、二の丸、本丸と、三の丸の北辺に沿って古道「縦街道」と記される。縦街道を境として、南側に縦街道南、北側に縦街道北・古寺・鑓水《やりみず》という字名が残り、過去の調査では北側から遺構が確認されていないことから、縦街道が鳥海柵跡の北境になると想定される。同じく見取図で「縦街道」から南へ分岐する道が描かれる。この道は字名「縦街道南」「原添下」の西端に位置した古道と想定され、東北縦貫自動車道建設により消滅するが、当時の発掘調査では古道より西側から遺構が検出されなかったことから、鳥海柵跡の西境と考えられる。本丸などの表記は近世以降の呼称と想定されることから、本文では地名を使用して北から「縦街道南区域」「原添下区域」「鳥海区域」「二ノ宮後区域」とする。

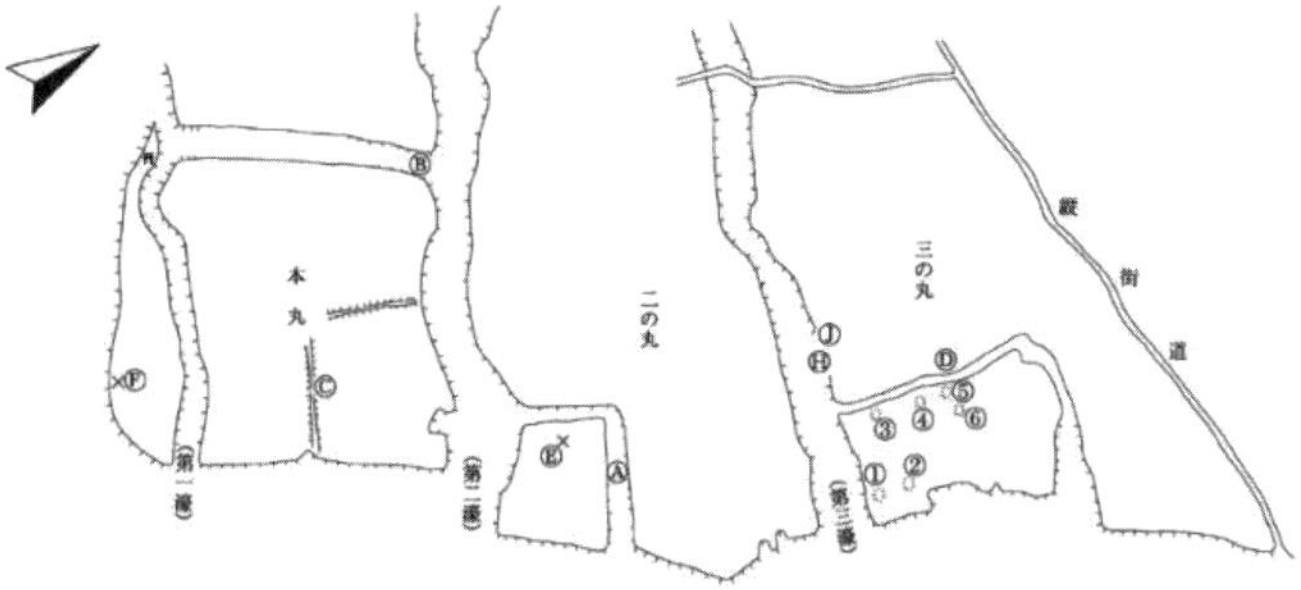

1-46　鳥海柵見取図（草間・金ケ崎町教育委員会，1959）

また、台地を分割する三条の開析谷は、過去の調査で濠や谷などさまざまな表記がされてきたが、調査結果にて自然地形であることが明らかとなり、沢で形成された谷であることから、呼称は南より「第一沢」「第二沢」「第三沢」とする。ただし、堀とともに区画や防御の施設としての利用が認められること、開析谷沿いの段丘上から溝跡や柱列、櫓状建物跡や門跡などの遺構が検出されていることから、堀としての活用が想定される。

鳥海柵跡の範囲には、飛鳥（古墳）時代から奈良時代の集落跡（西根遺跡）や古墳群（西根縦街道古墳群）が含まれる。遺跡の変遷としては、胆沢城造営以前の在地社会、いわゆる蝦夷と呼称された人々の生活が営まれていた時期から始まり、胆沢城による律令国家統治の時期を経て、鳥海柵が築かれ、前九年合戦のあった時期に利用されていた。その後は、奥州藤原氏の時期の経塚と想定される遺構があるだけで、現時点までの調査において中世以降には使用された形跡がない。

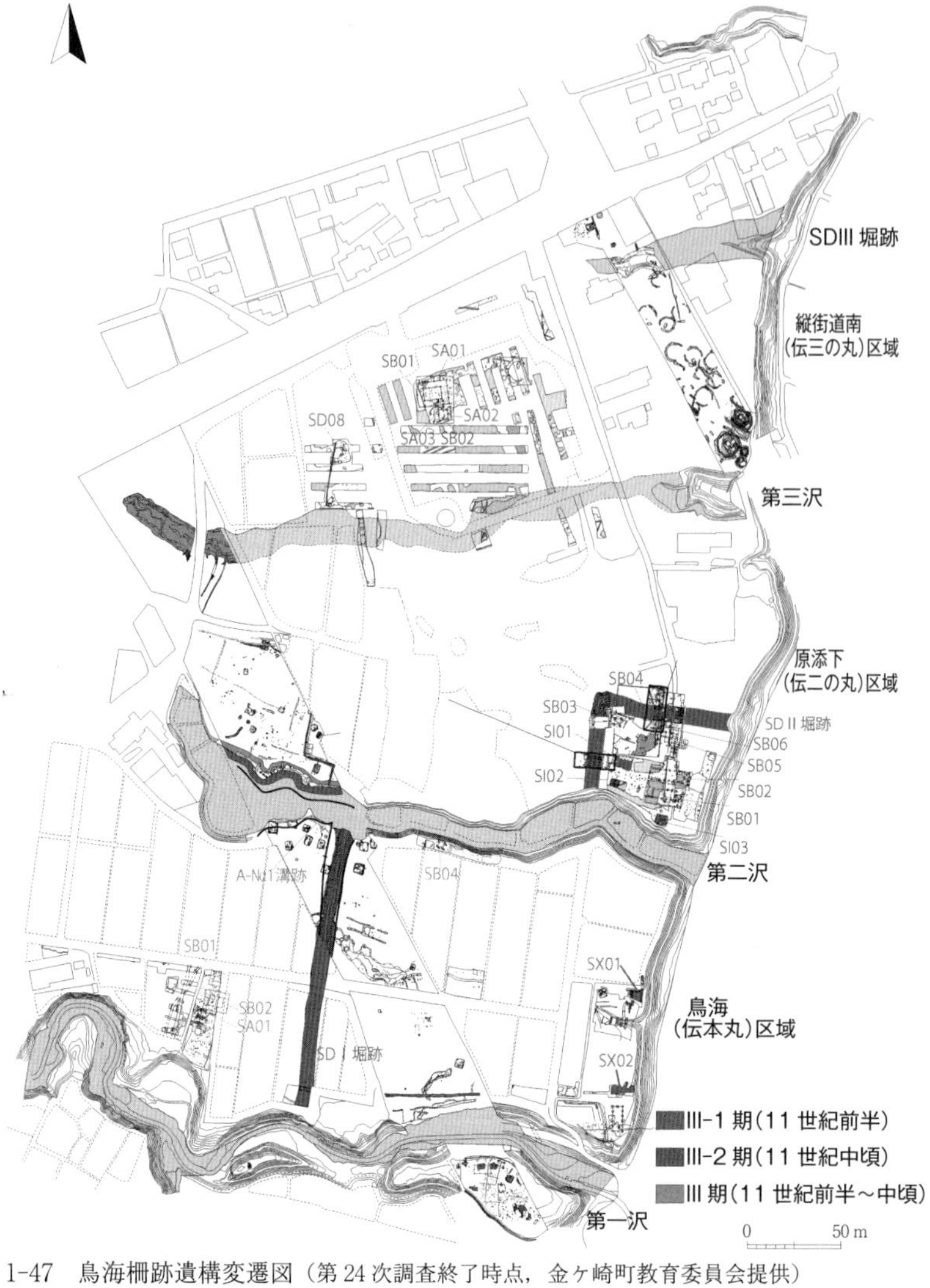

1-47 鳥海柵跡遺構変遷図（第 24 次調査終了時点，金ケ崎町教育委員会提供）

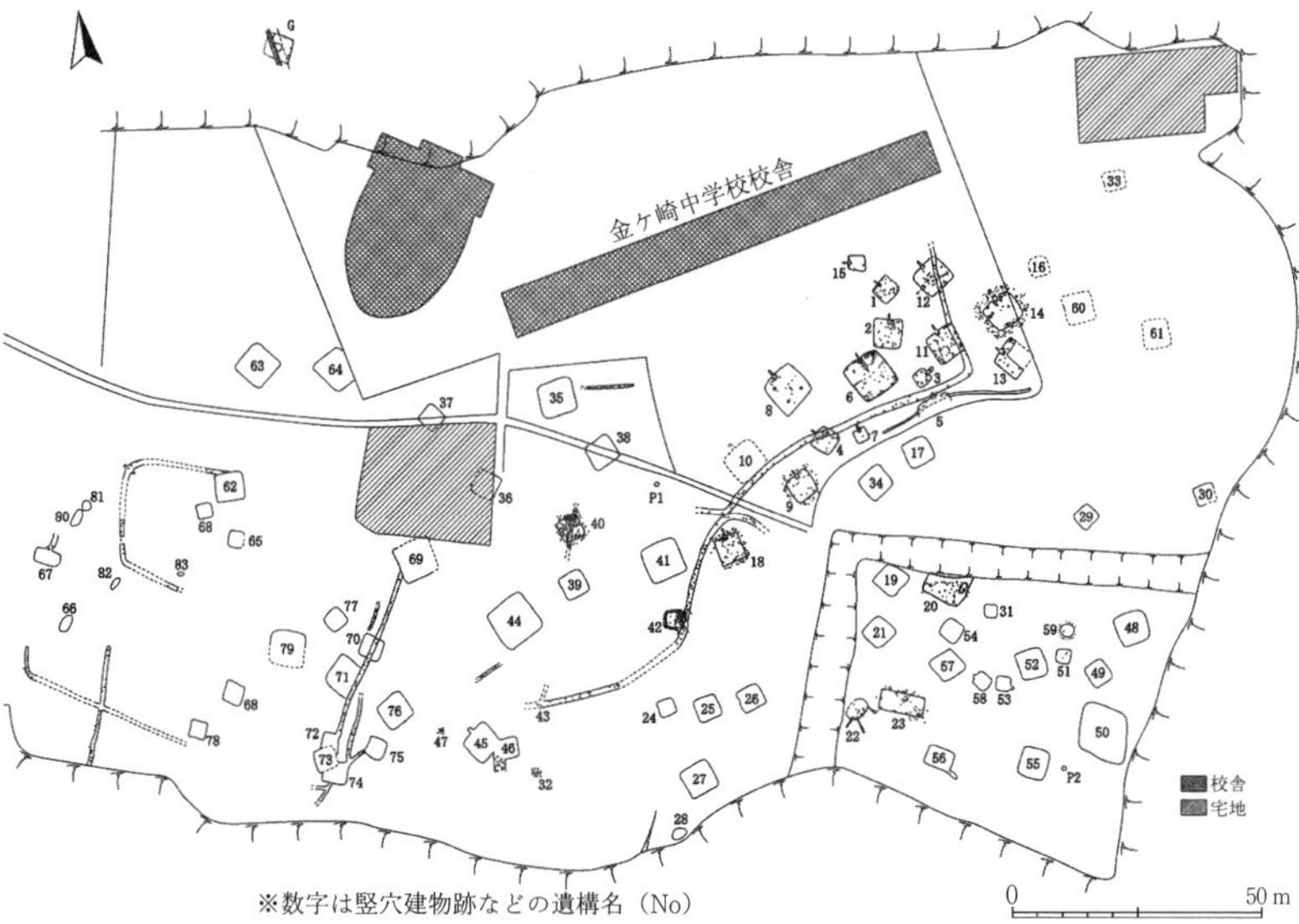

※数字は竪穴建物跡などの遺構名（No）

1-48　西根遺跡（現原添下区域）遺構分布図（金ケ崎町教育委員会，2013）

3　胆沢城造営以前の集落

岩手県内各地では、六世紀末から七世紀にかけて、蝦夷と呼ばれた在地の人々の社会が営まれ集落が急増する。鳥海柵跡の範囲では、西根遺跡（鳥海柵跡の原添下区域）において七世紀から八世紀にかけて竪穴建物跡が五〇棟以上建てられており集落が存在していた。ほかに、鳥海区域や二ノ宮後区域の調査箇所からも竪穴建物跡が数棟見つかっており、鳥海柵跡全域に広がる可能性が想定される。特徴的な遺物としては、原添下区域の六号竪穴建物跡から須恵器《すえき》の提瓶《ていへい》、一一号竪穴建物跡から外面全体が赤色塗りの土師器の高坏《たかつき》や土師器の多穿孔の甑《こしき》が出土した。六号・一一号の竪穴建物跡は、カマド（煙道）の位置から推測し、同時期の可能性がある。鳥海柵跡の北東部（西根遺跡・西根縦街道古墳群）には、集落の有力者のものと推定される古墳群が築かれていた。大正末年頃の絵図には、東が段丘縁、南が第三沢、北と西が堀で囲まれていたと記録される。本古墳群は、明治三十年（一八九

1-49　原添下区域 11 号竪穴建物跡出土遺物（金ケ崎町教育委員会所蔵）

1-50　西根縦街道古墳群（縦街道南区域東部調査区，金ケ崎町教育委員会提供）

七）に文学博士の三宅米吉が「最北の古墳」として調査し、古くから注目されていた。大正十二年（一九二三）には、宮内省諸陵寮調査員が皇室に関する不明の古墳調査を目的とし、現地調査を実施したとされる。昭和三十四年（一九五九）の岩手大学による調査、昭和五十四年の金ケ崎バイパス建設にともなう調査では、古墳四基、周溝一七基、墓壙二基が見つかった。遺構からは、刀剣類や玉類などばかりではなく、律令国家との関係を示し年代を知るうえで重要な銙帯金具や和同開珎なども出土して注目されてきた。

鳥海柵跡の北を東西に流れる宿内《しゅくない》川沿いには、上餅田《かみもちだ》遺跡・石田遺跡などの集落があった。上餅田遺跡は六世紀末頃～七世紀初頭の竪穴建物跡二五棟が検出された。中心的な大型建物跡や共同作業の広場が確認されたことから、ムラが存在していたと想定される。西隣の石田遺跡は、七世紀前半～八世紀の竪穴建物跡九棟が検出された。うち四棟からは、西根遺跡（原添下区域）にもみられる赤色塗り土師器の坏や壺が出土した。大半は外面全体が塗りつぶされ

1-51　鳥海柵跡周辺の7～8世紀の遺跡分布図（浅利，2017）

た土師器であるが、内黒土師器の四脚高坏は特殊な器形で、外面体部に帯状赤彩紋が施されており、岩手県内でも他に出土事例がない。和賀川流域の江釣子《えづりこ》古墳群の集団（蝦夷社会の人々）は口縁部内外面に棒状線文、胴部（体部）外面全体を赤色塗りする「赤彩球胴甕《せきさいきゅうどうがめ》」にまとまり、江釣子古墳型石室を造営しており、同じ石室や赤彩球胴甕は稗貫川や雫石川の集団（蝦夷社会）にも用いられた（杉本、二〇一七）。赤彩球胴甕の出土範囲は、弘仁二年（八一一）に置かれた和我・薭縫・斯波の三郡で、北三郡と呼称される地域である。石田遺跡の赤色塗り四脚高坏は八世紀初頭、それ以外の赤色塗り土師器は七、八世紀の年代が想定され、北三郡の集団（蝦夷社会）との交流がうかがえる。

1-52　石田遺跡出土　赤色塗り四脚高坏（金ケ崎町教育委員会所蔵）

鳥海柵跡の西で金ケ崎段丘縁辺部沿いには、揚場古墳群・三反田古墳群・桑木田古墳群（二ノ宮古墳か、西根桑木田付近）・五郎屋敷古墳群・飛鳥田古墳群・道場古墳群などの古墳群が続く。胆沢川から北に分岐する黒沢川北岸に立地する揚場古墳群は、周溝・竪穴建物跡・柱列・溝跡（柵列を含む）・土坑などが検出され、土坑から紡錘車《ぼうすいしゃ》・刀の鞘口《さやぐち》・玉・釧《くしろ》などが出土した。同じく北岸に立地の道場古墳は、岩手大学による調査で、円墳から勾玉・ガラス玉・鉄製品（鉄斧・馬具など）・須恵器（提瓶）が出土し、西根縦街道古墳群とは異なる主体部で、時代は七世紀にさかのぼる古墳群であることが確認されている。提瓶は西根遺跡（原添下区域）の六号竪穴建物跡からも出土しており、律令国家と交流していた可能性がある。また、鳥海柵跡の北に位置する水口沢古墳群は、出土遺物から七世紀中頃から八世紀と考えられる。

以上から、西根遺跡や複数の古墳群が所在する金ケ崎段丘縁辺部や、その北に位置する上餅田遺跡や石田遺跡の所在する宿内川南岸には、古墳時代後期から奈良時代にかけての蝦夷社会の大集落があったと考えられる。

4　胆沢城の末期と鳥海柵の出現

胆沢城統治期の鳥海柵周辺

延暦二十一年（八〇二）、征夷大将軍坂上田村麻呂が造営した胆沢城跡は、胆沢川の南岸に位置し、北岸沿いの鳥海柵跡との距離は約二キロである。標高は胆沢城跡が五〇メートル前後で、標高が一〇メートル高い鳥海柵跡は胆沢城跡を見下ろすように立地する。胆沢城の造営とともに鳥海柵周辺では蝦夷社会の集落や古墳が姿を消す。代わりに、北西に位置する妻根《つまね》遺跡から大溝に囲まれた掘立柱建物跡・井戸跡・土坑が検出された。土坑から大量に出土した須恵器坏は九世紀初頭と推定される。なかには「十万」「司」などの墨書《ぼくしょ》がみられる。建物跡は柱穴が隅丸方形で胆沢城の建物跡と類似する。また、その南に位置する柏山館《かしやまだて》跡遺跡は、九世紀初頭〜一〇世紀前半の竪穴建物跡が検出され、漆が入って蓋紙が被せられた内黒土師器の坏、「十□」と墨書された土師器が出土した。

荒巻横道上《あらまきよこみちかみ》遺跡からは九世紀前半〜中頃の竪穴建物跡が検出された。出土した須恵器坏は瀬谷子《せやご》窯跡で生産されたものであり、「本（奉）」「用」「十」などの墨書がみられる。瀬谷子窯跡群は胆沢城の北で北上川の東側に所在する官営的性格の強い工房の遺跡である。また、石田遺跡は竪穴建物跡三棟、掘立柱建物跡一棟、溝跡一条が検出され、九世紀前半〜一〇世紀中頃と推定される。九〜一〇世紀と幅広い存続が推定される近隣の遺跡は、揚場遺跡・上餅田遺跡である。揚場遺跡は、掘立柱建物跡・竪穴建物跡・溝跡・土坑などが検出され、「〇」と墨書された土師器や、「井」の墨書や底面に「×」の刻印のある須恵器坏が出土した。掘立柱建物跡は、胆沢城跡と同じく柱穴が隅丸方形である。上餅田遺跡は、竪穴建物跡が検出され、遺構外から「官」と墨書された須恵器高台片が出土している。

胆沢城変遷の三期（Ⅰ〜Ⅲ期）を比較して整理すると、胆沢城Ⅰ期（造営期〜九世紀中頃）はヤマト政権の律令体制下に組み込まれた集落が妻根遺跡と柏山館跡遺跡のラインに存在し、荒巻横道上遺跡や石田遺跡、揚場遺跡や上餅田遺跡と徐々に東へ拡大する。再び鳥海柵跡周辺が使用される時期は、胆沢城Ⅱ期（九世紀後半〜一〇世紀初頭）になってからである。

鳥海区域西部から竪穴建物跡と南北の溝跡が検出され、出土した土器は胆沢城から伝播したロクロ技術の須恵器や

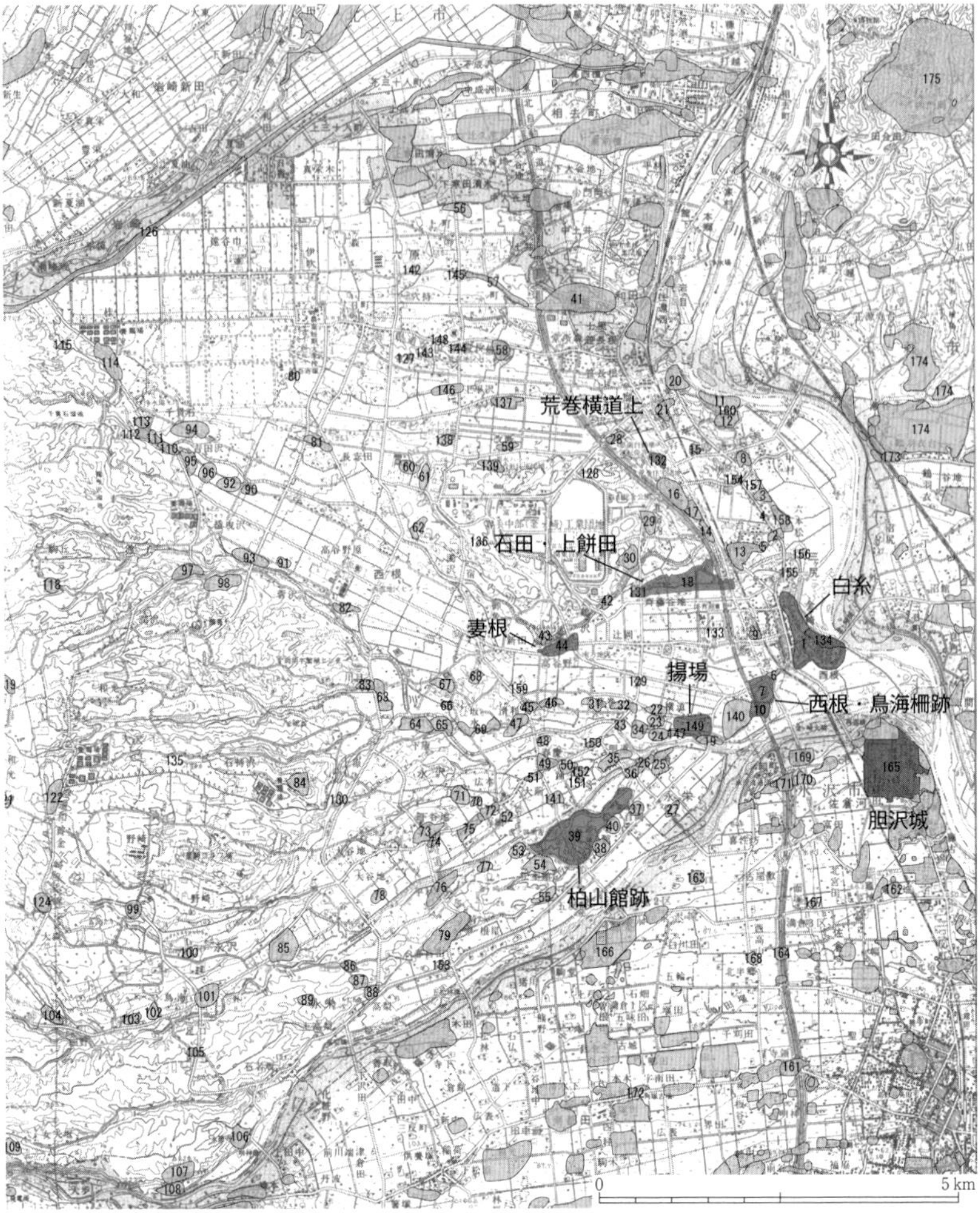

1-53　鳥海柵跡周辺の9〜10世紀遺跡分布図（浅利，2017）

1-54　鳥海区域西部 SI01 出土遺物（金ケ崎町教育委員会所蔵）

内面に黒色処理が施された土師器である。その特徴や器種構成から、九世紀後半の年代観が想定される。竪穴建物跡からは、「五保」と墨書された内黒土師器や緑釉《りょくゆう》陶器唾壺《だこ》、土師器の香炉蓋が出土した。「五保」とは、養老令戸令九条や一〇条、『続日本紀』和銅四年十月甲子条にみられるように、公民の相互監視連帯責任の制度であったと考えられ、江戸時代の五人組は、律令制における五保の制度に範をとったとされる。「五保」と墨書された土器の出土は初めての事例であり、国府多賀城（もしくは胆沢城）による律令制が胆沢城管轄の「奥六郡」においても施行されていたことを裏付ける資料と考えられる（大平、二〇一三）。

緑釉陶器唾壺は京都山城産で、陶磁器類や唾壺の出土事例は官衙遺跡に多くみられることから、胆沢城を通じて持ち込まれたと想定される。唾壺とは、扁球体の胴部に漏斗《ろうと》状に大きく開いた口頸部が付属した形状を呈する。本来は唾を吐きいれる容器であったが、日本では実用性を失い、貴重品として部屋の装飾に用いられたとされる。最古の出土例は長岡宮跡から出土した奈良時代のものだが、多くは平安時代の出土資料で、それ以降の年代のものは知られていない。また、鳥

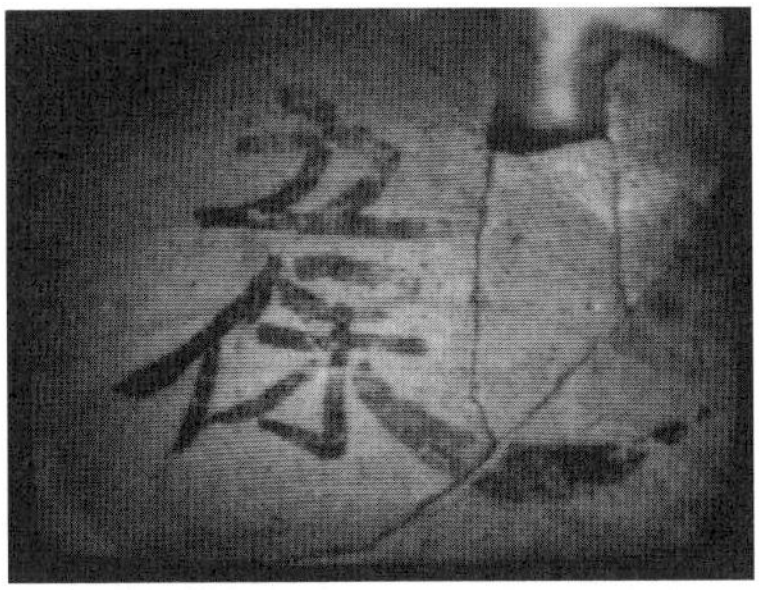
1-55　赤外線写真「五保」（金ケ崎町教育委員会提供）

海柵跡では緑釉陶器だが、ほかに越州窯産青磁・灰釉《かいゆう》陶器などの陶磁器や、正倉院のガラス製唾壺などがある。出土した唾壺は、緑釉陶器としては岩手県内初で、日本最北端の出土となる。平安時代の宮中の恒例・臨時の儀式・行事における調度を記した『類聚雑要抄《るいじゅざつようしょう》』には「銀唾壺」が記され、唾壺はハレの儀式の際に火取（香炉）とともに二階棚に置かれたとの記述があることから、出土した香炉の蓋とセットで装飾品として用いられたと考えられ、本建物には官人が出入りしていたと想定される。

また、竪穴建物跡の年代は胆沢城Ⅱ期にあたり、貞観の陸奥国大地震や元慶の乱が起こっている。胆沢城では、貞観十八年（八七六）に国家鎮護の儀式や、元慶六年（八八二）に陰陽師の配置がなされた。西にそびえる駒ケ岳は、古来より在地の人々に駒形神として崇拝され、中央政府からは仁寿元年（八五一）、貞観四年に位階を与えられた。その南に連なる経塚山との中間点から、ほぼ真東に鳥海柵跡は所在する。よって、陸奥国の混乱した社会で安定して統治を行うために、儀式が行われた可能性が考えられる。

つづく九世紀末頃～一〇世紀中頃には、その東側（鳥海区域）や第二沢を挟んだ原添下区域南西部で竪穴建物（住居か）が造られる。現在までに検出された建物跡は一四棟で、うち二棟は胆沢城Ⅱ期、一二棟はⅢ期（一〇世紀前半～中頃）の年代にあたる。原添下区域の四号竪穴建物跡からは、越州窯産青磁の高台碗の破片（九世紀後半～一〇世紀前半）が出土した。青磁は主に官衙遺跡での出土例が多い。また、第三沢の一部を掘り下げたところ、分析結果で灰白色火山灰層の上層より須恵器の甕や土師器の坏や甕などが出土した。火山灰層を分析した結果、十和田a火山灰（九一五年降下）と判明し、その上層から出土の土器は一〇世紀中頃（胆沢城Ⅲ期）と推定される。その中で、内黒土師器の坏には「介」と外面体部に墨書されており、その意味は国司の第二等官の職名と考えるのが最も妥当と思われる。「秋田城介」の事例により令外《りょうげ》の二等官の職名である可能性もある（大平、二〇一三）。また、土師器の甕には外面口縁部にうっすらと墨書が見え、「萬」と判読できた。多賀城跡でも出土しており、祭祀儀礼に関連した吉祥句墨書とみられる（柳澤、二〇一一）。

墨書土器や青磁が出土したことで、胆沢城Ⅲ期（一〇世紀前半〜中頃）も継続し、鳥海柵跡には官人が出入りしていたと想定される。特に内黒土師器坏に墨書された「介」は、陸奥国府の多賀城から当地へ派遣されてきた陸奥権守、あるいは胆沢城常駐の府掌など官人の可能性が想定され、当時の支配体制を検証するうえで重要な資料になると考えられる。

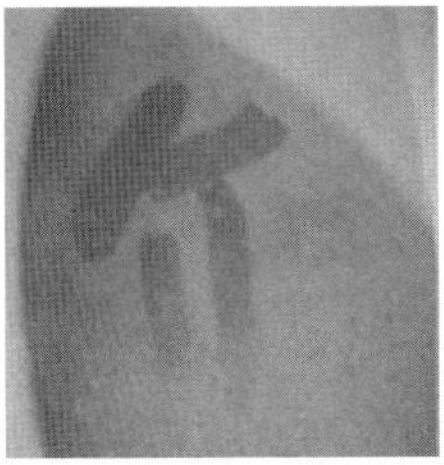
赤外線写真

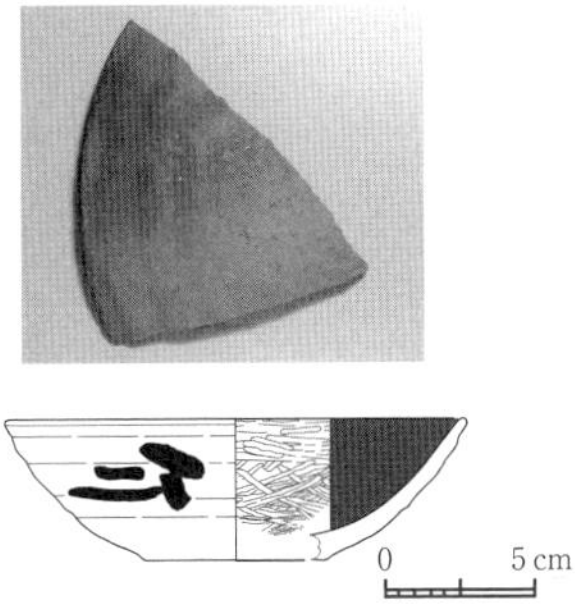
1-56　墨書「介」内黒土師器坏（金ヶ崎町教育委員会，2013）

胆沢城の存続末期と鳥海柵の成立期

胆沢城の存続時期は一〇世紀中頃までとされていたが、出土した土器の再検討により、南門北隣の土坑（SK一五二）・焼土遺構（SX一二六）出土の土師器が一〇世紀中頃〜後半、東外郭線内溝跡（SD三一一〇）出土の土師器・灰釉陶器輪花碗が一〇世紀後半〜一一世紀前半と年代観が見直された（伊藤、二〇一二）。また、東方官衙の堆積土（遺構上層）出土の土師器小皿は、鳥海柵跡出土の一一世紀代の小皿に形状や胎土《たいど》が類似し同じ年代と推定される。さらに、胆沢城跡の北西側隣接地（八ツ口地区）出土の土師器坏は、その特徴より胆沢城の最終末と鳥海柵成立期の間である一〇世紀後半〜一一世紀初頭の年代が推定される。南門付近の土坑・焼土遺構出土の土師器や東外郭線内溝跡出土の灰釉陶器輪花碗、東方官衙堆積土出土の土師器小皿などは築地塀で囲まれた内部から出土しており、胆沢城が一一世紀まで使用されていた可能性が考えられる。ただし、建物跡からの出土ではなく、政庁などが存続したことには繫がらない。

また鳥海柵跡の範囲内でも、胆沢城跡と同じく一〇世紀後半から半世紀ほどの遺構が不明であった。しかし、胆沢城跡の土器の年代観の再検討にあわせて見直すと、原添下区域の円形状の不明遺構（昭和三十六年〈一九六一〉調査、四三号）出土の土師器坏は一〇世紀中頃～後半、鳥海区域の竪穴建物跡（SI〇八）内検出の柱穴状遺構（P一〇）出土の土師器は一〇世紀末頃～一一世紀初頭と推定され、胆沢城統治期と続く鳥海柵成立の空白期間を検証できる土器になると思われる。

これまで、鳥海柵は胆沢川以南に位置する鎮守府胆沢城などの律令国家と敵対関係にあるとみられることが多かった。しかし、鳥海柵の造営以前で、胆沢城の存続期の遺構として九世紀後半の竪穴建物跡が検出され、律令制度の末端組織名の「五保」が墨書された内黒土師器坏、胆沢城や官衙遺跡にみられる装飾品として貴重な緑釉陶器の唾壺と土師器の香炉蓋のセットが、沢跡から国司第二等官「介」を記した墨書土器などが出土したことから、当地には鳥海柵が築かれる以前に、胆沢城（あるいは国府多賀城）の関連施設、または官人の居住地があった可能性が考えられる。また、鳥海柵を拠点とし、奥六郡を治めていた安倍氏は、胆沢城の在庁官人といわれる。安倍氏の出自に関連して、近年の研究では長元九年（一〇三六）に安倍頼良の父・忠良（好）が陸奥権守に任命されたとの説が提示されている（戸川、二〇一六）。胆沢川は律令国家との境ではなく、当初から同川を挟んで鳥海柵と胆沢城、在庁官人を務めた安倍氏と律令国家とは敵対する関係ではなかったとされる（大平、二〇一四）。昭和二十三年撮影の航空写真では、南側や東側の段丘縁とほぼ平行な位置に線状の区画を見ることができ、胆沢城のような方形区画の存在が浮かび上がってくる。また、「頼義朝臣　申伊予守重任状」（『本朝続文粋《ほんちょうぞくもんずい》』巻第六奏状所収）では鳥海柵を「鳥塞」と表記していることから、交通の要衝との可能性も考えられ、今後は公的空間の可能性も視野に入れ検討していく必要があると考える。

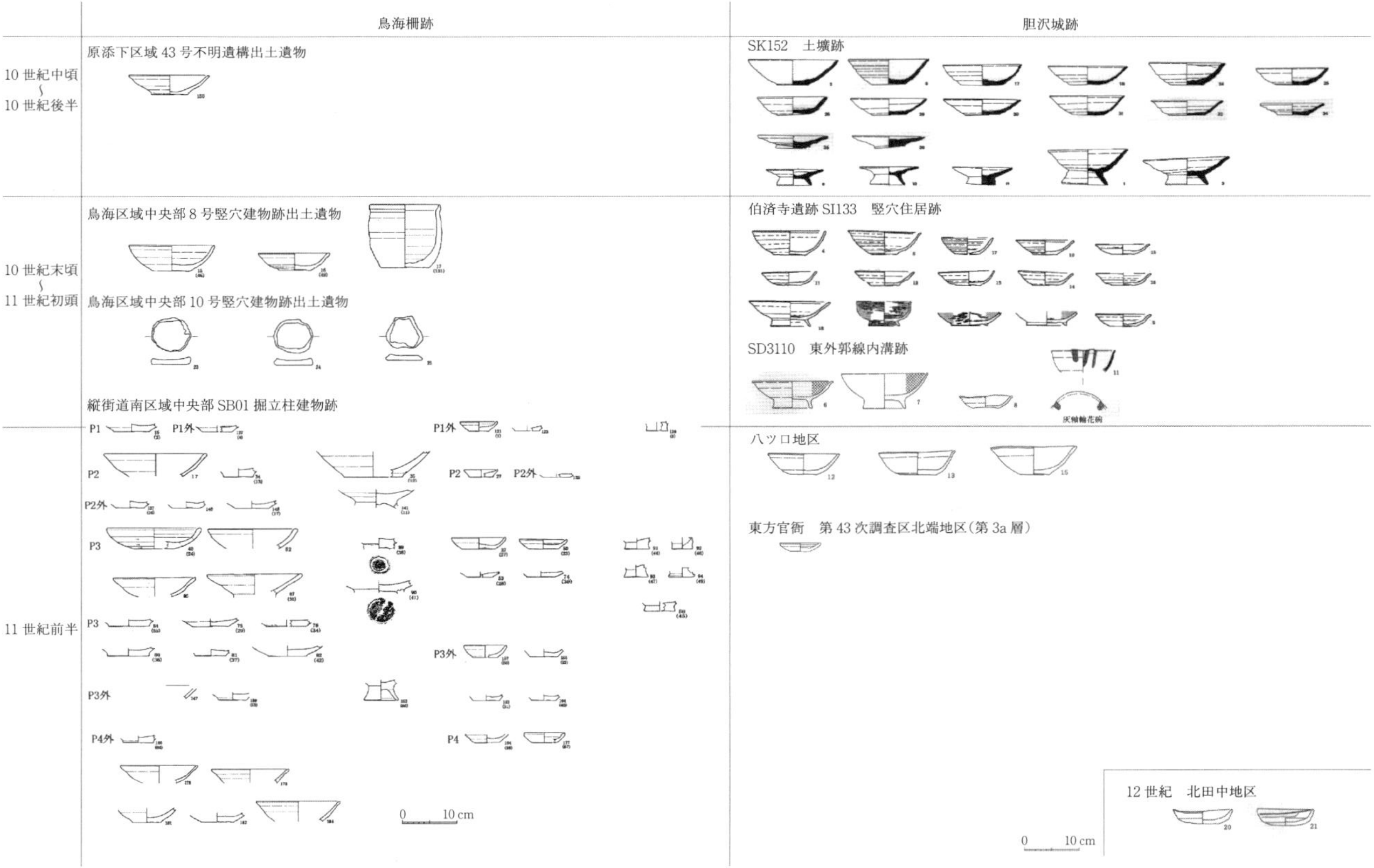

1-57　鳥海柵跡・胆沢城跡 10 世紀後半～11 世紀前半土器編年表（浅利，2017）

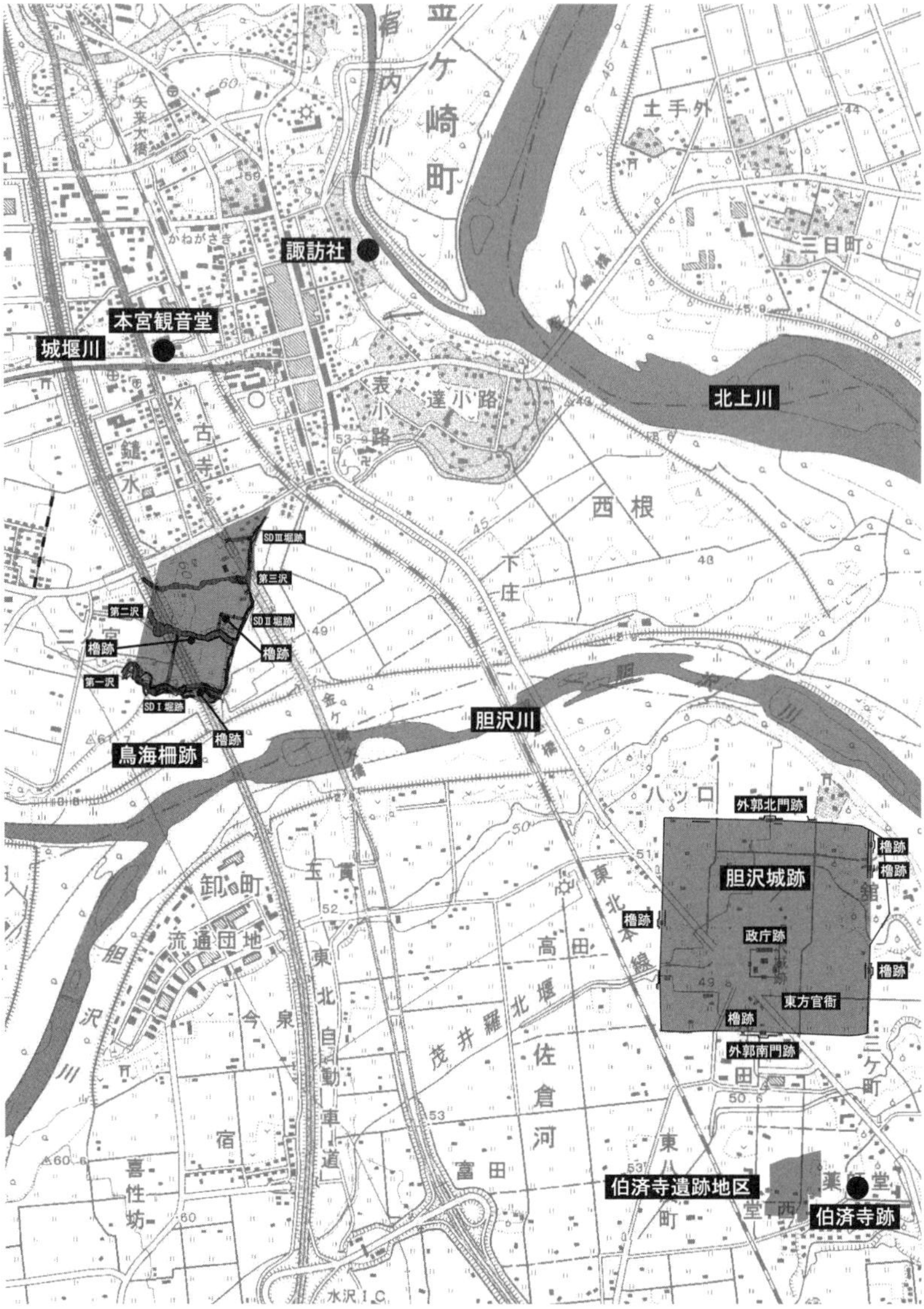

1-58　鎮守府胆沢城跡と在庁官人安倍氏の館鳥海柵跡位置図（金ケ崎町教育委員会, 2017）

5　鳥海柵の変遷

鳥海柵の存続時期

従来の調査研究では、鳥海柵は前九年合戦の時期、つまり一一世紀中頃に存続したとの見解から、出土する素焼きの土師器（坏・小皿）も同じ年代幅で考えられてきた。しかし、鳥海柵の前史に位置づけられる胆沢城跡や多賀城跡、東北各地の多数の遺跡が発掘調査され、平安時代後期の土器の研究が進展し編年が見直されたことから、平安後期における鳥海柵跡出土土器の位置づけを改めて検証することが必要となった。また、鳥海柵跡の二ノ宮後区域における竪穴建物跡と掘立柱建物跡の重複関係を検証した結果、出土する器種が複数ある遺構と坏・小皿のみの遺構に分かれることが明らかとなった。このことから、一一世紀中頃とされる鳥海柵跡の存続時期が広がる可能性を比較検討するため、平成二十四年（二〇一二）一月二十八・二十九日に「安倍氏のうつわ検討会」を開催した。会場となった金ケ崎町中央生涯教育センターには、一〇～一二世紀の東北各地の四五遺跡より約二二〇〇点の土器が揃い、各自治体職員や研究者ら一五〇人が集った。『陸奥話記』などの文献の記述と符合する鳥海柵跡は、東北古代遺跡の土器編年の指標とされることが多く、東日本大震災の翌年で大変な時期ではあったが、東北地方における一一世紀

1-59　安倍氏のうつわ検討会（金ケ崎町教育委員会提供）
自治体職員による土器の説明.

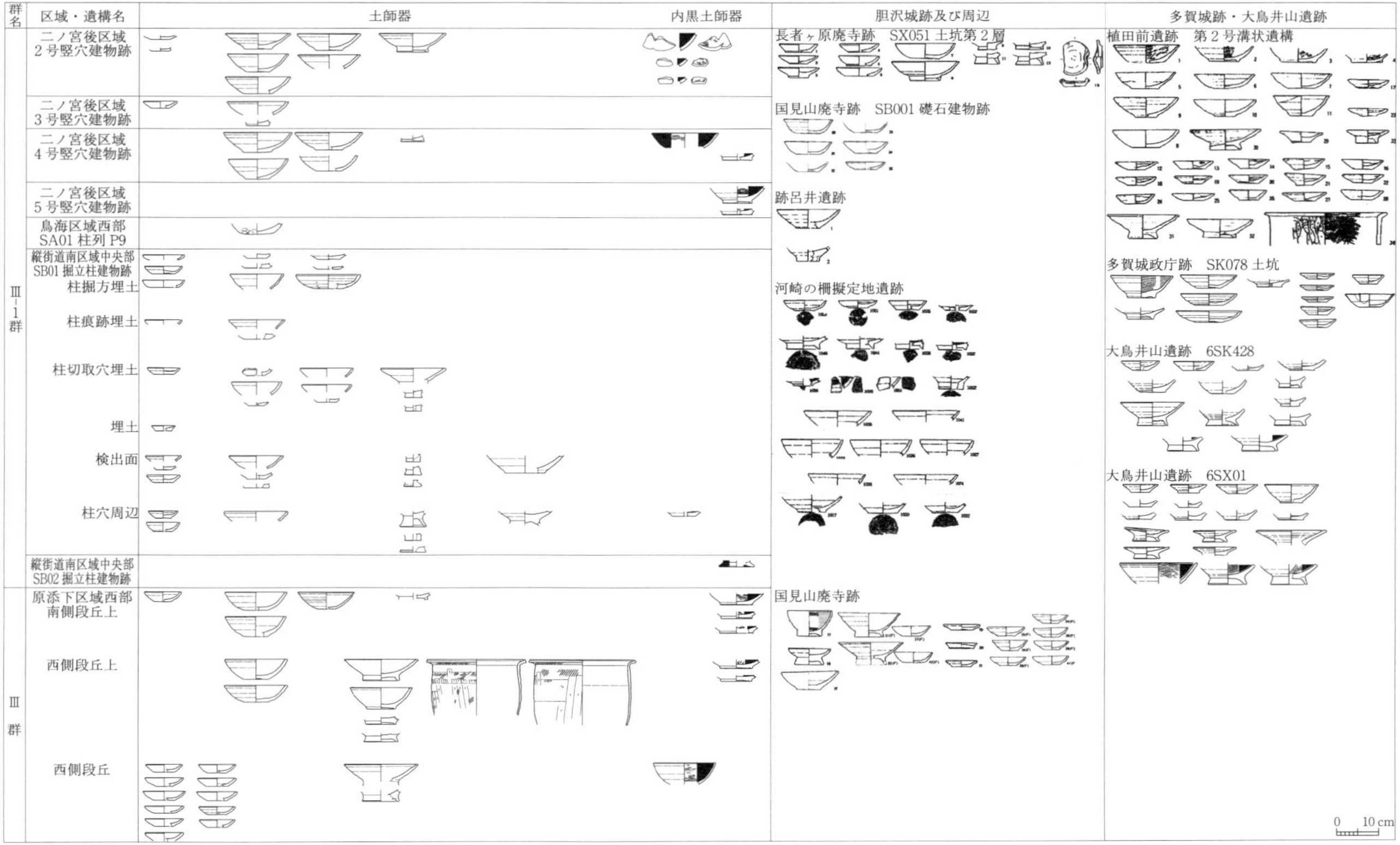
群名
区域・遺構名
土師器
内黒土師器
胆沢城跡及び周辺
多賀城跡・大鳥井山遺跡
Ⅲ-1群
二ノ宮後区域 2号竪穴建物跡
二ノ宮後区域 3号竪穴建物跡
二ノ宮後区域 4号竪穴建物跡
二ノ宮後区域 5号竪穴建物跡
鳥海区域西部 SA01 柱列 P9
縦街道南区域中央部 SB01 掘立柱建物跡 柱掘方埋土
柱痕跡埋土
柱切取穴埋土
埋土
検出面
柱穴周辺
縦街道南区域中央部 SB02 掘立柱建物跡
Ⅲ群
原添下区域西部 南側段丘上
西側段丘上
西側段丘
長者ヶ原廃寺跡 SX051 土坑第2層
国見山廃寺跡 SB001 礎石建物跡
跡呂井遺跡
河崎の柵擬定地遺跡
国見山廃寺跡
植田前遺跡 第2号溝状遺構
多賀城政庁跡 SK078 土坑
大鳥井山遺跡 6SK428
大鳥井山遺跡 6SX01
0 10 cm

1-60 鳥海柵跡土器編年（1）（金ケ崎町教育委員会，2013）

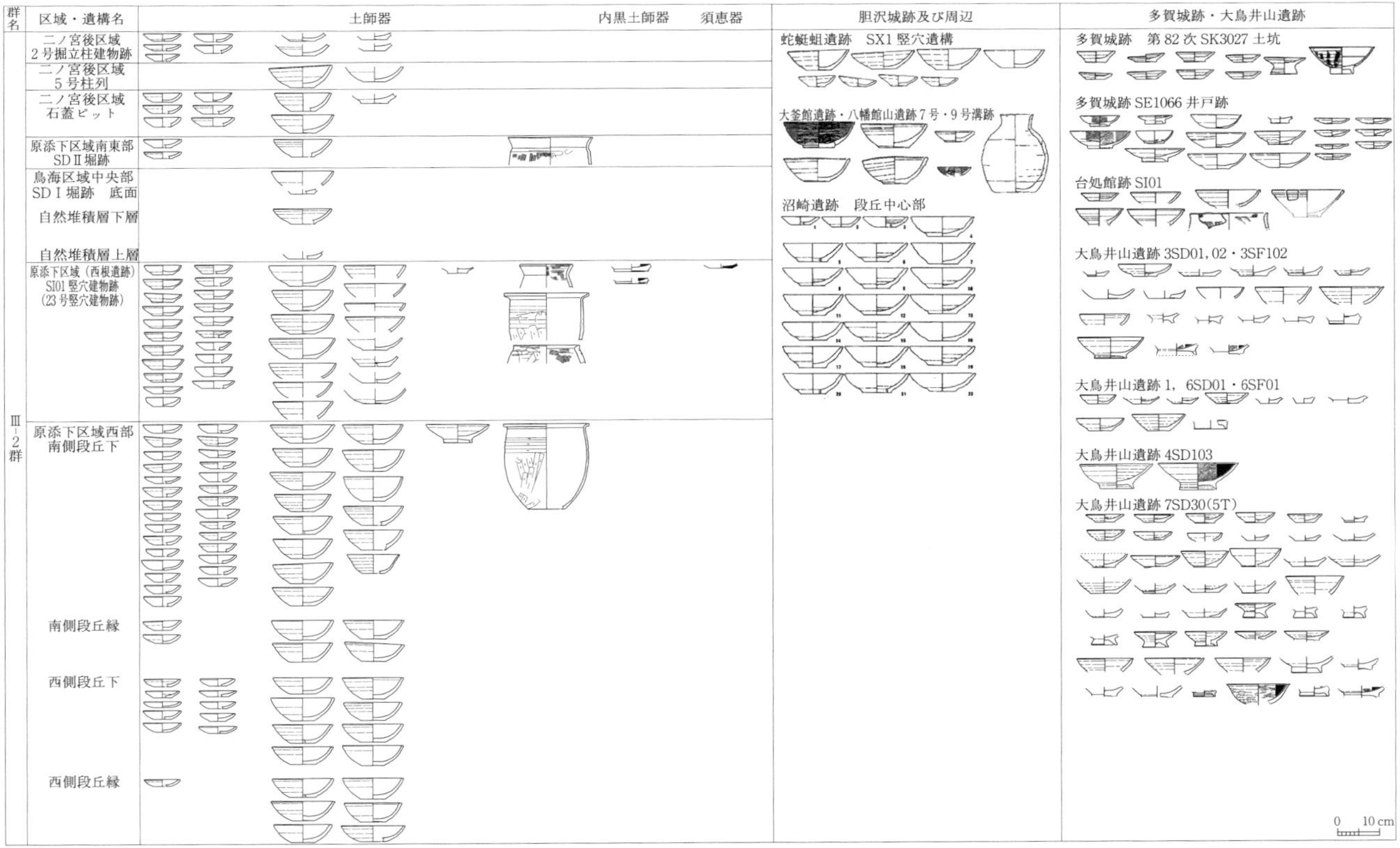

1-61 鳥海柵跡土器編年（2）（金ヶ崎町教育委員会，2013）

の土器編年の統一的な見解を示すため参加者によって熱い討論が行われた。結果、金ケ崎町教育委員会で再整理し作成した四期（I期＝蝦夷社会期、II期＝胆沢城統治期、III期＝安倍氏統治期、IV期＝藤原氏統治期）の編年案が認められ、特にIII期（安倍氏統治期）は一一世紀前半から中頃までとする見方でおおむね一致し、存続時期が一一世紀前半まで広がることになった。

二ノ宮後区域の竪穴建物跡から出土した土師器は、土師器の坏や小皿に内面が黒色処理されたり、低い高台（擬高台）が付いたりと多種であった。一〇世紀中頃まで存続した胆沢城跡の土師器と比較検証した結果、鳥海柵跡の土師器は胆沢城跡の最終末に続く器種構成であることが明らかとなり、一一世紀前半と位置づけられた。ほかに、縦街道南区域の大型建物跡から出土した土師器も胎土・器形の特徴や複数の器種構成が類似し、同時期に含まれるとの結論に至った。二ノ宮後区域の竪穴建物跡と重複した掘立柱建物跡は、ほぼ土師器の坏と小皿のみが出土し、つづく一一世紀中頃とされた。以上より、鳥海柵跡には始動の一一世紀前半から安倍氏台頭の一一世紀中頃まで存続したことが明らかとなった。

鳥海柵の始動期—一一世紀前半

一一世紀前半は、胆沢城が衰退し前九年合戦が起こる前の時期にあたる。鳥海柵跡では、中心地が縦街道南区域であり、二ノ宮後・鳥海・原添下の各区域が使用されていたと考えられる。

縦街道南区域は、北側が旧道「縦街道」と接し、東側が段丘縁、南側が第三沢に囲まれる。西側は明確な境となるものはないが、地名境となる南北の旧道が通る。区域内南東部には沢や堀跡（SDIII）で区画された西根縦街道古墳群が存在した。古墳の西側に位置する堀跡は空間を分ける性格で、鳥海柵跡の堀は軍事・防御的な堀だけではなかったと推察され大変興味深い。大正十二年（一九二三）、この古墳群の現地調査を担当した宮内省諸陵寮調査員が、鳥

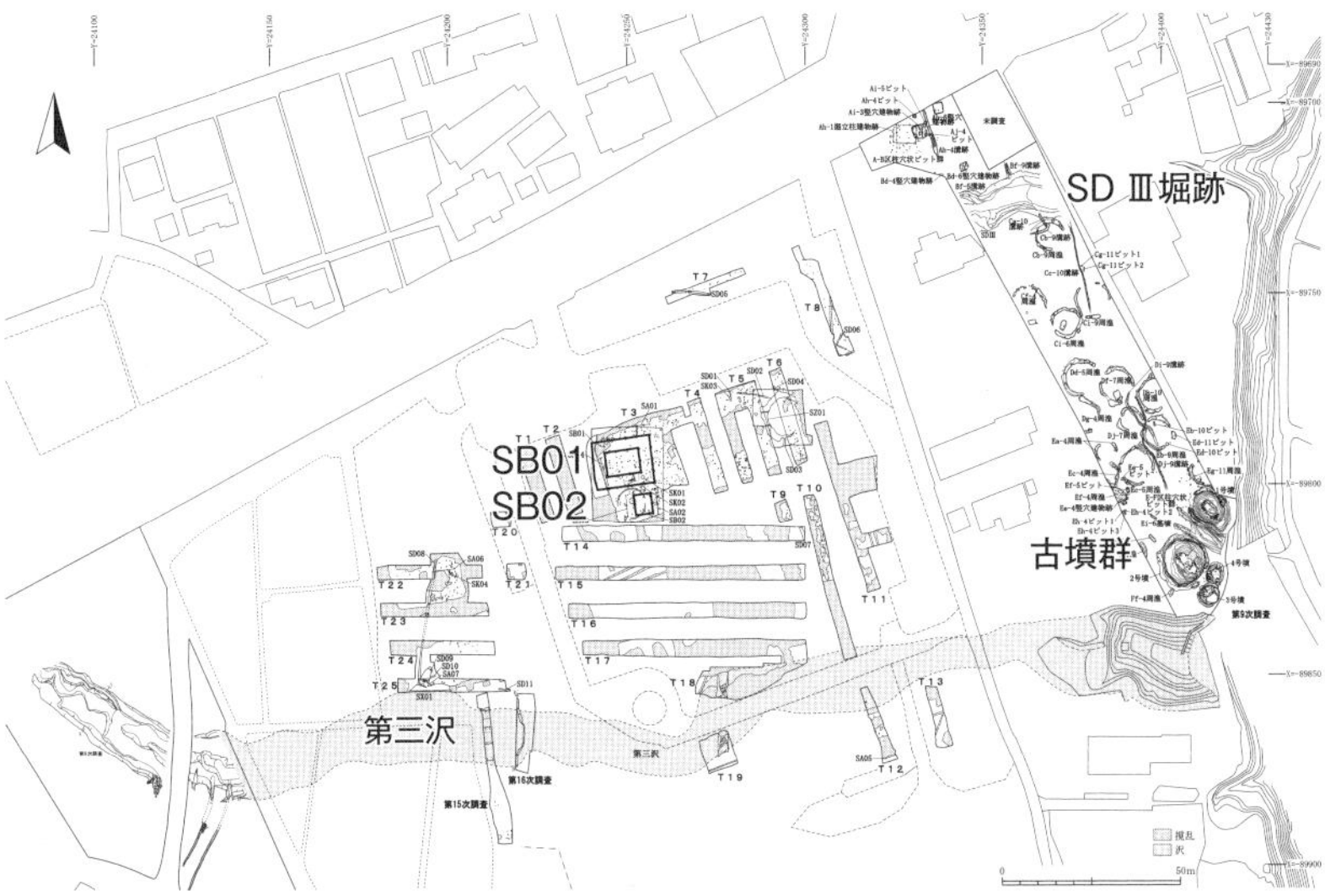

1-62　縦街道南区域遺構配置図（金ヶ崎町教育委員会，2013）

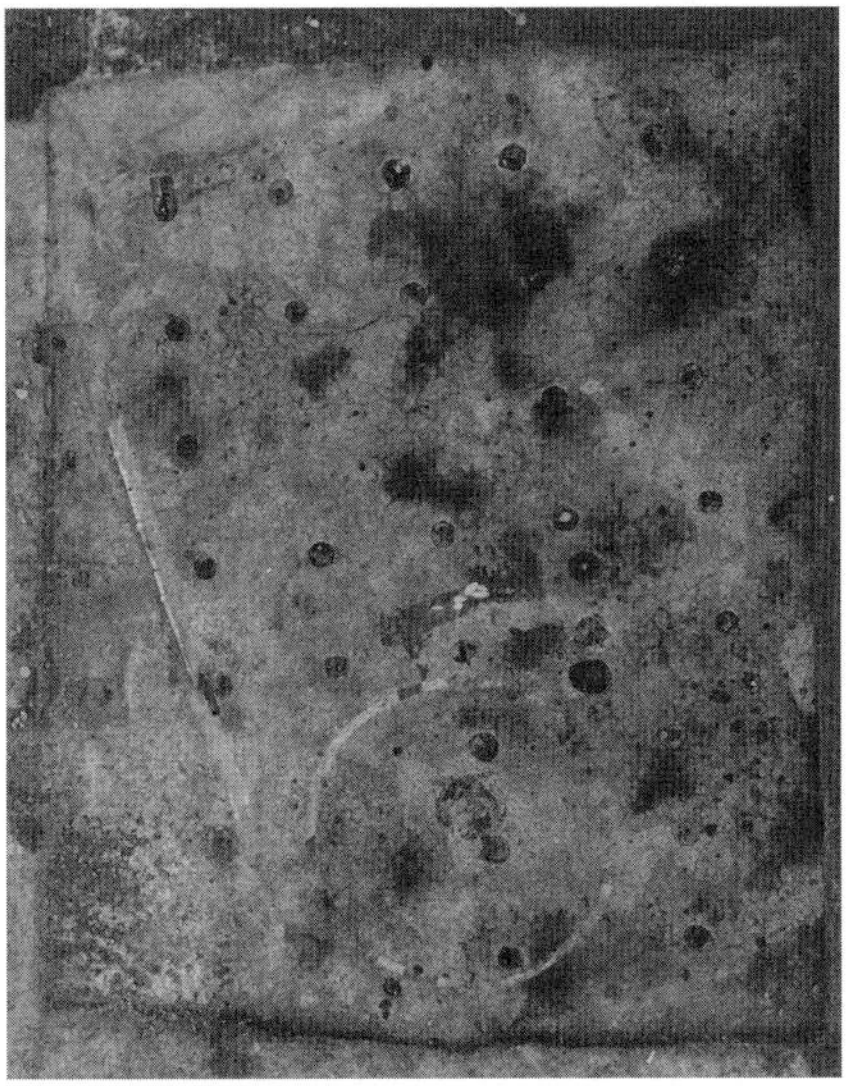
1-63　縦街道南区域SB01・02掘立柱建物跡
（金ヶ崎町教育委員会提供）

海柵跡を「柵として申分なき地形である」と語ったとされる。

縦街道南区域のほぼ中央部と想定される場所から、大型の掘立柱建物跡（SB〇一）が検出された。本建物跡は、東西三間、南北二間で四面に廂《ひさし》が付くと想定される。全体の規模は南北約一二・五メートル、東西約一六メートル、総面積が約二〇〇平方メートルで、一一世紀前半の最大建物である。身舎《もや》内には床束《ゆかづか》の柱穴二基が検出され、床張りであったと考えられる。柱穴掘方の平面形は円形（もしくは楕円形）がほとんどで、隅丸方形である胆沢城跡や大島井山遺跡の掘立柱建物跡とは違った特徴がみられる。精査した柱穴の底面には、建物の荷重が原因と思われる窪みや変色（グライ化）した部分が確認された。柱痕跡はそれぞれ一つで、建て替えはなかったと考えられる。北側廂の柱穴P三は、柱痕跡がほぼ崩れることなく検出しており、柱が立ったまま掘り込み検出面付近で柱を切り取られたと推定される。北側の廂にあたる柱痕跡からは粘土塊が出土した。断面観察の結果、ほかの柱痕跡と比べ直径が広いことから、

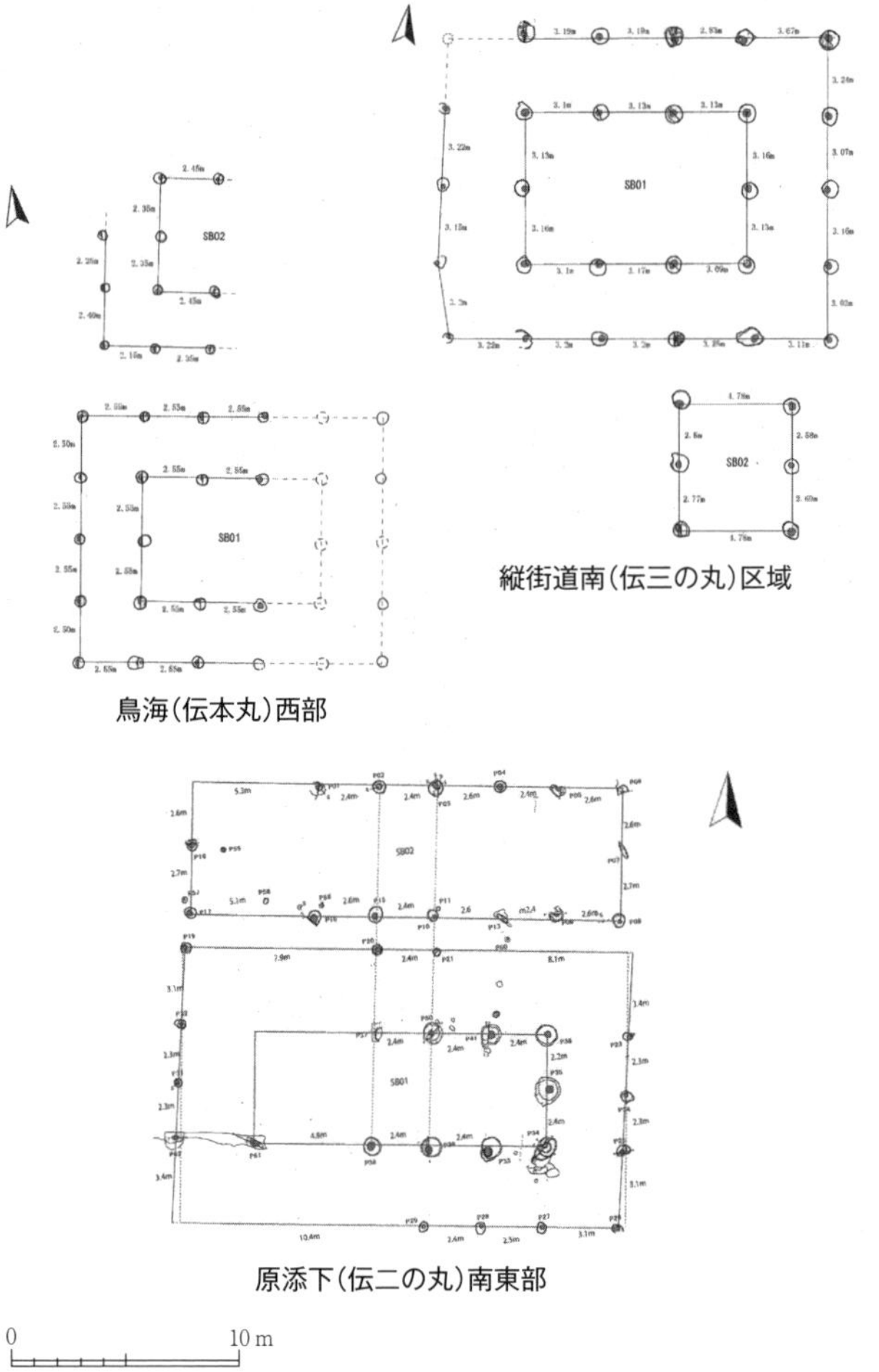

1-64　鳥海柵跡の四面廂建物跡平面図（高橋，2018）

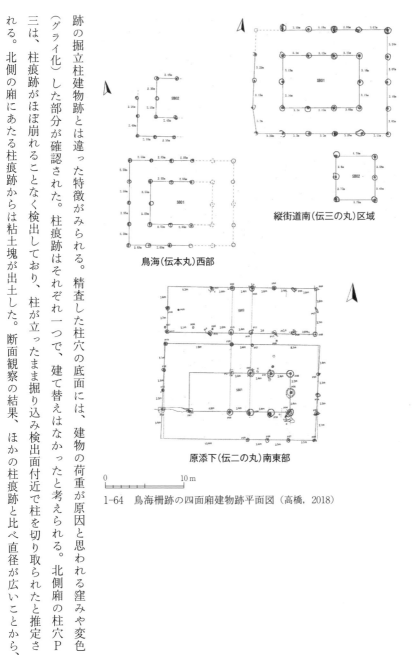

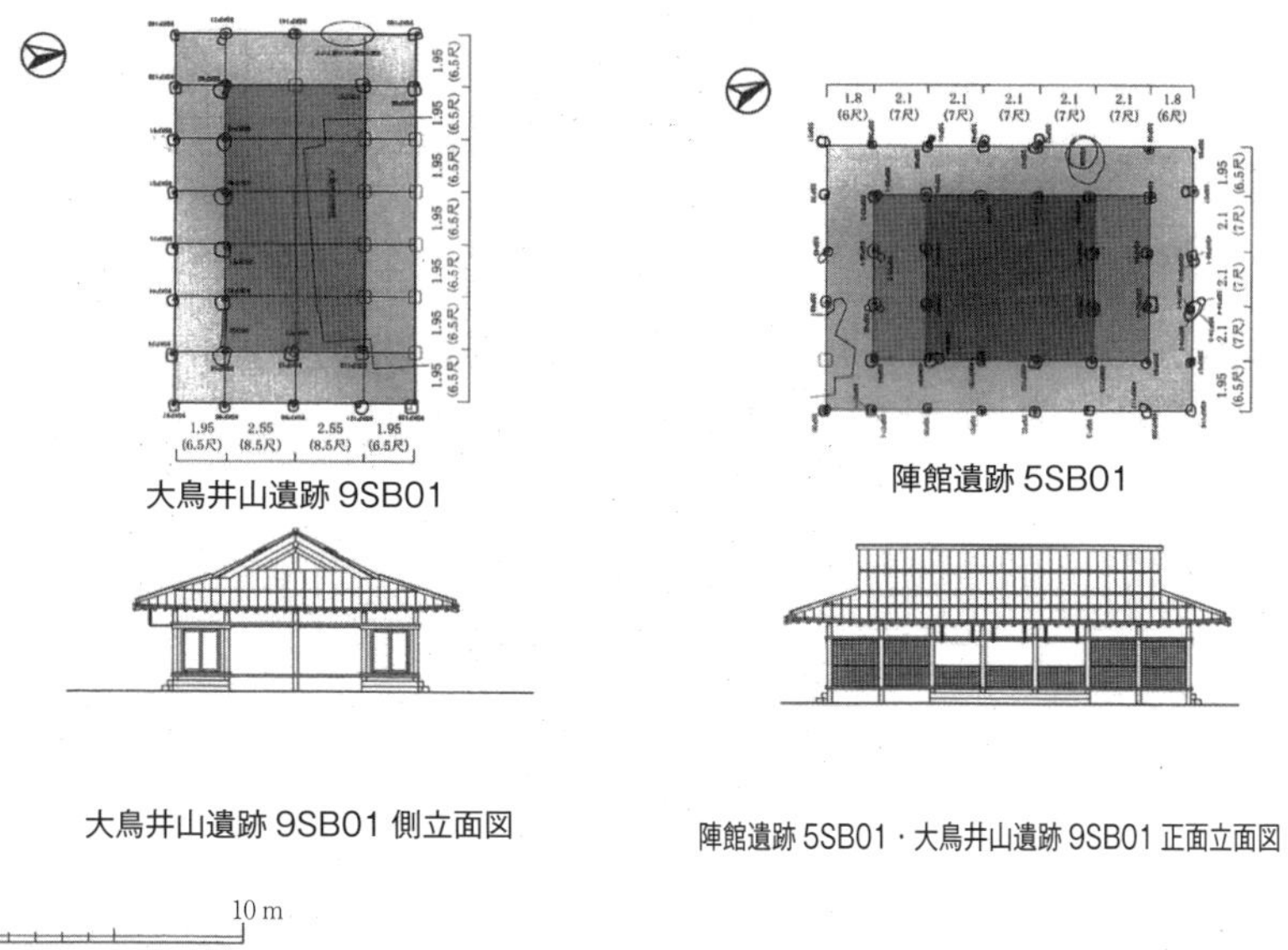

1-65　大鳥井山遺跡・陣館遺跡の四面廂建物跡立面図（高橋，2018）

短期間で人為的に押し込められたとみられる。粘土塊にはスサ痕が確認され、建物の壁土、あるいはカマドの破片と考えられる。また、廂付きの掘立柱建物跡は身舎で屋根を支えるため柱掘方は廂より身舎が深いことが多いが、本建物跡は身舎より廂が深い。その理由としては、創建時に基壇があったか、廂が増築されたかなどの可能性がある。身舎と廂の柱穴の直径や深さが同規模として比較して検証した結果、身舎部分の旧地表には低基壇が存在し、のちに削平された可能性が考えられる。また、柱穴P一〇の検出面で東西に高低差があることや、建物北側の身舎と廂の柱間において高低差がみられることは、その名残と推測される。

本建物跡は、身舎と廂の規模や柱間寸法が胆沢城跡の建物跡と同じく均等であるが、柱掘方の平面形は胆沢城跡が隅丸方形であることに対し、円形（もしくは楕円形）の点に違いがみられる。また、奥州藤原氏の政庁とされる柳之《やなぎの》御所《ごしょ》遺跡の建物跡と比較すると、柱掘方の平面形は同じ円形であるが、柳之御所遺跡では身舎よりも廂の柱掘方の規模が小さく、身舎と廂の柱間寸法が狭い。柱掘方の平面形が円形の建物跡は、中世に多くみられる。本建物跡は胆沢城跡から柱間寸法の特徴を踏襲、柳之御所遺跡へと柱掘方の特徴が継承と、双方の建物跡の間に位置する遺構と想定される。

その南側には、廂のない掘立柱建物跡ＳＢ〇二が検出された。全体の規模は南北五・二七《メートル》、東西四・七八《メートル》、面積が約二五平方《メートル》、東西一間、南北二間である。柱掘方や柱痕跡は北側の建物跡と同じ平面形・規模である。精査した柱穴Ｐ三六の深さは約七〇《センチ》と深い。双方の建物跡は南北柱列の軸線が揃うことから、一体の建物であった可能性が考えられる（西、二〇一二）。発掘調査成果だけではなく建築史や民俗史など変遷を含め建築物の形態や構造を検証する必要がある。

出土遺物のほとんどは、四面廂付き建物跡ＳＢ〇一の北側廂にあたる柱穴Ｐ三の柱切取穴、柱穴Ｐ二の掘方内の北部から出土した。柱切取穴は、柱がある状態で掘られたことが明らかで、建物創建時ではなく廃絶後に掘られた遺構であると考えられる。同遺構の出土遺物は廃絶後に埋められ、建物の創建以前から廃絶後までの幅広い時期の土器と想定される。出土した土器は、土師器小皿・坏・高台坏・皿・柱状高台・内黒土師器坏・高台坏・鉢である。器種は多種多様であるが、ロクロ成形で底部切り離しが回転糸切であることは共通である。土師器坏のうち、器壁が厚く体部が直線状に立ち上がる器形は、二ノ宮後区域の竪穴建物跡出土の土器と類似する。高台坏は高台が高い点にやや古さ感じるが、器壁の厚さや胎土から時期差はほとんどないものと考えられる。皿は器壁の厚さや器形が二ノ宮後区域竪穴住居跡、植田前遺跡の第二号溝状遺構や多賀城跡の土坑（ＳＫ〇七八）出土の土師器（以上、一一世紀前半）と類似する。小皿は器壁が薄い器形が原添下区域南東部の竪穴建物跡、底部が台状となる器形が二ノ宮後区域や原添下区域南東部出土の小皿と類似する。柱状高台は、胆沢城跡の土坑（ＳＫ一五二）から出土した底部と体部の境が明瞭な土師器と、白山廃寺跡から出土した境が湾曲する土師器の間に位置付けられる年代観が想定される。以上の結果、Ｓ

B〇一から出土した土器は一一世紀前半の年代が想定される。また、P二・三とその周辺からは、碁石を模した水晶や円形土製品が発見されたことから、地鎮の儀式が行われた可能性が示唆される。さらに、銙帯の鉸具・鉄鏃《てつぞく》・刀子《とうす》などの鉄製品も出土した。

よって、縦街道南区域の本建物跡は、陸奥国における土器編年、建物の変遷などから総合的に検証し、一一世紀前半（鳥海柵の始動期）の遺構とすることが妥当と考える。

四面廂付き建物跡とその南側の建物跡が一体の建物であった場合、想定される形態は『前九年合戦絵詞』（一三世紀中頃）に描かれる安倍頼時の館に類似したものである。約二〇〇年後の絵巻であり、そのまま参考とはできないが、描かれた館のように四面廂付き建物が当主の住居、南側の廂なし建物が家臣の控える中門廊とすると、奥州藤原氏の

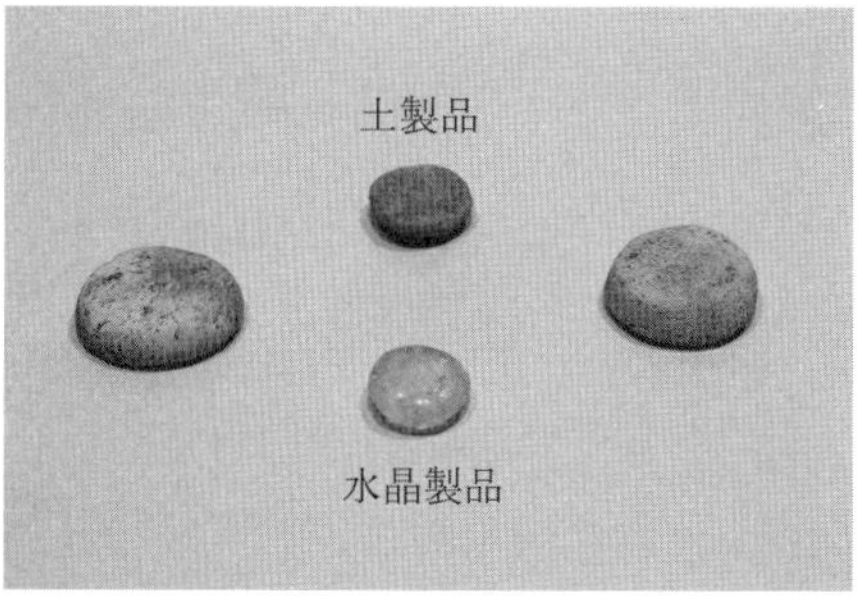

1-66　水晶製品・土製品（金ケ崎町教育委員会所蔵）

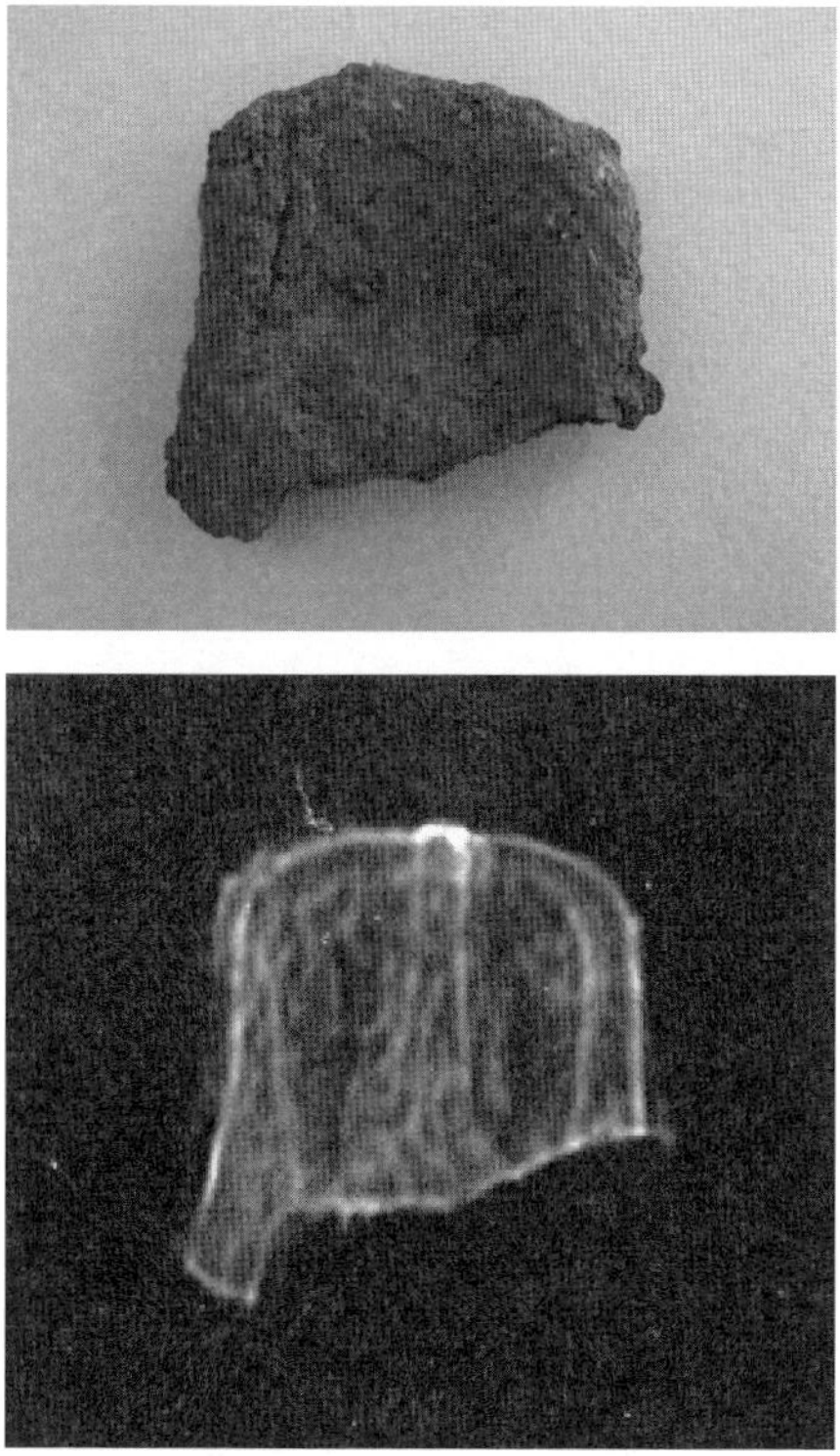
1-67　鉄製品鉸具（下・レントゲン写真，金ケ崎町教育委員会所蔵）

1-68　二ノ宮後区域（1972年調査時，金ケ崎町教育委員会提供）

平泉政権や源氏の鎌倉政権により確立する「兵《つわもの》による主従関係」の原型が鳥海柵の遺構に表れていると思われ、「地域が主体となる中世社会は鳥海柵から始まった」（五味、二〇一一）との見解に繋がるのではないだろうか。

最南端に位置する二ノ宮後区域は、南側が河川の氾濫原、北側が沢田川による開析谷であり、南北が最大約四〇メートル、東西約一八四メートルの長い島状の台地である。約四〇×九六メートルの平坦地のある東部と土塁状に西へ延びる形状の西部で構成される。発掘調査が行われた東部平坦地は、一一世紀前半の竪穴建物跡四棟（二～五号）が検出された。いずれも煙道やカマドが設けられておらず、うち三号や四号の埋土には鉄滓《てつし》を含むことから、住居ではなく鍛冶遺構と想定される。建物の周囲には区画するように柱列が複数存在する。建物の西側に検出された焼土遺構は、推定年代一一世紀中頃の溝跡に破壊され、段丘縁に立地することから、建物と同時期の鍛冶遺構と考えられる。また、平坦部の南部に位置する鉄滓堆積地も鍛冶に関連することから、一一世紀前半は鍛冶が行われた区域であったと考えられる。竪穴建物跡・柱列・焼土遺構・鉄滓堆積地を含めると、製鉄遺跡の柏木遺跡（宮城県多賀城市）や萩沢Ⅱ遺跡（宮古市）と類似し、鉄生産の工房が存在していたものと想定される。ほかに原添下区域では、南・西側段丘（第二沢）付近から土師器が出土した。

一一世紀前半は、『陸奥話記』によれば安倍頼良の祖父が「自ら酋長を称」して「威権甚だしく、村落をして皆服さし」めた時期、『範国記』によれば父忠良が陸奥権守に任ぜられた時期（一〇三六年）とされる。鳥海柵跡は、縦街道南区域の大型建物を中心に原添下区域南西部・鳥海区域北部・二ノ宮後区域が使用されていた。沢などの自然地形を利用し小規模な溝などは存在するが、大規模な防御施設である人工の堀はなかったとみられる。縦街道南区域の大

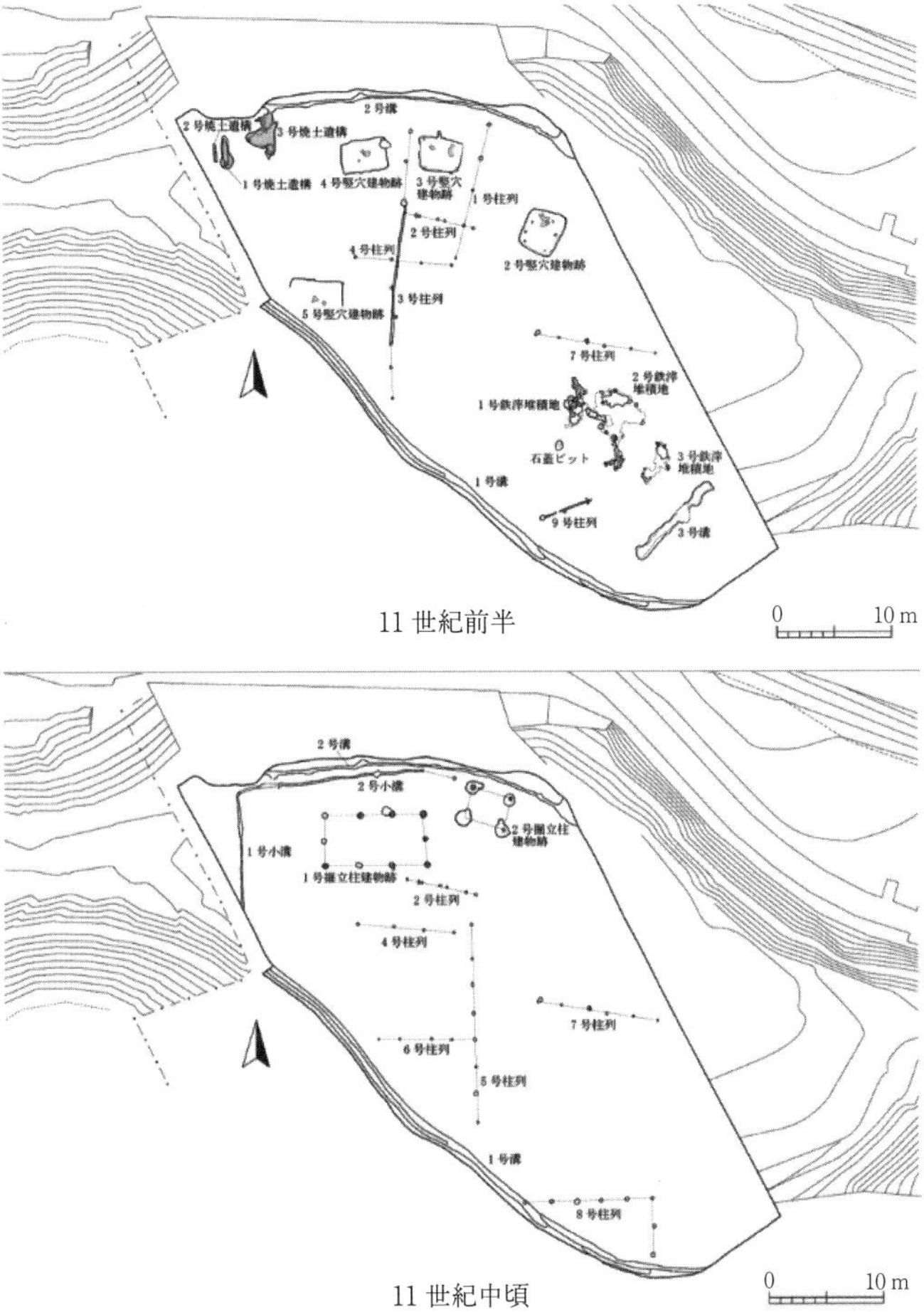

1-69　二ノ宮後区域遺構配置図（上・11世紀前半，下・11世紀後半，第43回古代城柵官衙遺跡検討会資料「鳥海柵跡第20次調査概要」）

型建物からは官人が身につける銙帯の鉸具、胆沢城にもみられる水晶玉が出土し、安倍氏が胆沢城と敵対していたのではなく、その支配下の在庁官人（郡司か）として胆沢城管轄の「奥六郡」を統治し始めた時期で、鳥海柵の始動期といえる。中心施設となる縦街道南区域の大型建物は時期的に安倍忠良の館の可能性があり、陸奥権守として律令国家の施設である当地を利用し治政を行ったと推察される（大平・戸川・本堂・入間田・佐藤・高橋、二〇一六）。

防御的・軍事的性格を強めた館へ――一一世紀中頃

（1）原添下区域

一一世紀中頃は原添下区域南東部が中心地となり、鳥海区域と原添下区域に大規模な人工の堀が掘られていたと想定される。原添下区域は東側が北上川の浸食による段丘崖となり、比高九メートル前後である。北側は第三沢の開析谷がやや蛇行して東西に走り、かつて原添下区域と分断していた。現在は大半が埋没して東端のみ谷の形状が残る。南側は第二沢の開析谷が残り、東北自動車道の西側で北へと屈曲し、第三沢と合流はしないが二つの沢が三方を囲む様相を呈する。

原添下区域の南東部は、東側と南側が段丘縁、北側と西側をL字状の堀跡（SDⅡ）がめぐり、方形状の区画（台地）が築かれていた。現在埋没した堀跡は昭和二十三年（一九四八）撮影の航空写真によって確認でき、その規模は北西角の外縁隅から東縁にみられる落ち込みまで東西約七三メートル、南縁まで南北約五五メートルである。堀跡の北西角および東西部分、南北部分にトレンチを入れて断面観察した結果、上幅が最大約一二メートル、深さが最大約四・三メートルである。断面形は後世の溝により段を有するが、本来はV字形の薬《や》研堀《げんぼり》であった。すべてのトレンチにおいて、下層（自然堆積層）に土師器細片が含まれていた。南北部分と比較し東西部分は上幅が広く、土師器の坏や小皿が多量に出土した。

方形状の区画内には、四面に廂が付く掘立柱建物跡SB〇一が検出された。その規模は、身舎が東西五間、南北二間で、総面積が約二一五平方メートルである。廂の東面と西面の柱列は若干東へ傾き平行四辺形となる。その北側約一・五メートルには、廂のない掘立柱建物跡ＳＢ〇二が平行に検出された。東西の長さは四面廂付き建物跡とほぼ同じで、東西七間、南北二間で、面積が約一〇〇平方メートルである。建物の柱穴は身舎がほとんど円形を基本とした平面形である。断面観察の結果、柱の抜取（切取）の跡が確認されたが、建て替えの痕跡はみられなかった。四面廂付き建物跡は、廂の

1-70　原添下区域南東部（2017年度調査時，金ケ崎町教育委員会提供）

1-71　原添下区域SD Ⅱ堀跡（2019年度調査時，金ケ崎町教育委員会提供）

柱掘方の平面形が円形（もしくは楕円形）で、規模が身舎より小さく浅い。底面が丸底であり、底面が平坦である身舎の柱穴との違いがみられる。双方の建物は柱穴の深さに違いがあることから別棟ではあるが、同時期の土師器が出土し、二棟の建物の南北軸の柱穴（P〇二〜三八・P〇三〜二九）がほぼ一直線上に位置することから、一体的な建物と考えられる。同事例の一つとして、法隆寺の食堂《じきどう》と細殿のような双堂形式が想定される（金ケ崎町教育委員会、二〇一三・箱崎、二〇一八）。

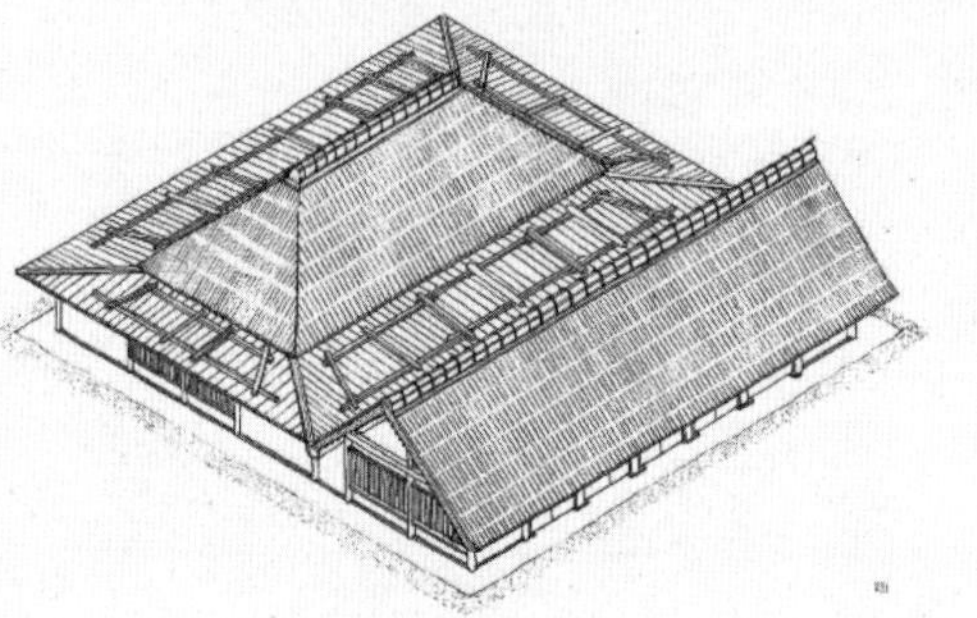

1-72　原添下区域南東部SB01・02掘立柱建物跡（金ヶ崎町教育委員会提供）と復元図（「平成29年度国指定史跡鳥海柵跡シンポジウム」時の箱崎和久パワーポイント掲載図）

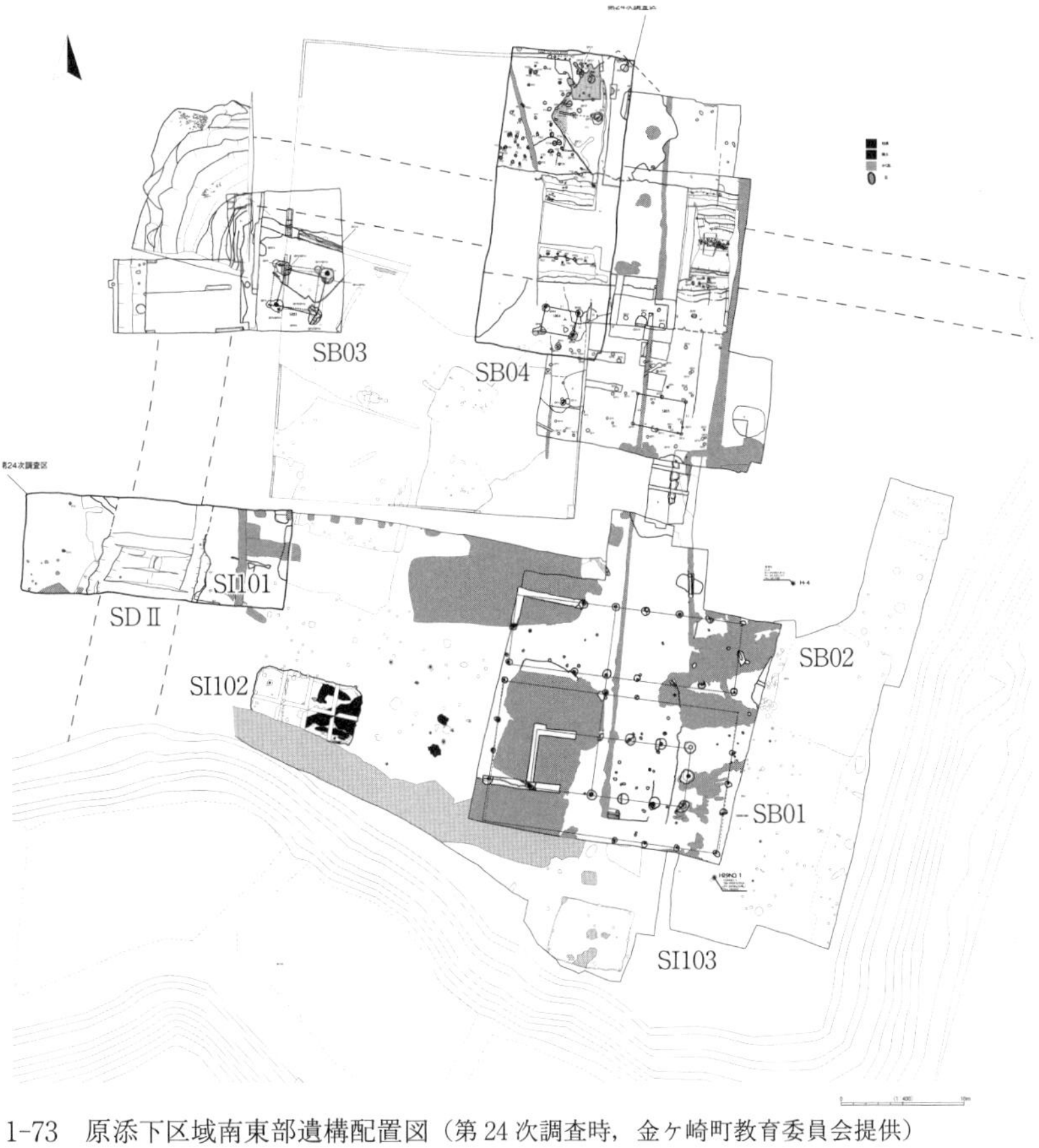

1-73　原添下区域南東部遺構配置図（第24次調査時，金ケ崎町教育委員会提供）

掘立柱建物跡の東側には、煙道がない同規模の隅丸長方形の竪穴建物跡二棟（ＳＩ一〇一・一〇二）が南北に並んで検出され、規模は東西約九メートル、南北約四・五メートルである。また、南側には東西六メートル、南北五メートルの隅丸方形の竪穴建物跡一棟が検出され、掘立柱建物跡の西側と南側を囲むように配されていたと想定される。建物跡からは、素焼きの土師器の坏や小皿が大量に出土した。堀跡から出土の土師器と比較し器壁がやや薄く、柱状高台小皿・内黒土師器高台坏が少量ともなう。以上の土師器は、遺物の編年に加えて同遺構出土の炭化材の年代分析結果によって一一世紀の年代観と推定される。また、鉄滓が出土したことから鍛冶を営んでいた可能性が考えられる。このように平面形が方形で壁際に柱穴をもつ建物跡は、東北地方で検出例のある「方形竪穴建築（建物）」に該当すると考えられる。

堀跡の北西角の内縁隅には、四基の柱穴で構成される一間四面の建物跡ＳＢ〇三が検出された。柱穴の平面と断面を観察した結果、大小二基の柱穴が重複し、規模の小さい柱穴が古く、大きい柱穴が新しいことを確認できた。また、ほとんどの柱穴からは抜取と推定される痕跡が確認された。小規模の柱穴で構成される建物跡（古）は、柱間寸法が東西三・五メートル、南北三・二メートルである。柱穴の規模は径が最大で〇・七メートル、半裁した柱穴Ｐ三八の深さが〇・八メートル。大きい柱穴で構成される建物跡（新）は、方位が東へやや傾き、柱間寸法が東西三・三メートル、南北三・〇メートルと、前述の建物跡よりやや小さい。柱穴の規模は、径が最大一・四メートル、半裁した柱穴Ｐ四一の深さが一・四メートル。双方の建物跡から出土の土師器には大きな相違がなく、ほかの建物跡などの土師器と同じ特徴がみられ一一世紀代と推定される。建物の位置や規模から、方形区画の隅に位置する櫓状建物と考えられる。建物跡（古）は四面廂付き建物と軸線がほぼ一致することから同時期に創建の可能性があり、その後に建物跡（新）に建て替えたと推定される。堀跡の内縁には柵・塀・土塁など遮蔽施設が確認されておらず、塀（もしくは柵）と櫓が一体である古代の城柵官衙との違いがみられる。鳥海柵跡では、ほぼ同規模の一間四面の建物跡が鳥海区域と二ノ宮後区域から一棟ずつ検出された。三棟とも柱間寸法や軸線方位は同じ特徴がみられる。

堀跡（東西部分）の南側からは、東西柱列二条が検出された。検出状況から、掘立柱建物跡の北側の区画施設、もしくは東西棟の建物跡と想定される。柱列の北側に位置する柱穴Ｐ七から一一世紀代と推定される白磁が出土した。過去の調査では鳥海柵存続時期前後の陶磁器がみられたが、令和元年（二〇一九）の調査で初めて柵の存続時期のものが出土し、安倍氏の権力や交易を検証する資料として重要と考える。その東側で台地の北側縁には、櫓状建物ＳＢ

〇三より小規模な一間四面の建物跡ＳＢ〇四が検出され、その立地から北向きの門（もしくは櫓）の可能性が考えられる。

原添下区域の西部は第二沢の北壁面から底面にかけて調査を実施し、断面形は逆台形になると推定される。規模は一定せず、平均値が上幅二六メートル、下幅一五メートル、段丘との比高五メートルである。沢の北側段丘上からは、幅二メートルほど、深さ〇・六メートルの掘り込みが確認され、大量の土師器が出土した。掘り込みの範囲は未確認であるが、段丘縁沿いの東西に広がった場合柵列が築かれていた可能性が想定される。第二沢付近から複数の柵列や溝跡、掘立柱建物跡や竪穴建物跡、ロクロピットや焼土ピットなどの遺構が検出された。段丘上の南側には、段丘縁まで桝形状に続く二条の溝跡（Ｃ―ａ・Ｄ―ａ）が検出された。Ｃ―ａ溝跡はＬ字状で、北から南に走り東へと曲がって南北のＤ―ａ溝跡に合流する。南北から東西の方向へ屈曲する前に中断するが、その付近から複数の柱穴が検出され、二間四面の建物跡もしくは柵列と門跡と想定される。ほぼ同じ軸線で、二条の溝跡（Ｃ―３・Ｃ―ｄ）も検出され、複数の柵や塀による区画（桝形）と門などの施設があったと考えられる。その西側には、同規模のピット三基（Ｂｉ五〇・Ｃａ〇六・Ｃｂ〇三）に、隣接する竪穴建物跡の落ち込みを加えると、一間四面の建物跡の様相を呈し、さらなる門の存在がうかがえる。段丘縁付近からは焼成遺構（Ｄａ〇九№１・Ｄｂ〇九・Ｃｅ五三）やロクロピット（Ｂｊ七七）が検出され、土器の生産が想定される。段丘下（第二沢）からは土師器の坏や小皿が大量に出土し、生産した土器の失敗品か、使い捨ての性格を備えた土器であったと推定され、第二沢は廃棄の場であったとうかがえる。また、溝跡出土の鋳型から鋳造が行われていた可能性も考えられる。

（２）鳥海区域

鳥海区域は、東側が原添下区域と同じく段丘崖である。北側は第二沢、南側は第一沢によって分割される。第一沢

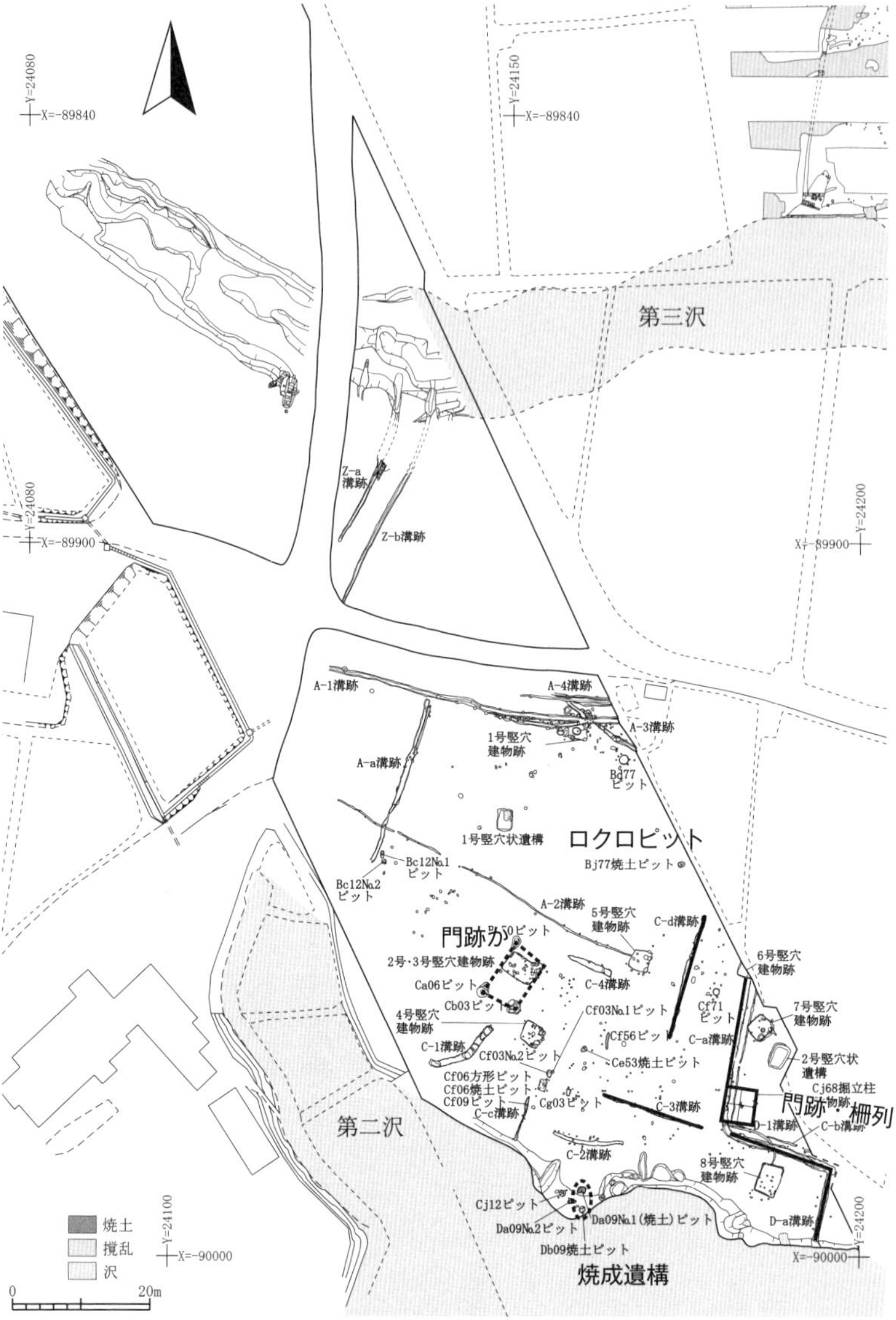

1-74　原添下区域西部遺構配置図（金ケ崎町教育委員会，2013）

は第二沢が北へ屈曲する付近で半円状の平場を形成しており、南からの入口を想像させる。本区域の西側には、二条の沢を南北に結ぶ直線状の堀跡（ＳＤⅠ）が検出され、東西約一七〇㍍、南北約一四〇㍍の方形状の台地を形成する。地元住民からは「サダノホリ」と呼ばれ、古くから堀として認識されていたと思われる。草間俊一「岩手県のチャシと鳥海柵」（『岩手史学研究』三三、一九六〇年）には、「濠の両側に土塁があり、その土塁は現在半分以上その形をとどめている」との記述がある。また、昭和二十三年（一九四八）撮影の航空写真でも堀の両側の一部に土塁が確認でき、堀跡の断面観察では、開田以前まで土塁が存在したと推定される。第八次調査では堀跡の北端より中央部まで検出し、断面形は壁面中間に平場的な段を有する逆台形である。規模は上幅八・二〜八・八㍍、下幅二・二㍍、深さ一・八〜三・二㍍であり、堀跡の北端から中央部にかけて底面が緩い傾斜で浅くなり、上幅がやや狭まる。西面壁の段上には一九基のピットが堀とほぼ並行に検出され、柵が設けられていたと想定される。遺物は底面から一一世紀代と推定される土師器坏片が出土した。また、その上層から常滑《とこなめ》産陶器甕片が出土したことから、柵の廃絶後も堀はほとんど埋没していなかったといえる。

台地内の南縁には、南北に並ぶ二条の東西溝跡（Ｆ―№１・Ｆ―№２）が検出され、双方とも調査区外まで続く。直線状である北側の溝跡Ｆ―№１に対して、南側の溝跡Ｆ―№２は段丘縁の地形に沿うように掘削され、約四㍍中断し東部と西部に区分される。西部の東端には、溝跡やピットがＬ字状に続くことから、南側の溝跡の中断部分が門の機能を有し、第一沢から続く桝形の通路があったと想定される。南側縁の遮蔽施設は互い違いにして入口を屈曲させ、守りの力を強くしていたとされる（千田、二〇一八）。方形台地の南東隅には、南北五間、東西二間の掘立柱建物跡が検出された。建物跡は西側が整地され平坦な地形となっているが、本来は南に突出した舌状台地であり、その地に収まるような位置だったと想定される。その立地から、先に述べた南側縁の遮蔽施設（南口）に関連した施設だった可

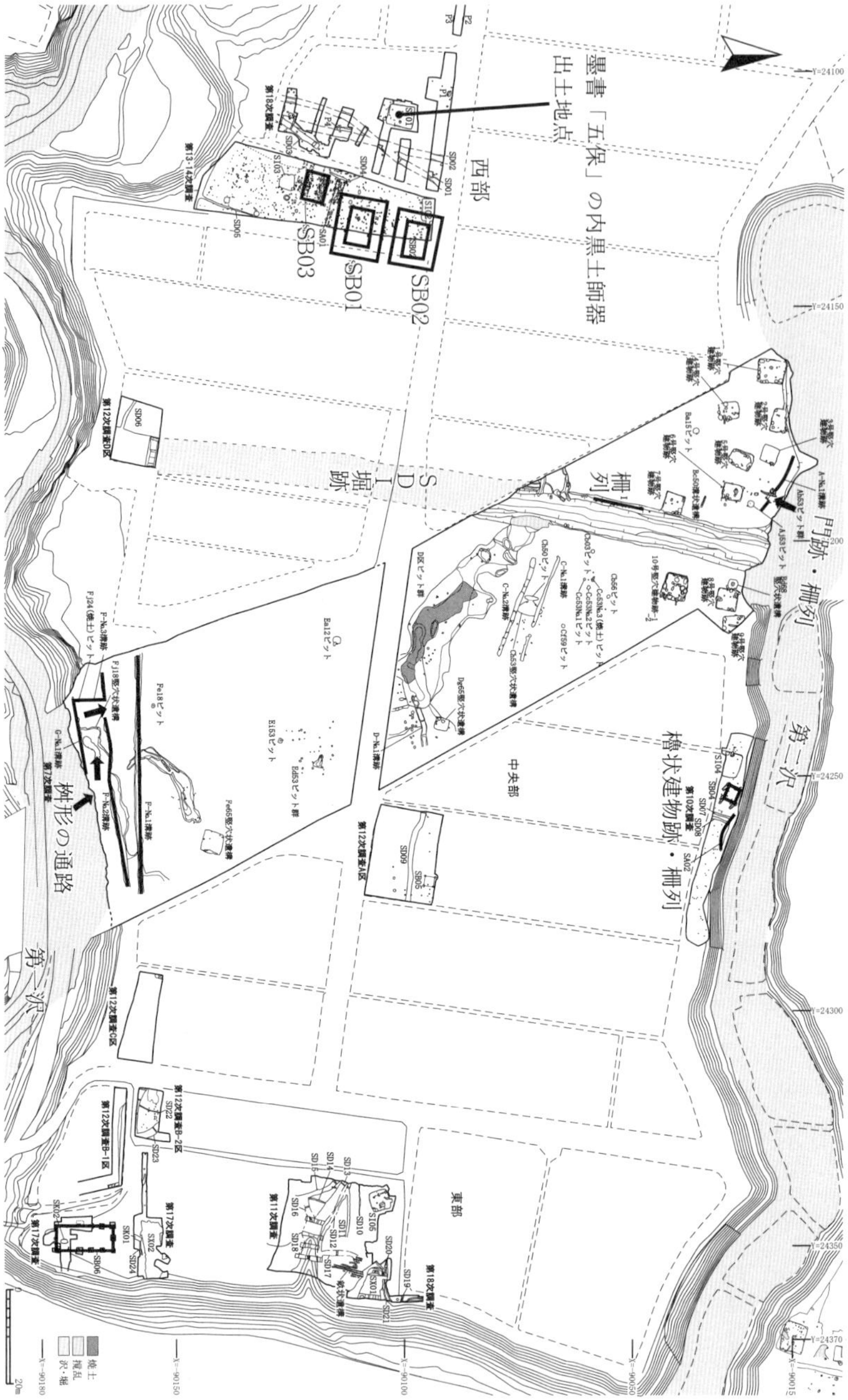

1-75 鳥海区域遺構配置図（金ケ崎町教育委員会，2013）

能性がある。方形台地の北側縁には、南側縁と同じく段丘縁の地形に沿うような溝跡と、一間四面の掘立柱建物跡が検出された。溝跡は布掘《ぬのぼ》り状であることから、北辺を覆う柵列・建物跡は立地・形状・柱穴の規模から櫓状建物跡と考えられ、一体的に台地北辺を防御する施設であったと想定される。

1-76　鳥海区域SD Ⅰ堀跡（1975年調査時，金ヶ崎町教育委員会提供）

鳥海区域の堀跡SDⅠの西側には掘立柱建物跡三棟（SB〇一～〇三）が南北に並んで検出された。北側の建物跡二棟（SB〇一・〇二）は、調査区外まで建物の範囲が広がり、東西三間、南北二間の東西棟で、四面に廂が付くと想定される。南側の建物跡SB〇三は東西三間以上、南北二間の東西棟で廂が付かない。四面廂付きの建物は、廂なしの建物とは軸線に違いがあり、時期差があったとみられる。北側の建物跡SB〇二は廂と身舎の規模や柱間寸法がほぼ同じであるのに対して、南側の建物跡SB〇一は廂より身舎の柱穴が大きく深い。双方の距離も近いことから、若干の時期差をもって構築されたと考える。出土遺物は土師器の坏や甕、須恵器の坏の細片がほとんどで、時期の特定は難しい。竪穴建物が周辺にあり、流れ込みの可能性もある。唯一、南側の建物跡から南へ五メートルに位置する柱穴（SA〇一・P九）から土師器坏の実測可能な破片が出土した。胎土や器壁などの特徴は原添下区域南東部の建物跡から出土の土師器に似ているが、底部にケズリの調整が施され若干の古さを感じることから、推定される年代観は幅広く一一世紀代とみられる。また、四面廂付き建物跡は、直線状の堀跡と軸線方位がほぼ同じことから、同時期の可能性が考えられる。

建物跡の西側に検出された南北溝跡SD〇二は、軸線方位が近似することからSDIとともに区画（遮蔽）施設であった可能性がある。堀跡の北端から西隣に位置するA―No.1溝跡は、布掘りをして柵木《さくぎ》を埋め込んだ柵列が想定される。溝跡の切れ目に検出された柱穴四基は一間四面の東西棟の建物跡であり、第二沢沿いにめぐらされた柵列と一体の門であった可能性がある。

（3）二ノ宮後区域

二ノ宮後区域は、台地の西部が土塁状に西に延びる形状で、その範囲が直線状の堀跡で区画された方形台地の南辺を覆う土塁の様相を呈する。台地東部の調査では、掘立柱建物跡二棟、柱列や溝跡などが検出された。掘立柱建物は竪穴建物の廃絶後に整地し、柱穴を掘って建てたことが確認された。掘立柱建物跡は東西三間、南北二間の東西棟建物跡、その東に一間四面の櫓状建物跡である。溝跡は北と南の両縁沿いと、東西棟建物跡を囲むよう北と西に位置する。

鳥海柵跡は、安倍氏の〝鳥海柵〟

『陸奥話記』に描かれる厨川・嫗戸の二柵は、「件《くだん》の柵の西北は大なる沢にして、二つ面は河を阻つ。河の岸は三丈有余なり。壁立して途《みち》無し。其の内に柵を築きて、自ら固むず。柵の上に楼櫓を構えて、鋭卒之に居《お》る。河と柵との間にまた隍を掘り」とあり、鳥海柵跡の立地と類似する。また、伝承を含めた近世の記録は、本遺跡が鳥海柵であるとして語り継がれてきた証拠と考える。鳥海柵擬定地として古くから検討されていたが、ほか八ヵ所の鳥海柵擬定地は、結び付く伝承がほぼなく、調査結果からも一一世紀代の遺構が現段階までは確認されていない。本遺跡は昭和三十三年（一九五八）以降発掘調査が行われ、文献の研究成果と比較し整理した結果、『陸奥話記』で記録する「柵・櫓・隍（堀）」などの遺構が確認されており、安倍氏の〝鳥海柵〟であると特定された。

一一世紀中頃は、『陸奥話記』によれば安倍頼良が「衣川外」に出て鎮守府領から国府領に勢力を拡大する時期、前九年合戦の時期とされる。一一世紀中頃には大規模な堀を造成して区画した台地に櫓や柵を設け、軍事的性格を強めた館になったと考えられる。

鳥海柵の廃絶後

昭和四十年（一九六五）の調査では、経塚と思われる竪穴状遺構が検出された。同遺構とその周辺から出土した遺物は、平泉の奥州藤原氏関連遺跡にみられる陶磁器や手づくねかわらけのセットである。

1-77　鳥海柵跡原添下区域竪穴状遺構・遺物（金ケ崎町教育委員会提供）

安倍宗任の娘は、奥州藤原氏の二代基衡の妻で、三代秀衡の母という。つまり秀衡は宗任の孫にあたる。出土した陶磁器から宗任の娘もしくは孫秀衡の時期の遺構と推定される。よって、宗任の娘（もしくは孫秀衡）が宗任や安倍氏を弔うために築いたと想定され、本遺跡が鳥海柵であることの証になったと考える。

6　中世社会の黎明「鳥海柵跡」

鳥海柵跡は、東・南・北の三方が河川で囲まれ、外部からの侵入を防いでいる。胆沢城跡から望むと、胆沢川には現在のような堤防がなく、河川の激流による氾濫原や湿地が広がり、その先には二ノ宮後区域が土塁状台地、第一沢が堀状の谷のように存在し、自然地形を利用した防御施設が立ちはだかっていた。二ノ宮後区域には、東部に溝・柱列・櫓状建物が配され、南側からの侵入に対していっそう堅固な造りであったと考えられる。

その北に位置する鳥海区域は、直線状の堀跡（ＳＤⅠ）を掘削し方形状の郭のようである。台地内の南縁には柵や塀などで遮られた桝形状の南口があったと想定される。また北縁には櫓状建物と北辺を覆う柵が存在していたと考えられる。南口から鳥海区域に入り西に進むには、堀跡と両側の土塁を越えることとなる。堀の西壁面には柵が築かれていたと推定され、より強固であった。その台地の外で北辺には門と柵が設けられていたと想定される。堀跡の西には、四面廂付き掘立柱建物跡二棟が検出された。同建物の東側には堀・土塁・柵、北側には門と柵が設けられ、西側の南北溝や南側の第一沢を含むと四方が囲まれる空間に存在した施設であったと考えられる。

原添下区域は、第二沢が屈曲して第三沢とともに三方が囲まれた大きな郭のようであり、西側には桝形状に柵（もしくは塀）や門が配され中世城館の虎口《こぐち》を彷彿させる。また、同区域内の南東部では、Ｌ字状の堀を掘削し方形状の区画が築かれた。その北西隅から検出された櫓状建物跡は、その軸線方位から当初は南東部の区画内、次は本区域の西側を意識した遺構であった可能性が考えられる。中心部に位置する四面廂付きの大型建物は、北側の建物と一体的で北向きの建築物である可能性が考えられる。櫓状建物跡の東側で、区画の北側縁には門（あるいは櫓）と推定される建物跡が検出されたことで、さらに北向きの可能性は高まった。胆沢城をはじめとする官衙などの建築物は「天子は南面する」という古代日本の思想によって南向きであったが、建物が北向きとなれば、その思想から脱却した屋敷造りが行われたことになる。また、大型建物の西と南に位置する竪穴建物跡は、平面形が方形で壁際に柱穴をもつ建物特徴があり、鎌倉周辺や東北地方で検出例のある「方形竪穴建築（建物）」の原型であったかもしれない。

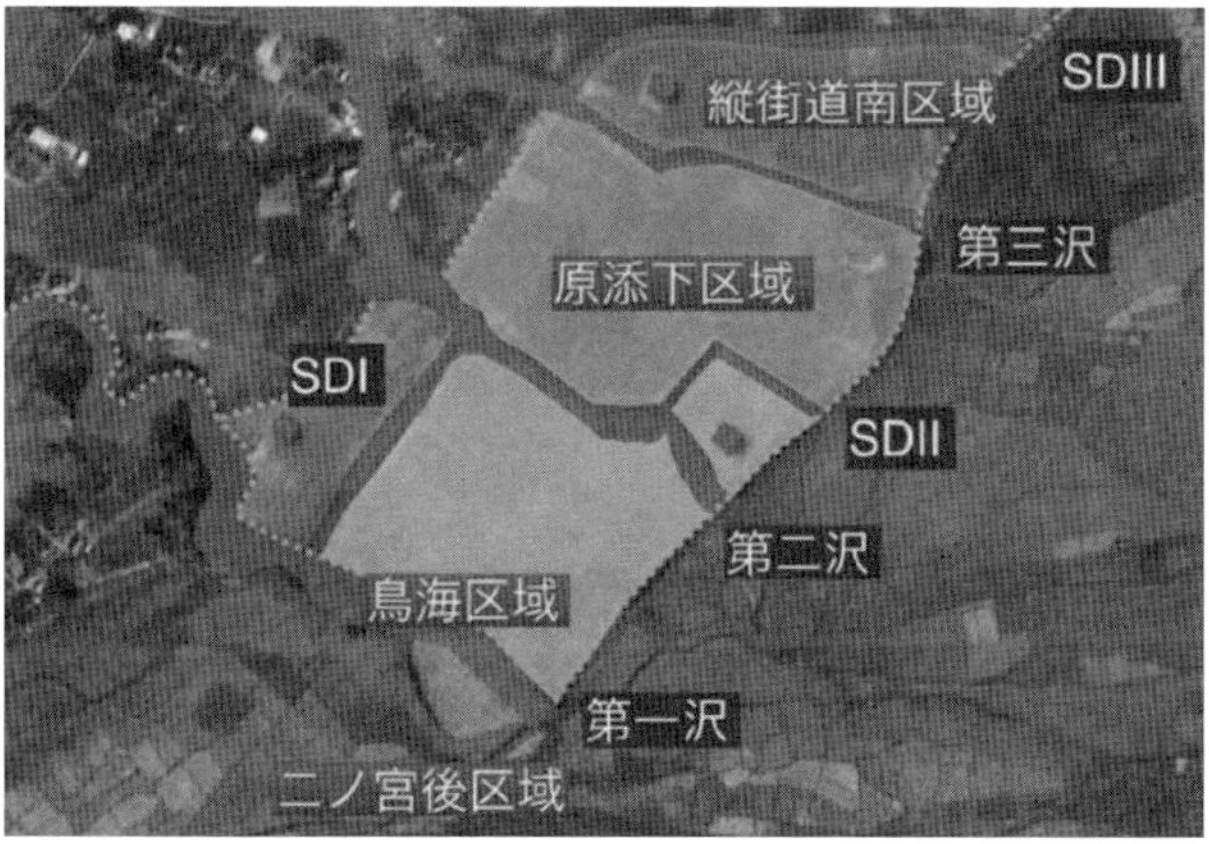

1-78　鳥海柵復元案（千田，2018）

鳥海柵跡全体の形態をみると、東側が北上川の浸食による段丘崖となり、垂直に介入する三条の沢によって各区域が分割される。原添下区域と鳥海区域は、人工の堀が築かれ、溝・柱列・掘立柱建物跡などが配され、虎口のような出入口が設けられており、古代の城柵官衙というよりは中世城館の郭のような構造がみられる。縦街道南・原添下・鳥海の各区域に位置する四面廂付き掘立柱建物は、創建時期に若干の違いがあると推定されるが、各区域が独立・並列であったことを意味すると考えられる。また、各区域の櫓状建物のうち、二ノ宮後区域の櫓は鳥海区域の南口を、鳥海区域の櫓は原添下区域の西口を見張ることができる場所に立地しており、区域ごとに連携も図られ一体的な城郭だったことをうかがわせる。以上のことから、各々の郭が並列する城館「群郭城郭」の様相を呈する。さらに、大型建物が北向きであると推定すると、L字状の堀跡と第二沢・原添下区域・第三沢・縦街道南区域による梯郭《ていかく》式のような分類にあてはまる区画（縄張り）がなされていた可能性も想定され、中世以降の城郭に通じる特徴をみることができる。

『陸奥話記』には、厨川柵とともに「城」と記述される。群郭城郭とは館屋敷型城郭ともいい（千田、二〇〇〇）、中世に東北や南九州などで見られるが（齋藤・向井、二〇一六）、その原型が鳥海柵跡にあった可能性が考えられる。また、五味文彦氏からは、「一一世紀に安倍氏の鳥海柵・楯を中心とした奥六郡の支配が原型となって、一二世紀には藤原氏の平泉館を中心とした陸奥・出羽の支配が行なわれるようになり、さらに一三世紀は鎌倉の幕府御所を中心とした東国の支配へと発展していったのである。（中略）地域が主体となる中世の社会は鳥海柵から始まったといっても過言ではなく、地方分権の発祥の地は金ケ崎にあった」との考え方が示された（五味、二〇一一）。鳥海柵跡では、古代官衙の特徴を踏襲する一一世紀前半の建物跡から、古代日本思想からの脱却を象徴する大型の建物跡、人工的な堀・櫓・柵で構成される一一世紀中頃の「城」への移り変わり、つまりは中世社会の黎明を見ることができるのではないだろうか。

吉川弘文館

新刊ご案内　2022年9月

〒113-0033・東京都文京区本郷7丁目2番8号　振替 00100-5-244（表示価格は10％税込）
電話 03-3813-9151（代表）　ＦＡＸ 03-3812-3544　http://www.yoshikawa-k.co.jp/

人物を知れば、古代史が広がる、深まる、面白い！

『内容案内』送呈

人物で学ぶ日本古代史　全3巻

新古代史の会編

A5判
各二〇九〇円

気鋭の研究者が最新の成果をふまえてわかりやすく解説し、謎めいた古代人の魅力に迫る。これから古代史を学ぼうとする人にはもちろん、もっと知識を深めたい人にもおすすめ！

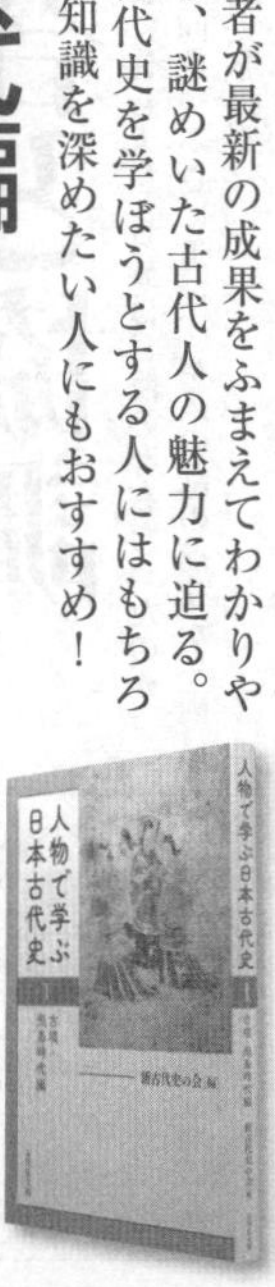

1 古墳・飛鳥時代編

卑弥呼、ヤマトタケル、聖徳太子らおなじみの人物から、歴史の教科書にもほとんど出てこないようなマイナーな人物まで、わかりやすく解説する。

二七六頁

続刊

2 奈良時代編（9月中旬発売）

有名人物から地方豪族、下級官人まで。

3 平安時代編（11月発売）

運慶　鎌倉幕府と三浦一族

横須賀美術館・神奈川県立金沢文庫編

運慶が遺した東国の仏像たち

運慶八百年遠忌記念　共同特別展公式図録

B5判・一四四頁／二二〇〇円

平安時代末期から鎌倉時代初期の大仏師運慶。奈良での造仏が知られるが、鎌倉幕府と結びついて東国でも活躍した。運慶とその工房作と見られる仏像を多数収め、鎌倉幕府と三浦一族の歴史と文化に迫る。

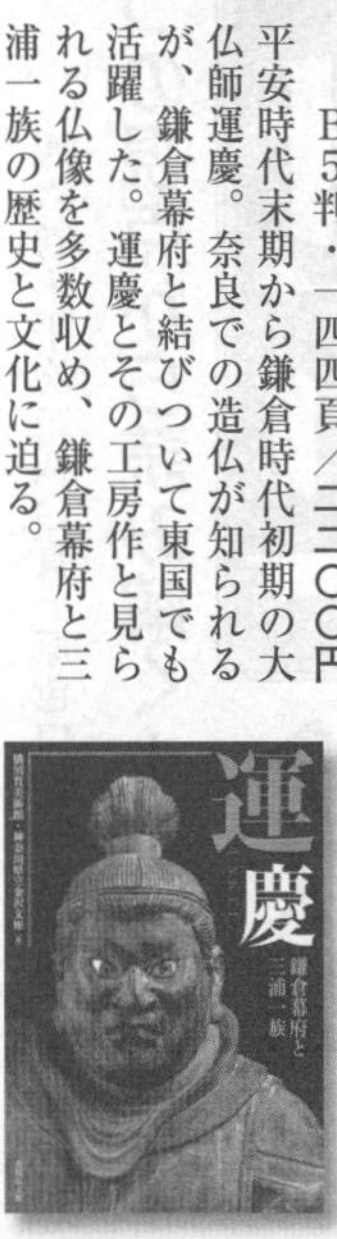

4 南北朝内乱と京都

山田 徹著

鎌倉幕府の滅亡後、建武政権の興亡、南北朝分立、観応の擾乱と、京都は深刻な状況が続く。全国の武士はなぜ都に駆けつけて争い、それは政治過程にどのような影響を与えたのか。義満の権力確立までの六〇年を通観する。

5 首都京都と室町幕府

早島大祐・吉田賢司・大田壮一郎・松永和浩著

人口一千万人の列島社会で、室町殿を中心に公家・武家・寺社が結集し繁栄する首都京都。人やモノの往来の活性化で社会も大きく変化した。天皇家や御家人制の行方、寺社勢力の変質、幕府の資金源に迫る新しい室町時代史。

6 戦国乱世の都

尾下成敏・馬部隆弘・谷 徹也著

戦国時代、室町幕府や細川京兆家は弱体化し、都の文化人は地方へ下った。一方、洛中洛外では新しい町が形成され、豊臣・徳川のもとで巨大都市化が進む。政治・都市・文化の様相を描き出し、戦国乱世の都の姿を追う。

●続刊

7 変貌する中世都市京都

〈12月刊行予定〉

山田邦和著

古城ファン必備！

北陸の名城を歩く 全3冊

好評のシリーズ待望の北陸編

A5判・原色口絵各四頁／各二七五〇円　『内容案内』送呈

【既刊の2冊】

福井編

山口 充・佐伯哲也編　本文二七二頁

斯波・朝倉・一色氏ら、群雄が割拠した往時を偲ばせる空堀や土塁、曲輪が訪れる者を魅了する。福井県内から精選した名城五九を越前・若狭に分け、豊富な図版を交えてわかりやすく紹介する。

富山編

佐伯哲也編　本文二六〇頁

神保・上杉・佐々氏ら、群雄が割拠した往時を偲ばせる空堀や土塁、曲輪が訪れる者を魅了する。富山県内から精選した名城五九を呉西・呉東に分け、豊富な図版を交えてわかりやすく紹介する。

【続刊】

石川編

向井裕知編

武者から武士へ

兵乱が生んだ新社会集団

森 公章著

武士はどのようにして誕生したのか。平将門の乱から源平合戦までの争乱を通じて、古代社会に登場した武者が、武士という新社会集団を形成し武家政権に発展させるまでを描く。武士誕生の歴史に一石を投じる注目の一冊。

四六判・三一八頁／二二〇〇円

奥羽武士団

関 幸彦著

陸奥・出羽の地で覇を競った武士たちの出自や活動、系譜などを解説した初の本格的通論。中世を画する治承・寿永の乱と南北朝の動乱による影響、地域領主としての役割や経営基盤となった所領にも触れ、その盛衰を描く。

A5判・二二四頁／二四二〇円

近世都市〈江戸〉の水害

災害史から環境史へ

渡辺浩一著

多くの水害に見舞われた本所・深川などの江戸低地。幕府の対策マニュアルや避難状況、災害復興の中長期的都市政策、埋立・堤防など人為的な自然環境の改変を解明。災害を自然と人間との相互関係として捉える注目の書。

A5判・二四〇頁／三九六〇円

東アジアの米軍再編

在韓米軍の戦後史

我部政明・豊田祐基子著

戦後行われてきた東アジアの米軍再編。朝鮮半島情勢は米・韓・日の関係にどんな影響を与えたのか。在韓米軍の削減、韓国軍の作戦統制権をめぐる構図を解明。在日米軍との連動性を俯瞰し、東アジアの安全保障の道筋を探る。

四六判・二七二頁／二九七〇円

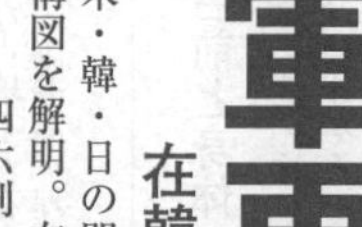

さまざまな生涯を時代とともに描く

人物叢書 新装版

日本歴史学会編集　四六判・平均300頁

●最新刊の3冊

遠山景晋《かげみち》

藤田 覚著　三二八頁　二五三〇円

江戸後期の幕臣。名奉行遠山金四郎景元の父。目付・長崎奉行・勘定奉行等を歴任。蝦夷地・長崎・対馬と東奔西走し、対外政策の転換を最前線で担った。教養と人間味溢れた有能だが遅咲きの生涯を、対外関係史と重ねて描く。（通巻313）

里見義堯《よしたか》

滝川恒昭著　三二〇頁　二五三〇円

房総に一大勢力を築いた戦国大名。上総の要衝久留里城を本拠に、上杉謙信と連携して江戸湾支配をめぐり北条氏と対立。下総香取海にも侵攻し、東国の水運掌握を目論む。限られた史料をいかし、その軌跡と人物像に迫る。（通巻314）

黒田孝高《よしたか》

中野 等著　三六〇頁　二六四〇円

官兵衛、如水の名で知られる武将。秀吉に仕え、九州平定後は豊前での領国経営に尽力。家督を長政に譲った後も豊臣政権を支えたが、関ヶ原の戦いでは徳川方に与して独自の戦いをおこなう。「軍師」とされた実像に迫る。（通巻315）

歴史文化ライブラリー

●22年5月～8月発売の8冊

四六判・平均二二〇頁　全冊書き下ろし

人類誕生から現代まで／忘れられた歴史の発掘／常識への挑戦／学問の成果を誰にもわかりやすく／ハンディな造本と読みやすい活字／個性あふれる装幀

549 大奥を創った女たち

福田千鶴著

江戸城本丸の大奥で、歴代将軍を支えた女性たち。家康から綱吉に至る妻妾や女親族、女中たちの日々の暮らし、その役目を探り全貌を解明する。キャリアの様相から、江戸時代の女性の生きざまを歴史のなかに位置づける。

二八八頁／二〇九〇円

550 土砂留め奉行　河川災害から地域を守る

水本邦彦著

淀川・大和川水系の土砂流出現場を巡回した土砂留め奉行。彼らの残した日誌や御触書、絵図資料から、山地荒廃の実態や土木工事の様子、奉行の所属藩や権限について解明。災害と人間社会の関係を歴史のなかで考える。

二四〇頁／一八七〇円

551 東京の古墳を探る

松崎元樹著

都心から多摩地域を含む古代武蔵野には、多様な古墳墓が存在した。都心や多摩川流域に築かれた墳墓の変遷を探る。石室墳や横穴墓の構造・副葬品・埋葬の実態から、造墓集団の性格や地域社会の変容・文化の交流に迫る。

二七二頁／一九八〇円

552 古代の人・ひと・ヒト　名前と身体から歴史を探る

三宅和朗著

古代国家が作成した戸籍・計帳からは窺えない有名無名の人々の世界。『日本霊異記』などを手がかりに、人名、障害や病気、身長、顔まで、個性ある一人一人と向き合いつつ人々の心のうちを解明する、環境への心性史。

二四〇頁／一八七〇円

553 **皇位継承と藤原氏** 摂政・関白はなぜ必要だったのか
神谷正昌著

摂関政治は、天皇制の危機を回避するものだったと見直されている。幼帝の即位など皇位継承がゆらぐなか、藤原氏はいかなる役割を果たしたのか。摂政・関白が創出された経緯や、外戚政治の真相を探り、明らかにする。

二四〇頁／一八七〇円

554 **もう一つの平泉** 奥州藤原氏第二の都市・比爪
羽柴直人著

奥州藤原氏の拠点平泉の北方に存在した中核都市「比爪《ひづめ》」。近年の発掘調査で平泉に匹敵する姿がみえてきた。文献も駆使し、都市構造や統治のあり方、平泉との関係などを考察。知られざる比爪系奥州藤原氏の歴史に迫る。

二二四頁／一八七〇円

555 **東アジアからみた「大化改新」**
仁藤敦史著

「大化改新」は東アジア世界のなかでどのように位置づけられるのか。膨張する隋唐帝国への対応を迫られる高句麗《こうくり》・百済《くだら》・新羅《しらぎ》。三国の動向と外交政策の対立をもとに、古代日本の一大画期を新たな視点から再検討する。

二二四頁／一八七〇円

556 **遠野物語と柳田國男** 日本人のルーツをさぐる
新谷尚紀著

日本民俗学の出発点『遠野物語』は、山姥や河童・ザシキワラシ、犬・猿・馬などが登場し、臨死体験、神隠しなどの不思議な経験を伝える。伝承にひそむ古来の生活様式やものの見方を知り、日本人の歴史的変遷を探る。

二三八頁／一八七〇円

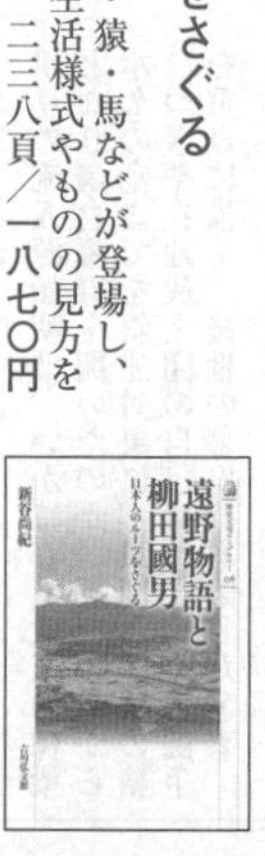

【好評2刷】

543 **鎌倉幕府はなぜ滅びたのか**
永井　晋著
二五六頁／一九八〇円

544 **気候適応の日本史** 人新世をのりこえる視点
中塚　武著
二五六頁／一九八〇円

歴史文化ライブラリー
オンデマンド版 好評発売中
品切書目の一部を、オンデマンド版に随時追加して販売中です。詳しくは『出版図書目録』または小社ホームページをご覧下さい。

読みなおす日本史

毎月1冊ずつ刊行中　四六判

近畿の古墳と古代史

白石太一郎著

二七〇頁／二六四〇円（補論＝白石太一郎）

日本列島の古代国家はいかに形成され展開したのか。当時の政治勢力と密接な関係を持って造られ、貴重な情報を秘めた近畿の古墳からアプローチ。倭国の誕生から交通ルート、神まつりなど、日本古代史の謎を解く。

源頼朝と鎌倉幕府

上杉和彦著

二五四頁／二四二〇円（解説＝西田友広）

伊豆の流人源頼朝は、いかにして武家の棟梁となり鎌倉幕府を開いたのか。将門の乱から承久の乱までを叙述対象に、東国と源氏の結びつきや在地武士団の自己権益をめぐる闘争を重点に描く。後世の幕府観も論じた名著。

大村純忠

外山幹夫著

二五六頁／二四二〇円（解説＝本馬貞夫）

肥前国の戦国大名。有馬氏から養子に入り家督を継ぐ。領国支配に苦悩しつつ宣教師より洗礼を受け、日本最初のキリシタン大名となる。天正遣欧使節を派遣し、長崎を開港してその発展の礎を築いた波乱万丈の生涯を描く。

佐久間象山

源　了圓著

二四八頁／二四二〇円（解説＝坂本保富）

幕末、開国と海防を訴え、西欧近代科学の積極的な受容を主張した時代の先覚者。その生涯を五〇のエピソードで辿り、思想と行動をわかりやすく描く。人間性や生き方の視座から、個性豊かな実像を浮き彫りにした名著。

無縁社会の葬儀と墓

死者との過去・現在・未来

山田慎也・土居　浩編

直葬・墓じまい・孤立死・無縁社会などのニュースが流れ、伝統的な死者儀礼の衰退・崩壊が喧伝される現在。眼前で勃興し、一方で消滅しつつある、これら死者儀礼の実態・制度・観念を取り上げ、歴史的把握を試みる。　A5判・二六〇頁／四一八〇円

日本建築を作った職人たち 寺社・内裏の技術伝承

浜島一成著

四六判・二一〇頁／二六四〇円

古建築を手がけた職人「木工《こだくみ》」は、伝統技術をいかに保持し今日まで発展させてきたのか。古代から近世に至る造営組織の変遷を追究。東寺・伊勢神宮などで活動した木工の実態に迫り、内裏の大工・木子《きこ》氏にも説き及ぶ。

〈洗う〉文化史 「きれい」とは何か

国立歴史民俗博物館・花王株式会社編

四六判 二二四頁 二四二〇円

私たちはなぜ「洗う」のか。古代から現代にいたるまでさまざまな事例を取り上げ、文献・絵画・民俗資料から分析。精神的な視野も交えて、日本人にとって「きれい」とは何かを考え、現代社会の清潔志向の根源を探る。

イワシとニシンの江戸時代 人と自然の関係史

武井弘一編

四六判・二二二頁／二六四〇円

江戸時代を支える重要な自然の恵み、イワシとニシン。新田開発が進み、人糞や草肥が不足すると、魚肥としても大量に使われた。気候変動と漁の関係、経済、魚肥の流通などから、自然と近世社会との関わりを解き明かす。

近世感染症の生活史 医療・情報・ジェンダー

鈴木則子著

A5判・二五四頁／三五二〇円

江戸時代の日常生活でつねに脅威であった感染症は、暮らしにどんな影響を与えたのか。さまざまな生活環境の移り変わりによる感染症へのまなざしの変化を描き出し、現代にも通じる社会と感染症との共生する姿を考える。

戊辰戦争と草莽の志士 切り捨てられた者たちの軌跡

高木俊輔著

A5判・一八四頁／二四二〇円

明治維新の変革を目指して、地方・地域を背景に活動した草莽の志士たち。彼らは何を考え、何を契機に決起したのか。新政権樹立をなしとげた一握りの勝者からだけでは描ききれない、戊辰戦争のもう一つの側面に迫る。

中世奥羽の世界（新装版）

小林清治・大石直正編

四六判・二九八頁／三三〇〇円

郷土史の枠を越えて、地方から中央をみる視点から、奥羽の中世史像を描いた名著を復刊。中世奥羽を六テーマに分け、蝦夷の存在にも触れつつ論述する。陸奥・出羽両国の庄園・国守・地頭一覧や略年表などを附載する。

変体漢文（新装版）

峰岸　明著

A5判・三九六頁／六六〇〇円

中国語式表記法に日本語的要素を採り入れて日本語文を書き記した変体漢文は、古記録や古文書において常用された。その方法論や表記・語彙・文法・文体を解説。変体漢文を日本語学の観点から概説した名著待望の復刊。

高まるアイヌ文化へのまなざし！
ひと・もの・こころから読み解く初めての総合辞典。

アイヌ文化史辞典

関根達人・菊池勇夫・手塚 薫
北原モコットゥナシ 編
菊判・七〇四頁・原色口絵四頁
一五四〇〇円
『内容案内』送呈

北方世界で長年暮らしてきたアイヌ民族の歴史・文化・社会がわかる、初めての総合辞典。ひと・もの・こころの三部構成から成り、約一〇〇〇項目を図版も交えてわかりやすく解説する。地図・年表・索引など付録も充実。

推薦します
佐々木史郎（国立アイヌ民族博物館館長）
野田サトル（漫画家）

教科書の「あの人物」は「あの時」こんな年齢だったのか！ 自分の年齢の時、偉人たちは何をしていたのだろう？

日本史人物〈あの時、何歳？〉事典

0歳から85歳まで、1,200人の事跡

吉川弘文館編集部編
二二〇〇円

飛鳥時代から昭和まで、日本史上の人物が、何歳の時に何をしていたのかが分かるユニークな事典。年齢を見出しに人物の事跡を解説。生没年を併記し在世も把握できる。巻末に物故一覧と人名索引を付した好事的データ集。A５判・二九六頁

●近刊

※書名は仮題のものもあります。

日本古代財務行政の研究
神戸航介著
A5判／一三二〇〇円

東国の古墳と古代史（読みなおす日本史）
白石太一郎著
四六判／二六四〇円

郡司と天皇 地方豪族と古代国家（歴史文化ライブラリー557）
磐下 徹著
四六判／一八七〇円

正倉院宝物を10倍楽しむ
山本忠尚著
A5判／価格は未定

橘嘉智子（人物叢書316）
勝浦令子著
四六判／二四二〇円

仁明天皇（人物叢書317）
遠藤慶太著
四六判／価格は未定

安倍・清原氏の巨大城柵 鳥海柵跡・大鳥井山遺跡
樋口知志監修／浅利英克・島田祐悦著
A5判／二六四〇円

中世曹洞宗の地域展開と輪住制
遠藤廣昭著
A5判／一五四〇〇円

足利将軍と御三家 吉良・石橋・渋川氏の世界（歴史文化ライブラリー559）
谷口雄太著
四六判／価格は未定

足利成氏の生涯 鎌倉府から古河府へ
市村高男著
四六判／二九七〇円

天守 芸術建築の本質と歴史
三浦正幸著
A5判／価格は未定

伊達騒動の真相（歴史文化ライブラリー560）
平川 新著
四六判／価格は未定

唱歌「蛍の光」と帝国日本（歴史文化ライブラリー558）
大日方純夫著
四六判／一九八〇円

ビジュアルガイド 東京国立博物館 文化財でたどる150年の歩み
東京国立博物館編
B5判／価格は未定

三笠宮崇仁親王
三笠宮崇仁親王伝記刊行委員会編
菊判／価格は未定

歴史手帳 2023年版
吉川弘文館編集部編
A6判／一三二〇円

各種『内容案内』送呈

伊藤博文から岸田文雄まで、一〇一代の内閣と六四名の首相を網羅！

歴代内閣・首相事典 増補版

東日本大震災、モリカケ問題、新型コロナウイルス流行など、時事項目も増補！

鳥海 靖・季武嘉也編

明治一八年の内閣制度開始以来、政治の中枢を担ってきた総理大臣とそれを支える内閣。伊藤博文内閣から岸田文雄内閣まで、一〇一代の内閣と六四名の首相を網羅し平易に解説した増補版。各内閣に関連する政党、政治・経済・社会上の政策・事件など、初版刊行以降の時事項目を新たに加えた約三二〇項目を収録する。

菊判・九二八頁／一一〇〇〇円

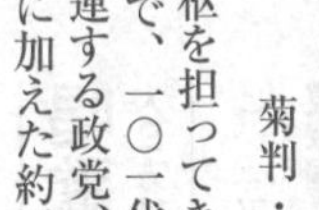

事典 太平洋戦争と子どもたち

浅井春夫・川満 彰・平井美津子・本庄 豊・水野喜代志編

戦争は子どもたちに何をもたらすのか。戦禍だけでなく、暮らしや教育、戦後も含めて振り返る。疎開、沖縄戦、孤児生活など、四七の問いに答えて戦災の惨劇を記憶し平和へ願いを託す。読書ガイドも収め平和学習に最適。

A5判・一九〇頁／二四二〇円

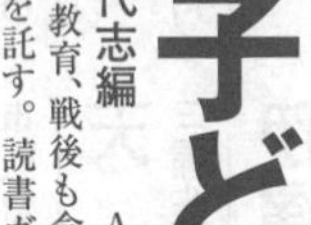

戦後沖縄生活史事典 1945—1972

川平成雄・松田賀孝・新木順子編

米軍統治下の戦後沖縄で、激動の波に翻弄されながらもたくましく生きた人びとの暮らしを知る事典。生活に深く関わった出来事一二一項目を多彩なテーマで紹介。随所にコラムをちりばめ、参考文献や索引を付載する。

菊判・五〇〇頁／八八〇〇円

第五章　鳥海柵跡を歩く

1　鳥海柵跡への道

岩手県の内陸部を縦断する国道四号を北上し、北上川の支流胆沢川に架かる金ケ崎大橋を渡って西側を望むと、鳥海柵が築かれた河岸段丘が見える。反対の東側段丘は、近世の国道「奥州街道」と北上川に挟まれた重要な交通の要衝であり、伊達氏が仙台藩の「金ケ崎要害」を置き、その武士の町並みが残る。また、鳥海柵と同時代には白糸柵と呼称され、前九年合戦の際に北の地で負傷した安倍頼時が北上川から上陸したと伝えられることから、川湊の存在がうかがえる。

金ケ崎大橋を渡って北進すると、岩手中部工業団地へと向かう町道（四車線）との交差点がある。町道は古道「縦街道」であった道で、西進すると「鳥海柵跡」と道路標示があり、左折して史跡内へと入ることができる。交差点には、東北縦貫自動車道を下りて水沢ＩＣから北へ車で五分、北上金ケ崎ＩＣから南へ車で一〇分進むと着く。また、ＪＲ東北本線の金ケ崎駅で下車して南へ一五分ほど歩くと交差点に着き、地名「古寺」の掲示がある歩道橋を西へ渡ると鳥海柵跡内に行くことができる。

柵があった付近は、延暦二十一年（八〇二）、胆沢川の対岸に胆沢城が造営、胆沢郡などの各郡が置かれて以後、北の地との行き来があった場所と想定される。「頼義朝臣　申伊予守重任状」（『本朝続文粋』巻第六奏状所収）には、鳥

1-79　鳥海柵跡航空写真（南より，金ケ崎町教育委員会提供）

1-80　国史跡標柱

海柵を「鳥塞」と記しており、都において当時は「塞」があった地として有名であったと考えられる。また、鳥海柵跡の発掘調査では胆沢城存続期の陶磁器が出土し、胆沢城と鳥海柵の地は交流があった、つまりは交通路があったことがわかる。陸路ばかりではなく、前九年合戦の際に北の地で負傷した安倍頼時は北上川を下って鳥海柵へと辿り着き命を落としたとされることから、北上川が水の道として欠かせない河川であり、水陸ともに交通の要の地であったことが想像される。その後、近世には鳥海柵の東側に奥州街道が通り、南流する北上川は仙台城下へと米などを運んだ。現在、鳥海柵跡の東側には国道四号やＪＲ東北本線が、柵跡内の西部には東北縦貫自動車道が南北に通り、平安時代より交通の要衝であることは変わらず、利便性が最適な地であったのである。

2　桜咲く縦街道南区域

古道「縦街道」は鳥海柵跡の北境であり、柵跡から西進し東北縦貫自動車道の下を通過すると、右側（北）に古道の一部が残る。また東へ進んでＪＲ東北本線の踏切手前は平坦に町道が東進するが、その下を今も流れる沢が台地を分割し、「べご坂」と呼称される坂が存在していた。「縦街道」を境にして、南側に「縦街道南」、北側に「縦街道北」や「鑓水」「古寺」の地名が残ることから、古来より通る街道であったと想定される。語源として「横の街道に交わる街道」（『岩手の地名百科』岩手日報社、一九九七年）という意味が一般的であるが、鳥海柵（楯）の楯（タテ）もしくは金ケ崎館のタテ（館）へと通ずる街道を意味するものではないだろうか。

1-81　縦街道の桜並木

鳥海柵跡内への北口から国道四号の西側に沿って、昭和三十三年（一九五八）に金ケ崎中学校卒業生が植樹した桜が並ぶ。柵跡内には、昭和三十三〜四十三年には金ケ崎中学校が、昭和四十三年以降には工場があり、その名残となる樹木や工作物が残る。四月下旬から五月初めにかけて、樹齢六〇年以上の桜の木々が綺麗な花を咲かせ、地元では桜の名所として知られる。桜並木の西側には工場跡地に緑地が広がり、訪れる人々の憩いの場となっている。その地下には、大型の四面廂付き建物跡が残り、『前九年合戦絵詞』の中に描かれる屋敷の遺構の存在が期待される。緑地の西側には、かつて中学生が通った小道に沿ってポプラの木々が南北に並び、その向こうでは田んぼがつくられる。桜並木から東側の国道付近には、鳥海柵成立以前に造営された蝦夷社会の古墳群があった。国道と桜並木の間には、耕作地の下にいまだ発見されない古墳の存在が想定される。

桜並木の小道を通り南へ進むと、左側（東）に大きな窪地がある。縦街道南区域と原添下区域の間に介入する第三沢の東端部である。昭和四十三年の工場造成にともなって第三沢は埋められ、東端部の窪地を残し、地中に保存されている。中学校の時期に沢沿いへ植えられた桜が沢の位置をうかがわせる。

3　水と緑豊かな天然の要害・原添下区域

桜並木を通り抜けると、縦街道南区域から地続きの原添下区域に進む。東側は段丘崖となり、その下には透明感溢れる清水が湧く。地元の人たちからは、「宗任清水」との呼び名で親しまれ、昔から飲料水として大切にされてきた。鳥海柵跡の立地は、夏油川によって形成された扇状地の端にあたり、山水が地下水として湧き出ていると思われる。東に位置する段丘「金ケ崎要害」の南端下にも「八幡清水」など複数の清水が湧く。柵跡へ介入する沢に多くの水が流れており、生活に欠かせない水が古来より豊富な地であったと想像される。また、桜が散り初夏の季節には、段丘上の杉並木の中に自然と生えた藤がきれいな花を咲かせる。

原添下区域の西を望むと、住宅の向こうに東北縦貫自動車道が見える。西境と想定する旧農道はその付近にあったことから、東北縦貫自動車道がほぼ西境を示すものと想定される。自動車道の西側道を歩くと、同区域の南に介入する第二沢の開析谷がほぼ直角に北へ曲がり、西境の様相を地形で見ることができる。自動車道整備にともなう発掘調査では、沢の北側法面《のりめん》から土師器の坏や小皿が大量に出土した。『前九年合戦絵詞』には、坏や小皿を使用する宴の場面が描かれる。見渡しても土器片は見当たらないが、出土した土器から酒盛りした光景が思い浮かぶ。谷底は田畑として耕作され平坦となっているが、逆台形の地形であったことが調査で明らかとなっている。東端の開口部へ向かうにつれて、谷底はゆるやかに深くなり、鈍角の曲がりが一ヵ所あることから先が見通せない。東端の谷底から西側を見ると、まさに天然の要害を彷彿させる。

1-82　宗任清水

1-83　第二沢（東より，八重樫純氏提供）

本区域の南東部まで進むと、第二沢の谷底が顔をのぞかせる。崖に近づくにつれ、深い谷の存在と比高一〇㍍の段丘上に立っていることを実感できる。東側崖は杉林で見えにくいが、南と同じ高低差があり、段丘上は平坦でありながら、攻め難い立地と思われる。昭和四十三年（一九六八）までは、南側谷と東側崖の対面にL字状の堀跡があり、方形状の郭（曲輪）跡が地形として見られた。今は、南東部の東側崖を覗くと窪む箇所があり、堀の東端の位置がわかる。段丘崖下には東側法面に沿って盛土がみられ、東端部の窪みから段丘上に登る道のようである。堀跡が埋設される前に通路として使用されたものか、南東部の東側を覆う土盛であるか気になるところである。発掘調査では、方形状の郭内に鳥海柵跡で最大の四面廂付き建物跡が発見された。今は草地が広がるばかりだが、鎮守府胆沢城や柳之御所（平泉館か）に匹敵する格式高い建物が、深さ四㍍の堀に囲まれて整然と建っていたことが想像される。

4 田園風景の広がる鳥海区域

鳥海柵跡の中で「鳥海」の地名が残る場所であり、柵跡の範囲は近年までこの区域のみとされてきた。というのも、江戸時代に「本丸」と呼ばれた区域であり、昭和四十年（一九六五）以前の耕地整理までは、西側に二つの沢を結ぶ大規模な直線状の堀跡が存在し強烈なインパクトを与えていたことによると思われる。また、原添下区域から谷（第二沢）越しに見ると、周囲を崖に囲まれた広い平坦地と見え、平城《ひらじろ》が連想される。

本区域には、東北縦貫自動車道の東側道を南下し第二沢を通過すると着き、柵跡の歴史を紹介する説明板が見える。平成五年（一九九三）に、安倍氏や藤原氏の歴史をテーマとする大河ドラマ「炎立つ」の放映により観光客が増えたことから、説明板や道標、藍色の標柱「鳥海柵跡」が建てられた。

説明板の隣には、安倍一族を弔う墓標が地域住民によって建てられ、前九年合戦で滅んだ安倍氏を偲んでいる。藍色の標柱は北東角に建ち、国道からもよく見える。そこから西を眺めると、秀峰駒ケ岳や経塚山などの奥羽の山々がそびえる。周辺には田園風景が広がり、山々は雪形により農作業の時期を知らせるとともに、豊富な水を田んぼへと与えてくれる。その光景からは、古来より人々が集い盛んに作物をつくっていたことが想像される。

耕地整理以前は北東部にL字状の土盛があったといい、現在も若干の段差がみられる。近代の旧地積図上では土塁付近に境界線が記され、段丘北端には小規模な方形の切込みが描かれているが、土盛と同じく地形としては残っていない。土盛の位置は、原添下区域南東部のL字状堀跡と対比する位置にあり、大正末年頃作製「鳥海柵見取図」に両方とも記録される。本区域東部中央には、東方の沖積地から段丘上に至る溝跡が残る。段丘下には南に向かう緩やかな窪みを見ることができ、近代まで通路として使用されたと考えられる。柵跡への東口が想定されたが、平安時代の遺物が出土せず確証は得られなかった。南東部へ進むと舌状に張り出した台地となっており、発掘調査では台地に収

1-84　鳥海区域（北西より）

1-85　安倍一族を弔う墓標と説明板

1-86　鳥海区域に咲く蓮の花

1-87　船越明神社（八重樫純氏提供）

まるように東西に長い建物跡の存在が明らかとなっている。南東方向には鎮守府胆沢城跡があり、現在は胆沢川の堤防に遮られているが、鳥海柵の存続時は胆沢城を見下ろすように望むことができたと想像される。本区域は「本丸」とも呼ばれたことから、鳥海柵の中心地と目されたが、縦街道南や原添下の区域のような大規模な建物跡が、現時点までほとんど確認されていない。その代わりとして、地元住民が育てた蓮の花が史跡巡りを楽しませてくれる。

5　信仰と防衛地形の残る二ノ宮後区域

最南端に位置する二ノ宮後区域は、ほかの区域と違って平坦部が東部に若干あるのみで、土塁状に細長い地形となっている。平坦部には急勾配の崖を上る方法しかなく、鳥海柵跡をめぐる中で、防御的要素を最も体感できる場所である。北側の第一沢には沢田川の水がごうごうと流れており、本区域と第一沢は、まさに鳥海区域への侵入を防ぐ土塁と堀のようである。南を眺めると、水田とその向こうに胆沢川の堤防が見えるが、堤防がない時代は段丘下まで胆沢川の氾濫原が広がっていたという。

平坦部から西に向かうと、段丘頂部が通路のようになっており、やや緩やかな傾斜を上ると船越明神社が祀られる。上ってきた道は社への参道であり、近年までは傾斜の上り口に鳥居が建っていたという。今は樹齢数十年を超える紅葉の樹木が育ち、信仰の地であった歴史を伝えている。船越明神社は、『宝暦《ほうれき》風土記《ふどき》』に「伊沢川大洪水ニ而《しかるに》源頼義公義家公御父子川ヲ渡ヒ成置急候節右明神（船越明神）老翁と現し候而則《すなわち》船を出して大勢之軍兵ヲ川ヲ御引渡ヒ成候」という伝承があり、胆沢川を渡ることに難儀していた印象を受ける。源頼義ら軍勢が本柵に入った日（九月十一日）は、衣川関を破った日（九月七日）から四日後であった。四日間の中日にあたる九月九日は、船越明神社の祭日であることから、伝承どおりに河川を渡ることに難儀していたとも想定される。鳥海柵の歴史を伝える貴重な社として、今も地元住民によって大切に祀られている。

6 鳥海柵跡周辺の伝承地

鳥海柵跡の周辺には、前九年合戦にまつわる伝承が数多く残されている。

本柵跡の北東方向に鎮座する源頼義創建の諏訪社（現金ケ崎神社）は、江戸時代の風土記によると「天喜年中（一〇五三〜五八）、源頼義が安倍貞任・宗任の追討（征伐）のとき勝つことができず帰洛した。康平年中（一〇五八〜六四）再び下向の節、信州諏訪大明神社（信濃国諏訪神社）に祈願し、勝利を得たので勧請《かんじょう》した」との由緒がある。本記述は前九年合戦の流れを伝える内容であり、天喜年中に源頼義が安倍貞任に勝つことができなかったという記述は、天喜五年（一〇五七）の黄海の戦いで頼義が大敗したこと、康平年中に勝利を得たとの記述は清原氏の加勢で貞任を討ったことを示しているものと考えられる。しかし、前九年合戦を伝える文献には頼義が帰洛した記述はない。また、諏訪社の祭日は旧七月二十七日であり、安倍頼時の命日と伝わる。安倍頼時の死に関して、天喜五年の秋九月の国解「頼時誅伐のことを言上するの状」には、「大戦二日、頼時、流れ矢に中たり、鳥海柵に還りて死す」とある。伝承では、北上川を下ってきた頼時は神社付近から上陸し、鳥海柵で亡くなったという。『百錬抄』天喜五年九月二十二日

1-88　金ケ崎神社（旧諏訪社）

条には「俘囚安倍頼時、去んぬる七月二十六日合戦の間、矢に中たりて死亡せし事」とあるが、頼時の亡くなった日の記述はない。七月二十六日に負傷した頼時が北上川を下って鳥海柵に還って次の日（二十七日）に亡くなったとの流れは十分にありうることで、諏訪社の伝承は文献には見えない史実を語り継いでいるのかもしれない。

本柵跡の北方向に鎮座する本宮観音堂は、『封内風土記』に源頼義父子が安倍貞任征伐のときの陣場跡に創建したとある。また『宝暦風土記』に、奥州探題《おうしゅうたんだい》の安倍貞任・宗任が朝敵ゆえ、源義家が勅命の宣旨《せんじ》を受けて戦ったが勝てなかったところ、観音の妙知力によって退治できたので、陣場に観音堂を建立したと記される。北に陣を敷き、北から本柵に入った可能性が考えられる。南側を東西に流れる河川は、金ケ崎要害の堀や池に水を湛える堰であったことから城堰川と呼ばれた。本来は金堀沢を経て北上川に流れ込んでいたと想定され、江戸時代には金ケ崎要害の西を防御する堀とするため、伊達氏の重臣大町氏が川を南に曲折したとされる。本川は鳥海柵の北を守る東西の堀のようでもあり、その北側に位置する観音堂の場所は陣を敷くには適した立地と考える。前述の諏訪社の伝承とあわせて考えると、堀であった城堰川は北上川から本宮観音堂までの交通路でもあり、観音堂から鳥海柵へと通ずる交通路が存在した可能性が考えられる。頼時が上陸した諏訪社付近は川湊で、城堰川は鳥海柵の北の防御、かつ柵への水の道であったと想定される。また、御堂の東側に安倍氏一族の白糸前《しらいとのまえ》の墓所とされる石碑が残る。白糸前は安倍頼良（もしくは貞任）の娘とされ、鳥海柵跡周辺に残る唯一の一族の墓である。本宮観音堂は、本柵跡の南端に鎮座する船越明神社と鳥海柵跡を挟んで南北に位置し、本宮に対して二ノ宮ともいう。いずれも鳥海柵を攻める入口の伝承が残る。

本柵跡の北東約八五〇メートルに位置する、諏訪社の付近の舌状台地は、安永五年（一七七六）の『風土記御用ニ付書上《かきあげ》控《ひかえ》西根村』によると、白糸館または川崎館といい「安倍貞任叔父の河堰為行が居城、貞任没後に安倍頼時の娘である白糸前が居住、貞任征伐後に源義家が宿陣」とあり、別名白糸柵と伝えられる。河堰為行とは安倍貞任の舅で河崎柵主の金為行のことと考えられ、当地も河崎柵の擬定地であったと想定される。『陸奥話記』の刊本「寛文二年刊奥羽軍志所収本」では、「黄海」の戦いが「鳥海」と誤って記されており、源頼義が大敗した戦いの場所が鳥海と伝わったことによるものだろうか。白糸柵は負傷した安倍頼時が辿り着いたという諏訪社の伝承や、白鳥館遺跡と類似する立地から、北上川における交通の要衝であったと考えられる。白糸柵と伝わる台地には白糸遺跡や金ケ崎城跡があり、複数の発掘調査を実施した。金ケ崎城跡の調査では、一〇世紀後半〜末頃の土師器坏片、柵列跡から一二世紀頃の渥美《あつみ》産陶器甕が出土した。白糸遺跡の南部の調査では、竪穴建物跡から一二世紀頃の渥美産陶器甕片が見つかった。また、北端にあたる足軽《あしがる》屋敷からは、天保年間（一八三〇〜四四）に瑞花《ずいか》双鳳八稜鏡《そうほうはちりょうきょう》が発見され現代に伝えられる。岩手県内出土（もしくは伝世）の八稜鏡は八面のみで、

1-89　本宮観音堂（岩手県指定有形文化財）

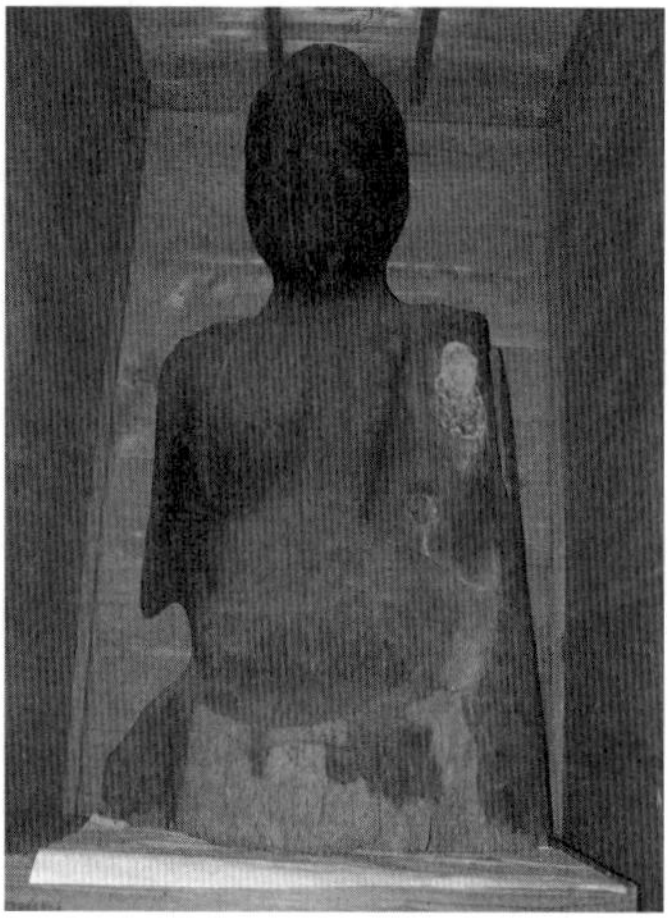

1-90　観音寺馬船観音像（伝聖観世音菩薩像）

一〇世紀後半〜一一世紀にかけて使用されたと考えられる（杉本、二〇一七）。ほとんどは寺院関連遺跡から出土していることから、本鏡は安倍氏による古代寺院や藤原氏による安倍氏弔いの経塚などの存在の可能性を示すものと考える。

本宮観音堂のほかに、源頼義が陣を張ったと伝わる場所には八幡館がある。所在地は「金ケ崎町西根森」地内と「金ケ崎町永栄九石」地内の二ヵ所である。前者の八幡館は、「当時白糸（柵）を眼下に望みて」とあり、白糸柵を攻める陣場であったと想定される。

また、『封内風土記』には、源義家が所持した鏑矢《かぶらや》を八幡館の岩上に立てて武運を祈り、康平五年（一〇六二）にその矢を御神体として社を造り八幡宮（別名杉宮）と名付けたと記される。遠く西方の西根橇曳《そりひき》沢地内には虚空蔵堂《こくぞうどう》が鎮座し、源義家の妻が産気づき杉宮の杉を切り倒して橇を作って曳いた地との伝承が残る。永栄九石《ながさかえさざらいし》地内の八幡館は、天喜年中に源義家が安倍貞任・宗任との合戦で立て籠ったという。その北東側には、平安時代後期の馬船観音像（伝聖観世音菩薩像）が現存し、安倍貞任の娘の伝承が残る大林城跡（別名百岡《ももおか》城）がある。八幡館の西側（永沢不同沢）には、義家が胆沢川を渡る際に濡れた銭を干したと伝わる「銭干石」が現存し、義家の馬が脚をかけたので蹄《ひづめ》の跡と語り継がれる痕跡が残る。八幡館跡の遠く南西方向には安倍館跡（別名通天館）が所在し、宗任居住の際の駅路「樵路径」があったという。その付近には、源義家が貞任討伐の際に小股で歩いた「小歩」、安倍貞任が大股で逃げた「大歩」という地名が残る。また、北に位置する永沢鳥の海付近には、貞任と義家の合戦で流れた大量の血が小川となったという「頭無川」がある。他に、源頼義・義家が戦勝祈願をし成就したので建立したとの由緒が残る神社として、愛宕神社・伊勢社・神明宮山王社がある。

鳥海柵跡の周辺に残る前九年合戦に関連した伝承は、『陸奥話記』には描かれていない。また、神社や御堂などの由緒からは、源頼義・義家が神仏に戦勝祈願をして勝つことができたとのストーリー性がある。それほど安倍氏の力が強大であったこと、安倍氏が治めた土地に生きた人々が、平穏な生活が崩壊した合戦の惨劇を伝承として語り継いできた結果によるものと思われる。

【参考文献】

浅利英克　二〇一七「鎮守府胆沢城と在庁官人安倍氏の館鳥海柵」『平成二八年度国指定史跡鳥海柵跡シンポジウム』金ケ崎町教育委員会

伊藤博幸　二〇〇六「奈良・平安時代の金ケ崎地方（第一・二節）」『金ケ崎町史1（原始・古代・中世）』金ケ崎町

伊藤博幸　二〇一二「古代城柵における王朝国家的土器様式の成立について」安倍氏のうつわ検討会研究発表

今津勝紀　二〇一五「古代の家族と女性」『日本歴史 第4巻』岩波書店

入間田宣夫　二〇一二「安倍・清原・藤原政権の成立史を組み直す」東北芸術工科大学東北文化研究センター編『北から生まれた中世日本』高志書院

入間田宣夫　二〇一六「安倍頼良は安大夫だった」『平成二七年度国指定史跡鳥海柵跡シンポジウム』金ケ崎町教育委員会

入間田宣夫・坂井秀弥編、横手市監修　二〇一一『前九年・後三年合戦―一一世紀の城と館―』

岩手県文化振興事業団埋蔵文化財センター　一九九七『白井坂一・二遺跡発掘調査報告書』

岩手県文化振興事業団埋蔵文化財センター　二〇〇一『河崎の柵擬定地発掘調査報告書』

岩手県文化振興事業団埋蔵文化財センター　二〇〇六『河崎の柵擬定地発掘調査報告書（第1分冊　古代・中世・近世編）』

岩手県文化振興事業団埋蔵文化財センター　二〇〇八『六日市場・細田・接待館遺跡発掘調査報告書』
岩手県文化振興事業団埋蔵文化財センター　二〇一三『平成二四年度発掘調査報告書』
岩手考古学会　二〇一三『岩手考古学会第四五回研究大会　安倍氏の柵—十二柵の擬定地の検討—』
遠藤基郎　二〇一五「基衡の苦悩」柳原敏昭編『東北の中世史1　平泉の光芒』吉川弘文館
遠藤祐太郎　二〇〇九「金氏との姻戚関係からみた奥六郡安倍氏の擡頭過程の研究」『法政史学』七一
大石直正　一九七八『中世奥羽の世界』東京大学出版会
大平　聡　二〇一三「遺物に関する考察—墨書土器—」『鳥海柵跡—平成二二・二三年度（第一八・一九次）発掘調査報告書—』
大平　聡　二〇一四「金ケ崎の国指定史跡鳥海柵を知る　鳥海柵の時代」『胆江日日新聞』二〇一四年四月二十七日
大平　聡　二〇一五「鎮守府胆沢城から鳥海柵へ—在庁官人安倍氏の誕生—」『平成二六年度国指定史跡鳥海柵跡シンポジウム』金ケ崎町教育委員会
大平聡・高橋信雄・佐川正敏・高橋学・本堂寿一　二〇一四『町民総合大学二〇一三　シンポジウム「国指定史跡　鳥海柵跡について」』金ケ崎町教育委員会
大平聡・戸川点・本堂寿一・入間田宣夫・佐藤正知・高橋学　二〇一六『平成二七年度国指定史跡鳥海柵跡シンポジウム』金ケ崎町教育委員会
金ケ崎町教育委員会　二〇一二『平成二三年度前九年合戦・安倍氏研究事業資料　安倍氏のうつわ検討会』
金ケ崎町教育委員会　二〇一三『鳥海柵跡—平成二二・二三年度（第一八・一九次）発掘調査報告書—』
金ケ崎町教育委員会　二〇一四『石田遺跡』
金ケ崎町教育委員会　二〇一四『金ケ崎城跡・白糸遺跡』
金ケ崎町教育委員会　二〇一七『平成二八年度国指定史跡鳥海柵跡シンポジウム』
金ケ崎町教育委員会　二〇一九「鳥海柵跡第二二次調査概要」『平成三〇年度国指定史跡鳥海柵跡シンポジウム』金ケ崎町教

育委員会
鎌倉佐保　二〇一三「荘園制と中世年貢の成立」『日本歴史　第6巻』岩波書店
川尻秋生　二〇〇八『日本の歴史第4巻　揺れ動く貴族社会』小学館
北上市立博物館　二〇一七『平成二九年度特別展　国見山廃寺と周辺の寺院跡』
草間俊一　一九六〇「岩手県のチャシと鳥海柵」『岩手史学研究』三三
草間俊一・金ケ崎町教育委員会　一九五九『金ケ崎町西根遺跡　第一次調査報告』
工藤雅樹　二〇〇五『平泉への道—国府多賀城・胆沢鎮守府・平泉藤原氏—』雄山閣
五味文彦　二〇一一「鳥海柵の歴史的位置」『第八回安倍氏の柵シンポジウム』金ケ崎町中央生涯教育センター
五味文彦　二〇一一「地方分権の黎明—鳥海柵跡（岩手県金ケ崎町）—」『UP』四六四
齋藤慎一・向井一雄　二〇一六『日本城郭史』吉川弘文館
坂上康俊　二〇一五『日本古代の歴史5　摂関政治と地方社会』吉川弘文館
佐川正敏　二〇一七「鳥海柵跡の発掘調査成果と周辺遺跡からみた安倍氏の時代」『平成二八年度国指定史跡鳥海柵跡シンポジウム』金ケ崎町教育委員会
佐々木博康　二〇〇五『陸奥話記の基礎的研究　史料篇』
佐藤　信　二〇一三「前九年合戦と安倍氏の実像」『第一〇回安倍氏の柵シンポジウム』金ケ崎町中央生涯教育センター
佐藤正知　二〇一六「私たちは鳥海柵跡の全体を捉えているだろうか」『平成二七年度国指定史跡鳥海柵跡シンポジウム』金ケ崎町教育委員会
佐藤泰弘　二〇一五「受領の支配と在地社会」大津透編『日本歴史　第5巻』岩波書店
司東真雄　一九七〇「官照（良昭）は極楽寺の前座主か」『北上市史　第2巻』
島田祐悦　二〇一六「出羽山北三郡と清原氏」『東北の古代史5　前九年・後三年合戦と兵の時代』吉川弘文館
紫波町教育委員会　一九六四『善知鳥舘調査報告書』

紫波町教育委員会　二〇一五『高水寺城　第一〇次・第一一次発掘調査報告書』
進藤秋輝　二〇一〇『東北の古代遺跡』高志書院
杉本　良　二〇一七「『赤彩球胴甕』とは何か」
鈴木拓也　二〇一五「律令国家と夷狄」『日本歴史　第5巻』岩波書店
鈴木拓也　二〇一六「征夷の終焉と蝦夷政策の転換」『東北の古代史4　三十八年戦争と蝦夷政策の転換』吉川弘文館
鈴木哲雄　二〇一二『動乱の東国史1　平将門と東国武士団』吉川弘文館
鈴木哲雄　二〇一三「中世前期の村と百姓」『日本歴史　第6巻』岩波書店
関　幸彦　二〇〇六『戦争の日本史5　東北の争乱と奥州合戦』吉川弘文館
千田嘉博　二〇〇〇『織豊系城郭の形成』東京大学出版会
千田嘉博　二〇一八「前九年合戦と鳥海柵」『平成二九年度国指定史跡鳥海柵跡シンポジウム』金ケ崎町教育委員会
高橋正治　一九九四「大和物語　解説」『日本古典文学全集』小学館
高橋信雄　二〇一四「金ケ崎の国指定史跡鳥海柵を知る　蝦夷社会から安倍氏へ」『胆江日日新聞』二〇一四年五月十八日
高橋　学　二〇一八「パネルディスカッション「前九年合戦時期の中心的建物を考える！」資料」『平成二九年度国指定史跡鳥海柵跡シンポジウム』金ケ崎町教育委員会
高橋　学　二〇一九「櫓と堀を考える―原添下区域南東部の遺構群が語ること―」『平成三〇年度国指定史跡鳥海柵跡シンポジウム』金ケ崎町教育委員会
戸川　点　一九九九「前九年合戦と安倍氏」十世紀研究会編『中世成立期の政治文化』東京堂出版
戸川　点　二〇一六「中世の黎明と安倍氏・鳥海柵―武家社会の誕生―」『平成二十七年度国指定史跡鳥海柵跡シンポジウム』金ケ崎町教育委員会
戸川　点　二〇一九『平安時代の政治秩序』同成社
滑川敦子　二〇一六「一一世紀における陸奥と京都―陸奥守・鎮守府将軍の任官を中心に―」『平泉文化研究年報』第一六号

西　和夫　二〇一二「鳥海柵遺跡の掘立柱建物について」『第九回安倍氏の柵シンポジウム』金ケ崎町中央生涯教育センター
西野　修　二〇一六「平安初期の城柵再編と地域社会」『東北の古代史4　三十八年戦争と蝦夷政策の転換』吉川弘文館
日本歴史地理学会　一九一六『奥羽沿革史論』仁友社
野中哲照　二〇一七『陸奥話記の成立』汲古書院
箱崎和久　二〇一八「鳥海柵跡第二一次調査検出の掘立柱建物跡について」『平成二九年度国指定史跡鳥海柵跡シンポジウム』金ケ崎町教育委員会
箱崎和久　二〇一九「高橋学「櫓と堀を考える」に対するコメント」『平成三〇年度国指定史跡鳥海柵跡シンポジウム』金ケ崎町教育委員会
羽柴直人　二〇〇四「安倍氏の「柵」の構造―「交通遮断施設」の視点から―」『平泉文化研究年報』五
花巻市教育委員会　一九九七『花巻城跡―平成四年度・五年度・六年度発掘調査概報―』
樋口知志　二〇一一『前九年・後三年合戦と奥州藤原氏』高志書院
樋口知志　二〇一二「奥羽における古代城柵の終焉と『館』の形成」鈴木靖民編『日本古代の地域社会と周縁』吉川弘文館
樋口知志　二〇一四「古代接触領域としての奥六郡・平泉」『日本歴史　第20巻』岩波書店
樋口知志　二〇一六「前九年合戦」『東北の古代史5　前九年・後三年合戦と兵の時代』吉川弘文館
樋口知志　二〇一八「奥六郡安倍氏の滅亡―安倍頼時子息たちの動静を中心に―」『アルテスリベラレス（岩手大学人文社会科学部紀要）』一〇二
渕原智幸　二〇〇二「平安前期東北史研究の再検討―「鎮守府・秋田城体制」批判」『史林』八五―三
古川一明　二〇一二「一〇～一二世紀の多賀城跡出土土器の変遷」安倍氏のうつわ検討会研究資料
古川一明　二〇一九「古代の櫓状建物跡と庇付建物跡」『平成三〇年度国指定史跡鳥海柵跡シンポジウム』金ケ崎町教育委員会
堀　裕　二〇一六「東北の神々と仏教」『東北の古代史4　三十八年戦争と蝦夷政策の転換』吉川弘文館

本堂寿一　二〇〇六「胆沢郡金ケ崎の城館とその歴史（第一節）」『金ケ崎町史1（原始・古代・中世）』金ケ崎町
本堂寿一　二〇一六「古代城柵にみた北奥在来系豪族自立への道（参考資料）」『平成二七年度国指定史跡鳥海柵跡シンポジウム』金ケ崎町教育委員会
本堂寿一　二〇一九「鳥海柵跡柱抜取り建物の謎と櫓状建物跡」『平成三〇年度国指定史跡鳥海柵跡シンポジウム』金ケ崎町教育委員会
三谷芳幸　二〇一五「古代の土地制度」『日本歴史 第4巻』岩波書店
宮城県教育委員会・宮城県多賀城跡調査研究所　一九八二『多賀城跡　政庁跡本文編』
宮城県教育委員会・宮城県多賀城跡調査研究所　二〇一〇『多賀城跡　政庁跡補遺編』
宮城県多賀城跡調査研究所　二〇一三『宮城県多賀城跡調査研究所年報二〇一二　多賀城跡』
村田　淳　二〇〇九「岩手県内出土の灰釉陶器」『（岩手県文化振興事業団埋蔵文化財センター）紀要』二八
村田　淳　二〇一〇「岩手県における平安時代施釉陶器の性格（一）」『同右』二九
室野秀文　二〇一七「鳥谷崎城」『東北の名城を歩く　北東北編』吉川弘文館
元木泰雄　二〇一一『河内源氏』中央公論新社
盛岡市遺跡の学び館　二〇一九『第一七回企画展図録　安倍氏最後の拠点　厨川』
盛岡市教育委員会　二〇一八『平成二六年度・二七年度盛岡市内遺跡群　赤袰遺跡　第三次・第四次発掘調査報告書』
八木光則　二〇一六「奥六郡と安倍氏」『東北の古代史5　前九年・後三年合戦と兵の時代』吉川弘文館
八木光則・樋口知志　二〇一五「安倍氏の「柵」―いわゆる安倍氏十二柵の再検討―」第六八回蝦夷研究会
柳澤和明　二〇一六「九世紀の地震・津波・火山被害」『東北の古代史4　三十八年戦争と蝦夷政策の転換』吉川弘文館
笠　栄治　一九六六『陸奥話記校本とその研究』桜楓社

Ⅱ　清原氏

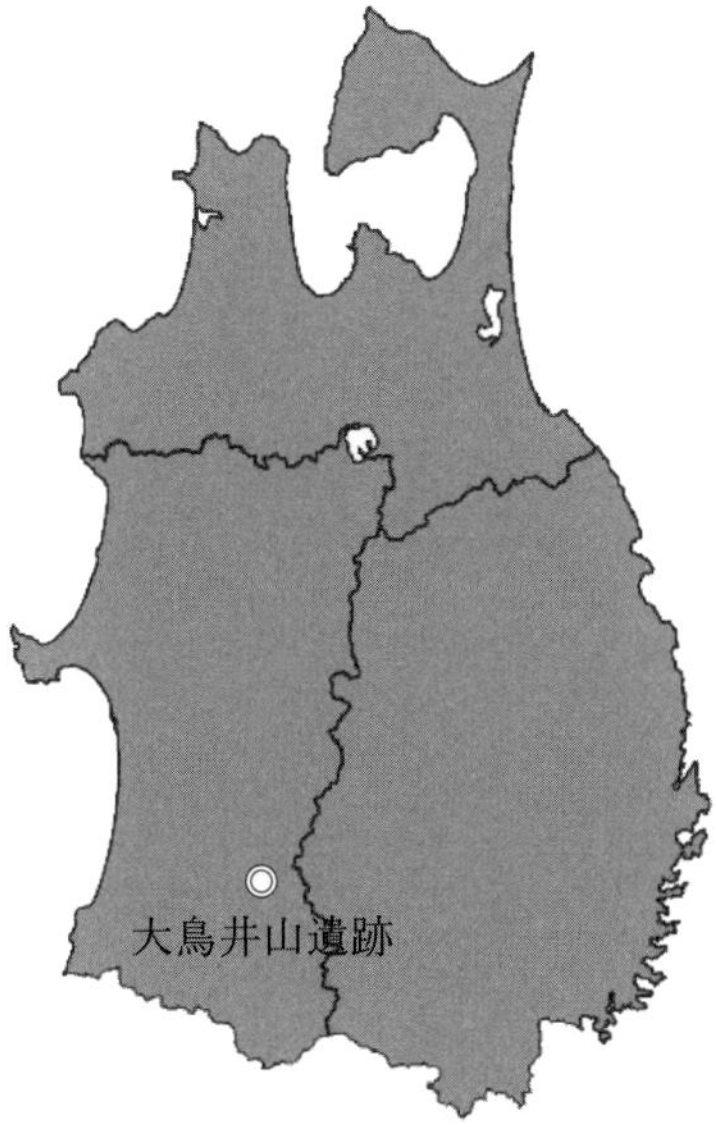

第一章　出羽国山北三郡と清原氏の登場

1　気質風土

出羽《でわ》国山北《せんぼく》三郡とは、秋田県内陸南部に位置する横手《よこて》盆地の古称である。三郡とは南より雄勝《おがち》郡（湯沢市・羽後町・東成瀬村）・平鹿《ひらか》郡（横手市）・山本《やまもと》郡（大仙市・仙北市・美郷町）を指す。『続日本紀《しょくにほんぎ》』によると、天平五年（七三三）に出羽柵の秋田移転と雄勝村に民を配置することが同時に命令され、ここに初めて横手盆地が史上に現れるが、横手盆地全体の地名が雄勝であった可能性も考えられる。四年後の天平九年に律令国家は多賀《たが》城から出羽柵（秋田城）に向かうために横手盆地を通した直路開削を計画し、陸奥按察使《むつあぜち》であった大野東人《おおののあずまひと》と出羽国守田辺難波《たなべのなにわ》が比羅保《ひらほ》許山《こさん》（山形県金山町）まで遠征した。ここで比羅保許山と呼ばれた神室山《かむろさん》から丁岳《ひのとだけ》に連なる山脈から南を「山南《せんなん》」、北を「山北」とし、山北のみが後世に名を残したという（新野、一九九九）。この時、雄勝村の俘長《ふちょう》三人が国守田辺難波に対し、服従を誓ったことから大野東人は進軍を停止した。持節大使《じせつたいし》藤原麻呂《ふじわらのまろ》が言うには「城を造るだけならば一朝にしてできるが、それを守るのは人で、人を存立させるのは食糧である。食糧耕種の時を失してしまっては鎮城の人々に支給すべきものがない。元来兵力の行使は利があり意義があるときにすべきであり、利がなければ当然停止すべきである。それゆえに兵を引いて軍を凱旋し、適当な後年を待ち城郭造営を開始しようと考えるべき」と意思表示している。新野直吉氏がいうように「威力を示し、教え諭し、生活を安定させる」という方針が横手盆地の民に対して採用された策であり、のちに雄勝城と同時に陸奥国に桃生《ものう》城を造成するが、陸奥国のみ蝦夷《えみし》の度胆を抜かせたと記述している。のちの天平宝字三年（七五九）に、雄勝城・駅家《うまや》と、雄勝・平鹿の二郡が分割設置されるが、戦いの記事がないことから、俘長ら在地住人らは敵対関係を起こすことなく律令国家体制の中に組み込まれていったと思われる。奈良時代以降の末期古墳である蝦夷塚《えぞづか》古墳群（横手市雄物川《おものがわ》町）や柏原《かしわばら》古墳群（羽後町）に埋葬された人物がこれら俘長と関わりが深いと考えられる。山本郡の初出は貞観十二年（八七〇）であるが、古代城柵払田柵《ほったのさく》が延暦二十年（八〇一）に創建されていることから、山本郡もこの頃に設置されたとされる（新野、一九八九）。山北三郡としての初出は元慶四年（八八〇）であり、秋田城司《じょうし》の苛政によって起こった元慶《がんぎょう》の乱の際に、政府側として深江弥加止《ふかえのみかど》ら出羽国俘囚《ふしゅう》が山北三郡から加勢した。

横手盆地は、南北六〇キロ、東西一五キロと南北に長く、日本一面積の広い盆地とされている（横手市教育委員会、二〇二〇）。その四方には山々が取り囲む。東側には奥羽山脈が南北に連なり、中央付近に御嶽山《みたけさん》があり、その山頂には式内社《しきないしゃ》塩湯《しおゆ》彦《ひこ》神社が鎮座する。西側山麓部には国指定史跡大鳥井山《おおとりいやま》遺跡と後三年合戦の最終決戦地である金沢柵《かねざわのさく》推定地がある。御嶽山は清原《きよはら》氏の氏神と菅江真澄《すがえますみ》が著した『雪《ゆき》の出羽路《いでわじ》』に記述されている（宮本、一九七六）。大鳥井山遺跡周辺は、奥羽山脈の連なりの中で最も低く、岩手県と秋田県を結ぶ交通の要衝で、現在は秋田自動車道、国道一〇七号およびJR北上線が通っており、古来は「秀衡《ひでひら》街道」と呼ばれていたという（山内村、一九九〇）。また、山が低いために岩手県でも雪が多い地域である一方、山脈越えとしては、最も往来のしやすい場所であった。ここに安倍正任《あべのまさとう》の黒沢尻柵《くろさわじりのさく》（北上市）や安倍宗任《むねとう》の鳥海柵《とのみのさく》（金ヶ崎町）などが存在し、古来より陸奥国奥六郡《おくろくぐん》（岩手県北上盆地）と繋ぐ重要なルートであったことが想定できる。

盆地西側は出羽山地が連なり、緩やかで低い山並みであるが、ランドマークとなる山が北から神宮寺岳《じんぐうじだけ》と保呂羽山《ほろわやま》である。それぞれ式内社である副川《そえかわ》神社と波宇志別《はうしわけ》神社が山頂に鎮座する。出羽山地南西には、霊峰鳥海山《ちょうかいさん》がそびえ立ち、山頂には式内社大物忌《おおものいみ》神社が鎮座する。つまり、秋田県域の式内社は横手盆地から四方にすべて見えることとなる。横手盆地を横断する国道一〇七号は西へ進むと出羽山地の最も緩やかな峠を越え、日本海に抜ける。後三年合戦で清原家衡《いえひら》が源義家《よしいえ》と清原（藤原）清衡《きよひら》を退けた沼柵《ぬまのさく》推定地はこの国道付近の盆地西縁部にある。盆地北側は太平《たいへい》山地、南側は神室《かむろ》山地によって囲まれている。

横手盆地は、奥羽山脈などの影響により、冬は降雪期間が長く積雪は一五〇センチを超えるが、このような気候ゆえに地下水が豊富で水枯れの影響は少ない。やませなどの影響も受けず、例年不作とならずに常に一定の収穫量があがる日本有数の穀倉地帯であり、古来より食料難とは無縁の地域だったと思われる。陸奥国では律令国家北進にともない、蝦夷との交戦記事が多く見え、古代城柵が平安時代に入ってから北上盆地に設置されるのに対し、横手盆地では交戦記事はほとんどなく奈良時代に設置されるのは、食糧に困ることがない気質風土が影響していると思われる。

盆地床を流れる秋田県最大の流域面積を持つ雄物川は、神室山地に源を発し盆地西縁部を北流し、皆瀬《みなせ》川や横手川など多くの支流を受け入れながら、出羽山地の狭窄部《きょうさくぶ》を通って秋田平野から日本海へ注ぐ。郡境は雄勝郡と平鹿郡は皆瀬川、平鹿郡と山本郡は横手川でおよそ分割される。この河川以外にも五〇を超える支流が雄物川に注ぎ込み、肥沃な水田地帯を形成している。平坦な盆地であるため古来より流路も頻繁に変動し、これと連動し郡境も変動していた可能性も考えられる。平川南氏は、『和名類聚抄《わみょうるいじゅしょう》』の郡郷名記載の異同は、多くの場合に複雑な歴史的変遷に起因しているとし、例に山北三郡をあげ、決して無意味な混乱ではないと指摘する（平川、二〇〇五）。横手盆地は今でも郡境意識がなく一帯の地域として認識されている。横手盆地の面積は九〇〇平方キロと広大であり、郡の範囲に山々や沢沿いを含めると面積はさらに二倍となるが、古代に成立した郡は、たった三郡しかなく最近まで同様であった。これは人口の少なさも起因していると思われるが、現在の秋田県の人口の三分の一は横手盆地に居住しているので一概にそうとも言い切れない。安倍氏の拠点である奥六郡は、横手盆地とほぼ同じ面積であるのに対し、六郡に分割され、『陸奥話記《むつわき》』によれば一二柵を確認することができる。それに対し、『陸奥話記』と『後三年合戦絵詞《えことば》』などに記された清原氏の柵は三柵しか確認されない。これらに記された柵以外にも多くの柵が存在していたことは確かであるが、面積の小さい一郡より大きい一郡を統治することは大長者を生む要因とも言え、この地域独自の土壌形成が、清原氏を生むひとつの要因となったのであろう。

2　元慶の乱と清原氏の登場

『日本三代実録』によれば、元慶二年（八七八）、秋田城司であった良岑近《よしみねのちかし》が、過酷な手段で重税を取り立てることや京の貴族の子弟などが馬や鷹を不当に安く買いたたくことに対して、不満を持つ秋田城以北の俘囚が反乱を起こし、秋田城や秋田郡家《ぐうけ》の建物、周辺の民家を焼き討ちにして独立を要求する事件が起きた。その対処として中央政府は急遽、藤原保則《やすのり》を出羽権守《ごんのかみ》に着任させ、政府側についた俘囚に反乱した俘囚を攻めさせる戦略を採用したことで形勢が逆転し、反乱軍の投降が相次ぐようになり、事態が収束した。この事件を「元慶の乱」という。藤原保則とともに乱を鎮圧した人物の一人に、左衛門少尉《さえもんのしょうじょう》出羽権掾《ごんのじょう》清原令望《よしもち》がおり、ここに初めて清原姓を名乗る人物が登場する。清原令望はのちの出羽山北俘囚主清原氏と関係があると考えられるが、『国司補任《こくしぶにん》』によって清原姓の国司をみると守《かみ》・介《すけ》など秋田城司として出羽国に関わりを持ったのは九世紀のことであり、一〇世紀に入るとほとんど見られない。反対に国守・鎮守府《ちんじゅふ》将軍や出羽城介《じょうのすけ》は、受領《ずりょう》・特別受領として都の実力のある貴族や東国に所領を持った有力軍事貴族などが任じられることとなり、都の清原氏は、一〇世紀以降に鎮守府将軍や出羽城介などに任じられる氏族とは家格的に競合することはないことが指摘されている（樋口、二〇一一）。

出羽国俘囚反乱軍の本拠地である一二村は、秋田城下の賊地とされ、その比定地についてはすでに指摘されているが（新野、一九八九）、考古学的立場から比定地を加味すると次のようになる（島田、二〇一六）。鹿角盆地の上津野《かづの》（鹿角市十和田大湯）、大館盆地の火内《ひない》（大館市比内）、鷹巣盆地の椙淵《すぎぶち》（北秋田市鷹巣）、能代平野の野代《のしろ》（能代市米代川河口）・河北《かほく》（三種町三種川流域）、男鹿半島南岸の腋本《わきもと》（男鹿市脇本）と北岸および八郎潟《はちろうがた》西岸の方口《かたくち》（男鹿市五里合）、秋田郡北端の八郎潟東岸の大河《おおかわ》（五城目町馬場目川流域）・堤（井川町井川流域）・姉刀《あねたち》（潟上市妹川流域）、八郎潟南東岸の方上《かたがみ》（潟上市豊川流域）、八郎潟南東岸の焼岡《やきおか》（潟上市・秋田市馬踏川流域か新城川流域）の各地域周辺域に拠点が形成されたとみられる。中央政府軍に味方した俘囚の地は、添河《そえかわ》・覇別《はべつ》・助川《すけかわ》の三村で、秋田市の旭川《あさひかわ》（添川）・太平川・猿田川《さるたがわ》および岩見川《いわみがわ》の各流域にそれぞれ比定される（神田、二〇〇五）。

反乱軍は秋田河（雄物川）以北を自領として認めるよう中央政府側に要求し、さらに雄勝を攻め、府に侵入しようとした記事がある。秋田城から雄勝城のある山北三郡に反乱軍が向かうためには、この三村を突破しなければならず、政府側は是《ぜ》が非《ひ》でも防衛する必要があった。山北三郡は出羽国の交通の要衝で、郡内の複数の拠点を結ぶとともに北西の秋田城方面、西の日本海側へ通じる出羽国府方面、南側は出羽国南半方面、東は鎮守府胆沢《いさわ》城のある陸奥国奥六郡方面、南東は陸奥国国府方面を結ぶ重要な地であった。このため政府軍は、山北三郡の不動穀《ふどうこく》を郡内および添河・覇別・助川の俘囚に給付し、俘囚深江弥加止と玉作正月麿《たまつくりのむつきまろ》らの恭順《きょうじゅん》を受け、結果的に反乱を鎮めることにつながった。

3　史上に登場した出羽国俘囚

乱で功績をあげた俘囚と清原氏

『日本三代実録』では、元慶の乱収束後の元慶四・五年（八八〇・八八一）の二ヵ年にわたり、山北三郡において税の免除が行われ、六二〇九斛《こく》七斗《と》もの大量の不動穀を山北三郡の俘囚に支給した。このことは非常に備えて籾米《もみごめ》を収めた正倉が山北三郡にあったこと、政府軍にとって統制のとれる地域であったことを示している。

この乱で功績のあった俘囚は次の四人である。深江弥加止は玉作正月麿と行動を共にし、その功績により外《げ》正六位下から外従五位下になっている。『陸奥話記』では清原武則《たけのり》配下に深江是則《これのり》がおり、その先祖であった可能性が高く、沼柵推定地がある平鹿郡西部を拠点としていたと思われる。この地域は秋田県内において古墳・飛鳥・奈良時代の遺跡が最も集中する場所であり、律令国家にとって横手盆地の最初の開発拠点であったと考えられる（横手市教育委員会、二〇一五）。そこには大字深井《ふかい》もあり、深江弥加止の生誕地とされ、その墓が盛土に鎮座する首塚神社と伝わる。その地にはミカド屋敷と呼ばれる場所もあり、正保四年（一六四七）の名寄帳《なよせちょう》に「ミカド屋敷」と記述されていることを根拠としている（島田、一九八六）。新野直吉氏は深江弥加止が清原氏の祖ではないかと指摘している。

玉作正月麿はその功績により外正八位下から外従五位下に大幅に官位が上がっている。前九年合戦時には確認されない姓であり、樋口知志氏は玉作氏が清原氏の女系出自氏族である可能性を指摘する（樋口、二〇一三）。前九年合戦時に深江姓が確認されるのに対し、玉作姓がないことから玉作氏が清原姓に変えた可能性もある。元慶の乱から前九年合戦の清原氏参戦までは約一七〇年あるが、この間に俘囚である在地有力者から在庁官人《ざいちょうかんじん》、そして払田柵終焉後は

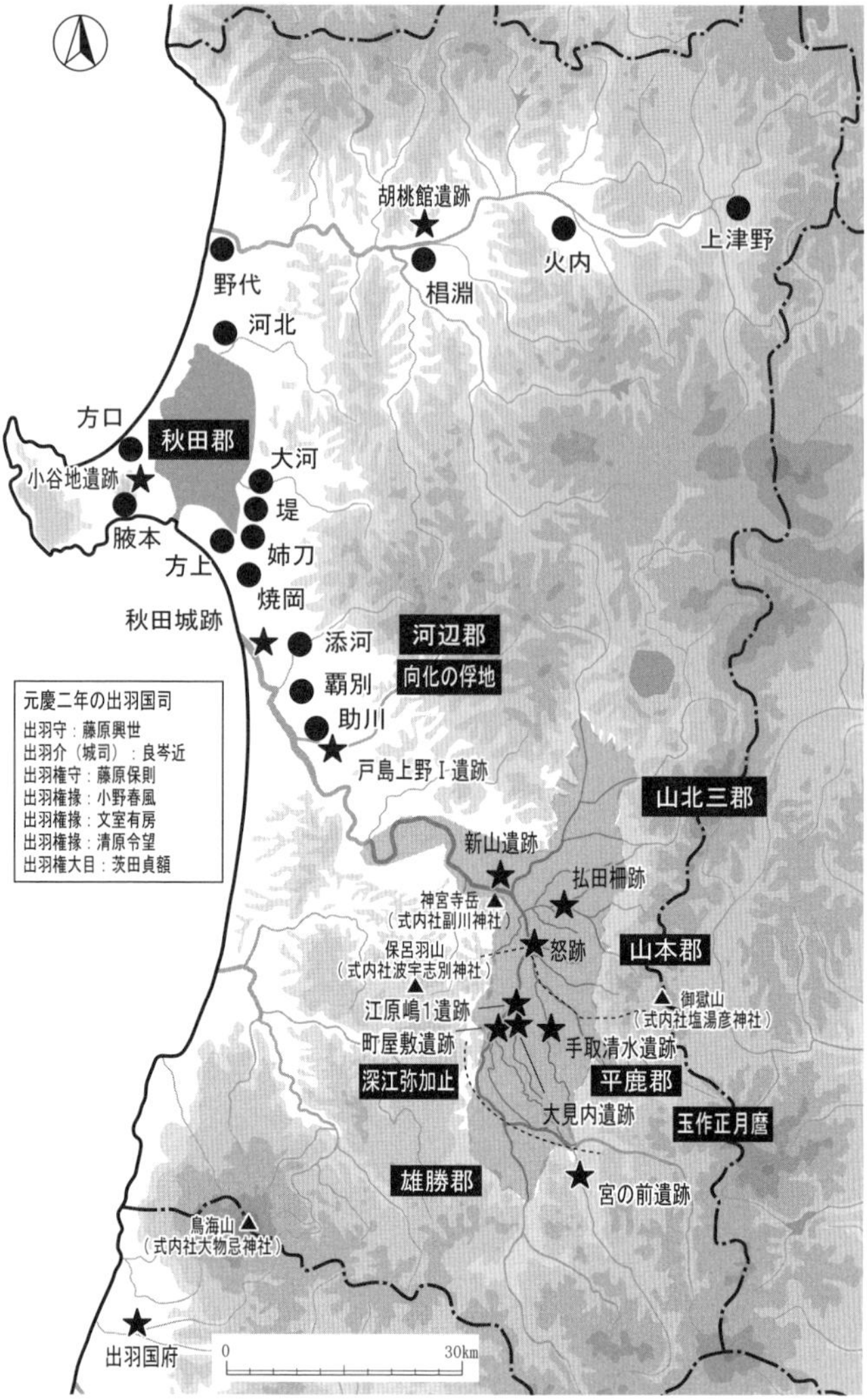

2-1　元慶の乱時の勢力図

出羽山北俘囚主として実力を兼ね備える存在となったと思われる。

俘魁玉作宇奈麿《うなまろ》は正月麿と同族と思われる。最上郡擬大領《ぎだいりょう》伴貞道《ともさだみち》とともに賊地に偵察した際に殺害されたと記述される。大辟法天《おおさきのほうてん》は玉作正月麿と同じく官位が外正八位下から外従五位下に上がっている。後述する秦能仁《はたのよしひと》と行動を共にした人物である。秦能仁は前出羽弩師《どし》で、同じく官位が外正八位下から外従五位下に上がっている。「弩」の管理に関連すると思われ、私穀を提供した人物でもある。「弩」はボーガンであり、後三年合戦時では「石弓」と表記され使用されていたとみられるが、中世以降は使用されなかったとみられ、『後三年合戦絵詞』での「石弓」は櫓《やぐら》から吊るされた大石となっている（中澤、二〇一九）。

いずれにせよ、清原令望と功績のあった出羽国俘囚らは面識があったはずであり、歴史に名を遺した清原令望のほかにも、元慶の乱に参戦した都の清原氏がいた可能性も高く、俘囚とされた出羽国有力氏族と婚姻関係を結ぶことによって、誕生した男子のいずれかが出羽山北俘囚主清原氏として成長・成立していったのであろう。

2-2　町屋敷遺跡で発見された倉庫跡（横手市教育委員会，提供）

深江弥加止と町屋敷遺跡

平鹿郡西部の深井地区に穀倉と考えられる倉庫跡が検出された町屋敷遺跡がある（横手市教育委員会、二〇一〇）。雄物川右岸から九〇〇メートルの東側の低位段丘縁辺部に位置する。桁行《けたゆき》三間に梁行《はりゆき》二間で、面積四一平方メートルの南側に廂《ひさし》が付くSB〇二中心建物と東側に軸方向を同じくするSB〇五・〇六付属建物が並立し、この南側に東西桁行四間に南北梁行三間、面積が七三平方メートルの同規模のSB〇一・〇二総柱掘立柱建物跡が二棟確認された。これら建物群は「L」字配置となっており、その周囲には西側を開口した東西五六～五八メートル、南北三五～四五メートルの規模の方形に区画された溝跡も確認された。いずれの遺構も建て替えがあり、比較的

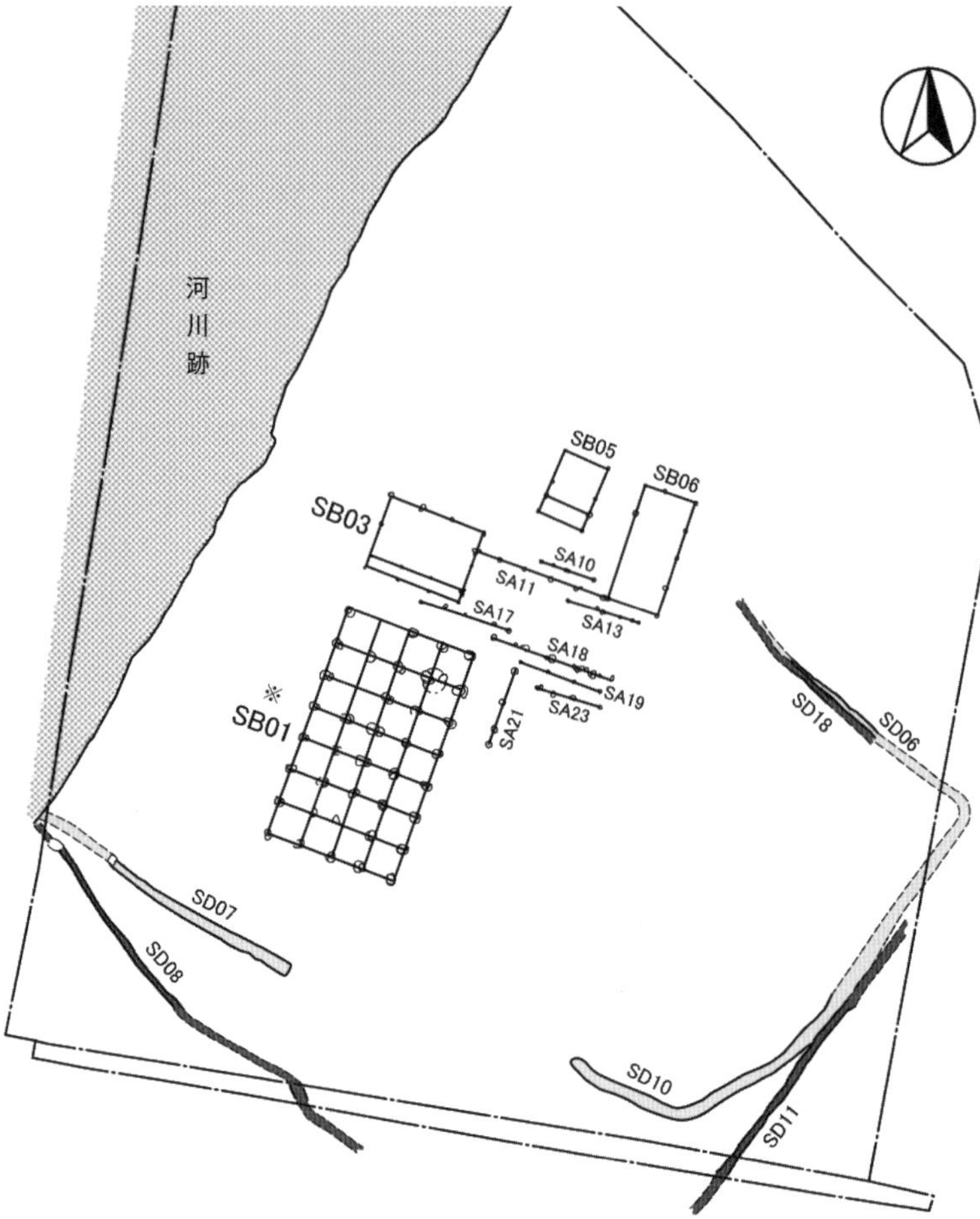

※当初はSB01・02の2棟としたが，1棟の可能性もある。

0 S=1/1,000 25m

2-3 区画施設で囲まれた建物と倉庫（横手市教育委員会，2010）

長い期間、その場を維持しており、これらは館《たち》的な要素を持っている。遺物は須恵器《すえき》の壺・甕《かめ》などの貯蔵具とロクロ土師器《はじき》の坏《つき》・小型甕・長胴甕・鍋で、後者が定量出土することから、煮炊きなど日常生活も行われていた場所でもあったと考えることができる。土器の年代は九世紀末葉から一〇世紀初頭であった。

正倉と考えられる並立する総柱掘立柱建物跡は二棟と想定しているが、一棟の大型正倉の可能性もあり、その場合の面積は約一七一平方メートルとなる。横手盆地で同時期に検出された倉庫とみられる総柱掘立柱建物跡は、大見内《おおみない》遺跡・江原嶋《えばらじま》1遺跡（横手市）・新山《しんざん》遺跡（大仙市）などで確認されているものの、その規模は方二間で、面積が三〇平方メートル未満と小さく、この時期から顕著となる在地領主層（有力氏族）の屋敷地での私的な倉庫、つまり前述した私穀であった可能性は高い。富山博氏の研究を参考にすると（富山、二〇〇四）、平面規模が七〇平方メートル台の倉は、四〇〇〇斛の穀を収納する能力があるということから、町屋敷遺跡では四〇〇〇斛倉が二棟並立し、八〇〇〇斛の保管力があったことになる（一斛は約一八〇リットル・二俵半・一五〇キロ。一袋三〇キロで四万袋を保管できる）。出羽国古代城柵である秋田城跡の焼山《やけやま》地区で検出された倉庫（総柱掘立柱建物跡）の倍の面積があり、なおかつ山北三郡にある古代城柵払田柵跡では倉庫がこれまでのところ確認されていない。これらのことから『日本三代実録』に記述された山北三郡の不動穀は、町屋敷遺跡から供給された可能性が高いと思われる。この地域の俘囚とされる深江弥加止は、他の三人の俘囚より、官位が高いことから中央政府側とすでに近しい存在であり、また公の穀倉の管理を任されている存在であったと考えられるのである。

玉作氏と胡桃館遺跡

一〇世紀前半に発生した十和田湖《とわだこ》の噴火が原因で火山灰などにより埋没した胡桃館《くるみだて》遺跡（北秋田市）は、三棟の建物が木柵で囲まれている（北秋田市教育委員会、二〇〇八）。C建物から出土した木札には、「玉作□〔麻カ〕主」「玉作□□〔日カ〕」

「建部弘主」「和尓部永□」「□□□□〔文部今カ〕」「伴万呂」「公□〔子カ〕□□」「□□□〔得カ〕吉」などの人名が確認された（北秋田市教育委員会、二〇〇八）。「玉作」「丈部」「公□〔子カ〕」などは俘囚の姓ともいわれる。「伴」の字は、出羽北半では多く確認されており、秋田城跡（秋田市）と払田柵跡（大仙市・美郷町）のほか、大正年間に木簡とともに墨書《ぼくしょ》土器が大量に出土した怒《いかり》遺跡（大仙市）、人名木簡と墨書土器が同じものが多く出土した手《て》取《とりし》清水《みず》遺跡（横手市深堀）、元慶の乱の賊地一二村のひとつである腋本地区に所在すると考えられる小谷地《こやち》遺跡（男鹿市脇本）などで出土している。いずれにせよ胡桃館遺跡の建物群は一〇世紀前半に埋没したものであり、元慶の乱以降の遺跡である。乱後に山北三郡や秋田城下の俘囚系氏族が国郡制施行外地域にも派遣または移動したことを推測させるものであるが、一一世紀中葉の前九年合戦までその地域が清原氏の影響下であったかは文献からは定かではない。胡桃館遺跡は特殊であり、律令政府の出先機関のような役割があったのだろうか。

考古学成果からみれば、出羽国北半の山北三郡と秋田・河辺《かわべ》二郡では、九世紀後葉に区画する溝や柵を持つ掘立柱建物を主体とした集落が沖積地や台地で確認される。また、俘囚の地である米代《よねしろ》川流域では一〇世紀前葉には台地に立地し、区画する溝を持ち、竪穴建物が整然と並び製鉄を行う集落が出現し、一〇世紀後半になると集落に土塁と堀を巡らすという大きな画期が指摘されている（嶋影、二〇一九）。秋田城から北の北緯四〇度以北の地域は、一〇世紀後半から一一世紀までが古代区画集落が多くなる時期であり、大鳥井山遺跡とは同時期である。「区画施設（柵）を持った館」は、北緯四〇度以北の竪穴建物を主体としたものと、古代城柵との関係が深い大鳥井山遺跡などの掘立柱建物を主体としたものでは、その成立過程については分けて考える必要があると思われる。

4　出羽国山北三郡の集落の変容

山北三郡の古代集落は、現在のところ平鹿郡（横手市）での成立が最も古く、古墳・飛鳥・奈良時代の遺跡が集中し、雄勝・山本郡では数例の遺跡が確認されるのみである。平鹿郡内では西部に遺跡が多く、遺跡から見る横手盆地の律令政府の進出は、南から北進したのではなく、横手盆地南西部の沖積地から扇状に勢力を拡大していったものと思われる。

ここでは、平鹿郡の在地集落の変容について概略する。飛鳥時代後半から奈良時代前半（七世紀後半〜八世紀前半）の住居跡は、カマドの煙道が長く地下式からなる竪穴建物であり、土器は非ロクロ土師器を主体とする。律令政府が雄勝城や郡家を建てた奈良時代半ば（八世紀中葉）以降、これまでの長いカマドの煙道を持つ竪穴建物のほかに短いものが確認され、土器は非ロクロ土師器の他、律令政府により在地操業された須恵器が確認され、以後増加する。平安時代初期（八世紀末葉〜九世紀前葉）になると、集落では掘立柱建物が普及し、掘立柱並立建物や竪穴建物付設掘立柱建物など新たな建築建物が現われ、竪穴建物は減少する。土器は須恵器のほか、ロクロ土師器（坏・小型平底壺・丸底か平底長胴甕・鍋）が導入され、以後増加するのに対し、在地作り手によるものであった非ロクロ土師器は減少する。平安時代前期（九世紀中葉〜後葉）は、集落は掘立柱建物でほぼ構成され、竪穴建物はきわめて少ない。土器は、須恵器の供膳具が減少し貯蔵具が主になる反面、ロクロ土師器が主流となる。非ロクロ土器は非常に少ない。平安時代中期前半（九世紀末葉〜一〇世紀前葉）では、これまで沖積地でしか確認されなかった集落が台地でも初めて確認され、古代を通して突出して遺跡数が最も多い時期となる（島田、二〇一六・二〇一九）。元慶の乱後の律令政府の施策として集落の再配置がなされたのではないだろうか。掘立柱建物を主体とした集落のほか、竪穴建物で構成される集落が増加し、カマドや煙道の形態にさまざまなものが確認される。土器は、須恵器生産が終了を迎え、出土量も減少する。ロクロ土師器が土器の主体を占めるも、坏は大量生産からか歪んだものが多い傾向となる。また大小の法量分化が見えはじめ、皿が定量確認できるようになる。さらに坏か椀に脚高の高台が付くものが出現する。非ロクロ土師器はふたたび増加し、その形態はロクロ土師器の坏・平底小甕・長胴甕・鍋を模したものと思われる。平安時代中期半ば以降（一〇世紀中葉以降）は、極端に遺跡数が減少し、集落の様相が不明瞭になる時期で、これは払田柵の終末や大鳥井山遺跡が始動する時期に重なるのである。

特筆されるのは、元慶の乱前後の九世紀後葉以降に沖積地内に掘立柱建物で構成される集落の中に、前述した町屋敷遺跡のように廂を持つ中心建物と付属建物、そして倉庫を備え、区画施設を持つ集落が顕在化することである。大見内遺跡（横手市雄物川町）・江原嶋1遺跡（横手市大雄）・新山遺跡（大仙市北楢岡）は溝跡や河川によって区画され、町屋敷遺跡や宮《みや》の前《まえ》遺跡（湯沢市三梨）では板塀の可能性が高い区画溝が確認されている。河辺郡にある戸《と》島上野《しまうえの》Ⅰ遺跡（秋田市河辺）では、台地上に竪穴建物や掘立柱建物が建ち、台地縁辺部に不等間隔で丸太材を設置した柵がある。在地有力者が大なり小なり居住空間として屋敷地を形成しており、在地勢力による「館」に「柵」が区画施設としてともなっていくのであろう。

第二章　出羽国山北三郡清原氏と陸奥国奥六郡清原氏

1　出羽国山北三郡清原氏の登場

前九年合戦は源氏と安倍氏によるものであるが、永承六年（一〇五一）～康平五年（一〇六二）春まで実に一二年間は膠着《こうちゃく》状態であった。源頼義《よりよし》から清原光頼《みつより》に再三の援軍要請があったことが『陸奥話記』に記述されるが、ここに初めて史上に出羽国山北清原氏が登場する。九世紀末葉の元慶の乱時の清原令望や深江弥加止らから、一〇世紀後半の大鳥井山遺跡成立の清原某までは約五、六〇年経過するが、この間に秋田城や払田柵の在庁官人となり、払田柵の終焉後は、大鳥井山遺跡でその政治力を伸ばし、一〇〇年後には大鳥井山遺跡で清原宗家《そうけ》として確立した。一五〇年後には、『陸奥話記』に見える出羽山北俘囚主清原光頼として自他ともに認められる存在となっていた。

康平五年夏頃に朝廷からの太政官符《だじょうかんぷ》により清原光頼は、弟清原武則を総大将として奥六郡へ派遣し、安倍氏と戦い、わずか二ヵ月で敗走させて前九年合戦を終結させたのであった。清原軍の陣容は、清原武則と源頼義の連合軍で七陣編成であった。三〇〇〇人余の源頼義軍は清原武則と共に第五陣に参陣し、第一陣が清原武貞《たけさだ》（武則の長子、字は荒《あら》河《かわ》太郎）、第二陣が橘貞頼《たちばなのさだより》（武則の甥、字は志万《しま》太郎）、第三陣が吉彦秀武《きみこのひでたけ》（武則の甥であり婿、字は荒川太郎）、第四陣が橘頼貞《よりさだ》（貞頼の弟、字は新方《にいがた》二郎）、第六陣が吉美《きみ》侯武忠《このたけただ》（字は斑目《まだらめ》四郎）、第七陣が清原武道《たけみち》（武則の弟、字は貝沢《かいざわ》三郎）で、総勢一万余の軍勢を有していた。これらの記載から前九年合戦時の清原氏一族の支配領域が、出羽国の山北三郡（横手盆地）と秋田・河辺二郡の律令制施行地域であり、人物の字名などから拠点地域を推測することができる（島田、二〇一六）。

2　前九年合戦段階の清原一族の勢力域

清原氏一族の字名から見える地名の範囲は、山北三郡と秋田・河辺二郡である。これらは一郡一郡が広大な郡域であるため、郡内にはいくつかの拠点があり、古代の遺跡が集中する分布域とその拠点地域は重なる傾向がある。平鹿郡東部は、『陸奥話記』で「大鳥山」とされた大鳥井山遺跡があり、清原光頼と長子である大鳥山太郎頼遠《よりとお》の存在から、ここが本拠地と推定される。ただ、古代の平鹿郡東部の遺跡集中地区は沖積地内の手取清水遺跡（横手市塚堀）周辺にあり、清原某が柵（館・城）を設置するにあたり、丘陵地である大鳥井山遺跡の所在する場所を選択した可能性は高いと思われる。平鹿郡西部には沼柵推定地がある（横手市雄物川町沼館）。後三年合戦の際、清原家衡が最初に立てこもったのが沼柵で、ここは清原武則か深江是則の拠点があった可能性が高い（大山、一九三六）。理由としては、清原家衡が武則の血筋を引いており、出羽国に最初に入った柵が沼柵であることから地縁者がいた可能性が高いこと、前九年合戦で活躍した清原武則配下に深江是則と大伴員季《おおとものかずすえ》がおり、前者は元慶の乱で活躍した俘囚深江弥加止の子孫と思われ、沼柵推定地でもある造山地区には大字深井（江）があることなどである。近年の発掘調査では、「駅長」と墨書された土師器も出土し（高橋、二〇二〇）、奈良時代の城柵（雄勝城・雄勝郡衙・平鹿郡衙もしくは駅家）が設置されていた可能性が高い場所である。いずれにせよ古代からの郡内の拠点地域を引き継いでいると思われるのである。後者の大伴員季は、式内社《しきないしゃ》波宇志別《はうしわけ》神社の宮司である大友家との関連が想定される。この式内社は県内で唯

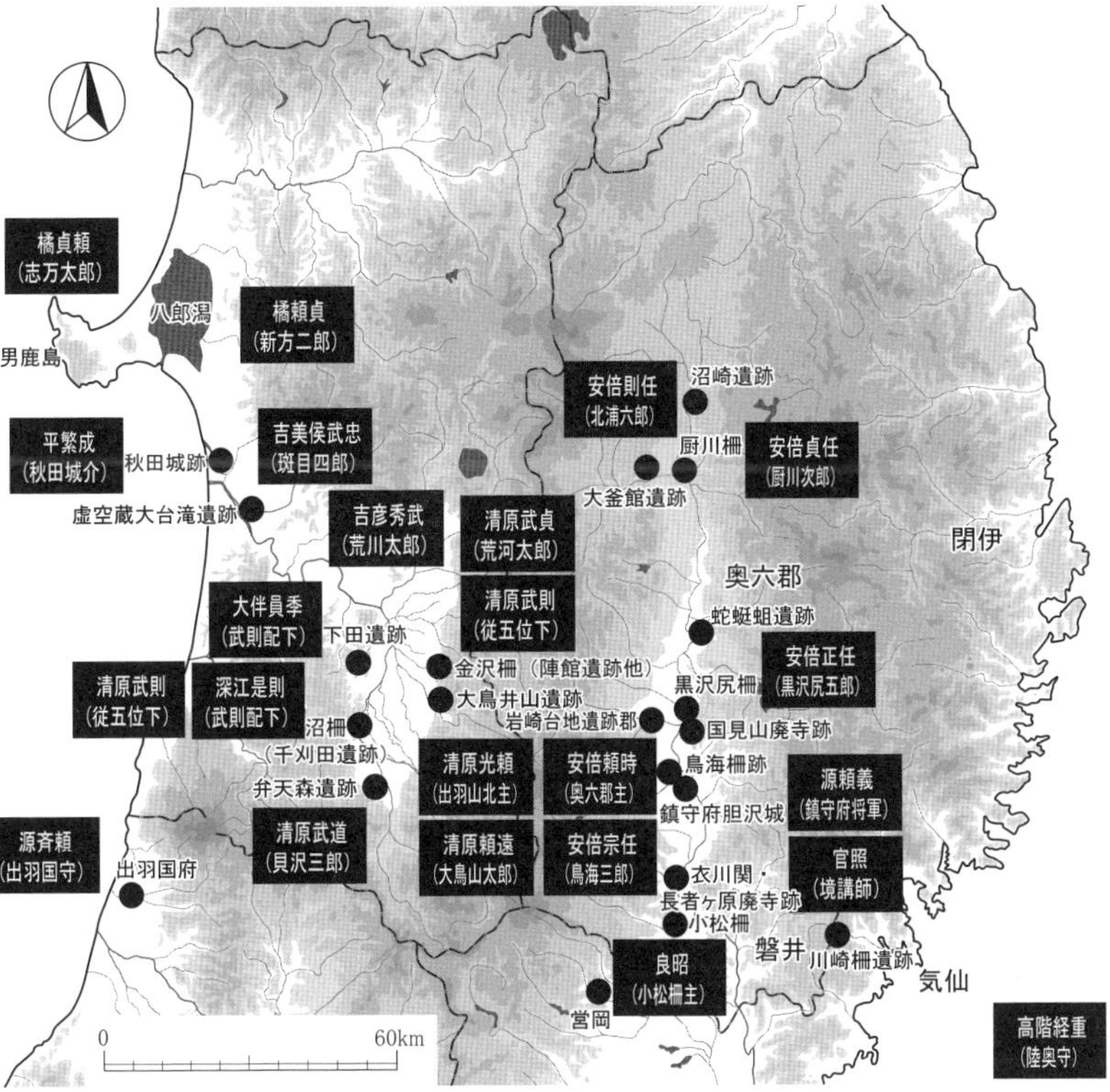

2-4　前九年合戦段階の清原氏の勢力範囲

一断絶することなく続いており、その創建は天平宝字年間と伝わる。神楽殿《かぐらでん》は秋田県最古の建物で国重要文化財となっている。山門近くには観音寺集落と観音寺廃寺跡もあり、出羽国定額寺《じょうがくじ》である観音寺の有力な候補地でもある。

雄勝郡は西部と東部に拠点的な遺跡が存在する。雄勝郡西部の羽後町には、清原武道の字である貝沢という地名が存在し、その地区内の長者森《ちょうじゃもり》という低丘陵に、柵（布掘《ぬのぼり》溝跡に柱穴列）やロクロ土師器（かわらけ）が確認された弁天森《べんてんもり》遺跡がある（羽後町教育委員会、一九九六）。周辺には県内で数少ない三輪《みわ》神社の存在や郡家を示唆する郡山《こおりやま》の地名、そして、古代の末期古墳である柏原《かしわばら》古墳群や須恵器窯の七窪《ななくぼ》窯跡などがあることから重要な拠点であることには疑いはない。雄勝郡東部では発掘調査の事例は少ないが、一〇世紀以降の遺跡として宮の前遺跡（湯沢市八面）がある（島田、二〇一一）。沖積地内で南北に長い比高差一〜二㍍の微高地に遺跡は立地し、その範囲は南北二〇〇㍍、東西三〇〜五〇㍍と規模が大きい。微高地を大溝で二つの場に分けており、大鳥井山遺跡と共通するところがある。微高地の南側では縁辺部で溝跡が南北に延びている。微高地の周囲には小河川が流れており、堀のような機能があった可能性がある。建物は桁行五間で東に廂が付く南北棟の掘立柱建物跡が確認されている。全容は明らかではないが、在地有力者に関わる遺跡と考えられる。

　山本郡は遺跡分布から南部と北部に分けられる。山本郡南部では地名から金沢の地に金沢柵があったと推測される。菅江真澄は『月《つき》の出羽路《いでわじ》』で金沢柵推定地である金沢城が清原武則の柵ではないかと伝えているが、詳細については別章で後述する。山本の地名も金沢地区内にあり、山本郡の由来はここを発祥としている可能性が高いと思われる。奥羽山脈裾野の低丘陵や沖積地内の残存丘陵に九世紀〜一〇世紀前葉の須恵器窯跡群や遺跡も確認されており、秋田県内で最も新しい様相の物見《ものみ》窯《かま》も存在する。沖積地内にも多くの遺跡があるが、金沢柵木Ⅰ〜Ⅲ遺跡が広範囲に点在するかたちで遺跡登録がなされていることから、これは金沢柵の柵木ではなく古代山本郡衙の区画施設の可能性がある。金沢の地も古代の遺跡集中地区であり、前代からの拠点地域を引き継いでいると思われる。山本郡北部には、古代城柵である払田柵跡や清原武貞の居館と伝えられる鎧ヶ崎《よろいがさき》城跡などがある。いずれも丸子《まるこ》川《かわ》沿いにあり、丸子川の旧名が荒川であることも周知されている。字を荒河太郎といわれた清原武貞とは密接に関わっていることが想定でき、払田柵の廃絶後も、そこを清原氏が前代の場、古代城柵を引き継いだものとして保持していた可能性はある。吉彦秀武の拠点は、荒川太郎という字名から、これまで山本郡北西部の大仙市協和《きょうわ》荒川付近とされてきたが、「荒川」は荒ぶる川や新しい川の意味もあるので、これに該当する場所は多くあり、地名だけで選定することは難しいと思われる。

協和荒川付近は、「キビコ坂」の地名があることや、荒川鉱山から産出された金を吉彦秀武が清原真衡《さねひら》に持参したとあることから、荒川付近を吉彦秀武の本拠地にしていたと推測しているが（協和町、二〇〇一）、吉彦秀武ほどの有力者ならば、広大な平野を見下ろせ、河川と交通の要衝に立地した場所に館（城・柵）を設置したと考えられることから、本拠地というより山本郡北部の有力な鉱山地を管理していたと考えるべきである。吉彦秀武の字が「荒川太郎」で、清原武貞も「荒河太郎」である。このことから、吉彦秀武が清原武貞に所領を譲渡した可能性が指摘されている（野中、二〇一八）。譲渡された場所が払田柵南側を東西に横断し流れる荒川（丸子川）周辺地域であり、ここを本拠地として山本郡北部全体を統治していた可能性を考えた方がよいと思われる。

河辺郡には吉美侯武忠がいた可能性は高いと思われる。斑目四郎という字名から「斑目」の地名が残る秋田市太平川沿いと思われるが、南に位置する岩見川沿いには、発掘調査成果によって清原氏の柵と目される虚空蔵大台滝《こくぞうおおだいたき》遺跡がある（利部、二〇一一）。元慶の乱の際に、律令政府軍に味方した添河・覇別・助川の三村があるが、乱時に同一行動をとっていることから、地縁的なつながりが強い地域であり、前九年・後三年合戦時も引き継がれていたのであろう。秋田城跡の東側が添川で、右馬之丞窯《うまのじょうかま》跡や手形山窯《てがたやまかま》跡など秋田城跡に須恵器を供給した窯跡や掘立柱建物からなる集落の長岡《ながおか》遺跡がこの周囲にあり、山北三郡の平鹿郡域での律令政府と在地との関係が類似する地域である。河辺郡とはこの三河川を中心とした地域と考えてもよさそうである。そうすると虚空蔵大台滝遺跡は吉美侯武忠の館（城・柵）であってもおかしくはない。「吉美侯」は「吉彦」と同音読みであり、その勢力基盤が河辺郡と山本郡が接していることからも同族である可能性は高いと思われる。

秋田郡は、男鹿島（男鹿半島）と八郎潟右岸の秋田平野とみられる。橘貞頼の拠点は志万《しま》太郎という字名から男鹿島と想定され、元慶の乱時に腋本・方口と見えるが、腋本（脇本）地域では脇本城から一〇世紀代のロクロ土師器や一二世紀後半のかわらけが（男鹿市教育委員会、二〇一三）、小谷地遺跡からは大量の墨書土器が出土している。方口は先行研究では三種《みたね》町八竜《はちりゅう》町浜口《はまぐち》周辺とされるが、この近辺に古代集落はなく、やや南に下った男鹿半島の五里合《いりあい》周辺には、集落跡のほか、九世紀後半の海老沢《えびさわ》窯跡群が展開している。須恵器窯を管理できる立場は律令国家か在地有力層であり、山北三郡と同じくその地域の拠点であることが考えられる。いずれにせよ橘貞頼は男鹿島を字名としている。橘頼貞の拠点は、字名が新方《にいがた》二郎であるから、八郎潟右岸地域を指していると思われる。元慶の乱の際に記載された村は大河・堤・姉刀・方上・焼岡の五村である。八世紀半ば頃から集落や岩野山《いわのやま》古墳群など末期古墳が確認され、さらに秋田郡衙の可能性もある石崎《いしざき》遺跡や関連の深い中谷地《なかやち》遺跡など、奈良時代の早い段階から律令政府との関わりが深い場所である。橘貞頼・橘頼貞の二人は兄弟であるため地縁的に近い場所にいて何ら不思議ではない。一二世紀末葉に平泉《ひらいずみ》藤原氏が鎌倉軍により侵攻されるが（文治奥州合戦）、この時、この地域に基盤があったとみられる秋田致文《むねぶみ》が鎌倉軍によって敗北をしている。この直後、大河兼任《おおかわかねとう》が鎌倉軍に反旗を翻している。

地名と遺跡分布から見た清原氏の勢力域は、いずれの地も出羽北半の郡制施行地域であり、古代からの各郡内の拠点地域を引き継いでいた可能性が高い。唯一、沿岸南部の由理《ゆり》郡が含まれていないが、一〇世紀の集落遺跡も複数存在し、一一世紀代の瑞花双方八稜鏡《ずいかそうほうはちりょうきょう》も出土している。また、一二世紀末葉の文治奥州合戦で藤原泰衡《やすひら》の郎従《ろうじゅう》とされる由利八郎が確認できる。地名から見た前九年合戦時の清原氏の勢力域は山北三郡と秋田二郡は確実であるが、由理郡も含まれていた可能性が高いと思われる。

3　前九年合戦後の清原一族の勢力域

前九年合戦の口火となる永承六年（一〇五一）の陸奥国鬼切部《おにきりべ》の戦いは、奥六郡主とされる安倍頼良《よりよし》に対して、陸奥国守藤原登任《なりとう》と出羽国司（秋田城介）平重成《しげなり》による陸奥出羽連合軍であったが、安倍頼良に大敗してしまう。もともと秋田城介は山北三郡を管轄し、秋田城在庁の清原氏と連携関係にあり、平重成が安倍頼良に敗北した後に清原氏が秋田城介の権限を吸収したとする指摘がある（高橋、二〇一三）。この後、出羽国守源兼長《かねなが》や源斉頼《ただより》らが、康平五年（一〇六二）頃まで安倍氏追討に対して非協力的な態度でいたのは、右記理由であり、清原氏は安倍氏追討には一二年間も非協力的であったことになる。さらに源頼義が康平元年に鎮守府将軍を、康平四年に陸奥国守を任了するが、康平五年に新たに陸奥国守として高階経重《たかしなのつねしげ》が着任してから、清原氏が安倍氏追討を行っているのは興味深い。ちなみに平重成の子貞成《さだなり》が越後国住人として城《じょう》氏を名乗りはじめ、それ以後の城氏は越後国司の行政・警察権の及ばないテリトリーである南奥会津《あいづ》に源を発する阿賀《あが》川流域にも力を及ぼすようになるという（水澤、二〇〇六）。

前九年合戦は、清原氏が参戦した康平五年八～九月の二ヵ月で安倍氏を打ち破り、戦いの幕が閉じた。源氏軍は官職もなく散々であったのに対し、清原軍は一万余の大規模な軍勢で、戦いの主役であったことから、用意周到に準備がなされたものと思われる。安倍氏一族には、安倍頼良の妻の出身氏族が清原氏と金《こん》氏がおり、前者が安倍宗任・正任らで、後者が安倍貞任《さだとう》・重任《しげとう》らと指摘されている（樋口、二〇一一）。前九年合戦終盤での清原氏の参戦は、安倍一族内で力をつけてきた金氏出身の者を追討することが目的とされ、この合戦によって殺害されたのは金氏近親者で、清原氏近親者は殺害されていない。藤原清衡の父経清《つねきよ》は源頼義によって殺害されるが、子の藤原清衡とその母は密かに清原氏によって助け出されたとみられる。合戦終了後は、源頼義は伊予国守に、源義家は出羽国守に着任するが、翌年に義家は出羽国守を追われている。それとは対照的に、清原光頼の弟である清原武則が鎮守府将軍に任じられ、安倍氏の地盤であった奥六郡を管理下におさめ、その地位から陸奥出羽両国のみならず、北方世界への支配力を駆使

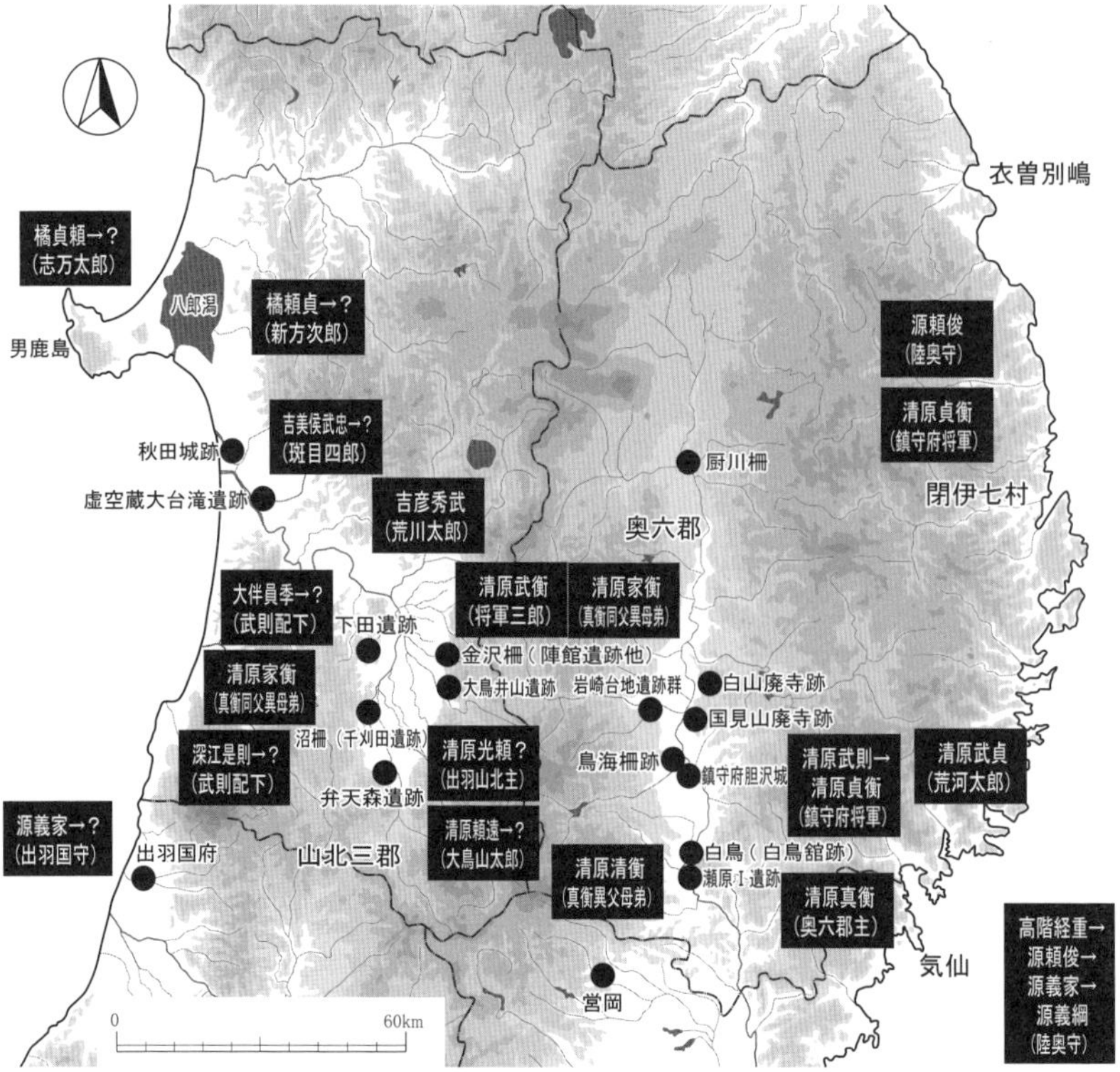

2-5　前九年合戦以降の清原氏の勢力範囲

できる立場となった。ここに出羽国山北三郡清原氏と陸奥国奥六郡清原氏の双頭が並立することになる。清衡は清原光頼・頼遠父子のいわゆる出羽国山北清原氏嫡流の血筋を持ち、安倍頼良の嫡妻である清原女子の子、安倍宗任・正任・女子の兄弟姉妹の母を持っていた（樋口、二〇一一）。その母は清原武則にとっての姪で、大鳥井山遺跡にいた清原宗家の血筋である。つまり藤原経清の子である藤原清衡は、清原光頼・頼遠の出羽国山北清原氏の嫡流であり、なおかつ陸奥国奥六郡安倍氏の嫡流であった。このことから清原武則にとって、清衡は崇高な存在（貴種）であり、安倍氏がいなくなった奥六郡の地を統治するためには、なくてはならない存在であったのであろう。

清原武則が鎮守府将軍として、出羽国

山北三郡から陸奥国奥六郡に向かったことは当然のことと思われるが、同伴した者は誰であろうか。清原氏の中で武則と同じく「武」一字が名前にある人物が清原武貞・清原武道・吉彦秀武・吉美侯武忠らで、前九年合戦の勢力域は平鹿郡を除いた地域にその字名があることなどから、清原武則の「武」のある一族が、清原宗家と吉彦秀武と合議のうえ、陸奥国奥六郡へ出向いたのであろう。また、前九年合戦後に「衡」一字が名前にあるのは、清原武衡《たけひら》・清原貞衡《さだひら》・清原真衡・清原清衡・清原家衡らである。清原武則血筋の「武」から「衡」への移行は、前九年合戦後に「衡」の一文字がある相応の人物と関係があるのであろう。このように考えると「武」と「衡」を持つ清原武衡は重要な人物となる。いずれにせよ、これら血筋が陸奥国奥六郡清原氏となったと考えられる。

　清原武則が鎮守府将軍として鎮守府に入ったとみられるが、鎮守府はどこにあったのであろうか。通常鎮守府は胆沢城を指すが、一一世紀前半までは城内や場外南の伯済寺《はくさいじ》に官衙的施設や有力在庁官人が存在した可能性が指摘されており、さらに胆沢城の実質的な支配権は、胆沢城北西の安倍氏の本拠地である鳥海柵に移行・継承されたと考察されている（古川、二〇一二）。これに従えば、清原武則は鳥海柵へ入った可能性が高いのではないだろうか。鳥海柵跡については浅利英克氏によって詳述されているが、その存続時期は一一世紀前葉〜中葉および一二世紀であり、前九年合戦後から後三年合戦までの時代である一一世紀後葉が抜けている。安倍・清原氏の山岳寺院であった北上市の国《くに》見山廃寺《みさんはいじ》跡では、為政者が安倍氏から清原氏に代わっても維持されているのとは対照的である。清原氏側の視点で大鳥井山遺跡の土器から鳥海柵跡の土器をみれば、親近感が湧くのは縦街道《たてかいどう》南地区（伝三の丸）で検出された四面廂建物跡（SB一）の柱掘り方から出土した土器群である。鳥海柵跡の土器は底部が厚く、口縁部が内湾する椀と小皿のセット関係が多いのに対し、この一群は、大鳥井山遺跡で出土する口縁部が外反する高台坏（椀）の大小を多く含むからである。鳥海柵跡の土器変遷では一一世紀前半（葉）とするが、大鳥井山遺跡では一一世紀前葉〜中葉の範疇である。

鳥海柵跡を構成する四つの台地は三つの開析谷《かいせきこく》によって分割され、南より北に向かって二ノ宮後《にのみやうしろ》・鳥海・原添下《はらぞえした》・縦街道南の各区域となっており、櫓が検出されているのは、南側の二ノ宮後・鳥海・原添下の各区域で、堀が方形に掘削された原添下区域南東部が最も重要な場所とみられる。縦街道南区域は最も北に位置し、検出された四面廂建物跡（ＳＢ一）は他の建物と軸線が異なっている。浅利氏によれば、縦街道南区域のＳＤⅢ堀跡のような空間を分ける性格を施す施設とそれ以外の軍事・防御的性格を要する施設に分けられるということから（浅利、二〇一九）、後者が前九年合戦時の鳥海柵本体で、前者が前九年合戦後に清原武則が鳥海柵本体を避け、北側に新たに構築した施設であった可能性も考えられなくはない。

鳥海柵跡の年代観と同様に、安倍氏の寺院とされる長者ヶ原《ちょうじゃがはら》廃寺（奥州市）の土器は、一〇世紀末葉〜一一世紀前葉とされているが（奥州市教育委員会、二〇一三）、高台坏（椀）には大鳥井山遺跡と類似しているものもあり、鳥海柵跡と同じように一一世紀前葉〜中葉の範疇でもよいと思われる。安倍頼良の息子の一人に官照《かんじょう》という人物がいる。彼は僧であり境講師《さかいのこうじ》とも呼ばれる。長者ヶ原廃寺跡が衣川《ころもがわ》を境にして、北側の平坦地に南向きに荘厳な様子で建っていたことが推測されることから、陸奥国の衣川以北の安倍氏が実質管轄する奥六郡の入口に陸奥国府側に対して象徴的に建っていたのであろう。つまり安倍宗任・正任や良昭《りょうしょう》とともに官照も清原一族に近い人物であった可能性は高いと指摘されているので（樋口、二〇一一）、大鳥井山遺跡と土器が類似していてもおかしくはない。これらのことから清原氏は、鳥海柵・黒沢尻柵・小松柵《こまつのたて》・長者ヶ原廃寺とは馴染みが深いとも考えられるので、前九年合戦後は、清原武則らは、これら周辺を拠点に一族を配置したと思われる。また、奥六郡に地盤のなかった清原武則らは宗主の権威を高め、奥六郡をはじめとして能力のある人物を多く起用して各地域に配置し、陸奥国奥六郡清原氏として徐々に支配体制を確立していったと考えられる。

約二〇年後の後三年合戦頃には、陸奥国奥六郡清原氏は、清原武則の孫の清原真衡の時代となっているが、『奥州《おうしゅう》後三年記《ごさんねんき》』では、真衡は陸奥国内に肩を並べるものがいないとされ、誠実で道理に背くことは行わず、国守の命令には従順でいることから、奥六郡は平穏であったと書かれている。つまり長男真衡・二男清衡・三男家衡が奥六郡で結束して奥六郡清原氏として安定した政治を行っていたことを示し、これまでの真衡の無能なイメージとは異なる。

清原武則らが陸奥国奥六郡に居住地を移動したのに対し、出羽国山北三郡にそのまま留まったのは、大鳥井山遺跡に本拠地を置いていた清原宗家である光頼・頼遠父子である。土器様相から遺跡は一一世紀後葉まで続いており、とくに小《こ》吉山《きちやま》北部の堀では部分的な調査にかかわらず、大量のロクロ土師器（かわらけ）が出土していることや前九年合戦以降も、この堀から宴会儀礼用とみられる多くのロクロ土師器（かわらけ）が出土し、兵《つわもの》が集う館（城・柵）であったことは間違いなく、前九年合戦以後も出羽山北主として地位は変わらなかったと思われる。

光頼・頼遠父子には「頼」一字があり、秋田郡男鹿島が支配領域の橘貞頼、同じく秋田郡八郎潟右岸域の橘頼貞が「頼」一字を持っている。この「頼」一字については、一一世紀前半の陸奥国守や出羽国守、そして鎮守府将軍になった人物中、安倍氏にも確認できることが興味深く、偶然の一致か時代の流行もしくは一字拝領できたかは今後の課題である。しかし、これらの人物は秋田城のある秋田郡にその勢力域があることや、山北三郡の清原氏の本拠地と結びつきがありそうであり、秋田城在庁官人としての清原氏のあり方を考えるヒントが隠されているように思われる。さらに陸奥国守に藤原登任がなったと同時期に、安倍頼良の多くの子らに「任」が付くのは偶然だろうか。憶測にはなるが、清原頼遠の「遠」も「任」に通じるところがあり、関係性が深いのかもしれない。

陸奥国奥六郡の新支配体制に対して、出羽国山北三郡・秋田二郡においては、前代から引き続き清原一族による合議制のような政治体制が残っていたと思われ、このような状況から後三年合戦の首謀者の一人である吉彦秀武は、清原真衡による陸奥国を越え、出羽国まで及ぶ陸奥国奥六郡清原氏から奥羽両国新清原氏支配体制に大いに不満があったことは十分に考えられる。そこで出羽国山北三郡清原氏の本流で、血筋が近い清原清衡と清原家衡を誘い、真衡に反旗を翻らせたと思われる。ところが真衡は急死し、この事態に陸奥国守であった源義家が奥六郡清原氏の後継者任命や奥六郡の支配権分配について介入した。真衡には陸奥国岩城《いわき》地方の海道《かいどう》平氏から迎えた成衡《なりひら》という後継者がいたにもかかわらず義家は廃嫡し、清衡に対しては奥六郡清原氏宗家の館（城・柵）があったと考えられる南三郡を、家衡には北三郡に領地を与え、さらに清衡を優遇した。この段階で清衡は義家の言いなりという危険な状態であったことから、おそらく家衡は清原武則から続く陸奥国奥六郡清原氏の存亡に危機感を持ったと思われ（樋口、二〇一六B）、清衡を排除することが陸奥国奥六郡清原氏の存続のためにも最良の方法であると考えたのかもしれない。『安富記《やすとみき》』では、家衡は清衡のいる館（柵・城）を襲撃するが、清衡は難を逃れ事の顚末を陸奥国守である義家に報告することとなる。

家衡は陸奥国奥六郡北三郡では分が悪いため、出羽国平鹿郡西部にある沼柵に入る。沼柵のある平鹿郡西部は前述のとおり、前九年合戦段階では、清原武則配下の深江是則や大伴員季の地盤であり、彼ら一族が留まっていても何ら不思議ではなく、陸奥国奥六郡清原氏と縁が深い地であったことが想像できる。残念ながら『奥州後三年記』ではそれら人物が確認されず、清原家衡に関係する人物は乳母《めのと》の平千任《ちとう》を知るのみである。沼柵の戦いでは、家衡が義家と清衡の連合軍を退けた。沼柵は名のとおり、水柵で湿地帯のような場所で騎馬戦には不利に働き、また秋から冬の戦いで、大雪と食糧難が土地勘のない連合軍には不利に働いたとみられる。この結果を受けて、陸奥国岩城地方から清原武衡が加勢し、後述する金沢柵での最終決戦へ向かうことになるのであるが、やはりこの人物も名前から陸奥国奥六郡清原氏一族であり、一族の旧地である出羽国山北三郡の山本郡南部にある金沢の地を進めたのであった。しかし、金沢に籠った清原武衡・家衡は源義家・清原清衡・吉彦秀武らに敗れた。このことは、陸奥国奥六郡清原氏が出羽国山北三郡清原氏に敗れたということであり、ここに陸奥国奥六郡清原氏が滅亡し、この中で唯一残ったのが清原清衡であった。後三年合戦で清原氏全体が滅亡した感がこれまであったが、発掘調査成果から大鳥井山遺跡は健在であり、防御機能をさらに高めている。出羽国山北三郡清原氏が勝者であり、その地位を保ち、後三年合戦後には陸奥国奥六郡で、のちに藤原と改姓する清衡の後方支援を行ったことが考えられるのである。

4 後三年合戦後の清原一族

清原清衡が自身の拠点を奥六郡の地ではなく、衣川以南の地に置いたのは、奥六郡と山北三郡を越えるべく、新生藤原清衡となるためでもあった。前九年合戦での奥六郡の地では父親をはじめ多くの親近者を殺され、後三年合戦では弟家衡に妻らを殺される一方、山北三郡の地では多くの親近者と領民を殺害したという自責の念があったと思われる。その生涯をかけて中尊寺《ちゅうそんじ》を建立し、前九年・後三年合戦で亡くなった御霊を弔い、戦のない世界をこの世に体現し、苦しみから逃れたかったことは、中尊寺供養願文《がんもん》で知るところである。中尊寺金色堂の棟札《むなふだ》には、壇主藤原清衡のほか、女壇として安倍氏・清原氏・平氏の名が同列で書かれていることにも注目したい。後三年合戦後の奥六郡における清衡は、清原一族の融和に奔走したとみられ、まず北方平氏の女子を嫡妻に迎えた。彼女は岩城地方から後三年合戦に参集した清原武衡と関わりが深い海道平氏の女性であったと考えられる。このことは前九年合戦で清原武則が藤原清衡とその母を清原氏に迎え入れたように、奥六郡と山北三郡に分裂した清原氏をひとつにすることであった。

また、女壇平氏は海道平氏と陸奥国奥六郡清原氏を迎えたことでもあった。女壇安倍氏は、藤原清衡の母または遠く伊予国や大宰府の地に移配された安倍宗任らの血筋が考えられる。女壇清原氏は、出羽国山北清原氏との関係が深かったことを想定させる。しかし、藤原清衡にとってこの融和の象徴が、のちの後継者争いになるとは思いもよらなかったと思われ、因果応報という言葉で片づけてよいものか答えは出ない。

5　藤原清衡の子息と清原氏

藤原清衡には、惟常《これつね》（衡）・基衡《もとひら》・正衡《まさひら》・清綱《きよつな》の四人の息子がいたことが、『尊卑分脈《そんぴぶんみゃく》』などから知ることができる。長男の惟常（衡）は「小館」と呼ばれ、母は北方平氏とされる。二男基衡は「御曹司《おんぞうし》」と呼ばれ、母については信夫《しのぶ》佐藤氏が有力との指摘がある（遠藤、二〇〇二）。北方平氏出身の娘が藤原清衡の嫡妻であり、「小館」という名称から清衡の後継者は惟常（衡）と思われるが、『長秋記《ちょうしゅうき》』によると清衡没後に二人による跡目争いが起り、結果として惟常（衡）父子が越後国へ逃亡するも、基衡によって捕まり殺害されたことが記されている。

ここに越後城氏と清原氏および北方平氏の関係が見えてくる。高橋一樹氏は、この当時、出羽国沿岸部である田川《たがわ》郡や由理《ゆり》郡は平泉勢力の力が浸透しているのに対し、南奥の会津から国道一一三号を北上するルートは摂関家の荘園や熊野信仰の濃密な分布と広がりがあり、平泉勢力の浸透度は弱く、城氏との競合がある場所としている。出羽国内陸部の山北三郡は、東西の由理から山北そして陸奥国へ抜けるルートと、会津から内陸を通り出羽国北半へ抜ける各勢力が往来する重要な場所と指摘する（高橋、二〇一三）。また、会津は越後と南奥・海道地方を結ぶ場所であり、ここに城氏・清原氏・海道平氏の接点を見出せるという重要な指摘も行っている。後三年合戦での清原武衡が岩城地方

（海道）から参戦することや、一二世紀前葉の城氏の城と目される陣《じん》が峯《みね》城の二重の土塁と堀を持つ構造が、出羽国山北清原氏の本拠地である大鳥井山遺跡と類似するのも、清原氏と城氏との関係を示唆している。惟常（衡）父子が越後国へ通り、出羽国に逃亡を図ろうとすることや、惟常（衡）の母の父親は清原武衡であり、さらに惟常（衡）の母の姉妹には城資国《すけくに》の妻がいることなどの記録は（樋口、二〇一六A）、北方平氏・清原氏・城氏との関係が深いことを考慮にいれれば容易に理解できる。

三男の正衡については、『尊卑分脈』などでは詳細は明らかではないが、菅江真澄が著した『雪の出羽路』に「正《しょう》平《へい》寺縁起」がある。正平寺は横手市内に所在する寺で、草創は中尊寺末寺で、中世後期に小野寺《おのでら》氏の菩提寺《ぼだいじ》になったといわれる。藤原清衡が大鳥井山遺跡に正衡を配置したと記述がある。正平寺は正衡寺にも通じ、この寺院には「清衡守」と刻印された仏像が本尊として祀られている（横手郷土史編纂会、一九三三）。大鳥井山遺跡の終末期は土器から一一世紀後葉としているが、一二世紀前葉の範疇でも問題はなく、正衡の代まで大鳥井山遺跡が機能していた可能性は高いと思われる。

四男清綱については、岩手県紫波《しわ》郡紫波町にある比爪《ひづめ》館跡がその館とされ、平泉藤原氏の第二の拠点と評価されている（羽柴、二〇一六）。比爪の最後の当主である藤原俊衡《としひら》は藤原清衡の孫で、文治奥州合戦では鎌倉軍に投降した。

このようにみれば、北方平氏および清原氏と血縁関係が深い惟常（衡）と正衡、安倍氏と関係が深い基衡と清綱の二系統に分けられる可能性がある。これまで北方平氏と清原氏の血筋が主流であった藤原清衡の没後に、御曹司基衡によって小館惟常（衡）との争いが生じ、亡き者にした感がある。結果的に藤原氏の血筋の本流を清原氏から安倍氏に戻したのが基衡であった。これ以降、惟常（衡）父子の敗死と正衡以降の子孫が史上に確認されなくなることと大鳥井山遺跡の土器が一二世紀以降に極端に少なくなり、館（柵・城）としての機能を失ったことがほぼ同時であることは偶然ではないであろう。一二世紀代の出羽国山北三郡では、遺跡が確認されているのにもかかわらず、文献などで有力者の名前が史上に現れないのは、基衡以降の何らかの政治的意図が隠されている。

6　清原氏の仏教文化の受容

日本では、鏡は形や姿だけを映すだけではなく、権力の象徴や祭事儀式のための重要な道具として大切にされてきた。平安時代に入ると、鏡面に仏像などを彫るなどして信仰の対象となっていた。また、鏡背には草花・鳥・蝶などが施され、次第に日本独自の風流的な絵柄の和鏡が一二世紀頃に完成していった（島田、二〇一二）。一〇世紀から一一世紀にかけての鏡は瑞花双鳥八稜鏡で、天台宗との隆盛に関わるものとみられ、出羽国内においても天台宗の記事が散見される。また、平安時代の仏像も少ないながら存在することから、平泉の仏教文化が開花する以前にも出羽国内において仏教文化が受容されていたことは間違いないであろう。鏡像とは、鏡面に仏像などを毛彫りし表したもので、日本では平安時代中頃から現れるとされ、高度な技術を要した美術品でもある。さらに全国的に見て優品で数の少ない鏡像が、出羽北半にその出現から間を置かず導入されている。

瑞花双鳥八稜鏡と円鏡を含めたこれら平安鏡は出羽北半（秋田県）で二四面あり、山北三郡で一九点、秋田二郡で一点、由理郡で二点、米代川流域で二点、実に八割以上が山北三郡で占められている。鏡二四点のうち図柄が不明瞭な三点を除いた二一点を分類すると、中国で造られたものを再利用した唐式鏡二点、瑞花双鳥八稜鏡八点、和鏡一一点となる。このうち唐式鏡二点（唐花《とうか》蝶鳥《ちょうちょう》八稜鏡・瑞花文円鏡〈大仙市〉）と瑞花双鳥八稜鏡二点（横手市・能代市）が鏡像であり、前二者が美術品として国宝・県指定文化財となっている。これら鏡の年代は、一一世紀以前の唐式鏡

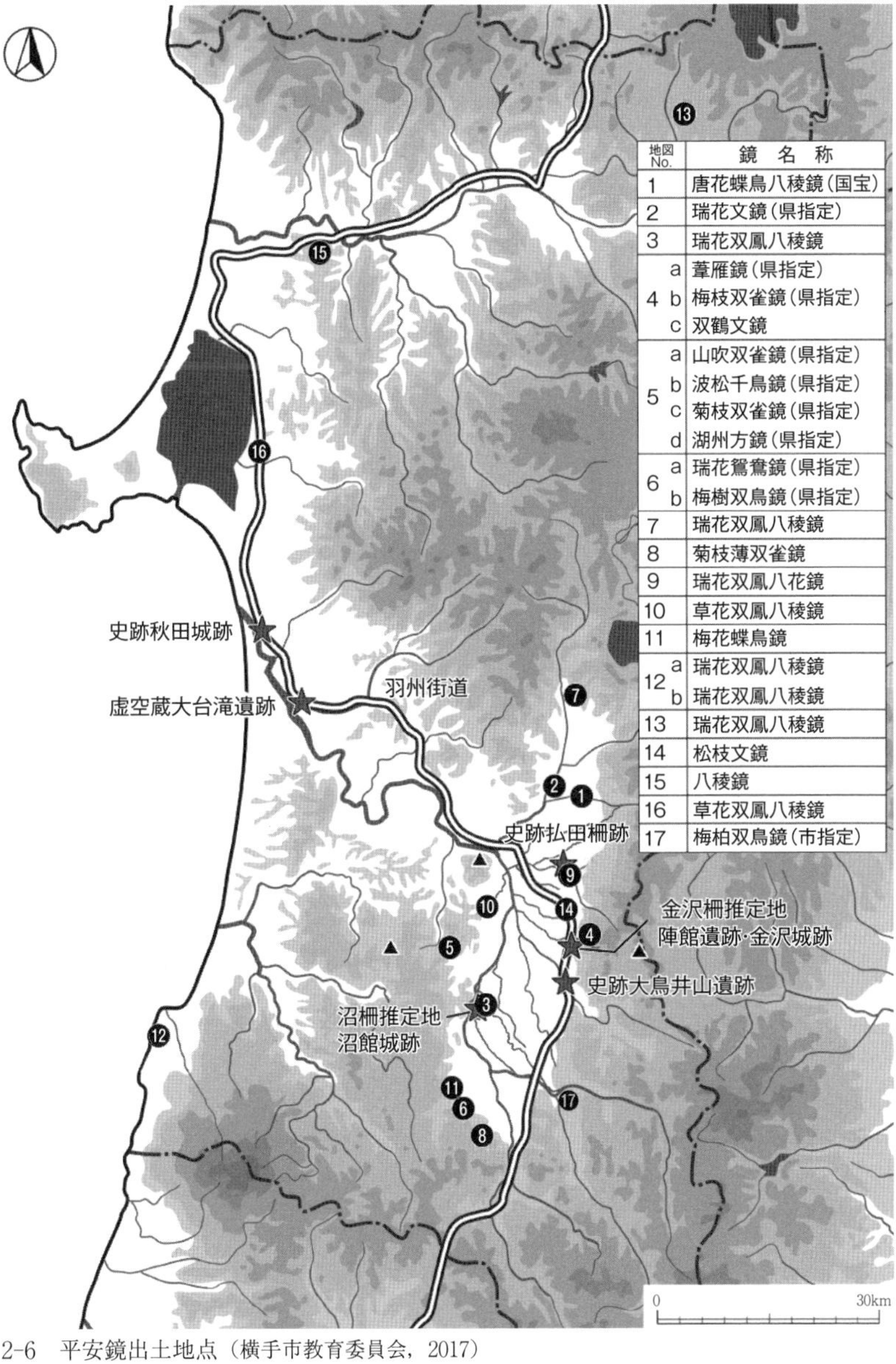

地図No.		鏡名称
1		唐花蝶鳥八稜鏡（国宝）
2		瑞花文鏡（県指定）
3		瑞花双鳳八稜鏡
4	a	葦雁鏡（県指定）
	b	梅枝双雀鏡（県指定）
	c	双鶴文鏡
5	a	山吹双雀鏡（県指定）
	b	波松千鳥鏡（県指定）
	c	菊枝双雀鏡（県指定）
	d	湖州方鏡（県指定）
6	a	瑞花鴛鴦鏡（県指定）
	b	梅樹双鳥鏡（県指定）
7		瑞花双鳳八稜鏡
8		菊枝薄双雀鏡
9		瑞花双鳳八花鏡
10		草花双鳳八稜鏡
11		梅花蝶鳥鏡
12	a	瑞花双鳳八稜鏡
	b	瑞花双鳳八稜鏡
13		瑞花双鳳八稜鏡
14		松枝文鏡
15		八稜鏡
16		草花双鳳八稜鏡
17		梅柏双鳥鏡（市指定）

2-6　平安鏡出土地点（横手市教育委員会，2017）

と瑞花双鳥八稜鏡および一二世紀以降の円鏡であり、清原氏時代と藤原氏時代に該当する。

一一世紀以前の唐式鏡と瑞花双鳥八稜鏡は、山北三郡の平鹿郡西部では二点あり、沼柵推定地のひとつ千刈田《せがりだ》遺跡と下田《しもだ》遺跡（横手市大森町）で瑞花双鳥八稜鏡が出土し、前者は永延三年（九八九）紀年銘が入っており、広島県の永延二年に次ぐ日本で二番目に古いものである。山本郡北部では三点あり、払田柵跡近くの内村《うちむら》遺跡（美郷町）で瑞花

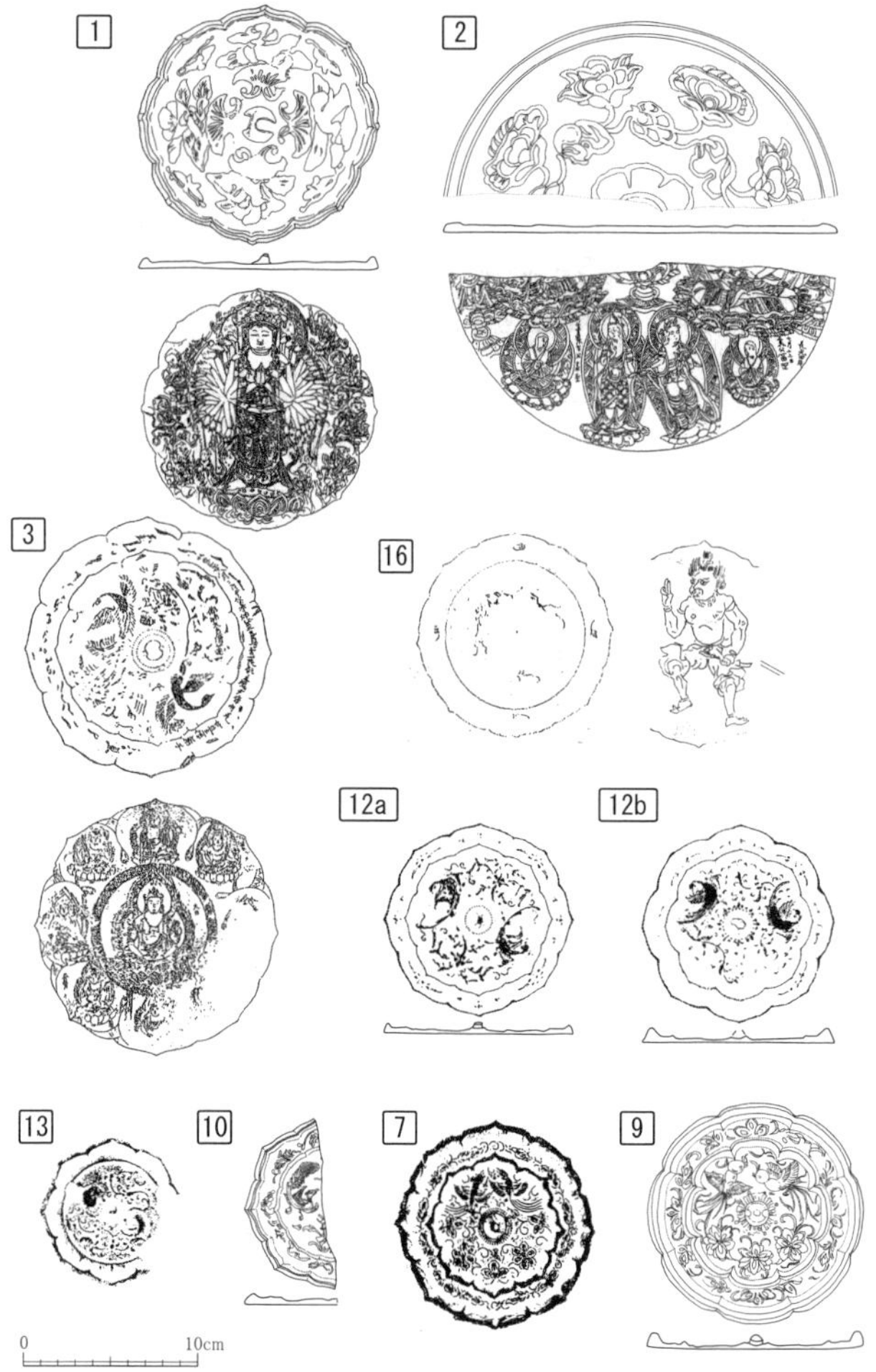

2-7　八稜鏡など（島田，2021）

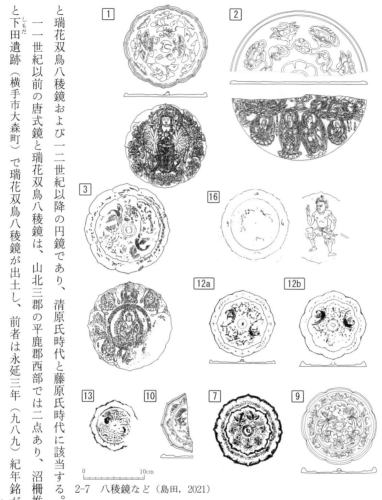

双鳥八稜鏡が、その他は大仙市中仙《なかせん》で前述の鏡像が毛彫りされた唐式鏡二点が出土した。秋田郡八郎潟右岸（八郎潟町）で一点と由理郡沿岸（にかほ市金浦）で二点の八稜鏡が出土した。郡制施行域外の米代川流域でも（能代市二ツ井町・鹿角郡小坂町）、二点の八稜鏡が出土し、前者が鏡像である。出土地点は清原氏の勢力範囲とおおむね重なっており、鏡の導入年代は清原氏の繁栄がもたらされていた時期と想定できる。在地手工業でつくれるものではないので、

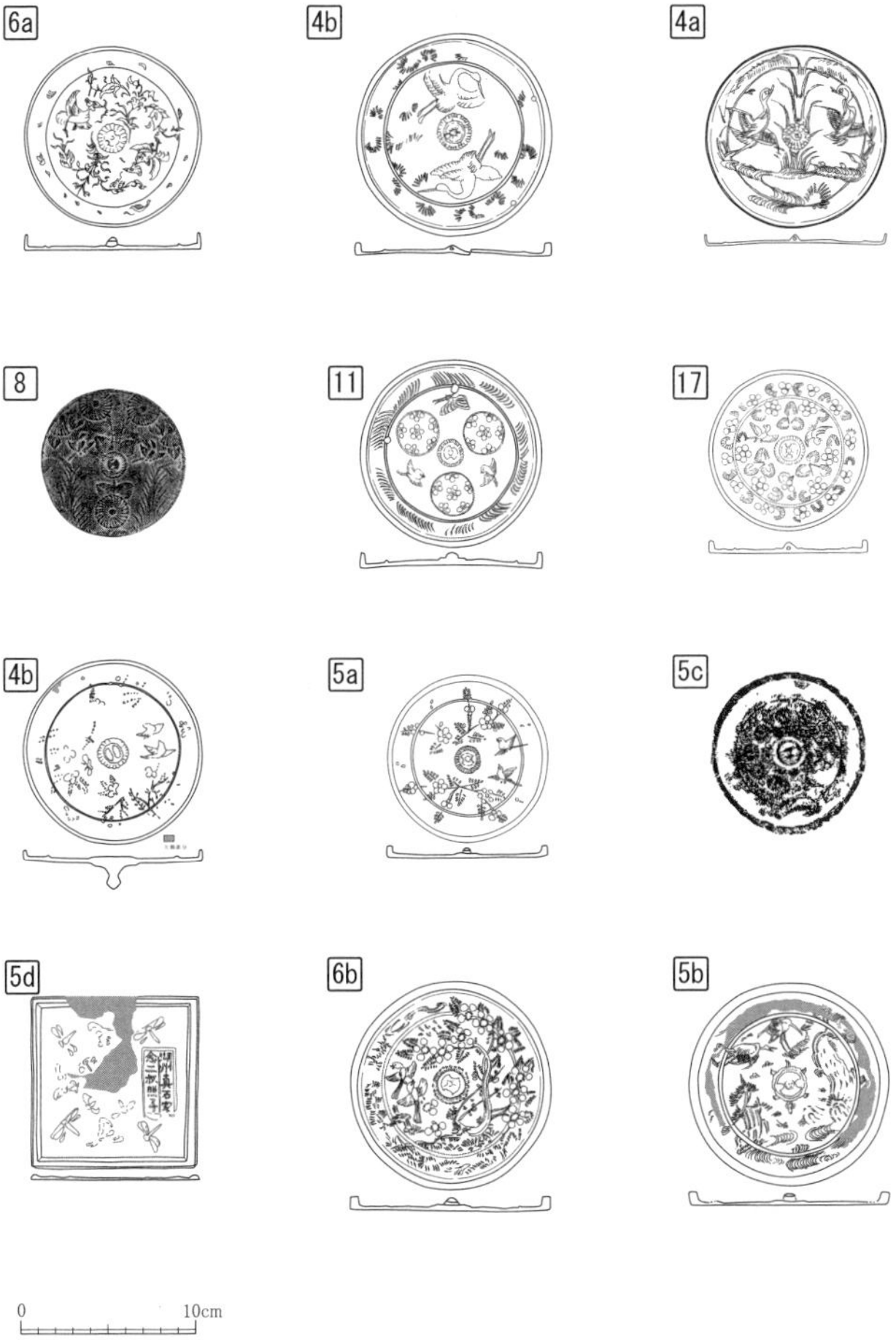

2-8　和鏡など（島田，2021）

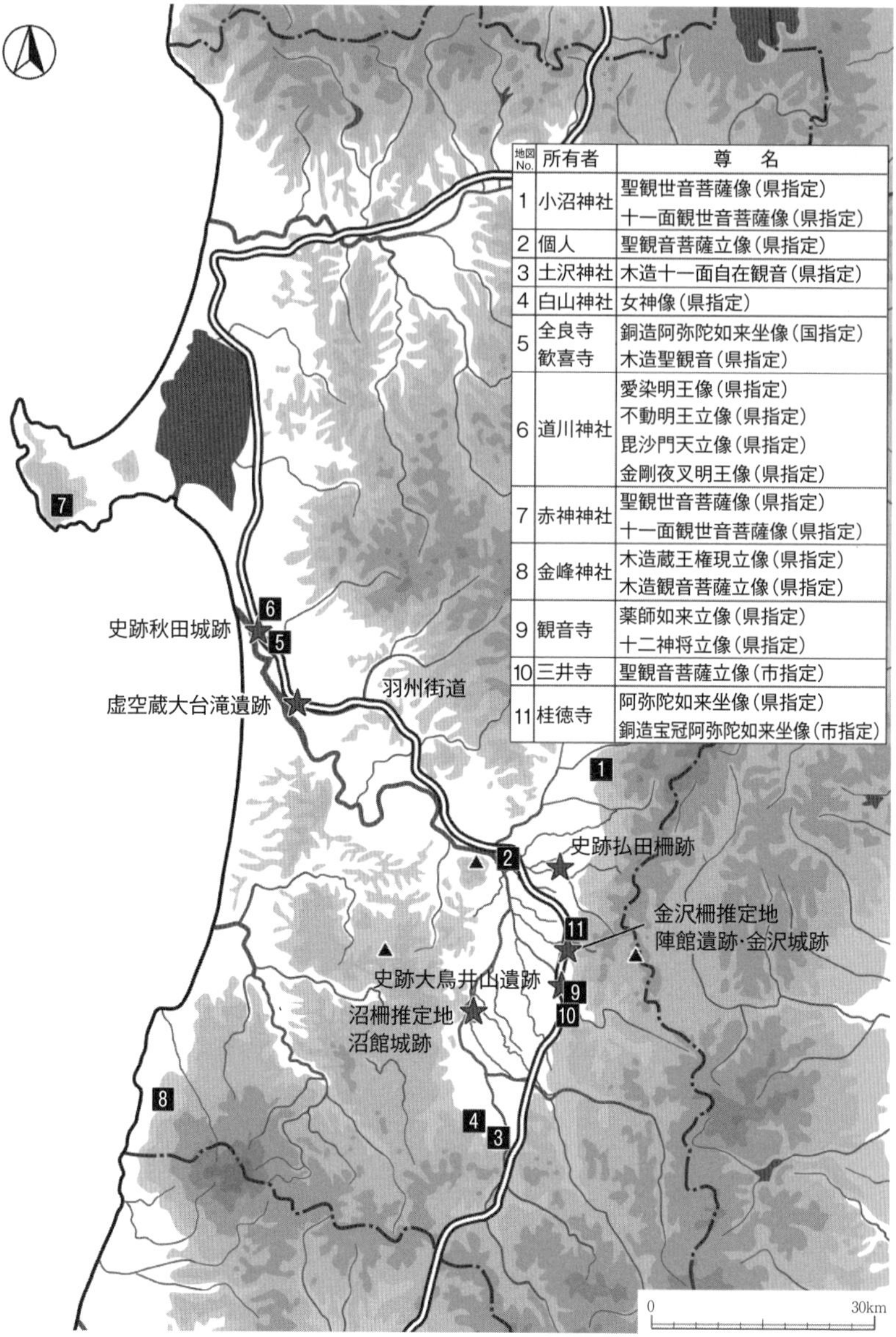

地図No.	所有者	尊　名
1	小沼神社	聖観世音菩薩像（県指定） 十一面観世音菩薩像（県指定）
2	個人	聖観音菩薩立像（県指定）
3	土沢神社	木造十一面自在観音（県指定）
4	白山神社	女神像（県指定）
5	全良寺 歓喜寺	銅造阿弥陀如来坐像（国指定） 木造聖観音（県指定）
6	道川神社	愛染明王像（県指定） 不動明王立像（県指定） 毘沙門天立像（県指定） 金剛夜叉明王像（県指定）
7	赤神神社	聖観世音菩薩像（県指定） 十一面観世音菩薩像（県指定）
8	金峰神社	木造蔵王権現立像（県指定） 木造観音菩薩立像（県指定）
9	観音寺	薬師如来立像（県指定） 十二神将立像（県指定）
10	三井寺	聖観音菩薩立像（市指定）
11	桂徳寺	阿弥陀如来坐像（県指定） 銅造宝冠阿弥陀如来坐像（市指定）

2-9　平安仏所在地（横手市教育委員会，2017）

一〇世紀後半～一一世紀の段階で、清原氏は畿内に鏡を発注できるだけの人脈と経済力を持っていたことになる。円鏡は日本独自のスタイルが確立したもので和鏡といわれる。経塚《きょうづか》から出土したものが大半を占め、全県的な広がりを見せるが、これは平泉藤原氏の時代に隆盛する。円鏡についても畿内で制作されたものがほとんどと思われるが、平泉では鋳型《いがた》が出土していることから東北でも生産されていた可能性はある。

平安仏は、山北三郡と秋田二郡、および由理郡で二〇軀が確認される。時期については平安時代末期（一二世紀）のものが大半である。その中でも金沢柵推定地隣接の桂徳寺《けいとくじ》の阿弥陀如来《あみだにょらい》坐像は、中尊寺金色堂中央壇および西北壇本尊像と共通する造形であるとの指摘があり（正次、二〇〇六）、多くの仏像は平泉藤原氏との関連によるものと思われる。清原氏時代である一〇～一一世紀の仏像は、山北三郡に五軀あり、山本郡北部で鏡像が二点出土した周辺に所在する小沼《おぬま》神社（大仙市中仙町）十一面観世音菩薩《かんぜおんぼさつ》像一軀と平鹿郡東部の大鳥井山遺跡近くにある観音寺の十二神将立像四軀が知られるのみである。いずれにしろ陸奥国奥六郡では仏像が多いのに対し、出羽国山北三郡では少ないことは確実である。陸奥国での鏡像は安倍氏勢力の北限域で出土するのに対し、出羽国では清原氏の本拠地である山北三郡を中心に出土している。さらに奥六郡では一〇～一一世紀の大規模な寺院跡が多く確認されているのとは対照的に、山北三郡内では大鳥井山遺跡と陣館《じんだて》遺跡で寺院とみられる四面廂建物があるのみで、大きな仏像と小さな鏡像が寺院跡の規模や数を左右している可能性はある。また、鏡像は仏像に比べ持ち運びやすい信仰の対象であり、清原氏と安倍氏では信仰面で差異があったのであろう。『日本三代実録』では、出羽国内に官寺である山本郡安隆寺《あんりゅうじ》や観音寺などが確認され、また一〇世紀後半には山本郡に天台別院があり、これらについては清原氏によって利用されていた可能性があるのではないかとの指摘もある（窪田、二〇一六）。一一世紀の鏡と仏像のあり方は、これまでの国家宗教と異なり、清原氏が独自に向き合ったかたちともいえるかもしれない。それが前九年・後三年合戦を通じて収斂し、

2-10　閑居長根経塚出土四耳壺と和鏡（横手市教育委員会所蔵，筆者撮影）

平泉藤原氏の時代になり仏像と円鏡の信仰が新たに陸奥出羽両国に同じように広がっていったものと思われる。

経塚は、仏教文化の産物であることから仏教寺院と密接な関わりがあり、東北地方では一二世紀以降に多くみられ、各地の地方豪族の支配領域と重なる傾向があるという（村木、二〇〇四）。出羽北半において全域に確認されるようになるのは、仏像と和鏡と同じように一二世紀に入ってからである。それでも山北三郡に集中しており、とくに横手市と美郷町にまたがる山本郡南部の金沢においては六地点で複数基の経塚が確認され、その特異差が際立つ（横手市、二〇〇六）。一字《いちじ》山《やま》経塚出土経《きょう》筒《づつ》には「仁安三年（一一六八）戊子二月　金兼宗」、閑居長根《かんきょながね》一号経塚からは一二世紀後半の須恵器系陶器四耳壺《しじこ》の耳に鏡を転用した蓋が銅線によって括り付けられ、その一つには「ミナモト」と針書きされていた。また二号経塚からは和鏡を蓋に転用した銅製経筒に「元久三年歳（一二〇六）次丙刀四月五日（梵字）本聖人引西　大檀越浄　金剛仏子念　覚軌尚寛福有良賢　金氏　施主源太夫」と刻書されていた。金沢のものは、「源」と「金」の共通姓があり、「金」氏は金沢の沢を略した源氏に関わる人物と想定される。また「金」姓は、前九年合戦でも確認でき、磐井《いわい》「金」氏と気仙《けせん》「金」氏の二つの系統がいるが（樋口、二〇一一）、清原武則の子清原武衡の勢力基盤が陸奥国岩城地方であるから、海道を通した繫がりがあるのかもしれない。平鹿郡西部の沼柵推定地周辺でも七ツ《ななつ》森《もり》経塚が群をなして確認されている。このほかに平鹿郡西部に観音寺廃寺跡と観音寺経塚（横手市大森町）、雄勝郡西部に白山神社（平安仏）と松岡《まつおか》経塚（湯沢市松岡）も宗教施設と経塚の関係がある。前者は、四基の経塚があり、久安五年（一一四九）銘の銅製経筒と太刀《たち》や一二世紀後半の須恵器系陶器甕に銅製経筒を納めていた。後者は四つの銅製経筒と須恵器系陶器が出土し、各経筒には、建久七年（一一九六）銘で、「山北雄勝郡松丘如□□　藤原女人」「本聖人　御尊前　慶大徳」「大工草賀部国清　寿永三年　大勧進□□　大壇尼殿　血縁之衆僧仲西　父僧永」と針書きがされていた。藤原女人からは平泉藤原氏との関係や、大工から作り手集団が想定される。いずれにせよこれら年代が一二世紀末葉の平泉藤原氏が文治奥州合戦に源頼朝《よりとも》に滅ぼされた後でも、藤原氏にゆかりのある人物が埋納行為を行っていたことがわかる。

総じて経塚の年代は一二世紀中葉～一三世紀前葉と考えられることから、平泉藤原氏の時代に経塚が構築され、それを維持できる人物がいたことになる。後三年合戦の終結から六〇年以上経過しているが、清原氏の柵（城・館）の立地は宗教空間と関わりがあり、藤原氏滅亡後も柵（館）がなくなった後でも仏像・経塚などを管理できるそれ相応の人物も顕在であった。

第三章　出羽国北半の城

1　「城」「柵」「館」の用語について

「城柵」は多賀城や秋田城など古代東北での中央政府の統治拠点、「柵」は前九年合戦・後三年合戦での安倍氏の鳥海柵や清原氏の金沢柵、「館」といえば平泉藤原氏の政治拠点である「平泉館」をイメージするだろう。この用語の使い分けは、すでに先行研究があるが、ここでは大まかな概念について整理していきたいと思う。

工藤清泰氏の一節を引用しよう（工藤、二〇二〇）。城は中国における「城郭」「都市」「城塞」などを源として、中国的概念の入った言葉で日本的音韻では「代（しろ）」（苗代・代田）のように区画性を有する構造物と捉えることができ、古代から中世を経て日本的空間構成を示す言葉になった。館は古く『和名類聚抄』では「たち」と訓まれ、「むろつみ」とも訓まれる。「たち」から「たて」への変化を「楯」から転化したものと考えると「軍営」の意味が強くなるが、「たち」そのものに「庁」の意味が内在しているところをみると、「楯」が本来的表記で、「館」の使用の拡大にともない「某館」につながったと考えることができるという。「たて」という音は現在でも「立」の文字を使って「結納立」「柱立（地鎮祭）」などで使用され、「ハレ」の場を強く意識した場面で使用する例が多い。一方の「むろつみ」に関する考察はきわめて少ない。「むろつみ」の意味を、白川静の『字訓』を参考にして考えると、「室（むろ）」＋「積む・集む（つむ）」に想定され、つまり室・窟という竪穴建物や倉庫群の集合体を表す語としての認識に至る。一般的に軍営という意味に解するが、日本的音意から受ける印象は住居ないしは同類の施設の集合体の感が強いし、「客人なり」とする意味を含めると客人をもてなすエリアと考えることもできる。集落は、「村」「邑」（群れを源義とする）の語をあてることが多いから、一般集落と「むろつみ」なる遺跡には相違が存在することなどを指摘している。

大平聡氏は『陸奥話記』や『奥州後三年記』などにみられる居館表記は、「城」「柵」「館」の三種類に使い分けをしていることに注目した（大平、一九九四）。大平氏の指摘した表記については、次のとおりである。

「城」は、その場所そのものを指す一般的用法で、金沢柵の記述では「城中」「城の中」「城の戸」などがあり、金沢柵が金沢城と記述されることを指摘した。中澤克昭氏は、平安時代末期の京都周辺では戦闘の際に防御施設が設けられると、そこは「城」と表記されることを指摘する（中澤、一九九四）。さらに中世後期以降は日常的に城として存在しているものが、中世前期（以前）では日常生活の場としてある「館」が戦闘などの臨戦態勢になると、城郭を構え「城」となるのである。城郭が構えられた場所は、「山岳」「道路・坂」「寺院・神社・坊」「館・屋形・住宅」「荘園・堀の内」ときわめて多様な場に構えられていたという。

「柵」は、地名に柵を単に付けたもので沼柵や金沢柵と聞きなれたもので、一般的用法として「沼柵を捨てて、金沢柵に移りぬ」「柵（金沢柵）をせむる事数日におよぶ」など書かれている。「柵」については、『陸奥話記』に安倍宗任の叔父良昭の居館が「小松柵」と書かれていたものが、『吾妻鏡《あずまかがみ》』では「小松楯」に、『今昔物語集』巻二五に安倍氏の柵である「厨川《くりやがわ》柵・嫗戸《うばと》柵・鳥海柵・石坂《いしざか》柵・河崎《かわさき》柵」がすべて「楯」から「柵」に、『朝野群載《ちょうやぐんさい》』巻一一所収資料は『陸奥話記』の原史料とされ、これも「楯」から「柵」に変化している。これは都では見られない構造物で「楯」という名称より、その機能と形状を端的に表す用字として『陸奥話記』の作者が「柵」を選択したのではないかという。金田一京助編『大字典』では「柵」の読みはサク・ヤライ・マセガキで、字源は「竹木を編みて作りしヤライ」（竹または丸太を組んで、人が通れない程度に粗く作った、臨時あるいは応急の柵）と書かれている。

東北地方の古代官衙遺跡には「城柵」と呼ばれるものがある。これは中央政府が蝦夷や柵戸《さくこ》などの移民の支配統括を目的として設置された軍事・行政施設で、存在期間は七世紀後半〜一〇世紀である。城柵は段階的に北進し、設置後に郡が建てられ、その地域では国郡制と城司制による地方支配が行われたと推定されている（文化庁、二〇一三）。飛鳥時代後半から奈良時代前半にかけて中央政府が地域統治のため置いた施設は、日本海側が岩船柵《いわふね》と渟足柵《ぬたり》（新潟県）および出羽柵（山形県・秋田県）で、太平洋側は郡山遺跡や多賀《たが》柵など、「地名＋柵」という表記が用いられた。八世紀中頃になると多賀柵から多賀城へ、出羽柵から秋田城へと表記変化が起こり、これ以降に設置された雄勝城・伊治《いじ》城などは城表記となる。大平氏は中央政府の国家的施設の名称として確立したことで、東北地方の在地勢力の居館に対し「某城」という呼称を用いることは公家の立場から認めなかったし、中央政府との関係なしには権力を発揮できなかった在地勢力は中央政府と対等に「某城」と称することはできなかったという。

これらのことから「柵」は、区画施設そのものの名称から柵（サク・ヤライ）と考えられるが、土木普請《ふしん》によって造られた「城」の縁に、木を重ね廻すと「柵」に、木の盾で交通遮断をすると「楯」に呼び名が付けられたのであろう。それを包括して「城」ともいうのであるが、政治的主観によって判断されていることも注意が必要である。

「館」は、地名・人名＋館で、「真ひらが館（たち）」や「金沢のたて」に限定され、使用頻度が少ないのが特徴であり、明らかに「城」と「柵」と使用例が異なり、普通に使用することができない特殊な語と指摘されている（大平、一九九四・入間田、二〇一〇）。金沢の場合は、『後三年合戦絵詞』で「たて」と書かれるが、これが「館」か「楯」かにより、その意味は大きく異なる。「館」については古代城柵の国司館にその系譜が求められる。古代東国では、国衙の中枢をなす国庁が一〇世紀後半に衰退するが、九世紀後半から国庁とは別の場所に国司の館（土塁や堀を巡らせない）を核とした地区が形成され、政治・経済・文化の中心となる一方、集落においては九世紀中葉〜後葉には独立した屋敷地が形成される。沖積地に立地して、周囲に耕地を持つことが一般化し、有力層は掘立柱建物・井戸・倉庫・畑・溝などを備えた方半町ほどの屋敷地を持つことが、「館」の成立の起点であるという（坂井、一九九四）。

東北の古代城柵には、中心となる政庁とその外側の曹司《ぞうし》域（外郭）をそれぞれ区画施設で囲む二重構造を基本とし、さらにその外側（外周郭）を区画施設で囲んだ三重構造の例もある（村田、二〇一六）。政庁と曹司域は国衙として政治の中心であったが、一〇世紀になると衰退することが確認されている。多賀城では国司館は九世紀前半から確認されているが、九世紀後半以降は多賀城外の沖積地内に、計画的な地割の中に方一町の館が配置され、ある程度継続して使用され、政庁とは別の場所に国司館を中心とした広い空間が形成されていた。東国では律令期には官衙と集落が明確に分かれていたのに対し、九世紀後半は律令体制が衰退に向かう時期で、ふたつの区別が解消され共通した屋敷地が生まれる（坂井、一九九四）。多賀城下の国司館と一般集落である一之《いちの》口《くち》遺跡（新潟県上越市）の有力層の屋敷の構成は共通であり、両者の区別はその規模と灰釉《かいゆう》陶器などの出土遺物の格差に表れているという。さまざまな「館」が現れるのが平安時代中期から後期にかけての時期であり、ここに清原氏の成立過程を考えるヒントがある。

このように「城」「柵」「館」の用語の使い分けにこだわると、それだけでひとつの論文となってしまうので、ここではそれに固持せず、臨機応変にその時々の状況に応じて、使い分けていくことをご容赦願いたい。

2　日本列島史における城（柵・館）

これまでの城（柵・館）の歴史は、弥生時代の環濠《かんごう》集落や高地性集落に始まり、古墳時代の豪族居館や王宮、飛鳥時代から奈良時代を経て平安時代前期に設置された古代都城と国府・郡衙、さらに北部九州から畿内にかけて古代山城と東北越後の古代城柵などが律令国家により設置されてきた。律令国家から王朝国家への流れの中で地方官衙体制が政庁から国司館へ移り、地方豪族が勢力を拡大していったことは想像できるが、全国的には平安時代後期の状況については、遺跡の発掘調査事例が少ないことから不明な点が多い。一方で、東北地方では古代城柵官衙遺跡（七世紀後半〜一〇世紀後半）から、北東北の古代区画集落（一〇世紀〜一一世紀）および安倍氏の鳥海柵跡や清原氏の大鳥井山遺跡など（一〇世紀後半〜一一世紀）を経て、平泉藤原氏の館である柳之御所《やなぎのごしょ》遺跡（一二世紀）に至る流れがある。

大鳥井山遺跡は、前九年合戦（一〇五一〜六二）と後三年合戦（一〇八三〜八七）に関わる清原氏の遺跡であり、両合戦には河内源氏をはじめとして東海・関東などから多くの兵が参戦している。当然、この戦いの中で大鳥井山遺跡（『陸奥話記』では大鳥山と記載）や鳥海柵など安倍・清原両氏の柵を目の当たりにし、巨大で堅固な防御を仰ぎ見たはずである。大鳥井山遺跡の構造は、東北では藤原氏の柳之御所遺跡（『吾妻鏡』では平泉館）や福島県会津《あいづ》坂下《ばんげ》町の陣《じん》が峯《みね》城跡（『玉葉《ぎょくよう》』では藍津之城）と類似し、自然地形を活かした土塁と堀などが清原氏的な区画施設として影響を及ぼしていた可能性がある（中村、二〇〇〇）。しかし、関東などにおける一二世紀の城（館・柵）の様相は現在のところ不明な点が多く、鳥坂《とっさか》城（新潟県胎内市）や金砂《かなさ》城（茨城県常陸太田市）など一二世紀末葉〜一三世紀の城との関係も不明確である。全国的には元弘二年（一三三二）・正慶元年（一三三二）に築城されたとされる千《ち》早《はや》城（大阪府千早赤坂村）が有名であるが、直接的なつながりはない。

東北地方のこれらの城（柵・館）は一二世紀以前、つまり鎌倉幕府成立以前のものである。日本列島史的にみれば、一二世紀中頃には保元《ほうげん》の乱・平治《へいじ》の乱といった戦乱があり、武士が世の中を動かし始めた時期であった。一一〜一二世紀の東北地方の戦いでは籠城・城攻めといった集団行動により組織的な防衛・攻防を行ったことが想定され、戦国時代を思わせるような戦闘が実際に起こり、城館の実態が関東や畿内近国、そして西国とは異なっていたことが指摘されている（齋藤・向井、二〇一六）。関東地方以西では、このような城館がまだ十分に確認できておらず、城館造りにおける東北地方の地域性は列島の城館史の中でも特筆に値し、アジアの中での地域性と捉えておきたいと齋藤氏はいう。

鎌倉時代から南北朝時代も不明な時代であるが、近年の発掘調査事例から、都市などに居住する領主が遠隔地にある所領を支配するため、役所のような機関が方形館の様相で構えられていたということが指摘されている（齋藤、二〇一六）。また、前述の中澤克昭氏のいうように中世前期は、日常生活の場としてある「館」が戦闘などの臨戦態勢になると、城郭を構え「城」となることもあわせて考えなければいけない状況となっている。さらに山岳寺院と城館が密接な関係を持ち、臨時の戦闘時に山に駆け込むことが「山城」であり、それがのちに防御機能を駆使した中世後期でいう山城となることも考えさせられる。

3　一〇世紀以降の出羽国国政

天慶二年（九三九）に反乱軍と秋田城軍との合戦、さらに秋田郡家の官倉の稲が奪い取られるなど、一〇世紀以降も度重なる俘囚との戦いが報告されている。背景には、この時期に中央政府が統制を緩めて国司に大幅な権限を委譲したことで、受領（国司）が国の支配を自分の裁量でできるようになったことがあった。これにより秋田城司である出羽城介が国府から相対する独立した権限を持つようになり、受領である国守の権限の一部が秋田城司（出羽城介）に委譲され、いわば実質的な受領として蝦夷支配を行うという新たな体制が成立していったと考えられ、同時に在地有力氏族に郡を治める権限移譲がなされたのではないかと指摘されている（遠藤、一九八六）。一〇世紀以降の国政では、その頂点に位置する受領国司が数年おきに交代するのに対し、在庁官人らは国衙を拠点に活動する在地氏族として世襲的に、その地位を守っていくようになり、受領の権威のもとにその居館＝「館」を拠点に結集する「館」の者と、在庁官人らの活動拠点である国庁に結集して在地勢力の権益を確保する「国」の者が形成されていったという指摘がある（鐘江、一九九四）。山北三郡では町屋敷遺跡が後者の「国」の者で、その他の遺跡は前者の「館」の者ということになる。一〇世紀後半に成立する大鳥井山遺跡の主は、この双方を取りまとめ、勢力拡大していったのであろう。

一〇世紀中葉以降、律令制が施行されていた北緯四〇度以南の遺跡の状況は、集落自体が極端に少なくなり、廂付の中心建物と倉庫などからなる拠点集落に集約される。竪穴建物跡の検出例も少なくなり、それに付随するカマドもなくなり、地床炉《じしょうろ》となる。さらに土器（土師器）自体も出土しなくなる傾向がある。これは煮炊きが鉄鍋を利用するなどの変化や土器に代わって木器などを利用したことも考えられる。拠点集落から大鳥井山遺跡や虚空蔵大台滝遺跡のような柵・土塁・堀を持つ館に変化していくことは、集落の激減とあわせ、集落自体もこの館内に取り込まれる可能性も考慮に入れる必要があるだろうか。一方、北緯四〇度以北では、前代から続くカマドを持ち竪穴建物を主体とする集落が依然として確認され、土器（土師器）も使用されているなど違いがある。青森市にある高屋敷館《たかやしきだて》遺跡に代表されるような古代区画集落は、北東北で一〇世紀後葉～一一世紀中葉にかけて居住域を堀や土塁で区画するもので、これらは囲郭集落・防御性集落・環濠集落・区画集落などと呼ばれるが、その立地や構造は多岐にわたっている。区画施設を巡らせる構造的特徴や時空的な連続性から、鳥海柵跡や大鳥井山遺跡との関連について既往研究で議論されているが、区画施設内の面積や二重区画や場の使い方、櫓状建物など防御機能の格差など、共通点より相違点が多く、堀の系譜など直接結びつけるのは難しいとするが、今後の調査の進展で再度検討すべきという指摘がある（岩井、二〇一九）。

4　ロクロ土師器（かわらけ）の意義

ロクロ土師器（かわらけ）は、ロクロを利用してつくられた素焼きの土器である。古墳時代以来、手づくねでつくられた土師器は、平安時代からロクロを使用するものが出現する。坏（椀）・高台坏（椀）・皿などの伴膳具と壺・甕などの貯蔵具がある。一〇世紀前後から坏（椀）は大小の違いが認められ、徐々に法量分化が明確になっていく。一〇世紀中葉以降、土器の出土例が極端に減る一方で、供膳具が土坑や包含層などから一括出土の例が主体となってきており、日常什器《じゅうき》というより祭祀や儀礼などで扱われる非日常什器となっている可能性が高い。土器の一括廃棄事例は、多賀城跡をはじめとする古代城柵官衙遺跡などで多くみられ、その用途は宴会儀礼にともなうものとされ、食膳具の主体は別の材質に転換したとの指摘がある（村田、一九九五）。また一〇世紀から顕著になってきた宴会儀礼や宗教儀礼などの廃棄儀礼は、「儀器」として土器が機能していたことを示し、豪族層の居宅ないし、官衙遺跡、そして前九年・後三年合戦や平泉などの関連遺跡でしか出土しないことも指摘されている（飯村、二〇〇四）。これら舞台にいた「つわものたち」の宴会とは、合意形成や上下関係を確認する場であった。上下関係は席次によって表され、その序列を参加者全員で確認し合うことから、当時の政治そのものであったという（八重樫、二〇一五）。出羽北半に限れば、大鳥井山遺跡や虚空蔵大台滝遺跡がそれにあたり、前者では一五〇年にもわたって宴会儀礼が行われ、多くの武士が集った当時の出羽国最大の政治拠点であったと考えられるのである。

5　出羽国北半の城柵と館（城・柵）

秋田城跡と勅使館跡

秋田城跡は秋田市寺内《てらうち》・将軍野《しょうぐんの》・土崎港《つちざきみなと》にあり、指定面積は約八九万平方キロである。外郭の区画施設で囲まれた範囲は、東西・南北ともに約五五〇メートルで、平面形は北西の一部を欠く不整方形である。外郭の中央に政庁域があり、その周囲には行政や軍事など、古代城柵としての基本的な機能に加え、居住施設・生産施設の機能や外交・交流（交易）施設としての特徴的な機能も付加されている。日本最北の古代城柵であり、天平五年（七三三）に秋田「出羽柵」として創建、天平宝字年間（七六〇年頃）に秋田城と改称、政庁域は一〇世紀中葉まで存続したとされる。奈良時代には出羽国府が置かれていたとされ、近年は対大陸外交や対北方交易の拠点としての役割が注目されている（伊藤・五十嵐、二〇一一）。

城柵の機能は一〇世紀後半に失われ、城内では一一世紀以降に該当する主要な遺構も確認されていないという。出土遺物からみれば、寺院とみられる鵜ノ木《うのき》地区で一一世紀前半までのロクロ土師器（かわらけ）が出土している。

史料上では一〇世紀後半以降、『魚魯愚鈔四』康保四年（九六七）に「秋田城介を以て出羽守に任する例」、『陸奥話記』永承六年（一〇五一）に「出羽秋田城介平朝臣重成を前鋒と為す」『吾妻鏡第二十三』建保六年（一二一八）に「出羽城介藤景盛」など出羽城介（秋田城介）に関わる記事がある（秋田市教育委員会、二〇〇八）。出羽城介は、宣旨をもって任命される勅任相当の官職であり、鎮守府将軍と共に現地に赴任する受領官相当の官である。

古代城柵秋田城が廃絶以降も、国衙の拠点であった秋田城が存在しており、その有力な候補地として秋田城跡南大路の羽州《うしゅう》街道を挟んだ南側丘陵地に未調査の「勅使館《ちょくしだて》」地区がある。小河川寺内川を挟んだ比高差約二五メートルの場所がそれであり、土塁と堀が存在することから中世城館ではないかとされてきた。頂部には主郭とみられる平坦地があり、その南側には高さ一メートルの土塁が巡り、その直下には堀、さらに外側には堀割りを有する高さ三メートル規模の大きい土塁が確認されている。主郭の北側には寺内川に向かって数段の平場があることから、こちらも土塁と堀が存在する可能性はある。

2-11　秋田城跡と勅使館跡（横手市教育委員会，2017）

さらに西側にはやや小高い郭があり、他にも複数郭の存在が考えられる。

近年の調査研究によって、古代後期から中世前期にかけてのロクロ土師器（かわらけ）や貿易陶磁器、そしてそれに関わる遺構が、勅使館跡の北側や古代秋田城跡の南側から集中して出土していることから、古代後期の館の存在が検討されるようになってきている。秋田城は古代城柵であり、勅使館は館（柵・城）と考えられるのである。

払田柵跡

払田柵跡は、大仙市払田・仙北郡美郷町城回に所在する山北三郡で唯一確認されている古代城柵である。遺跡の立地は沖積地内の残存丘陵である比高差約二三メートルの小高い真山《しんざん》と約一五メートルの長森《ながもり》からなり、長森に政庁が置かれていた。創建期の払田柵は、長森と真山を外柵で囲み、東西一三七〇メートル、南北七八〇メートルと東北最大級の規模であり、政庁を含めると三重構造であった。政庁や外郭は一〇世紀後半まで改修されているが、外柵は行われず、九世紀後半以降は外郭が遺跡の範囲となっていた。外柵の年輪年代測定の結果、延暦二十年（八〇一）であることが明らかになり、払田柵跡が奈良時代に創建された雄勝城ということは否定されることとなった。

払田柵とは、立地する字名から付けられた名称で文献には登場せず、雄勝郡にあった雄勝城説、秋田城の停廃により出羽国府を移転した河辺府説（新野・船木、一九九二）、平安時代に北進した第二次雄勝城説（熊田、一九九七・鈴木、一九九八）などの学説がある。近年、平鹿郡西部の沼柵推定地でもある造山《つくりやま》遺跡群から、奈良時代の建物や瓦・硯《すずり》など遺物が集中して確認されているのに加え（島田、二〇一九）、「駅家」の墨書土器などが出土したことにより、この地域が古代城柵である可能性も高くなってきている（高橋、二〇二〇）。前述のとおり、平鹿郡西部が考古学成果により横手盆地での最も古い開発拠点といえる。その中で造山遺跡群の年代は、八世紀中葉〜後葉の時期が飛びぬけて多い。横手盆地の古代城柵と言えば雄勝城なのだが、ほぼ同時に陸奥国に造られた城柵に、桃生城（宮城県石巻市）と

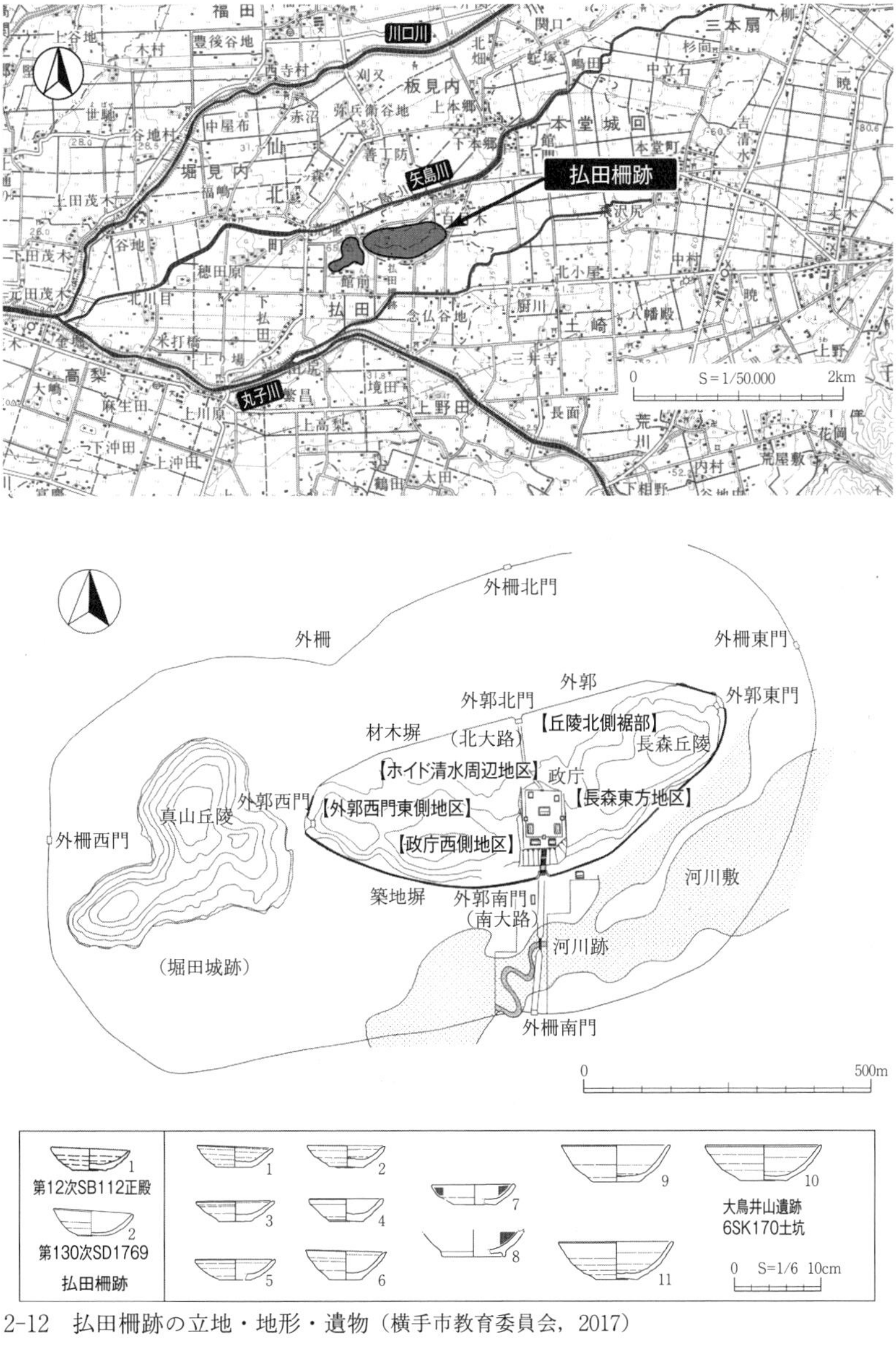

2-12　払田柵跡の立地・地形・遺物（横手市教育委員会，2017）

伊治城（宮城県栗原市）がある。造山遺跡群の地形は段丘両側を河川によって削り取られた島状段丘となっており、沖積地内で浮かんでいるようにも見え、伊治城の立地と類似している。飛鳥・奈良時代の代表的な在地集落である釘《くぎ》貫《ぬき》遺跡が所在する大字は東里《とうさと》で、造山から見ての東の里（郷）、同じく東槻《とうつき》集落も同様に東にある築地を示唆しているのかもしれない。この地区では丸瓦と平瓦、円面硯《えんめんけん》と風字硯《ふうじけん》など城柵と関わりが深い遺物が、また搬入された須恵器や土師器も出土している。横手盆地での八世紀の須恵器窯は平鹿郡西部の末館《すえだて》窯跡と東部の竹原《たけわら》窯跡であるが、竹原製品は広範囲の集落で確認されるのに対し、末館製品は現在のところ造山遺跡群周辺でしか確認されていない。末館窯跡の操業年代は八世紀中葉と考えており（島田、二〇〇五）、天平宝字三年（七五九）の雄勝城の築城と雄勝・平鹿両郡設置以前には、雄勝（村）が造山遺跡群周辺にあったと思われる。雄勝城が雄勝郡になければならない批判に対しては、山北三郡（横手盆地）を当初は雄勝と呼んでいたこと、天平五年（七三三）の雄勝村が造山周辺にあった可能性が高いこと、河川流路によって郡域が移動し、当初雄勝郡であった場所が平鹿郡になっている可能性もあること、末館窯跡が昭和三十年代まで雄勝郡に含まれる場所にあることなどが解決方法と思われる。

それはさておき、払田柵内の場の利用は、長森の中央部には政庁、東側には官衙域、西側には工房域が置かれていた。近年の調査では、真山は一〇世紀中葉～後葉にかけて墓域になっていることや外郭南門を挟んで沖積地内にも官衙域が置かれていたことなどが明らかになってきている（吉川、二〇二〇）。区画施設は、政庁が方形プランの板塀、外郭が築地塀と材木列塀から材木列塀へと変化する（伊藤・五十嵐、二〇一一）。最近の区画施設での発見といえば、外郭南東側の沖積地内に幅約四メートル、深さ四〇センチの大溝跡が確認されたことである。一〇世紀前半の十和田湖の噴火による火山灰降下以後は浚渫《しゅんせつ》されず、一〇世紀の洪水堆積物によって埋没するという。

払田柵の政庁域が最も拡大する一〇世紀前半以降の南側から見た景観は、これまでの調査成果から次のようにイメージする。「右（東）側に平坦な長森と左（西）側に小高い真山がある。長森の石塁に囲まれた外郭南門をくぐり、石段を見上げると規模の大きい前殿が東西に並立し、その間に政庁南門があり、周囲は板塀で囲まれている。その中に入ると広場となっており、正面に主殿、両脇に脇殿がある。石塁から連なる外郭は、地震による築地土塀の崩壊により基壇部分だけが残り、土塁のように高まっている。その上面中央部には布掘り溝があり、材木列塀が構築されていた。櫓状建物は材木塀を跨いでいた。この外側の沖積面には、材木塀に沿うようにやや窪んだ大溝があるが、今はその機能を失っている。やや小高い真山では頂部付近に火葬墓が構築され、宗教空間のようだ」とイメージできる。

次に大鳥井山遺跡の最終段階である一一世紀後葉の東側から見た景観は同様に「右（北）側に平坦な小吉山と左（西）側に小高い大鳥井山がある。羽州街道とつなぐ細い道を進めば、正面に櫓状建物が見えてくる。さらに進むと土橋があり、その上に門がある。その両袖には大規模な土塁と堀が二重に構築され、土塁上には逆茂木《さかもぎ》が設置されている。堀は深く土橋と櫓状建物との間は内堀で土橋がないので、木橋のようなものがあったであろう。櫓状建物内への入口であり、門によって管理されている。門の両袖は布掘りの間隔のある丸太材列が垣根のように地形に沿うように巡っている。櫓門を抜けると平坦な空間があり、兵舎や倉庫が立ち並んでいるが、中枢域ではない。主の館を目指すためには、さらに右奥に進まなければならない。城内を北に進めば、また堀と土塁、櫓状建物と丸太材列という区画施設があり、防御性を高めている。やや小高い大鳥井山にも二重の土塁と堀が構築されている。その頂部には、桁行五間に四面に廂がある寺院と見られる荘厳な建物が象徴的に建っている」とイメージする。

これまで清原氏の本拠地である大鳥井山遺跡やその系譜である柳之御所遺跡の区画施設が築地塀や角材列ではなく堀に変化した理由については、構築技術と費用、そして時間がかからないことや、治安が悪化し堅固な囲郭施設が求められた社会情勢が背景にあるという（八重樫、二〇一五）。払田柵跡と大鳥井山遺跡の景観については、外から見る限り類似しているが、区画施設としての払田柵跡の材木塀列と大鳥井山遺跡の柵（丸太材列に横矢掛けか）には違いはあるが、秋田城跡の最終段階の区画施設が一本柱列であることから、大鳥井山遺跡が同じ柵の機能を有していたことが想定される。大鳥井山遺跡の柵は台地縁辺部と土塁上に柵を構築しているが、払田柵跡と秋田城跡のものは双方とも外郭築地崩壊の上面中心に材木塀列もしくは一本柱列を構築していることから、これらは同じように見えたのであろう。大鳥井山遺跡の大規模な二重の土塁と堀については外側を大きくつくり直していることから、こちらは前九年合戦から後三年合戦の間に防御性を強化したものと思われる。払田柵跡と秋田城跡にも前述した外郭の外側に溝跡があり運河などさまざまな説があるが、これは築地土塀崩壊後に、その上に構築された柵（一本柱列）などの区画施設を設置するために、必要な土を取った土取り溝である可能性は高いと思われる。そうだとすればメンテナンスの必要はないといえ、放置されていた理由となる。いずれにせよ外からは土塁と堀のように見えたのであろう。

虚空蔵大台滝遺跡

秋田市河辺《かわべ》豊成《とよなり》字虚空蔵大台滝に所在する。平成十四年（二〇〇二）に秋田空港アクセス道路整備にともない発見され、発掘調査により清原氏の柵ではないかと考えられた遺跡である。山城であることから当初は中世と想定されたが、調査の結果、平安時代にも使用されていたことが明らかとなり、清原氏の館（城・柵）の立地や構造など多くの情報を提供した重要な遺跡となった（秋田県教育委員会、二〇〇七）。その総長は東西五〇〇メートル、南北九〇メートルの範囲にあり、面積は約四万平方キロである。遺跡は生産に関わるⅠa期、斜面中腹に仏堂が構築されたⅠb期、仏堂を堀の排土で埋め、大規模な土塁と堀が構築されたⅡa期、館としての機能が停止したⅡb期、最後に墓域として利用されたⅢ期という時代区分がされている。Ⅱa期の大規模な土塁と堀を構築した館（城・柵）の出現には、一一世紀後半の前九年合戦や後三年合戦に関する歴史的背景があるとされ、Ⅱa期の臨戦的な築造作業は、遺物の年代観と遺構の関

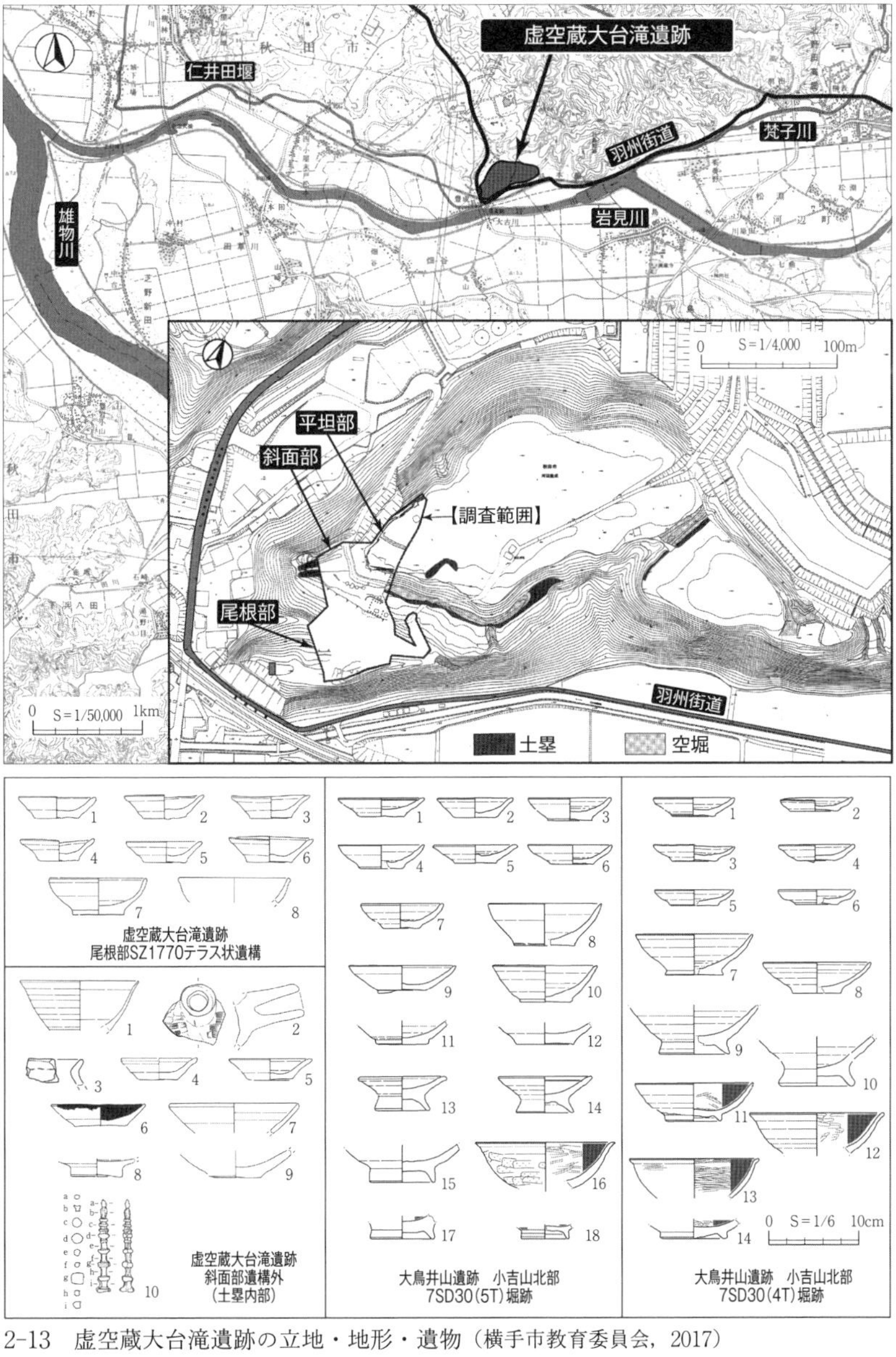

2-13　虚空蔵大台滝遺跡の立地・地形・遺物（横手市教育委員会，2017）

係から、秋田県域を巻き込んだ後三年合戦頃の様相を伝えるのではないかとする（利部、二〇一一）。

遺跡の立地は、御所野《ごしょの》段丘地の南東に突き出た平坦な場所を利用し、南西側と南東側には沢が大きく入り込み、三つの郭をなしている。沖積地からの比高差は、中心郭平坦部で三五メートル、南西郭で約二〇メートルである。河川は岩見川が遺跡南側を西流し、雄物川と合流する。同様に羽州街道が遺跡に沿って東西に延びている。発掘調査は遺跡面積の六分の一ほどであったが、地形が残っており次のように説明できる。中心郭である菱形の平場では、土塁をともなっていない東西に横断する直線的な大溝で二つの場に区割りしており、これは大鳥井山遺跡小吉山東部でも確認できる。羽州街道から見える南側には平坦部縁辺に柵（布掘溝跡に一本柱列）と櫓状建物を構築しているのに対し、北側は崖のため手を入れていないのも大鳥井山遺跡と共通する。平坦部では多くの柱穴が確認され、建物の存在が考えられるが、中世の遺構も多く含まれていると思われる。斜面部は平坦部と沖積地の比高差があるため、切岸《きりぎし》を構築し下方に堀を掘り、切岸と堀の排土で堀の外側に土塁を構築するという大規模なものであり、防御に特化した構造である。大鳥井山遺跡とは土塁と堀の構築方法が同じであるが、違いは虚空蔵大台滝遺跡では高い所に柵（城・館）が設置されたため中世城郭のような切岸を設けていることである。それ以前のこの場所は雛壇のような段状地形であり、これは大鳥井山遺跡や金沢柵推定地でも確認される。南西郭では尾根から北側斜面部にかけて段状地形が造成されている。斜面部の遺構変遷は、段状地形の造成→仏堂の構築→切岸・堀・土塁の造成となっている。

次に時期別の特徴について述べていきたい。Ⅰａ期の生産遺構に鍛冶炉《かじろ》や焼土遺構が確認されているが、大鳥井山遺跡でも水はけを意識した蹄《ひづめ》状溝跡遺構やフイゴ羽口《はぐち》が確認されている。出羽の古代城柵では生産施設を付随するのが特徴であり、古代後期に清原氏関連遺跡でもその機能は保持されていた可能性を示すものである。

Ⅰｂ期に斜面部で検出された掘立柱建物跡は桁行五間に梁行四間の東西棟建物で、柱掘り方は円形で長軸八〇センチ、深さ七〇チセンと規模の大きいものである。その一部から箸と木屑が出土し、地鎮が行われた特殊な建物で、また近くから銅製小塔も出土していることから仏堂と想定されたのである。銅製小塔は、中国で造られた銭弘俶塔《せんこうしゅくとう》の相輪《そうりん》の可能性を指摘している（山口、二〇一九）。平安時代後期に日本で数例の出土例があり、仏塔の象徴である相輪塔を保持していたことは、鏡像や八稜鏡とともに清原氏の信仰と地縁による購入財力を考えるうえでも注目に値するものである。また、仏堂と考えられるこの建物の石敷き部分より転用硯として用いられた灰釉陶器が出土した。これは東濃産明和二七号窯式であり、一一世紀第3四半期を中心とする年代であることが確認された。また、南西郭では地鎮のため供えられたロクロ土師器（かわらけ）の小皿がまとまって出土し、同様のものが石敷き部分より出土しているため、仏堂と土器の年代が定まったとみるべきで、前九年合戦から後三年合戦の間と考えられる。

仏堂とされる建物は、柱間寸法から身舎《もや》が土台建物であるとするならば、桁行三間に梁行二間の四面に廂のある建物の可能性がある。大鳥井山遺跡や陣館遺跡でも館（城・柵）の南西側の郭（場）に、四面に廂がある建物が存在していることから、清原氏に関わる館内には、仏堂を伴う宗教空間があったと考えられるのである。

Ⅱa期は、館（城・柵）の防御機能が強化され、堀と土塁の区画施設が大規模になった時期である。切岸の上にあたる平坦部縁辺の溝跡は四回以上造り替えられ、布掘り溝に一本柱を入れ、横矢掛けを入れたと思われる柵が櫓状建物とともに存在したと思われる。遺跡の中心域は未調査であるが、調査を行った南側では、このような区画施設と南西側に沖積地と館を結ぶ土塁上の高まりが残る虎口《こぐち》も確認され、遺跡の防御機能の最前線の様相を知ることができたのである。仏堂と思われる建物をつぶしてまでも、高い切岸をつくり、大規模な堀と土塁を構築せざるを得ない時期とは、後三年合戦しか考えられず、これまでの防御機能とは異なり相応の軍事力と防御を必要とする緊張感がある。出羽国山北清原氏の館に構築された柵としての特徴ではないだろうか。

第四章 清原宗家の本拠地大鳥井山遺跡

1 宗家たる由縁

平成二十二年三月二日、『朝日新聞』全国版に「山城の出現、二百年遡る」と大きなキャッチフレーズが掲げられ、続けて「十一世紀の秋田大鳥井山遺跡　規模、全国の山城に匹敵」と書かれ大きな話題となった。発掘調査成果と出土遺物の再整理により一〇世紀後葉～一一世紀を通して、大鳥井山遺跡は館（城・柵）として約一五〇年間機能していた。『陸奥話記』では、出羽山北俘囚主清原光頼と大鳥山太郎頼遠が大鳥山の主として登場する。日本列島史において、一一世紀という遺跡の非常に少ない時代に、歴史上の人物の館（城・柵）とその内容を具体的に知れる遺跡が明らかにされ、横手市で初めて国指定史跡となったのである。

一一世紀という時代は、前九年合戦と後三年合戦で安倍氏・清原氏を介して陸奥国司の源氏が武士の棟梁《とうりょう》として成長し、一二世紀には平泉藤原氏や平氏と覇権を争って、鎌倉幕府、つまり武家政権を樹立するという面で、武家政権が確立するうえでも大変重要な時代であった。さらにいえば、東北地方は古代から中世成立期まで連続して遺跡が存在し、国家と北方社会とのちょうど接点に位置するという歴史的地理的環境を包括し、一貫して城・柵などと呼ばれた軍事的施設が存在し続けた地域で、日本列島史では他にないきわめて特異な歴史を持っている。この間に城という軍事施設が発達・変遷・展開して、武士が成長する下地がつくられていったのではないかという指摘がある（坂井、一九九四）。その中でも、出羽国山北三郡は城（館・柵）の連続性を検討するうえでも非常に重要な位置づけといえ、清原氏の館（城・柵）である大鳥井山遺跡は、古代と中世を結ぶ非常に稀で貴重な遺跡といえるのである。

大鳥井山遺跡が清原宗家の本拠地たる由縁は、出羽山北俘囚主清原光頼とその長子たる大鳥山太郎頼遠の存在である。光頼は康平五年（一〇六二）に、前九年合戦膠着の際に、源頼義から安倍氏追討の要請を受けるが、なかなか承諾しなかったとされる。最終的には承諾するのであるが、自らは動かず弟の清原武則に安倍氏追討軍の総指揮を委ねたのであった。清原軍は出羽国から一万余りの軍勢を編成した。清原氏の直接の勢力域は、山北三郡と秋田・河辺二郡であるため、その動員であるならば、光頼は内政を潤すほどの相当の実力者であっただろうし、出羽国軍として山北三郡と秋田二郡のみならず、米代川流域や出羽国南半（山形県域）からの総動員ができるとするならば、出羽国在庁官人として相応の影響力があったことになる。『扶桑略記《ふそうりやつき》』康平六年二月二十七日条には、この遠征前に弟の武則がすでに従五位下の位階を持っており、源頼義の工作があったことが想定されているが（樋口、二〇一六）、合戦後に鎮守府将軍になれる地位である弟武則であるならば、兄の光頼も山北主として、散位であっても同格の地位を持っていたのではないだろうか。

出羽国山北三郡から陸奥国奥六郡へ向かうには、平鹿郡東部の大鳥井山遺跡に結集するのが自然の流れと思われ、それは清原氏の本拠地であり、陸奥国への出発点といえる館（城・柵）だからである。後世に秀衡海道《ひでひらかいどう》と呼ばれる国道一〇七号を東進するのが最も合理的であるが、清原武則率いる追討軍はこの道を通らず、おそらく小安《おやす》街道と呼ばれる国道三九八号を通り、花山《はなやま》峠を越え、陸奥国の営岡《たむろがおか》（宮城県栗原市）において源頼義軍と合流したと思われる。そこから奥六郡を北進し、安倍氏の柵（城・館）を攻略していった。これの意味するところは、大鳥井山遺跡と奥六郡をつなぐ道をあえて逃げ道として確保した可能性が高いと思われる。『陸奥話記』には、前九年合戦の最中、出羽国に逃亡した安倍氏一族は、安倍正任とその妻子および良昭である。大鳥山太郎頼遠は彼らを匿った人物であるが、安倍正任らは本来敵方であるはずの清原方の出羽国内および頼遠の館（城・柵）である大鳥山に逃げ込み、潜伏するという一見理解しがたい行動をみせる。樋口知志氏は、安倍正任が清原氏嫡宗家と女系の親族関係で結ばれており、安倍頼良（時）の正妻が清原氏出身で、なおかつ彼の妻が頼遠の姉妹であったからと推測している。さらに安倍頼時の子息には、源氏に敵対した磐井金氏の女系親族であったものと、源氏に加勢した清原氏の女系親族であったものの双方が存在しており、前者が安倍貞任・重任ら、後者が安倍宗任・正任らで、清原氏は力が強くなった磐井金氏を安倍氏一族から排除するために戦ったという（樋口、二〇一六）。

『朝野群載』康平七年三月二十九日官符によれば、安倍正任・良昭らが康平五年八〜九月に小松柵（楯）や衣川関が相次いで落とされた後に、安倍軍に帯同せず、戦いが始まってから一ヵ月も満たないうちに逃亡している。正任らの妻子は八月の戦いが始まる前に大鳥山にすでに逃げていたことを示唆している。出羽国守源斉頼が大鳥山に正任らが潜伏していることを聞きつけ、正任のいる「在所」（大鳥山）を包囲することとなった。その間に正任らが在所から逃亡後に投降したのは康平六年五月であるから半年もの時間を要している。正任らの大鳥山での潜伏期間と源斉頼の包囲については、長くとも秋から冬の降雪期までの三〜四ヵ月であった。出羽国司軍の軍勢と大鳥山での戦いの形跡はないので、清原宗家としての光頼・頼遠の地位的優位で迂闊《うかつ》に手を出すことができない状況と、清原宗家が出羽国在庁官人であるなら、源斉頼率いる出羽国司軍とはすでに出来レースで、安倍氏追討の太政官符が出ていることからパフォーマンスであった可能性は高い。結果的に年を越し、消雪期の五月に大鳥山からではなく、狄地《てきち》（米代川流域か）から正任らは公家に命を捧げるという名目のもと投降したのであった。

前九年合戦以降から後三年合戦まで、史上で活躍するのは陸奥国奥六郡清原氏であり、大鳥井山遺跡を本拠とする出羽国山北三郡清原氏の動向は記録ではわからず、唯一吉彦秀武が後三年合戦で登場するのみである。しかし、大鳥井山遺跡や虚空蔵大台滝遺跡は、この頃に最も防御性を高めており、宴会儀礼であるロクロ土師器（かわらけ）も多く出土していることから、武士が集っていたことは間違いないのである。おそらく、出羽国山北三郡清原氏は、後三年合戦の勝者である源義家・清原清衡側についていたため、『奥州後三年記』に記録される必要がなかったのであろう。

2　大鳥井山遺跡研究略史

『陸奥話記』に、大鳥山と書かれた大鳥井山遺跡は、横手市で地名と場所が特定できる最初の事例である。寛文十二年（一六七二）作成の『横手城下絵図』に「おとり山」と記載されるのが現存する最も古い資料である。享保十三年（一七二八）に、久保田藩家老が横手城代《じょうだい》に命じてつくらせた『横手絵図』に「大鳥井山」と記載されるのが、これに次ぐ。地名の由来については、享保十五年に岡見《おかみ》知愛《ともなる》が編纂した『六郡郡邑記《ろくぐんぐんゆうき》』に式内社塩湯彦神社の鳥居があったと記述される。同じく菅江真澄著『雪の出羽路』所収「熊野三山社並鳴見沢由来」では、熊野神社の一の鳥居があったことが「大鳥居山」の由来とする。昭和八年（一九三三）刊行の『横手郷土史』では、大鳥井山を清原氏の故地とし、その北方に広がる小吉山および台処館《だいどころだて》にも「広大な城地」が広がっていることを述べており、大鳥山（大鳥井山遺跡）が複数郭からなる遺跡であることを看破している。戦後になると、条里を想起させる方格地割が大鳥井山遺跡西側の沖積地に広がっていることが航空写真により確認された。石母田正は、これを地域に残る長者伝説と関連付け論じた『辺境の長者』において、大鳥井山遺跡を清原氏の主城ではなくとも、重要な拠点であったとしている（石母田、一九五八）。さらに諸伝承をもとに、清原氏の勢力根源を式内社である塩湯彦神社が鎮座する御嶽山の山麓平地における平安時代の開発にあると論じる。文献の少ない地域で、このような論法は現在の古代・中世史の理解を深めるうえでも先進的な考えであった。

昭和五十二〜五十八年まで、七次にわたる大鳥井山遺跡の発掘調査は、それまで『陸奥話記』などの記述によってのみ論ぜられてきた感のある大鳥井山遺跡について、考古学的成果を通じ遺跡そのものの性格の議論を行うことを可能とした。平成元年（一九八九）に八木光則氏は、大鳥井山遺跡と鳥海柵跡は双方ともに払田柵跡や胆沢城跡などの律令下における城柵とは異なり、堀・土塁・柵（布掘溝跡に一本柱列）を基本とした区画施設と門・櫓・掘立柱建物・竪穴建物で構成されるとし、防御的機能が強いことを指摘している（八木、一九八九）。昭和六十三年に平泉藤原氏の館とされる柳之御所遺跡の発掘調査において、大規模な二条の堀跡の存在が確認され、その系譜について議論が行われるようになると大鳥井山遺跡の二重堀が柳之御所遺跡の起源として有力視されるようになった。平成六年に本堂寿一氏は台地の裾に沿って堀を巡らした柳之御所遺跡と、小高い高館の関係が大鳥井山遺跡の小吉山と大鳥井山に相応することに着目した（本堂、一九九四）。大平聡氏はこれを受け、柳之御所遺跡の大規模な堀が一族の拠り所として象徴的な意味を持たせるためであったという大石直正氏の説を紹介するとともに、その祖型を安倍氏・清原氏の居館における堀に求めた（大平、一九九四）。また、文治奥州合戦において藤原泰衡が築かせた阿津賀志《あつかし》防塁（福島県国見町）の堀と土塁が、大鳥井山遺跡のものと同じ構造を持つことを指摘し、平泉藤原氏の防御施設に対する考え方が、清原氏から連綿と受け継がれていることを示唆した。さらに安倍氏・清原氏の居館における堀と土塁の出自を一〇世紀後半〜一一世紀にかけて、主に北緯四〇度以北の郡制施行地域外に営まれた囲郭集落（古代区画集落・防御性集落）に求めた。平成十八年に室野秀文氏は、安倍氏・清原氏・藤原氏の居館を比較し、鳥海柵跡などの安倍氏の居館が沢地形や直線的な堀によって方形に区画される律令官衙的な思考を持つのに対し、清原氏は曲線的に堀と土塁を巡らせており、柳之御所遺跡が清原氏関連城館の系譜をかなり濃厚に継承していると指摘した（室野、二〇〇六）。平成十六年に虚空蔵大台滝遺跡が、平成十七〜十八年に陣が峯城跡の発掘調査が行われ、堀と土塁などの館（城・柵）のあり方が大鳥井山遺跡と類似し、改めてその広域における影響力が再認識されることとなった。

3　ロクロ土師器（かわらけ）

大鳥井山遺跡では、堀など部分的な調査にかかわらず、一〇〇〇点を超えるロクロ土師器（かわらけ）が出土していた。秋田城跡や払田柵跡の終末期のものと、平泉藤原氏の清衡段階の遺跡のものに類似するものが多く含まれており、大鳥井山遺跡の創建年代が一〇世紀後葉、終末年代が一一世紀後葉（末葉）と想定された。また、これら土器群は、一一世紀代と考える一群が多くあることから、清原氏の最盛期である土器群の様相や連続性（形態変化）などを検討できるようになったのである。土器変遷については、現在も検討を重ねているが、現時点の考えを概略する。

大鳥井山遺跡の土器は、古代と中世を結ぶ土器であり、ロクロ土師器から「かわらけ」への過渡期といえる。これらの土器は、坏（椀）と高台坏（椀）の大小のセットと黒色処理された高台坏（椀）からなっている。高台坏（椀）の内面が無調整のものや渦巻きなどがあり、これらから受け皿として坏が置かれた可能性も考えられる。大鳥井山遺跡の土器はおよそ一五〇年間の変遷が考えられるが、土器の特徴からⅠ群土器（一〇世紀後葉）・Ⅱ群土器（一一世紀前葉）・Ⅲ群土器（一一世紀中葉）・Ⅳ群土器（一一世紀後葉）に大きく分類される。Ⅰ群土器は古代的器種である皿が混じり、坏が大小に法量分化が明確となっている。土器の口縁部が外反しているものが多い。Ⅱ群土器は前代を引き継ぎながらも、新たに高台の付く坏（椀）が確立され、清原氏の土器というものになる。Ⅲ群土器は、土器口縁部が

2-14 大鳥井山遺跡のロクロ土師器（横手市教育委員会所蔵，筆者撮影）

外反しているものが主流であるが、内湾するものが増加し、坏（椀）の底部が厚い柱状のものが主体となってくる。高台坏（椀）の高台脚部は前代よりも短くなるようである。Ⅳ群土器は、前代の特徴を引き継いでいるが、土器が全体的に小さいものである。高台坏（椀）が少なくなり、小型坏（椀）と坏（椀）の大小の法量分化が顕著となる。中世の椀と小皿からなる「かわらけ」といえるもので、大鳥井山遺跡では一〇世紀後葉に芽生え、一一世紀後葉には確立すると考えられるのである。

一〇世紀後葉は、秋田城跡と払田柵跡から出土した土器と非常に類似している。このことは両城柵に大鳥井山遺跡の主である清原某が在庁官人として出向し、「公」の機関で行われる宴会儀礼を体験し、それを「私」の館（城・柵）である大鳥井山遺跡でも行っていたということが考えられる。秋田城跡と払田柵跡、そして大鳥井山遺跡は国郡制施行地域内にあるが、北緯四〇度以北の施行地域外の土器はどうであろうか。山北三郡や秋田二郡などの主要遺跡では、掘立柱建物からなる集落が確認されるのに対して、米代川流域では、一〇世紀中葉以降も竪穴建物からなる集落がほとんどであり、それより出土する土器は非ロクロ土師器（在地）を主体として、ロクロ土師器や須恵器などが確認される。土器の使用形態が前代から大きく変わっておらず、これらのことから清原氏のような大豪族が出現していないことを意味する。しかし、少なからずロクロ土師器が出土する場合があるのは、俘囚長と呼ばれる在地有力者

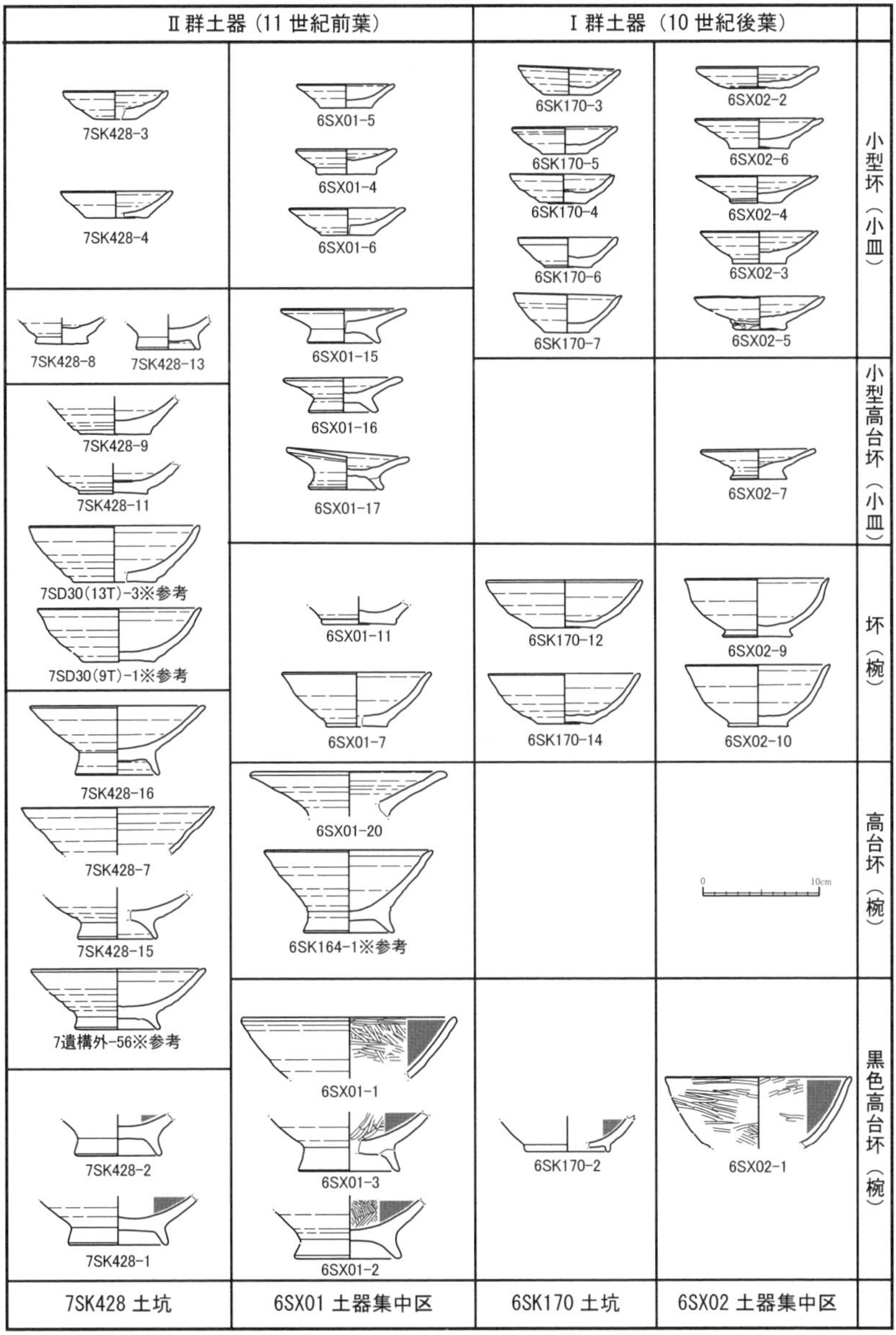

2-15　大鳥井山遺跡の土器（Ⅰ群・Ⅱ群）
小吉山北部地区出土．

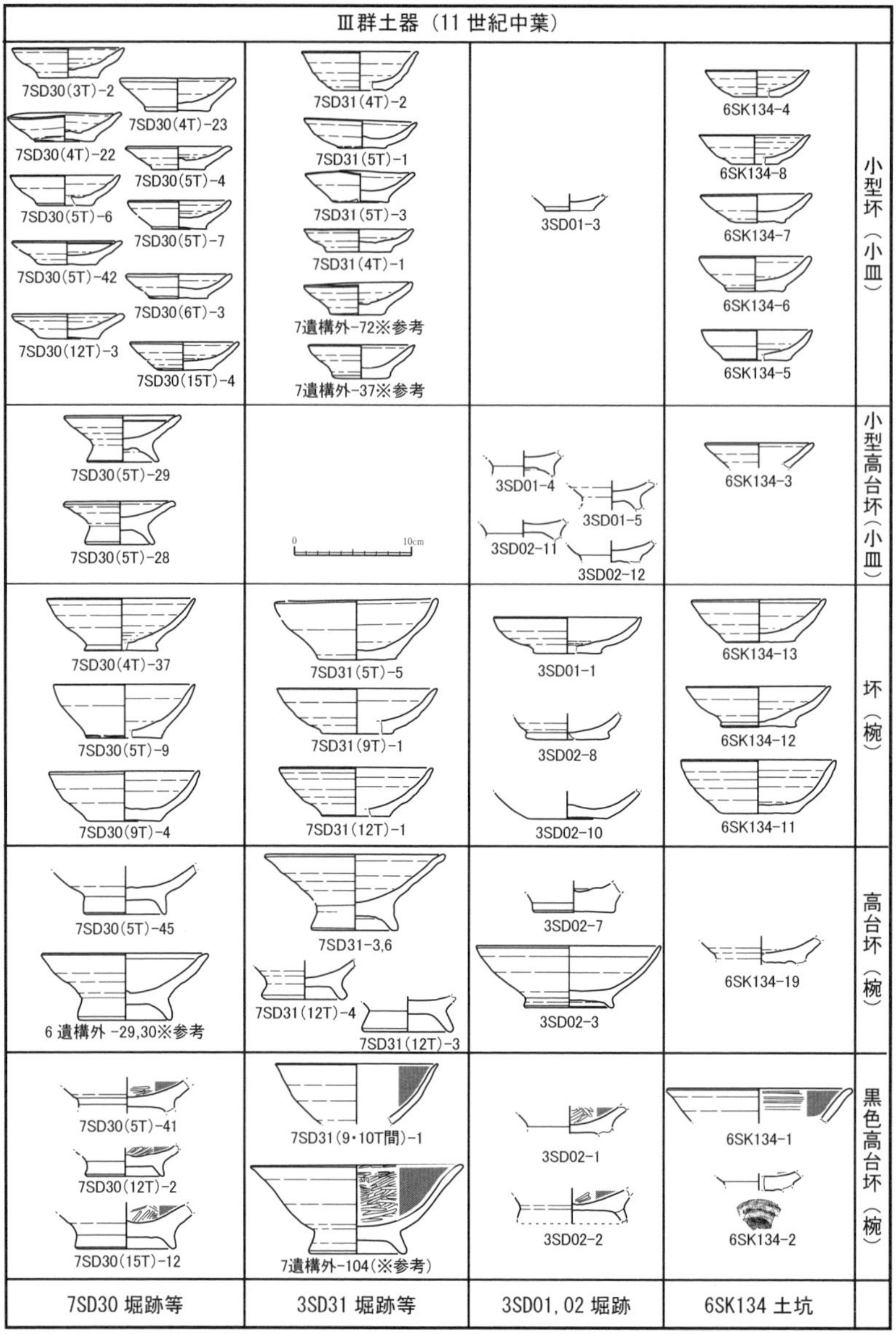
Ⅲ群土器（11 世紀中葉）
7SD30(3T)-2
7SD30(4T)-23
7SD30(4T)-22
7SD30(5T)-4
7SD30(5T)-6
7SD30(5T)-7
7SD30(5T)-42
7SD30(6T)-3
7SD30(12T)-3
7SD30(15T)-4
7SD31(4T)-2
7SD31(5T)-1
7SD31(5T)-3
7SD31(4T)-1
7遺構外-72※参考
7遺構外-37※参考
3SD01-3
6SK134-4
6SK134-8
6SK134-7
6SK134-6
6SK134-5
小型坏（小皿）
7SD30(5T)-29
7SD30(5T)-28
0
10cm
3SD01-4
3SD01-5
3SD02-11
3SD02-12
6SK134-3
小型高台坏（小皿）
7SD30(4T)-37
7SD30(5T)-9
7SD30(9T)-4
7SD31(5T)-5
7SD31(9T)-1
7SD31(12T)-1
3SD01-1
3SD02-8
3SD02-10
6SK134-13
6SK134-12
6SK134-11
坏（椀）
7SD30(5T)-45
6 遺構外 -29,30※参考
7SD31-3,6
7SD31(12T)-4
7SD31(12T)-3
3SD02-7
3SD02-3
6SK134-19
高台坏（椀）
7SD30(5T)-41
7SD30(12T)-2
7SD30(15T)-12
7SD31(9・10T間)-1
7遺構外-104(※参考)
3SD02-1
3SD02-2
6SK134-1
6SK134-2
黒色高台坏（椀）
7SD30 堀跡等
3SD31 堀跡等
3SD01, 02 堀跡
6SK134 土坑

2-16　大鳥井山遺跡の土器（Ⅲ群）

3SD01，02 堀跡のみ大鳥井山東部地区，他は小吉山北部地区．

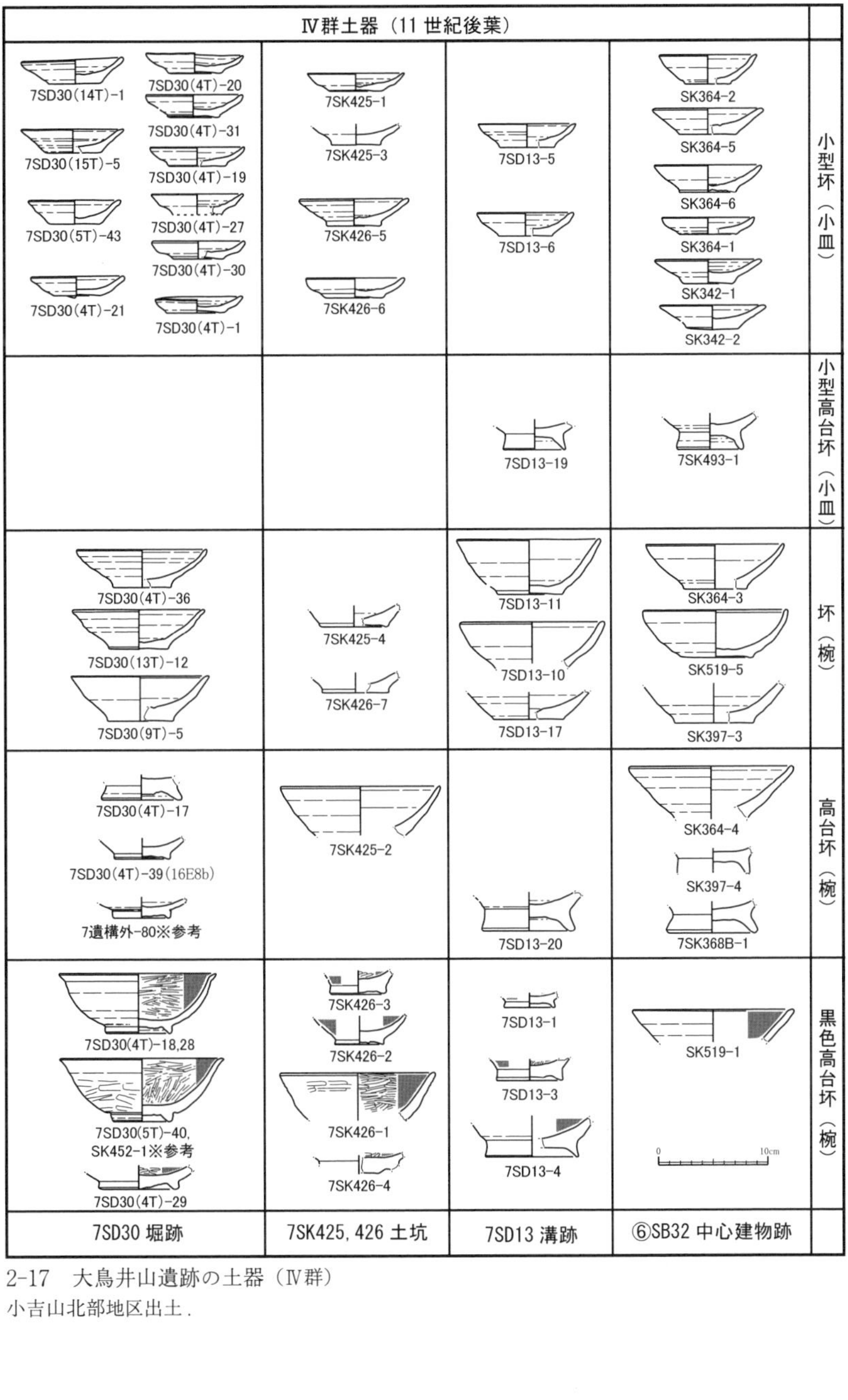
Ⅳ群土器（11世紀後葉）
7SD30(14T)-1
7SD30(4T)-20
7SD30(4T)-31
7SD30(15T)-5
7SD30(4T)-19
7SD30(4T)-27
7SD30(5T)-43
7SD30(4T)-30
7SD30(4T)-21
7SD30(4T)-1
7SK425-1
7SK425-3
7SK426-5
7SK426-6
7SD13-5
7SD13-6
SK364-2
SK364-5
SK364-6
SK364-1
SK342-1
SK342-2
小型坏（小皿）
7SD13-19
7SK493-1
小型高台坏（小皿）
7SD30(4T)-36
7SD30(13T)-12
7SD30(9T)-5
7SK425-4
7SK426-7
7SD13-11
7SD13-10
7SD13-17
SK364-3
SK519-5
SK397-3
坏（椀）
7SD30(4T)-17
7SD30(4T)-39(16E8b)
7遺構外-80※参考
7SK425-2
7SD13-20
SK364-4
SK397-4
7SK368B-1
高台坏（椀）
7SD30(4T)-18,28
7SD30(5T)-40,
SK452-1※参考
7SD30(4T)-29
7SK426-3
7SK426-2
7SK426-1
7SK426-4
7SD13-1
7SD13-3
7SD13-4
SK519-1
0
10cm
黒色高台坏（椀）
7SD30 堀跡
7SK425, 426 土坑
7SD13 溝跡
⑥SB32 中心建物跡

2-17　大鳥井山遺跡の土器（Ⅳ群）
小吉山北部地区出土.

として、城柵もしくは大鳥井山遺跡でのような館（城・柵）での宴会儀礼などに参加した経験が、どういうかたちであれ具体化されていき、古代区画施設から清原氏の館（城・柵）へと遺構・遺物とも変化していくものと考えられそうである。

一一世紀前葉〜中葉は、古代城柵が役割を終え、私の館（城・柵）である大鳥井山遺跡が確立した時期で、清原氏の土器として充実していく時期ともいえる。出羽国の土器の特徴である口縁部が外反する土器が多いのも一一世紀前葉までの傾向で、地域の伝統を引き継いでいたものであった。しかし、一一世紀中葉になると土器の口縁部が内湾するものが増加している。外反するものが出羽国の清原氏の土器とするならば、内湾するものは陸奥国奥六郡にみられる安倍氏の土器といわれるものであり（井上、二〇一二）、大鳥井山遺跡で最も土器が多い時代といえる。この土器での宴会は「公」の権威が弱くなり、「私」の権威が強くなったことを意味している。

一一世紀後葉になると、土器の法量が全体的に縮小し、椀と小皿が主体になっていくと考えられる。土器の口縁部は、外反するものより内湾するものが多い。一一世紀中葉〜後葉の遺跡に関わる大きな事件は、前九年合戦と後三年合戦である。前九年合戦では、大鳥井山遺跡の主である清原光頼・頼遠父子らは安倍氏追討を命令するも、安倍正任らその家族を匿っている。大鳥井山遺跡の一一世紀中葉〜後葉に至る土器様相は前九年合戦前後の清原氏と安倍氏の関係を物語っているように思われる。つまり、前九年合戦前後に清原氏に血筋の近い安倍氏が大鳥井山遺跡にいた

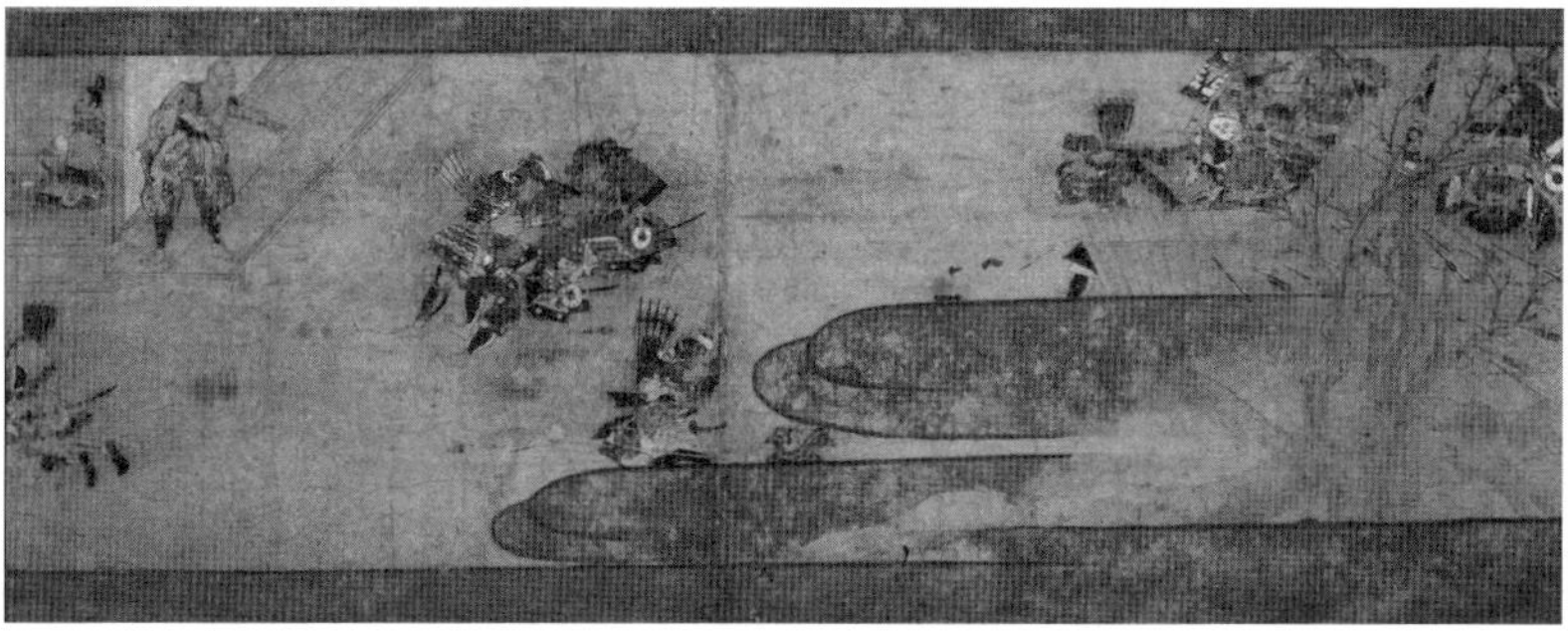

2-18　金沢柵（『後三年合戦絵詞』東京国立博物館所蔵）

可能性を示唆しているのではないだろうか。なお、出羽国山北三郡清原氏の館（城・柵）である秋田・河辺二郡に位置する虚空蔵大台滝遺跡では、大鳥井山遺跡の土器の様相と異なり、外反している土器が多いのは指摘できる。

4　『後三年合戦絵詞』に描かれた城（柵・館）

『後三年合戦絵詞』の大部分は、金沢柵の様子が描かれている。絵詞や金沢柵については後述するが、ここでの金沢柵は平坦地よりやや高い急崖の頂部平坦部にあり、そこには板材や柵（丸太材に木の枝や竹を横たえたもの）を巡らし、外部と内部をつなぐ土橋近くに、太い柱を組んだ櫓を設けている。櫓は高い所に床を張って周囲を板で囲み、中から武者が平坦地の武者と応戦している様子が見られる。また内部では縁を持つ建物があり、館として利用され、清原一族の作戦本部や居住空間となっている。また馬が柵（城・館）内につながれており、外から城内へは比高差が少なく土橋を通じて騎馬での往来が可能であった。武者の応戦は弓を主体とし、櫓にも多く刺さっていることから、弓矢の射程圏内に柵（城・館）が造られていたことになる。金沢柵の状況が考古学的に明らかではないため、同時代の清原氏の館（城・柵）である大鳥井山遺跡で、その構造について検討する。

5　立地と景観

遺跡は横手市大鳥町・新坂町に所在する。史料に残る清原氏の三柵の中で唯一遺跡構造が把握されている。立地は、奥羽山脈東縁にある比高差約二四メートルの小高い大鳥井山と、比高差約六〜二〇メートルの、東側は平坦、西側が小高い山になっている小吉山という二つの独立丘陵からなる。遺跡全体の総長は、南北五七〇メートル、東西一六〇メートルで、面積は九万一二〇〇平方メートルである。小吉山の総長は南北四四〇メートル、東西一六〇メートルで、面積七万四〇〇〇平方メートル、大鳥井山は北東南西二二〇メートル、北西南東に一八〇メートルで、面積三万九六〇〇平方メートルである。遺跡の西側は、主要河川である横手川が北流し、遺跡北側を小河川吉沢川《よしざわがわ》、南側は小河川明永川《みょうえいがわ》がそれぞれ遺跡を取り巻くように流れて西に向かい、横手川に合流する。遺跡の河川沿いは浸食などの影響により河岸段丘を形成している。遺跡東側は遺跡の象徴である二重の堀と土塁があり、さらに東側は南北に縦貫する羽州街道に面している。この街道と遺跡の間は溜池となっており、当時は湿地帯か沢であった可能性もある。街道は羽州街道として江戸時代に整備されたと考えられるが、小吉山東部地区で検出された堀にかかる土橋から東に一直線に延びる道が、羽州街道と接続していることから、平安時代から機能していたと思われる。この街道は、南側は江戸時代に城下町に設置された道で、それ以前の内容については不明なところも多い。北側は一直線に延びており、さらに北に進めば金沢柵推定地、虚空蔵大台滝遺跡を経て、最終的には秋田城の南大路に接続していることから出羽国にとっても重要な道であったことが推測される。

街道の東側には台処館跡があり、奥羽山脈東縁部に突き出た丘陵突端に館（城・柵）を構築している。自然地形に合わせ、やや高い丘陵部分の裾野を堀と土塁によって全体を取り囲むような構造であったと考えられる。現況では、

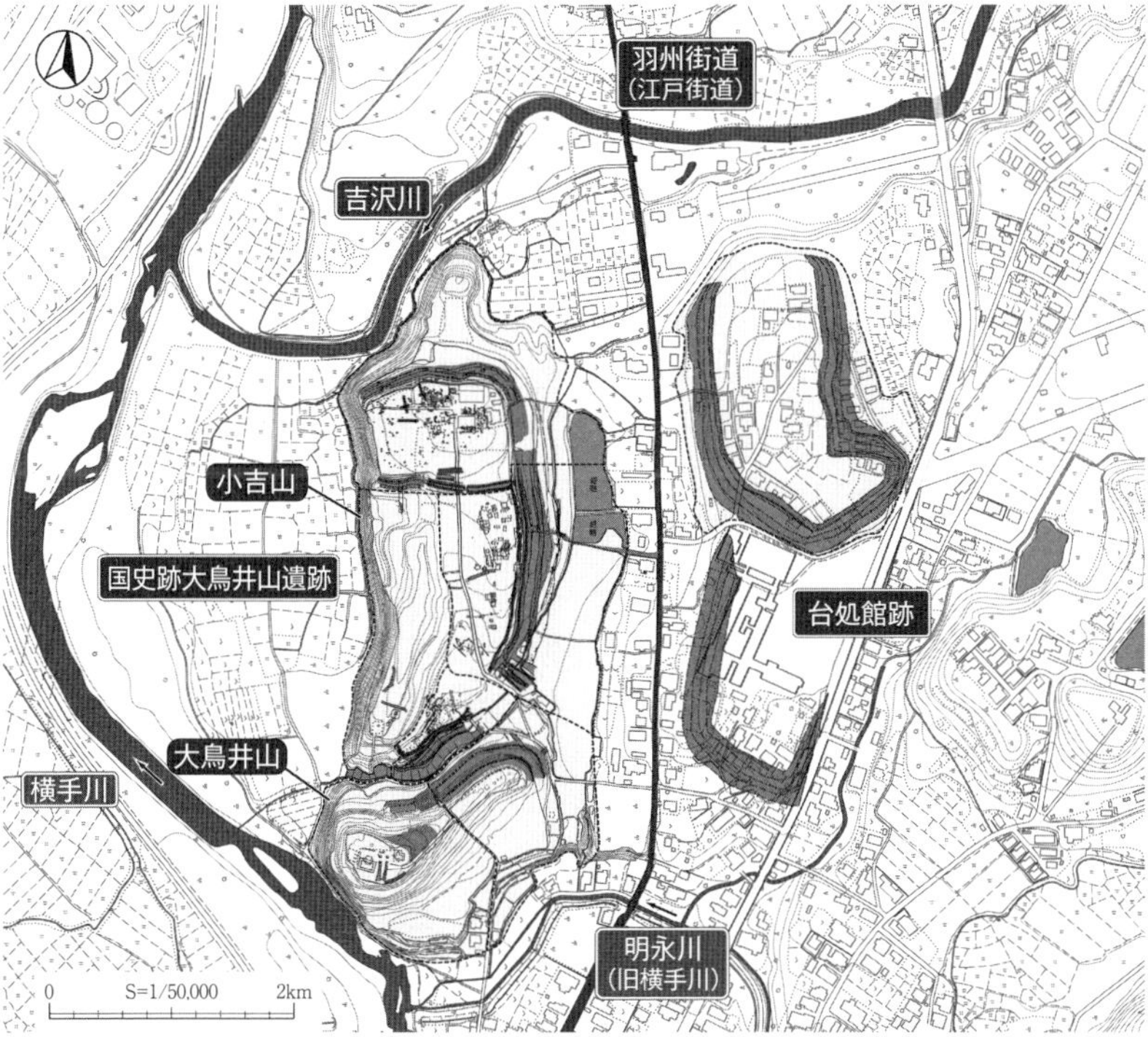

2-19　大鳥井山遺跡と台処館跡（島田，2016）

堀と土塁の痕跡が明瞭に残る北側と宅地化された南側からなっているが、地籍図などを確認すると二つの郭があったことが指摘されている（冨樫、二〇一一）。遺跡の総長は、南北四五〇メートル、東西二〇〇メートルで、面積は九万平方メートルである。羽州街道からの比高差は二〇メートルであるが、標高八三メートルとこのエリアでは最も高い。台処館跡の南側で緊急調査を行った際に、竪穴建物跡からロクロ土師器（かわらけ）や白磁Ⅳ類が出土しており、同時期の遺跡である可能性が高く、大鳥井山遺跡の台処館地区ともいえる。大鳥井山遺跡と台処館跡の総面積は約一八万平方メートルに及ぶ。

台処館跡を含めた大鳥井山遺跡の特徴は、比較的標高の低い丘陵を利用し、地形に沿うように堀と土塁を構築すること、大鳥井山遺跡の小吉山・大鳥井山と台処館跡の北部・南部と四つの郭（場）からなり、大鳥井山遺跡はさらにその場を堀・土塁・大溝などで分割されること、大鳥井山遺跡と台処館跡に挟まれるように南北に縦貫する街道があること、遺跡周囲は横手川を中心に複数の河川で取り囲まれており、河港としての機能も兼ね備えていることなど、清原氏の館（城・柵）は陸上・河川交通の要衝にあり、それらを管理下においていたことが推察されるのである。

大鳥井山遺跡の小吉山では、地形や区画施設によって四地区に分かれている。館（城・柵）の中心域であり、大量のロクロ土師器（かわらけ）が出土した北部地区、遺跡を象徴する大規模な二重の堀と土塁や櫓・柵など区画施設が確認された東部地区・南部地区、小吉山の西側をなし、南北に尾根が延び、積石からなる火葬墓が見つかった西部地区となっている。大鳥井山は、寺院とみられる建物が見つかった西部地区と、二重の堀と土塁が残る東部地区とがある。河港は大鳥井山西部地区南裾野の横手川と明永川が合流する地点にあるのではないかと考えられる。

このような複数の場（郭）の記述は、『陸奥話記』に「高梨《たかなし》の宿」ならびに「石坂の柵」、「衣川の関」と「藤原業《ふじわらのな》近《りちか》の柵」、「大麻《おおあ》生野《そうの》」および「瀬原《せわら》」の二柵、「厨川」と「嫗戸柵」などと、宿と柵・交通要衝と柵が併記されていることが注目される。また、大鳥井山遺跡以外の出羽国の館（城・柵）についても複数の場が確認または想定される。大鳥井山遺跡の発掘調査成果については、横手市教育委員会が調査成果をまとめており（横手市教育委員会、二〇〇九）、それを基にした論考もあるが（島田、二〇一一・二〇一六など）、現在の見解も追加して述べていきたい。

大鳥井山遺跡小吉山の様相

小吉山は、遺跡の中枢域である北部地区、遺跡を象徴する二重の堀と土塁がある東部・南部地区、長い西尾根からなる西部地区に分けることができる。遺跡の様相が明らかな小吉山東部地区から様子を見ていこう。

小吉山東部地区は、東側の平坦部の東縁を自然地形に沿って柵が、斜面部分に二重の堀と土塁が構築された遺跡を

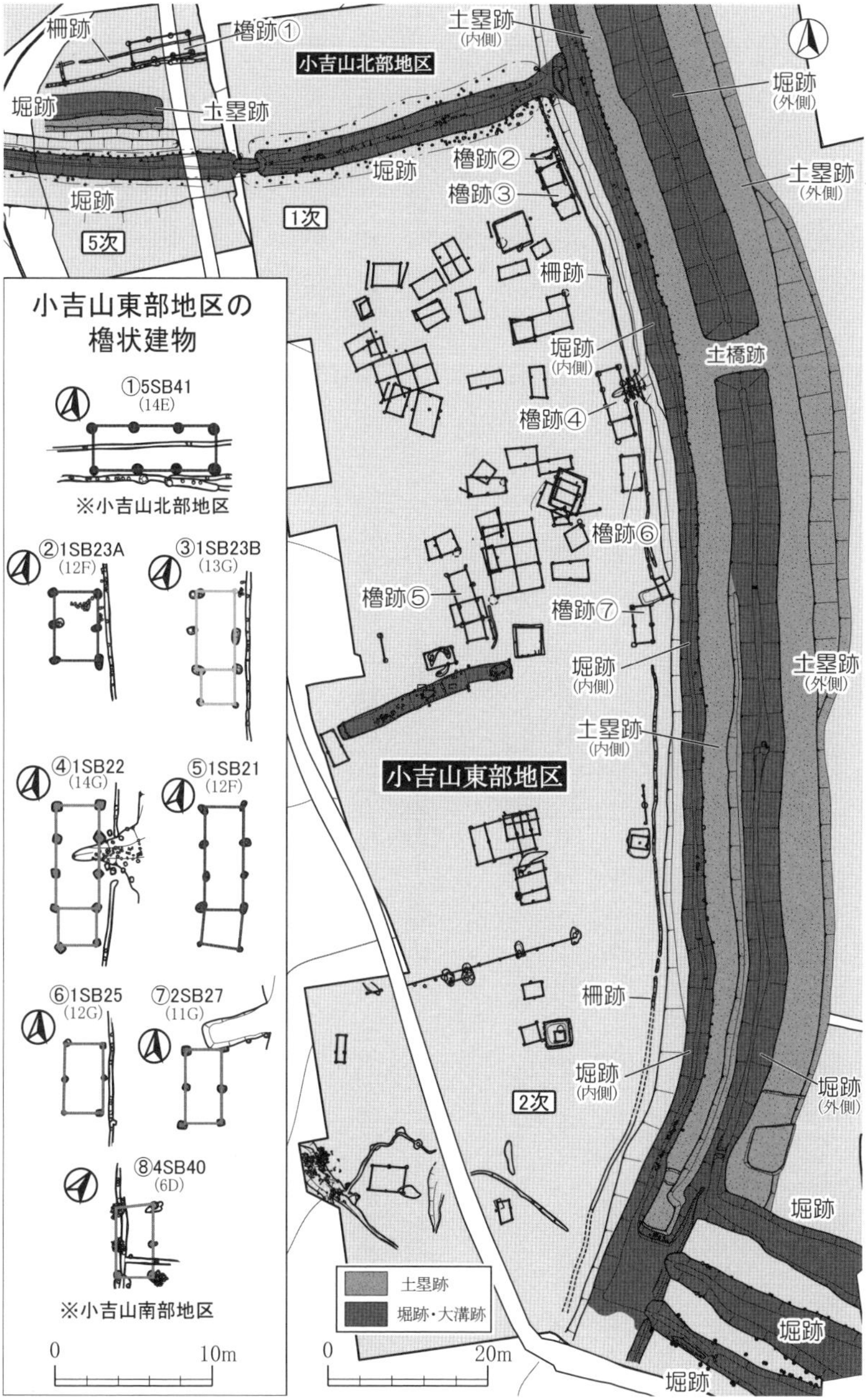

2-20　小吉山東部地区（島田，2022）

象徴する場所である。平坦地は南北に長く、南部地区まで含めると南北二〇〇メートル、東西は北側が一五〇メートルで南側に向かい収束していく。ここは東西に延びる大溝や柱穴列によって三つの場に分けられ、このような利用は虚空蔵大台滝遺跡でも認められる。三つの場には建物があるが、最も広い空間に多くひしめいている。建物は五三棟を復元しているが、同時期に存在したものではなく、一時期は五〜一〇棟ほどで計画的に配置されていた。建物の軸方向から遺跡の存続期間一五〇年の間で、六回の建て替えがあったと考えている。建物跡には掘立柱と竪穴があり、前者が四九棟、後者が五棟である。竪穴建物跡にはカマドがなく、カマドに煙道が付く古代のものではないことから、一〇世紀後葉以降のものであるが主体ではない。掘立柱建物跡は、桁行二間、梁行一間のものがほとんどで、簡易的な構造で兵舎と思われる。この中で桁行三間、梁行二間の総柱掘立柱建物跡は倉庫と思われる。建物がある平坦面からはほとんど土器が出土しないことは、小吉山東部地区は、宴会儀礼を行う館主のいる場所ではなく、館の東側最前線であり、そこに兵舎と倉庫が置かれていたと考えられるのである。

柵の構造は、布掘りの溝に柱穴が不均等に並んでおり、柱間に間隔があることから、縦に丸太材を連ね、横向きにも材を架けていたものと思われる。柵は塀のような遮断施設ではなく中も外も様子が見えるが、館（城・柵）の区画であり、外部からは見上げる場所に位置しており、手前には強固な二重の土塁と堀があるので、威信を示すには十分であったと思われる。

柵の内側に接するように櫓状建物が、五棟（②〜④・⑥・⑦）ある。一棟（⑤）のみ館（城・柵）の中央にある。この他、北部地区と南部地区でも各一棟（①・⑧）が確認されている。建物構造は、梁行一間は共通するが、桁行が二間（②・③・⑥〜⑧）と三間（①・④・⑤）の二種類ある。②は桁行四・二メートル、梁行二・四メートル、④は桁行六・三メートル、梁行二・七メートルと後者の方が一回り大きい。③・④・⑤には南側に一間分あるが、柱穴の大きさや柱筋がずれており、付属

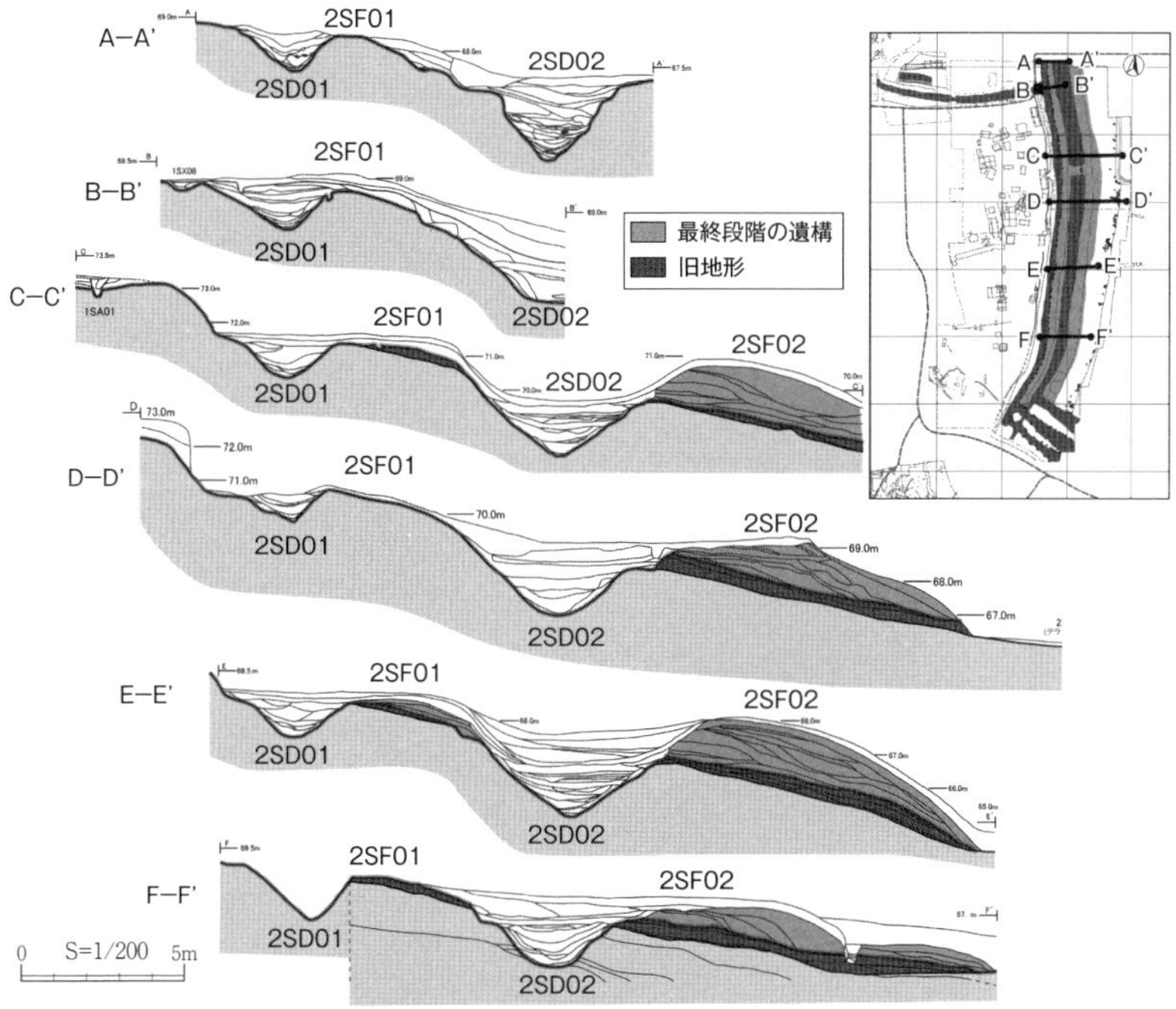

2-21　小吉山東部の土塁と堀（横手市教育委員会，2009）

的な建物が取り付けられていたと思われる。北東隅では櫓状建物が重複しており、桁行三間のものが新しいので、櫓状建物は二間（②）から三間（③）へ造り直されたとみる。桁行三間の④は、北部地区の櫓状建物①と同規模であるため、一一世紀後葉の同時期の構築と推測される。また櫓状建物④は東部地区中央に位置することから大手櫓門とみられ、通路とみられるスロープ状遺構が櫓状建物内まで延びている。南部地区の櫓状建物⑧は、唯一柵を跨いでおり、さらに根石《ねいし》のようなものがあるので、礎石《そせき》建ちの可能性も残している。

東部地区で確認された堀と土塁は、総長が一七〇㍍だが、北部地区から東部地区を抜け南部地区まで弓なり状に構築されており、その総長は四〇〇㍍を超える。内堀には土橋が設置されないことは北部地区と同様であり、橋げたを掛けなければ通れなかったとみられる。平坦面から内堀は地山を削り、一・五〜二メートルの切岸を設けている。内土塁頂部から切岸までが内堀上面幅で二・五〜四メートル、深さは一・五メートルの薬研《やげん》堀《ぼり》である。内土塁の上面幅は三〜四メートルで平坦であり、その上面には柱穴が並んでおり、逆茂木もしくは防御のための柵が設置されたことが推定される。

中央の櫓状建物の出入口延長上の外堀に設置された土橋上にも柱穴が四基並立していることから門のようなものがあったのであろう。外堀は上幅七メートル、深さ三メートルの薬研堀でスケールが大きい。この堀底の南側には前段階の外堀の痕跡が残っているものの、中央付近ではまったく確認できないことから、場所によって掘削深度が違うのだろう。外堀の排土を東側下方に積み上げることによって大規模な外土塁ができるのは当然のことである。堀跡からは土器のほかに、木

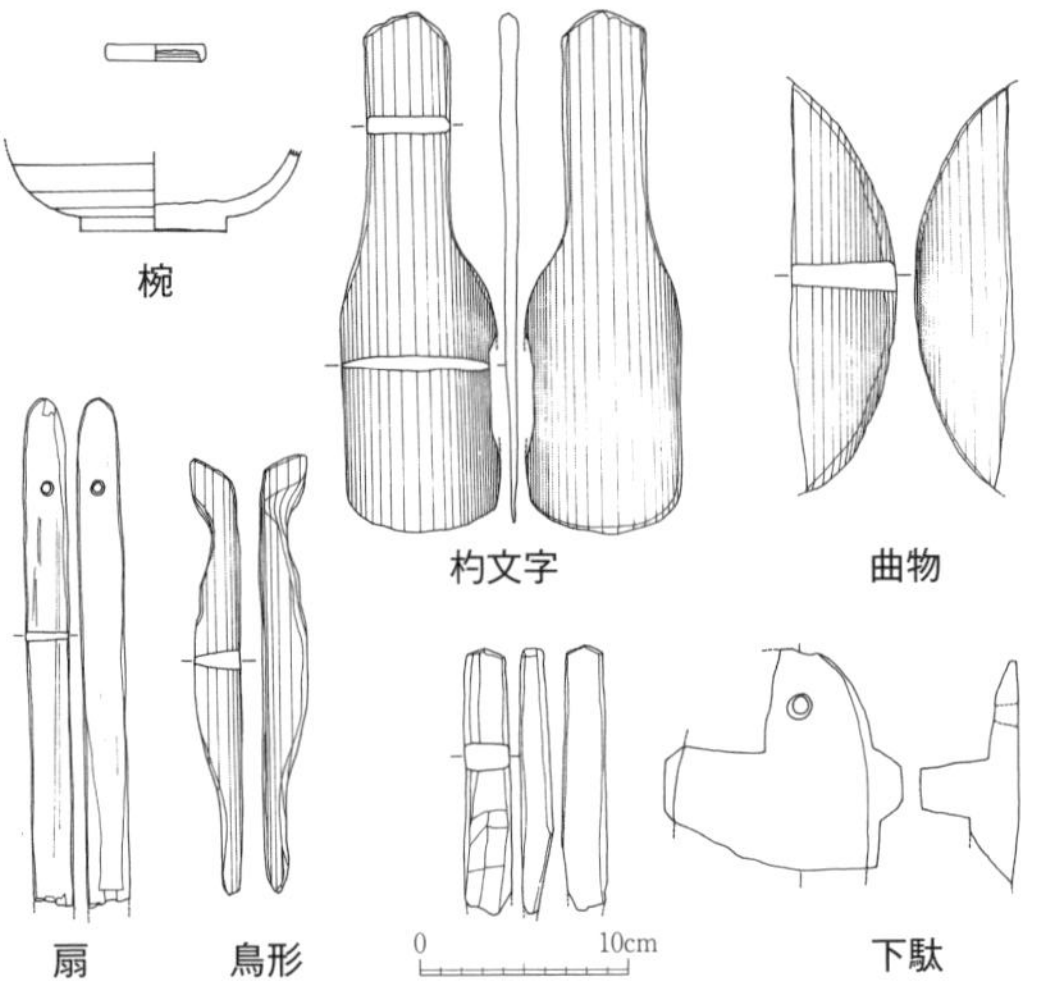

2-22　木製品（横手市教育委員会，2009）

製品の椀・曲物《まげもの》・杓子《しゃくし》・扇・鳥形《とりがた》・下駄などが出土しており、遺跡内では宴会や食事のほか、祭祀行為も行われていたことを示唆している。この他の東部地区から出土した遺物は、白磁碗・常滑《とこなめ》壺・北宋銭・須恵器系陶器などで一二〜一三世紀の年代である。常滑は三筋文壺《さんきんもんつぼ》で陸奥国での出土例は多いが、出羽国での出土は少なく平泉藤原氏との関係が考えられる。北宋銭は四三点が堀底から七〇センチ浮いた所でまとまって出土した。これらは館（城・柵）機能が停止した以降に埋納されたものと考えられる。東部地区の南東端では二重の堀と土塁が、大鳥井山を取り巻くように三重の堀と土塁が部分的に確認されている。土塁上には柱穴列もある。明らかに防御機能の強化であり、後三年合戦前

夜の緊迫状態を想定される。

小吉山南部地区は東部地区から南に位置する場所で、東側は堀と土塁がいったん途切れ土橋となっている。小吉山西部の山が迫り、南北に長い二段の平坦面が造られている。低い方には地形に沿うように柵が巡っており、南端では柵が直角に曲がり、そこには柵を跨ぐ桁行二間、梁行一間の櫓状建物がある。谷側は急崖で下るには容易ではない場所である。柵（布堀溝跡に柱穴列）の北端では、土橋付近で三方向に枝分かれをしており、さらに内側には一条並行に柵が延びていることから四期以上の変遷がある。この場所は小吉山で最も低い場所に位置していることから、遺構の残りがよかったとみられる。土橋付近や櫓状建物の近くにも門跡があるが、柱掘り方の規模など小さく古い様相を示しているのかもしれない。平坦面の高い方には、これら柵より古い遺構として馬蹄形の溝跡が四基ほど確認されている。これは内側に地山《ちやま》マウンドを設けていることから、水を嫌った生産施設の可能性がある。方形を呈する雨落溝《あまおちみぞ》と建物が近くで確認され、遺跡内ではフイゴ羽口も出土していることから、鍛冶工房のような生産施設があったことを想定させる。

柵の直下は切岸となっており、二〜四メートルの比高差があり、その下に内堀が構築されている。上幅二〜三メートル、深さ一・五〜三メートルの薬研堀で深さにばらつきがあるが、これは地形が北から南に向かって傾斜しているためである。内堀の排土により内土塁を造っている。外堀は八〜一〇メートル、深さ二・五メートルと大規模であるが、もともと沢目であったとみられ、また大鳥井山東部地区と近接するため外土塁は設けられていない。

小吉山南部地区は、遺跡内で古い様相を示す場所であり、一〇世紀後半は生産施設関連、一一世紀には柵と櫓状建物を構築し、何回かの柵の修復をしながら、継続して使われていった地区と思われる。

小吉山西部地区は、南北に細長い丘陵尾根で、その総長は南北二三〇メートル、東西六〇メートルで、頂部標高は七七メートルを測り

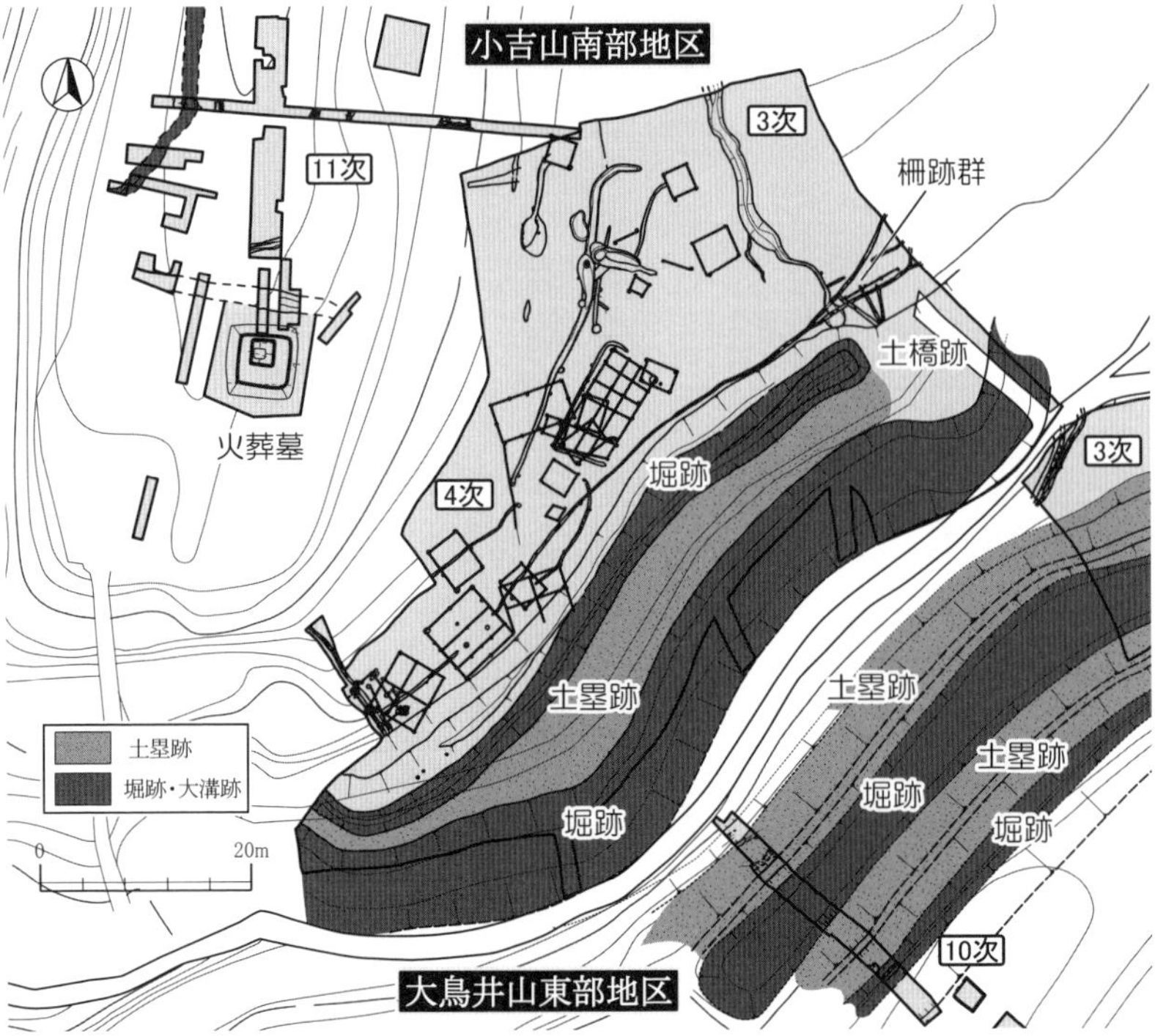

2-23　小吉山西部・南部地区と大鳥井山東部地区（島田，2022）

小吉山では最も高い場所である。横手川と盆地床を臨む西側は急崖であり、これは自然浸食による。比高差は二〇メートルあり、登ることは容易ではない。小吉山東部側の斜面部では段状地形がみられ、大鳥井山・陣館遺跡・虚空蔵大台滝遺跡でもみられる。尾根は平坦で、そこには火葬墓や土坑などがあり、墓域として営まれていた可能性が高い。小吉山火葬墓は方形に土を積み上げ、その表面に礫石《れきいし》を葺《ふ》いている。礫石は拳大ほどの大きさで、さらに礫を砕いた剥片《はくへん》で隙間部分を覆っている。基底部が長さ六・七メートル、面積約四五平方メートル、高さ七〇センチ、断面形は扁平な台形である。その中央部分に二つの石櫃《いしびつ》があったことが確認された（横手郷土編纂会、一九三三・横手市教育委員会、二〇〇九）。戦前に出土した石櫃は長軸四〇センチ、高さ二〇センチで、方形に加工された凝灰岩の中身をくり抜き、蓋でふさぐ形となっている。石櫃には骨が納められていたが、副葬品はなかったという。火葬墓から帯状に南に延びる礫石があり、観察した結果、三つの緻密部分が積石塚《つみいしづか》となっていた。これはマウンドを持たず、平坦で石のみで造られているので、火葬墓とは形状や構造が違っていた。これに紛れるように三二点の経石が確認され、陀羅尼経《だらにきょう》である指摘を、佐々木邦世氏よりご教示いただいた。須恵器系陶器の片口鉢も出土し、年代が一三〜一四世紀であるから、一〇〇年後もその記憶が残り宗教儀礼が行われていたことが考えられる。

小吉山北部地区は、遺跡で八割以上のロクロ土師器（かわらけ）が出土していることから、遺跡の中枢域とみられ

2-24　小吉山西部の尾根（横手市教育委員会提供）

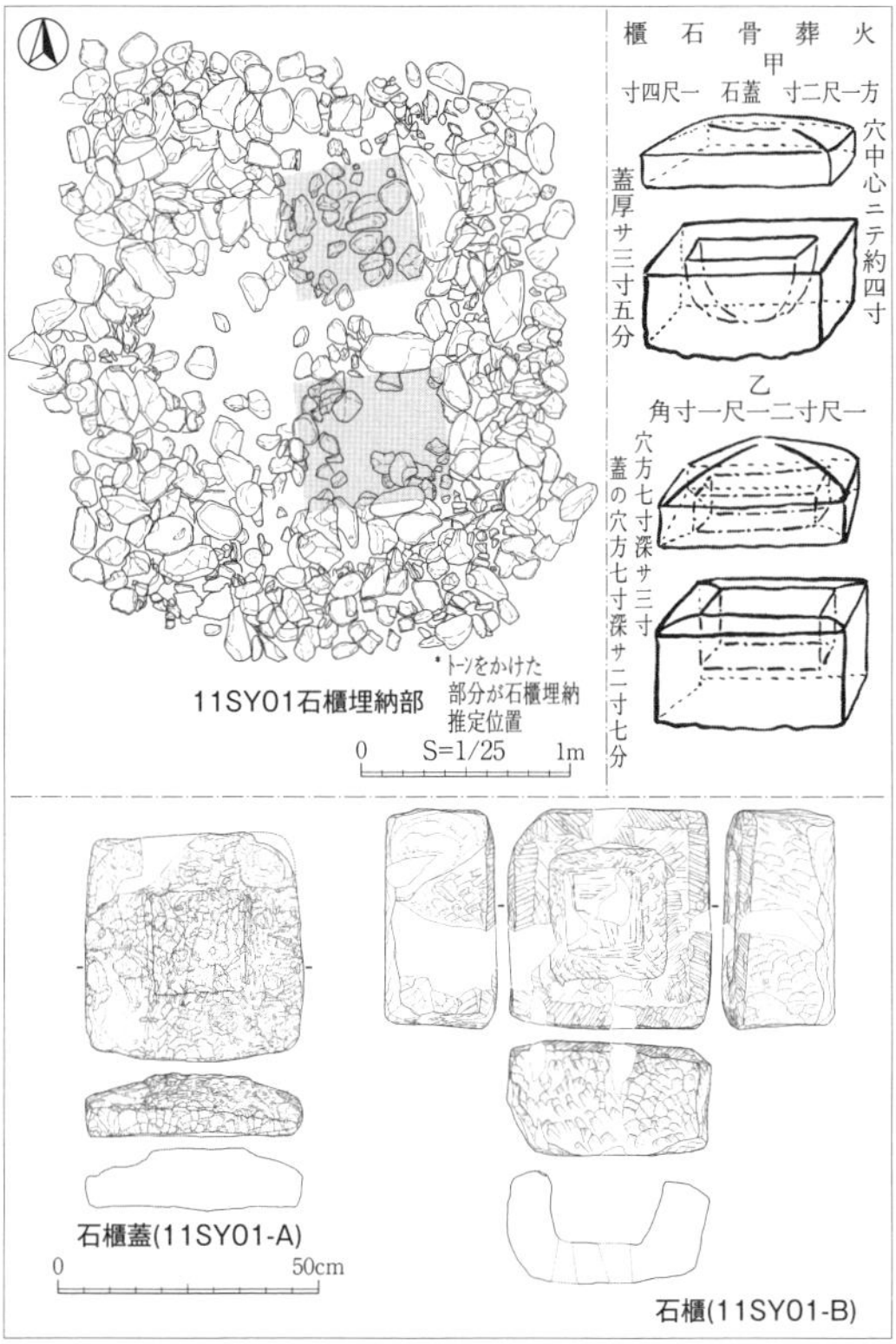

2-25　小吉山西部火葬墓（横手市教育委員会，2009）

る。この地区は、東側は調査がなされておらず、調査が行われた西側平坦面は縄文時代の遺構と複雑に重複していた。現在、遺構の状況を把握すべく、その整理作業を継続中であるが、遺構内容が明確な小吉山東部地区の建物の軸線方向を基準に建物の抽出を行ったところ、四〇棟を検出することができた。今後の検証によって変更などが生じる可能性もあるが、現時点での北部地区の様相について述べていきたいと思う。

建物跡は、掘立柱が三八棟、竪穴が二棟である。竪穴のひとつは北部斜面部にあり、竪穴は堀と土塁に切られていることから古い段階である。掘立柱の内訳は、館主の建物とみられる廂付建物が六棟・櫓状建物が一棟・そのほかの建物となる。小吉山東部地区と同じく六期にわたる変遷がある。北部地区は、西側は崖で区画施設はないが、北・東・南の三方は土塁と堀で囲まれている。櫓状建物は柵を跨ぐか内側に接している例を小吉山東部・南部地区で確認したが、櫓状建物が内側に接しているため、当初は門のようなものであったが櫓状建物（櫓門）になったと考えている。秋田城跡や払田柵跡の櫓状建物は跨る構造で、唯一南部地区の櫓状建物はそうであるが、ほかはすべて内側に接する構造である。北部地区の櫓状建物①の規模は桁行三間（八・五㍍）、梁行一間（二・四㍍）で、掘り方は後述する中心建物SB三二建物跡と同じ規模である。その南側には堀と土塁を、さらにその外側には北部地区と東部地区を分ける東西を横断する薬研堀の堀（上幅三㍍、深さ一・五㍍）を構築している。南側に位置する小吉山東部地区から北部地区に入るためには、さらに強固な二重の堀と土塁があるのである。柵（城・館）内の中心域に達するには、街道から小吉山東部地区の櫓門を潜り城内に侵入したとしても、さらに小吉山北部地区の櫓門を抜けなければ、たどり着くことはできないのである。

次に土塁と堀について見てみる。北側と東側は自然地形に合わせて二重の堀と土塁が急斜面に構築されているが、気になるのは北部地区と東部地区の堀と土塁は本来つながっているはずであるのに、北部地区は上面幅二〜三㍍に対

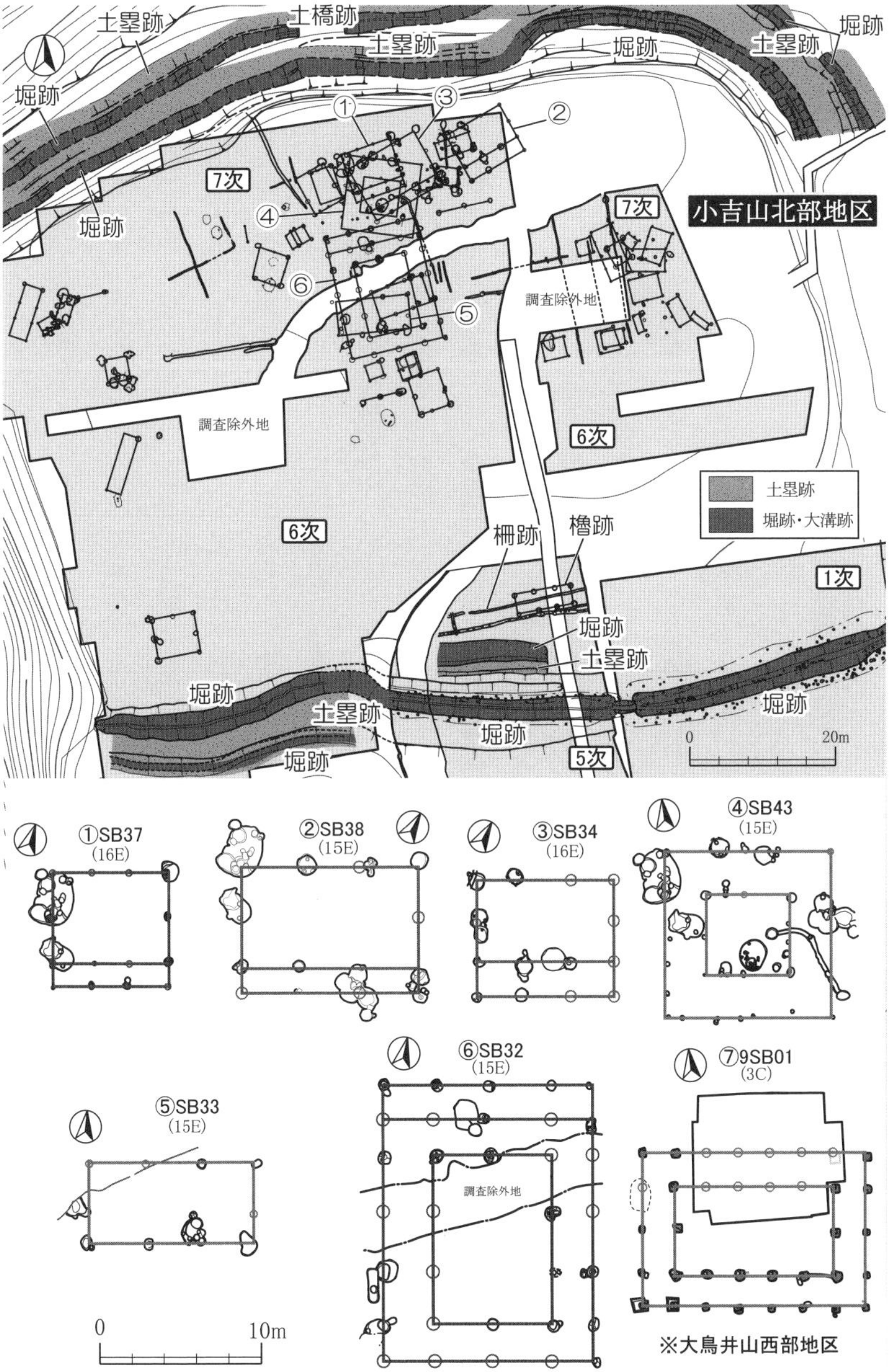

2-26　小吉山北部地区（島田，2022）

して、東部地区が七〜八メートルとあまりにも規模が違いすぎる。北部地区の外堀が一〇世紀後葉〜一一世紀後葉までロクロ土師器（かわらけ）が継続的に出土することに対し、内堀は一一世紀後葉である。さらに東部地区の外堀は一一世紀後葉以前のものが出土しないことから、北部地区と東部地区に内堀を設けて、東側の外堀は大規模に造り直したのは間違いないであろう。この契機は、前九年合戦から後三年合戦の間に防御機能を強化する必要があったと思われる。幅が違う理由は未完成、もしくは街道から見える最前線の堀を掘り直したかどちらかである。

北部平坦面の建物配置は、中心建物は中央北側に集中し、東側は付属的な建物、西側は空間地で広場のようになっているように思われる。中心建物付近には直線的な溝跡が複数あり、塀などの区画施設があったと思われる。これらの建物配置は、古代城柵官衙遺跡の政庁というより、国司館のような雰囲気である。小吉山北部の中心建物を図に①〜⑥に示したが、番号順に変遷しているものと検討している。⑦は大鳥井山西部地区で検出された四面廂掘立柱建物跡で、他の建物と違い、柱筋がよく長期間存続していた可能性を示している（八重樫、二〇一二）。①〜③は、桁行三間、梁行二間で南側に廂が付き、④は方二間に四面に廂が付き、⑤は桁行三間、梁行二間で無廂である。最終段階とみられる⑥は桁行三間、梁行二間であるが、四面に廂が付き、さらに北側に孫廂が付いている最も格式が高い構造となっている。また①〜③・⑤は東西棟であるのに対し、⑥のみが南北棟、④は方形造りであることから、大規模な主殿（中心建物）を東側の街道から見せつけることを意識したのでなかろうか。

建物の規模を検討すると、最初の中心建物である①は桁行総長七・二メートル、梁行総長六・七五メートルで、面積四八・六平方メートル、最後の⑥は桁行総長一六・五メートル、梁行総長一二・七五メートルで、面積二一〇平方メートルを測り、柱掘り方は円形で直径六〇〜八〇センチと非常に大きな建物である。中心建物の規模が徐々に大きくなっていくことが考えられ、清原氏はそれ相応身分の主殿（中心建物）に建て替えていったものと想定される。⑥の四面廂掘立柱建物跡と非常に類似するのが、安倍氏の中心的な柵である鳥海柵跡の原添下区域で見つかった四面廂掘立柱建物跡（ＳＢ一）である。この規模は桁行総長一六・三《メートル》、梁行総長一一・四五《メートル》で、面積が二〇三平方《メートル》を測り、ほぼ同規模であるが、⑥が鳥海柵跡よりも幾分大きめに造った可能性も考えられる。

小吉山北部の中心建物は、⑥を除き、すべて中央北側の狭い位置に立地していることも不自然である。当初は中心建物の北側は広い平坦地が存在していたが、北部地区の防御性を高める必要性が生じたため、大規模な堀と土塁を構築するには、北側平坦地を掘削するしかなく、そのためにこれまであった中心建物の場所を南側に移動したのであろう。それが⑥の四面廂掘立柱建物跡ということになる。このような大規模な柵（城・館）普請は、前節のとおり後三年合戦（一〇八三〜八七）頃の可能性が高く、この時期に⑥が構築されたのであろう。そうすると鳥海柵跡の四面廂掘立柱建物跡（ＳＢ一）が大鳥井山遺跡の⑥と類似しているならば、その構築時期は前九年合戦以降（一〇六二年以降）で、清原氏と非常に関わりが深い建物と考えられるのである。

いずれにせよ一〇世紀後半〜一一世紀に至るまで、小吉山北部地区では宴会儀礼用のロクロ土師器（かわらけ）が出土し続けているので、これら中心建物で利用されていた可能性は高いと思われる。

大鳥井山遺跡大鳥井山の様相

大鳥井山は小吉山の南側にある小高い山で、現存する二重の堀と土塁のある大鳥井山東部地区と大鳥井山頂部で四面廂建物を検出した西部地区とに分け、その境界は尾根を東西に分ける堀切《ほりきり》とした。

大鳥井山東部地区は、尾根と裾野の二重の堀と土塁からなる。尾根は北東から南西に向かい次第に高くなり、幅一〇《メートル》の馬背状である。そこには中世の一三塚がある（現存一〇基）。小吉山西部尾根部でも中世前期の宗教儀礼が行われており、政治拠点と霊場という構成が払田柵や大鳥井山遺跡でもみられるという（高橋、二〇〇六）。大鳥井山遺跡

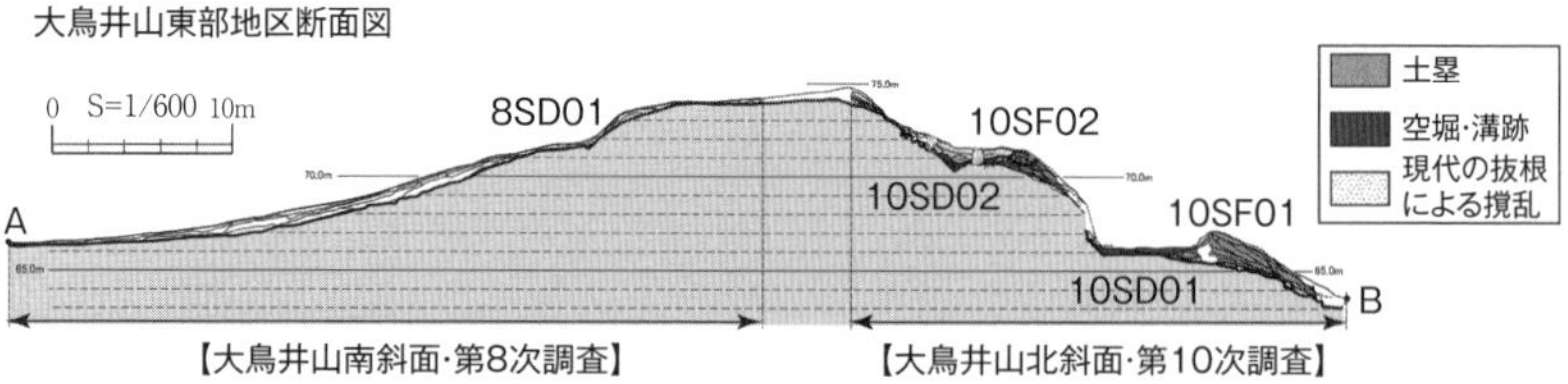

2-27　大鳥井山の土塁・堀（横手市教育委員会，2009）

が館（城・柵）の機能を失った後も霊場の意識が中世遺構や神社・祠などから、中近世を通し現代まで受け継がれていたのであろう。中世末期の横手城がこの地ではなく、南の丘陵地を選択したことは霊場という場所が認識されていた結果で、このタブーが破られたのは今から約五〇年前のことであった。

北斜面は急であり、等高線と並行に延びる二重の堀と土塁は現在でも目視できるが、自然の山と一体となっているため、よく注意しないと見落としてしまう。それが一一世紀の城（柵・館）なのである。南側斜面は北側より緩く、段状地形を確認することができる。北斜面の堀と土塁は、大鳥井山北側斜面全体を大規模に掘削し、下方に排土による盛土をすることによって、二重の堀と土塁を構築された。内堀は上幅一・五メートル、深さ四〇センチの薬研堀であるが、内土塁頂部と山側の内堀掘削部分からの深さを測ると六メートルとなる。外堀は上幅六メートル、深さ三メートルの箱堀で、内堀頂部と外堀頂部の幅は一〇メートルと大規模な構造で、山を削る際に堀を掘った排土を下方に送り、土塁を構築していくのであるが、その土量によって土塁の高さが決まるのであろう。山側は高さ一〇メートルの切岸となっており、虚空蔵大台滝遺跡の構造と類似点があり、急傾斜の構築方法ともいえよう。堀構築の際は相当量の土量が排出されたと思われ、それがそれ相応の土塁となっていくのである。この外堀の下層からは、堀跡や柵跡（布掘溝跡に一本柱列）などが複数確認されており、堀と土塁が構築される以前の景観は現況とは違うものだった。北東側の外土塁の下からは、同一の方形区画とみられる堀跡が二条確認されている。上幅三〜四メートル、深さ一・二メートルを測り、断面形は逆台形である。堀についてはこれまで遺跡全体で触れてきたが、小吉山でも逆台形から薬研堀の新旧関係が確認されているので、堀の掘り方は逆台形から薬研堀に変化していったことは十分考えられる。堀跡には並行に延びる柱穴列も確認されており、柵か逆茂木の可能性もある。遺物は、Ⅲ群土器（一一世紀中葉）の様相を示しており、前九年合戦前後の時期と考えられる。つまり、巨大な堀と土塁の構築は、Ⅳ群土器（一一世紀後葉）以降の後三年合戦の時代と考えられるのである。

大鳥井山西部地区は遺跡の最も南側に位置し、南北一四〇メートル、東西一五〇メートルの範囲で、最高地点で標高八〇メートルを測り遺跡内で最も高い場所である。ここは三〇メートル四方の平場となっている。現在は大鳥井山神社が鎮座するほか、三十三観音などの石仏や石碑などが立ち並んでいる。南西側は横手川本流が直下まで迫り急崖となっている。周囲は平場を取り巻くように段状地形を造っているが、その下方にも二重の堀がある。

頂上平場では四面廂掘立柱建物跡が確認された。桁行五間、梁行二間を身舎とし、四面に廂を持つ東西棟の建物である。廂を含めた桁行総長は一三・九五メートル、梁行総長は九・二メートルを測り、面積が一二八平方メートルと、大鳥井山遺跡の中ではひときわ大きく、柱筋も通った格式の高い建物である。古代城柵の柱掘り方は、方形から隅丸方形、そして円形に変化する時系列があるが、この建物は隅丸方形を基本とし、やや古い様相を呈している。近年、鳥海柵跡原添下地区で確認された五間四面廂建物と五間建物からなる双堂《ならびどう》形式の建物は持仏堂《じぶつどう》として考えられ、大鳥井山遺跡の四面廂建物も持仏堂であるとされている（杉本、二〇一二）。

大鳥井山遺跡西部地区の四面廂建物は、遺跡内で最も高く、狭い空間の中で、堂々とその存在感を表し、中枢域である小吉山北部地区や館（城・柵）の外からも見えていたのであろう。ここからは西側を眺めると広大な横手盆地を一望でき、遠くに鳥海山を望め、石母田正が論じた「辺境の長者」の余韻《よいん》を感じることができる。四方には鳥海山をはじめ、保呂羽山・神宮寺岳・御嶽山と式内社を奉じる山々が見渡せる。本来、このような四面廂掘立柱建物跡は、古代城柵などでみられるように、政庁や国司の館のように広い空間に規則正しく建てられるものであるが、この建物は古代の雰囲気が残る一方で、狭い空間に建っていることは古代城柵や国司の館では存在しないものであり、どちらかといえば、陸奥国の山寺である国見山廃寺にあるような立地といえる（杉本、二〇二一）。古代国家が城柵と寺院を隣接地に建設し管理する場合が多いが、律令制が崩壊する過程において、これまでの「公」の寺院管理を「私」の館に包括していったのであった。

大鳥井山遺跡の東方五〇〇メートル、丘陵上に鎮座する熊野神社は、江戸時代以前はさらに奥の丘陵地内にあり、その場所は元熊野堂と呼ばれ、広い平坦な境内跡が残っている。窪田大介氏によれば、かつてその付近には式内社塩湯彦神社の神宮寺《じんぐうじ》般若寺《はんにゃじ》があり、御嶽山麓の大鳥井山遺跡付近は塩湯彦神社の神域になり得る場所という（窪田、二〇一六）。大鳥井山神社で確認された四面廂掘立柱建物跡は、塩湯彦神社の祭祀に関わる神宮寺的な機能を持った仏堂と推定し、大鳥井山の頂上部の敷地に不釣り合いなほど大きく、ほぼ単独で建てられたのは、条里地割を造成した全地域からよく見えるようにするためで、もともと全域からよく見える大鳥井山は、昼にはこの仏堂が荘厳に見え、夜に火を使う仏事を行えばそれも見えた可能性は高く、耕作者に仏神の加護を実感させたという。この仏堂は条里地割地域を守護する機能を持つと同時に、式内社塩湯彦神社の神を中世的な農耕神に発展させるうえで、大きな役割を果したものと考えられる。このような平地を見下ろす高台に建てられた仏堂の可能性を持つ一一世紀の建物は、後述する陣館《じんだて》遺跡や虚空蔵大台滝遺跡でも確認されており、清原氏の館（城・柵）に共通するものである。般若寺は兵火のため五キロほど西方にある現在の般若寺に移ったと伝えられているが、その地の「薬師堂」の境内には現在も大清水があり、塩湯彦神社と水神信仰を示す一例となっているという（窪田、二〇一六）。般若寺のある塚堀地区は、手取清水遺跡などに代表されるように清水に関わった地名を持つが、考古学的には古墳時代から古代、そして中世に至るまでの平鹿郡東部の遺跡集中区で拠点地域であった。ここの有力者が一〇世紀後葉に大鳥井山遺跡に移ったとみている。

四面廂掘立柱建物跡の東側では、南北に走る二条の堀跡が確認されている。建物の北東隅で土橋があることから、区画施設であった可能性は高い。ここで注意したいのは、この堀跡の北側が整地によって埋没していることである。この建物の北側を広くするための地業であり、二重の堀の区画機能は失われるが、その外側にさらに大きい二重の堀と土塁を構築することによって区画を作り直している。この建物の北側を眺めると、最初に小吉山西部の火葬墓、さらにその奥に小吉山北部の中枢域がある。このことから、この四面廂掘立柱建物跡は北向きであった可能性が高いと考えられるのである。それにしても、大鳥井山遺跡の区画施設は二重の堀と土塁を多用している。また斜面に構築された段状地形は建物を建てるというより、段を造ることによって、清原宗家の地業動員力や視覚的効果を見る者に意識させるために造られたように思われる。頂上の南東側では整地下層から三時期にわたる柵（布掘溝跡の一本柱列）が確認されていることから、一〇世紀後葉から柵は設置されていたことを想定したい。一一世紀前葉〜中葉に四面廂掘立柱建物が構築され、一一世紀中葉〜後葉に建物の北側を拡張した。区画施設もこれに合わせ広げていき、最終的には尾根と裾野に二重の堀と土塁で大鳥井山全体を区画し、さらに小吉山東部から大鳥井山東部をめぐる三重の堀と土塁で、なお大鳥井山を区画したことが想定される。並々ならぬ土木普請であった。

6　大鳥井山遺跡と辺境の長者

遺跡内での場の使われ方は、ロクロ土師器（かわらけ）の大量出土から宴会儀礼などを行った中枢域とみられる小吉山北部地区、兵の駐屯地や倉庫など建物と城（柵・館）の最前線であった小吉山東部地区、鍛冶関連の生産施設が

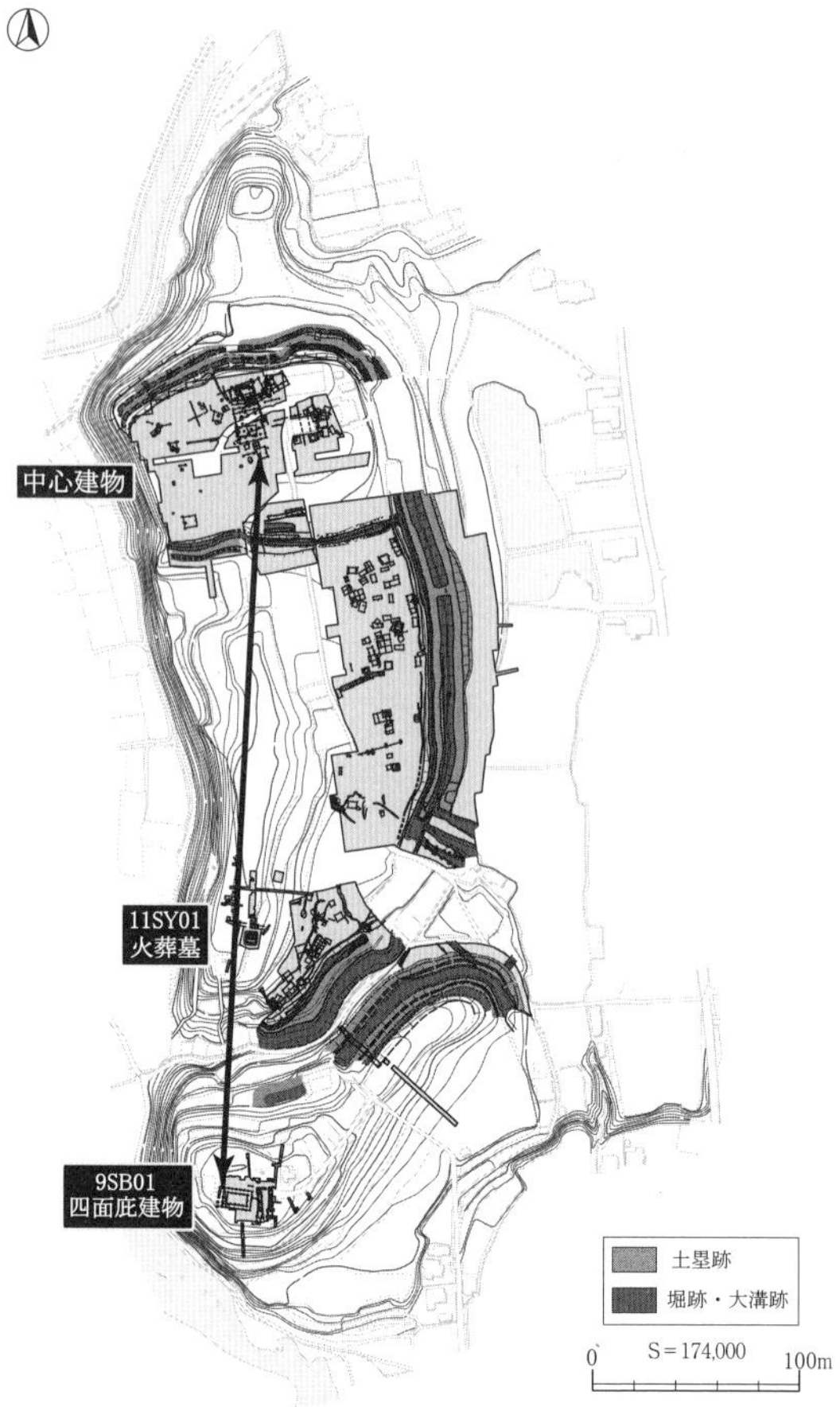

2-28　建物と墓の位置（横手市教育委員会，2017）

置かれた可能性のある小吉山南部地区、丘陵尾根に先祖墓などが構築された小吉山西部地区、持仏堂を設置した大鳥井山西部地区、古い段階の方形区画や柵などを二重の堀と土塁につくり直した大鳥井山東部地区など、場所によって異なる空間が存在していたとみられる。しかし、大勢の人数がいただろう居住施設については、遺跡内ではほとんど確認されていない。街道の東側にある台処館跡では発掘調査は進んでいないが、台処館跡南部では竪穴建物跡など確認されていることから、そこが居住空間の可能性もある。台処館跡の東方には熊野神社があり、『雪の出羽路』に記録された縁起《えんぎ》では、別当《べっとう》である明江山遍照院《みょうえいさんへんじょういん》が存在し、戦国期以前には三六坊を擁する大寺院であったことが記されている。山号の明江は、現在では明永といわれる大鳥井山遺跡一帯を指している。

伊藤武士氏は、大領主である清原氏のイメージを次のように指摘している（伊藤、二〇一〇）。清原氏の柵（館・城）というのは、行政・軍事・居住・生産・宗教といったさまざまな機能と役割を持った複合施設で、秋田城や払田柵の古代城柵の機能・施設としてのコンセプトを引き継いでおり、地域支配および地域開発の拠点としての役割を果たしている。また、軍事力を持ち、労働力（人や技術）と資本（物資）を集約し、柵（館・城）に囲い込むといった開発領主としての地域支配の拠点でもあるとする。一一〜一二世紀は王朝国家体制となり、地方では「荘園領主制」のもとで開発が進み、土地（田畠）を開発し、それを有力貴族や寺社に土地（荘園）を寄進するか、国衙に属して公領となる。いずれにしても実質の開発と支配を行うのは、地方の実力者で、それは地方豪族・在庁官人であり、開発領主ということになる。つまり出羽国では清原氏である。これらの類は全国的にも長者伝説として残っており、横手盆地では「鳥の海（横手盆地）の干拓」を行った明永《みょうえい》長者と明保《みょうほ》長者の伝説や万徳《まんとく》長者と地福《ちふく》長者伝説、そして恵殿《めぐみのとの》伝説など、いずれも清原氏と血縁関係があると伝わる。用水を引き、百姓に田畠を耕させ、家畜もたくさん飼育させ、倉の大きな屋敷に住むという「長者」のイメージは開発領主としての清原氏に重なるという。

さらに伊藤氏が言うには、清原氏はただの長者ではなく、『奥州後三年記』などに記述されるように都や源氏からもその富や土地の豊かさが注目され、さらに強力な軍事力を持っていた。清原氏の直接的な支配地域は山北三郡であり、間接的な支配地域は古代城柵の設置地域であった。出羽国南半の山形県域の情報については不明な点が多いが、それをも含んでいた可能性もある。古代城柵は「郡」を超えた広域行政・軍事施設であり、その支配体制・システムを継承した清原氏は他地域とは違い、より広域を、より直接的に、より強力に支配できたのではないかという。山北三郡である横手盆地は南北六〇キロ、東西一五キロと広大であるが三郡しかない。他国の郡が細かく分割されているのとは対照的であり、並みの長者ではなく、大長者・大開発領主としての清原氏としての位置づけがここにあるのである。

一〇世紀後半〜一一世紀は、大規模な集落が把握されておらず、全国的にも不明な時代ともいわれる。この時期の柵（城・館）を中心とした地域開発と日常生活というのは、住民は柵（城・館）周辺に集住し、農繁期や開墾などの土地開発の際には、離れた場所に点々と「出作り小屋」のような住居群を設け、そこから出かけて戦いが起れば柵に逃げ込むということを伊藤氏は指摘する。ここで注目されるのは、大鳥井山遺跡周辺の集落一体が「明永」地区であり、大鳥井山遺跡西側に広がる方格地割である条里制遺構内にも「明永」地名があり、集落の移動があったことが想定されるのである。方格地割の存在により条里制遺構と遺跡登録がなされたものであるが、この方格地割については石母田正が大鳥井山遺跡との深い関係を指摘しており、平安時代以降の在地勢力による開発を想定した（石母田、一九七三）。地割内には、一ノ口から六ノ口までの方格地割に関わる地名と長者・上小屋・六郎小屋・太郎小屋・助太郎小屋・大倉小屋・板小屋・斉藤小屋・福小屋・北小屋・払小屋という長者と小屋に関わる地名が多く残る。石母田正は、平安時代の在地土豪層の開発痕跡であり、伝説に四十八小屋と見え、条里制遺構地帯に残る小屋とは、田在家《たざいけ》の近世的呼称というが、四十八という数字については米沢市成島《なるしま》八幡宮の月名を付した例を引きつつ、御嶽山塩湯彦神社の祭祀・祭礼に際しての在家の義務や貢納と関係があるとし、大鳥井山遺跡がある御嶽山麓が清原氏の開発拠点になったと指摘する。

第五章　金沢柵と沼柵の解明に向けて

1　金　沢　柵

史料に見る金沢

金沢柵が史上に現れるのは、『奥州後三年記』の記述と『後三年合戦絵詞』での描写である。『後三年合戦絵詞』は貞和三年（一三四七）に僧玄恵《げんえ》を中心に描かれたものとされ、現存は六巻中後半部分の三巻であり、ほぼ金沢柵の戦いの場面によって構成されている。これより先に同様の絵巻があったことは、『吉記《きっき》』承安四年（一一七四）に静賢《じょうけん》法印《ほういん》が後白河法皇の院宣《いんぜん》によって制作した「義家朝臣《あそん》（中略）、武衡・家衡等の合戦絵」という記述があり、『後三年絵』が承安元年頃に成立していた（樋口、二〇一一）。つまり、後三年合戦から約九〇年後には合戦絵が制作されていたことになり、柵（城・館）の様子を表した絵巻としては日本最古と考えられるのである。詞書《ことばがき》部分の『奥州後三年記』の成立は、貞和三年の南北朝期と考えられてきたが、現在ではそれより早く、『奥州後三年記』の原本が藤原清衡の影響下で保安元年（一一二〇）前後に成立していたという指摘がなされ（野中、二〇一四）、物語原本が一二世紀前半には成立していることが確実視されるようになってきている。注意点としては、『後三年合戦絵詞』は南北朝期に制作されたものであることから、画中の文物には後世のものも混じっていること、また畿内の絵師には金沢柵周辺情報が手元にあった可能性が低いことから、絵の作成については絵師の知見の範囲で描かれていることなどである

（中澤、二〇一九）。

金沢柵研究略史

金沢柵の叙述は、『平家物語』では「昔八幡殿、後三年の御たたかいに、出羽国千福金沢の城を（後略）」、『源平盛《げんぺいせい》衰記《すいき》』では「城太郎資永《じょうたろうすけなが》は（中略）出羽国に越て金沢と云所に有りと聞へければ（後略）」、『保元物語《ほうげんものがたり》』では「昔、八幡殿ノ後三年ノ軍ニ、金沢ノ城責ラレシニ（後略）」など、鎌倉時代から地域・地名・城が認識されていた。

正保年間（一六四四～四七）に、秋田藩主となっていた佐竹《さたけ》氏によって制作された『出羽一国御絵図』の金沢の地には、「金沢古城」「八幡」「権五郎塚」の書き込みがある。山城として描かれた「金沢古城」とは元和八年（一六二二）に廃城となった中世金沢城のことである。「金沢古城」の左に「八幡」と書かれた社は現在の金澤八幡宮で、源義家が藤原清衡に命じて建立したと伝わる。金澤八幡宮の宝物には、貞治四年（一三六五）に書写された大般若経《だいはんにゃきょう》（県指定文化財）があり、それ以前の創建は間違いないが、その場所が山城内に描かれていることから、中世金沢城が機能していた段階では別の場所にあったことを意味する。「権五郎塚」は前二者と異なり山麓に描かれ、この場所が「権五郎塚」という史跡として古くから伝承されてきた可能性が高く、また佐竹氏の始祖である源義光《よしみつ》が後三年合戦に参加したという顕彰を記述させたのであろう。これ以降、金沢古城の場所が中世金沢城から金沢柵に変化していく様子が資料に残っている。享保十五年（一七三〇）、岡見知愛が『六郡郡邑記』を著し、金沢古城を金沢柵かもしれないと検討、延享元年（一七四四）には金沢古城が金沢柵となり、これ以降の認識となっていく。水戸《みと》光圀《みつくに》が編纂を開始し、明治三十九年（一九〇六）に完成した『大日本史』や明治四十三年頃に刊行された吉田《よしだ》東伍《とうご》が著した『大日本地名辞書』では、金沢の地が金沢柵であると記述される。

大正年間（一九一二～二五）に、地元金沢の伊《い》藤直純《とうなおずみ》や戎谷南山《えびすやなんざん》らが中心となり「金沢保古会」が結成され、後三年合戦に関する史跡保存の機運を高め、今日の金沢地区の史跡に対する高い意識も彼らの尽力によるところが大きい。伊藤は貴族院議員であり、奥羽本線の開通にも携わり、同様の「後三年駅」の名付け親でもある。大正六年（一九一七）に、『改定後三年戦蹟志』を著し、金沢地区に残る後三年合戦に関わりがある伝承地を踏査し、五一ヵ所にも及ぶ地名を列挙し、詳細な記述と場所の選定をしたもので、その偉業は金沢柵を考えるうえで多大な業績である。戎谷は、絵師として金沢柵に関する図面を多く残している。大正十三年に描かれた「新案金沢柵鳥瞰図」では、中世金沢城跡と陣館遺跡を金沢柵の範囲として捉え描いており、現在の金沢柵推定地の想定範囲と一致し、先見に値する。これら偉業が、金沢柵の位置づけについて、現在まで引用され続けている理由となっている。

2-29　金沢柵の描写（『後三年合戦絵詞』東京国立博物館所蔵）

　昭和四十年（一九六五）、新野直吉氏が金沢柵について新見解を提示した（新野、一九六五）。周辺の古代城柵の立地から最も近似なのが「払田」のような丘陵地ではないかとし、直接律令国家がつくった払田柵の影響を受けたものではないが、同じ横手盆地の立地条件を考えた結果であった。金澤八幡宮境内から見下ろせる、街周辺の果樹園になっている丘陵地が含まれたものであったとし、その構内に金沢公園を含んでいたとしても、せいぜい鎌倉権五郎伝承の巨樹痕が残っている台地までと推測する。また「柵」というものは、中央政府勢力が征夷政策遂行のために拠点を設けた軍事施設であり、やがてそれに倣って現地在住の勢力たる安倍氏や清原氏が自己勢力の拠点を柵組織の城砦のようになったのであろうという。さらに金澤八幡宮は源義家が藤原清衡に命じ、源氏の氏神を勧請《かんじょう》したものと伝えられており、その伝承はおそらく史実に近いものとするが、戦いによって多くの戦死者が出た場所には、その菩提《ぼだい》を弔うために寺院が建立されるのが例であり、敗者の死で血塗られた敵の本拠に、神聖な勝者の氏神が勧請されることは常識上慮外に属するという。金沢の場合は、源氏が清原氏を勢良く攻めて、大きな戦果を挙げるところを、加護するごとく見守り得たような地点で、敵勢力によって踏み穢されていない清浄新鮮の場所にこそ、八幡宮が勧請された可能性が最も高いと述べており、重要な指摘といえる。

昭和三十九～四十六年まで、秋田県教育委員会・横手市教育委員会が金沢柵特定のための金沢城跡の調査を実施している（秋田県教育委員会、一九七二）。前半期の調査を行った板橋源氏は、金沢柵は勝敗の運命をかけた決戦拠点たるにふさわしい実戦向きの柵であったことが、『奥州後三年記』に記された沼柵より金沢柵が「まさりたる」であり、義家軍が「力をつくして、せめたたかふといへども、城おつべきようなし」という場所であったとした。「岸近くせめよせ」という表現からも急峻な岸があったことを偲ぶことができ、そういった急崖をもってめぐらされており、「城を下る」と表現されていることは金沢柵が高峻な立地条件にあることを推測した（板橋、一九六六）。調査における見解は、金沢柵ではなく金沢城とし、金沢柵については未解決の問題を抱えたままで一端調査を終了した。

平成以降の金沢柵の想定

平成十七年（二〇〇五）に横手市平鹿郡の八自治体が合併し新横手市が発足したことにより、清原氏に関わる柵（大鳥井山遺跡・金沢柵・沼柵）が市内に包括されることとなった。横手市教育委員会では、これらを地域振興・活力とするため、後三年合戦関連遺跡調査指導委員会・史跡検討会を組織し、順次調査を進めることとなったのである。大鳥井山遺跡が平成十九年から三ヵ年の調査を経て国史跡に指定され、次に金沢柵特定のための調査を開始することとなったのである。昭和四十年代の調査から実に四〇年が経過していた。平成二十二年からは大鳥井山遺跡や安倍氏・藤原氏関連遺跡でも発掘調査成果があがり、新たな見解・知見が発表されるようになってきているため、これらを発掘調査に活かすこと、さらに市民への関心を高めてもらうことを目的として、後三年合戦シンポジウム・公開講座が毎年実施され、これらの研究成果などにより金沢柵の立地については、新知見が発表されるようになってきたのである。

2-30　金沢遠景（横手市教育委員会提供）

平成二十三年、藤原良章氏は絵巻が絵巻である以上、横方向には何枚もの紙を貼り接いでいけるものの、縦方向は一枚しか使えないため、寸法には限りがあるとし、紙幅の三分の二ほどを用いて描き込まれた山は相当高い山をイメージしたはずで、『後三年合戦絵詞』での「岸高くして壁のそばだてるがごとし。遠物をば矢を持ちてこれを射、ちかきものをば石弓をはづしてこれをうつ。しぬるもの数しれず」という詞書は見事に絵を仕立てられたとし、金沢柵が急峻な場所にあることを指摘した（藤原、二〇一四）。また、『後三年合戦絵詞』に藤原清衡が二度登場することを初めて指摘したのもこのシンポジウムであった。

平成二十六年、五味文彦氏は金沢柵が源義家軍の攻撃によって落城した際に、清原武衡が逃亡することが可能であったにもかかわらず、そうしなかった理由として、金沢柵が清原氏の本拠地ではなかったかと指摘した（五味、二〇一四）。清原氏には、出羽国山北三郡に残った清原氏と陸奥国奥六郡に行った清原氏が

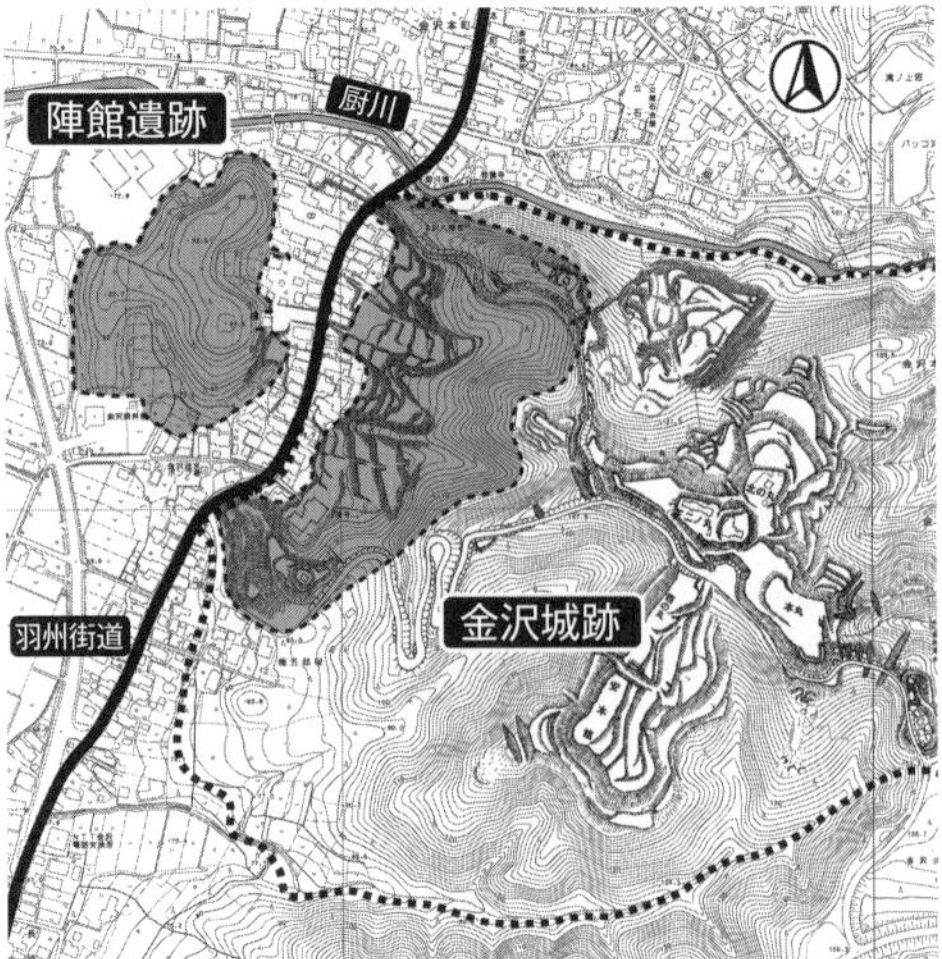

2-31　陣館遺跡と金沢城跡西麓部（横手市教育委員会, 2017）

いることは前述したが、大鳥井山遺跡が出羽国山北清原氏の本拠地であるので、金沢柵は陸奥国奥六郡清原氏の本拠地であった可能性もある。

さらに中澤克昭氏がいうように金沢が聖地であるならば、御嶽山の加護を得られて戦うことができる、思想的にも重要な場所で、さらに屍をさらす場所としても最も尊い場所でもあったのではなかろうか。平成三十年、中澤氏は、中世は霊場・山岳寺院などの聖地に構築された城郭が多く、武士が構築した城郭にも聖地と重複するものが少なくないとし、そうした城郭がどこまでさかのぼるか検討した結果、金沢であることを指摘した。金沢は『後三年合戦絵詞』に「金沢の柵といふ所あり。それはこれに（沼柵）にまさりたるところなり」と記述されており、これまで沼柵より堅固な城と考えられてきたが、これは聖地という意味ではないかとする。神奈川県の三浦《みうら》氏の衣笠《きぬがさ》城は信仰の対象となっていた山が城になっており、頂上には経塚が確認されている。金沢の場合、聖なる山が金沢城跡東方に位置する御嶽山であり、北方には経塚群が展開している。さらに城郭と修験山伏《しゅげんやまぶし》との関わりも指摘され、山伏が捜査・救出・保護・道案内の役割を果たしており、これは鎌倉時代の金砂城（茨城県）や鳥坂城（新潟県）にも見出せるという。前述のとおり『後三年合戦絵詞』は、京都の絵師による知見の範囲で一四世紀の城郭の様子を描いたものであるが、大鳥井山遺跡では土塁・堀・柵などが検出され、『後三年合戦絵詞』の柵（城・館）の姿が反映されていたと考えられるが、中澤氏は払田柵や秋田城などの古代城柵の防御施設は規模が大きく堅固であることから、清原氏関連の柵（城・館）はこれらを参考にしたのではないかと指摘した（中澤、二〇一九）。

金沢柵推定地陣館遺跡

大鳥井山遺跡の立地や地形を考慮に入れ、金沢地区の踏査を行ったところ、南北に縦貫する羽州街道の西側に陣館遺跡、東側にはこれまで金沢柵と伝わった金沢城の山麓部に段状地形が広がっていたことが確認された。

陣館遺跡は、横手市金沢中野《なかの》字根小屋《ねごや》に位置し、ここに「陣館（山）」と呼ばれる標高九一メートルの独立丘陵がある。その範囲は南北三四〇メートル、東西二四〇メートルで、面積八万一六〇〇平方メートルを測る。地形は北東・南東・南西と三方向に延びる尾根とそれに入り込む沢目からなり、その裾野では湧水が湧き出て足場の悪い湿地帯である。遺跡北側は厨川が西流し、比高差一〇メートルの段丘が形成されている。南側の三貫堰《さんがんせき》川が西流するが、北側ほど発達していない。両河川の影響で遺跡西側には扇状地が広がり、ところどころに沼地が存在する。扇状地内には、標高一二〇メートル前後の残存丘陵が点在し、その風景は『後三年合戦』の「雁行《がんこう》の乱れ」の場面を彷彿させる。遺跡東側は羽州街道が南北に縦貫し、そこから陣館遺跡を見ると、雛壇のような段状地形が幾段も自然地形に合わせめぐ

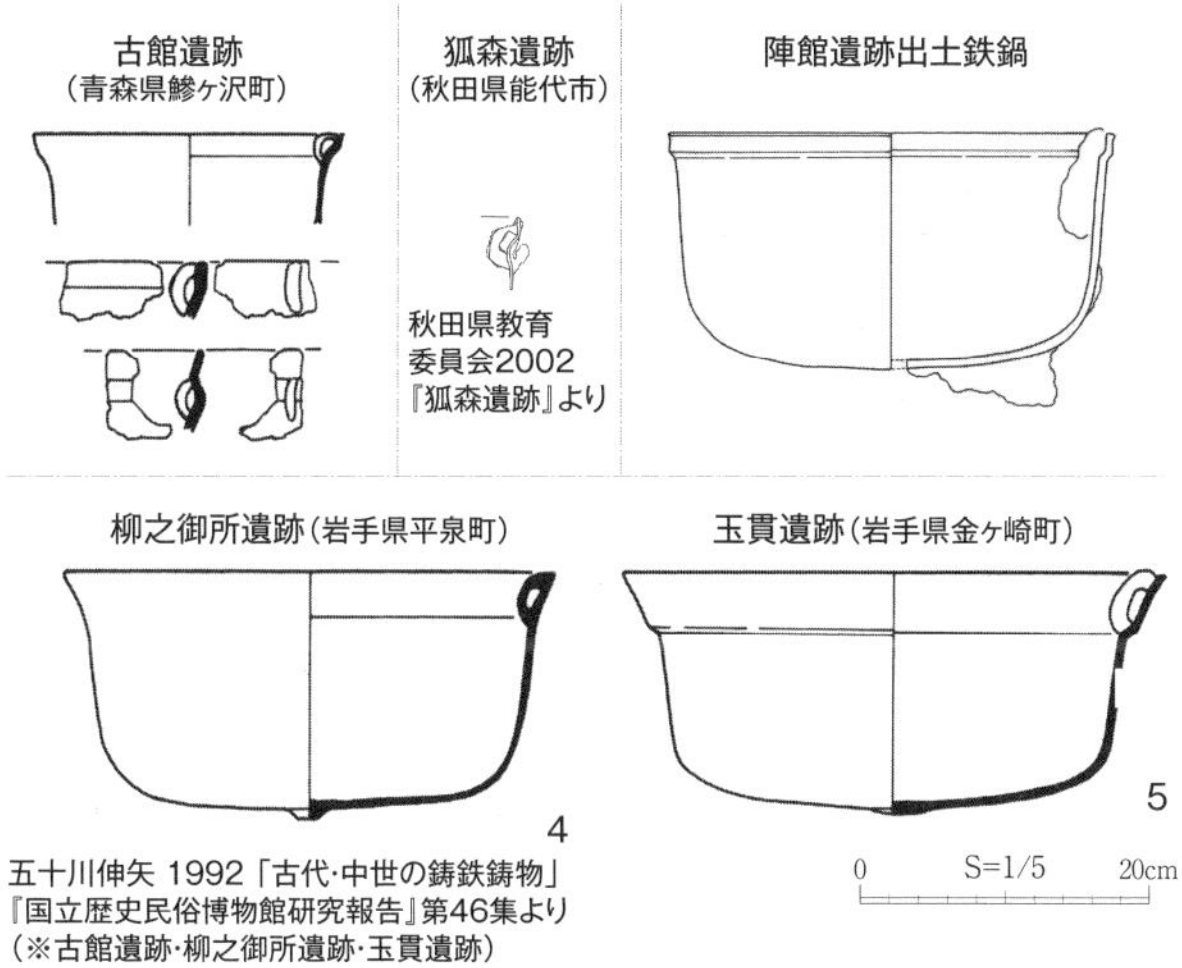

秋田県教育
委員会2002
『狐森遺跡』より

五十川伸矢 1992「古代·中世の鋳鉄鋳物」
『国立歴史民俗博物館研究報告』第46集より
（※古館遺跡·柳之御所遺跡·玉貫遺跡）

2-32　内耳鉄鍋

2-33 四面廂掘立柱建物跡（横手市教育委員会提供）

っているのに対し、街道から見えない範囲には段状地形が構築されていない。

陣館遺跡は古代・中世・近世の複合遺跡であり、とくに古代では金沢地区において初めて一一世紀の後三年合戦の遺物が出土した（横手市教育委員会、二〇一七）。一〇世紀前半の遺物には、須恵器・ロクロ土師器があり、坏には墨書土器が含まれていた。墨書土器は同一文字が三点あるが、その読みについては「蛇・之・出・足・書」など未解読である。いずれにせよ墨書土器に関わる知識を有する相応人物が金沢の地にはいたことになる。

古代後期の遺物は、ロクロ土師器・内耳《ないじ》鉄鍋・短刀である。内耳鉄鍋は、ロクロ土師器が出土した段状地形の最下層より出土したことから、一一世紀中葉～後葉のものと判断された。鉄鍋は口径三〇・六センチ、深さ一五・五センチ、厚さ〇・六センチである。特徴は口縁部が水平に小さく屈曲し、鍋の身が胴部から底部にかけて緩やかに曲線を描く形状であることである。類例は一二世紀の平泉町の柳之御所遺跡や奥州市の玉貫《たまぬき》遺跡にあり、口縁部が広く屈曲し、陣館遺跡のものはより古い形態を有していると指摘されている（五十川、二〇一〇）。藤原氏の館である柳之御所遺跡の堀底から鉄鍋が出土している意義は大きい。通常、鉄製品の壊れたものは、再度鋳造され新製品となり、再利用されることはない。陣館遺跡の出土状況を見ると、鉄鍋はあえて割られ地鎮として埋められた可能性は高い。そして、鋳造状態がよかったために遺存することができたのであろう。陣館遺跡の鉄鍋出土は、年代的要素が不確定であった青森県古館《ふるだて》遺跡や秋田県狐森《きつねもり》遺跡で出土した内耳鉄鍋の評価にもつながり、土製品の内耳鉄鍋の出土例の多い北東北にその起源が考えられるようになったのである。

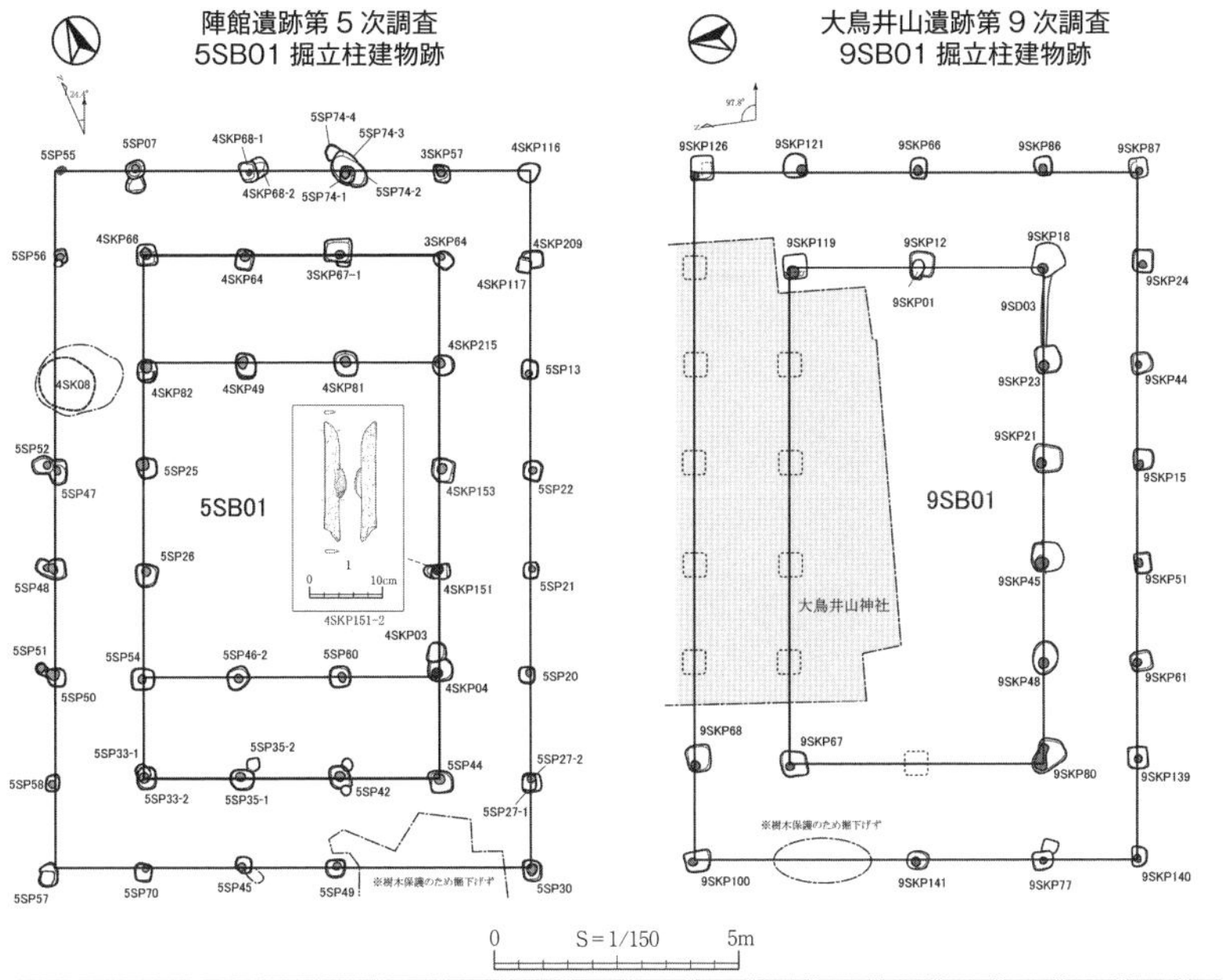

大鳥井山山頂部の四面廂掘立柱建物復元案図

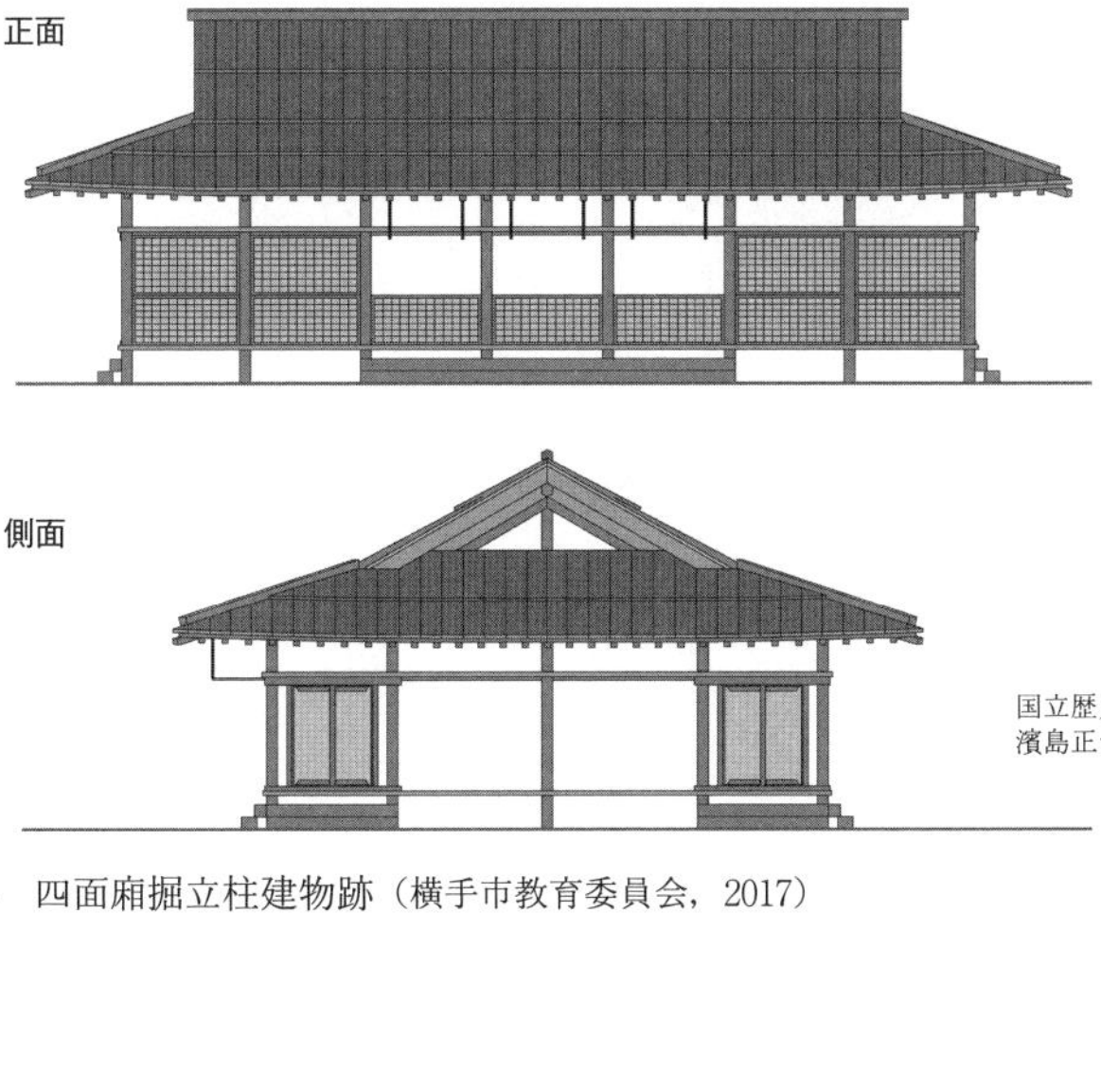

国立歴史民俗博物館名誉教授
濱島正士氏作成（2015）

2-34　四面廂掘立柱建物跡（横手市教育委員会，2017）

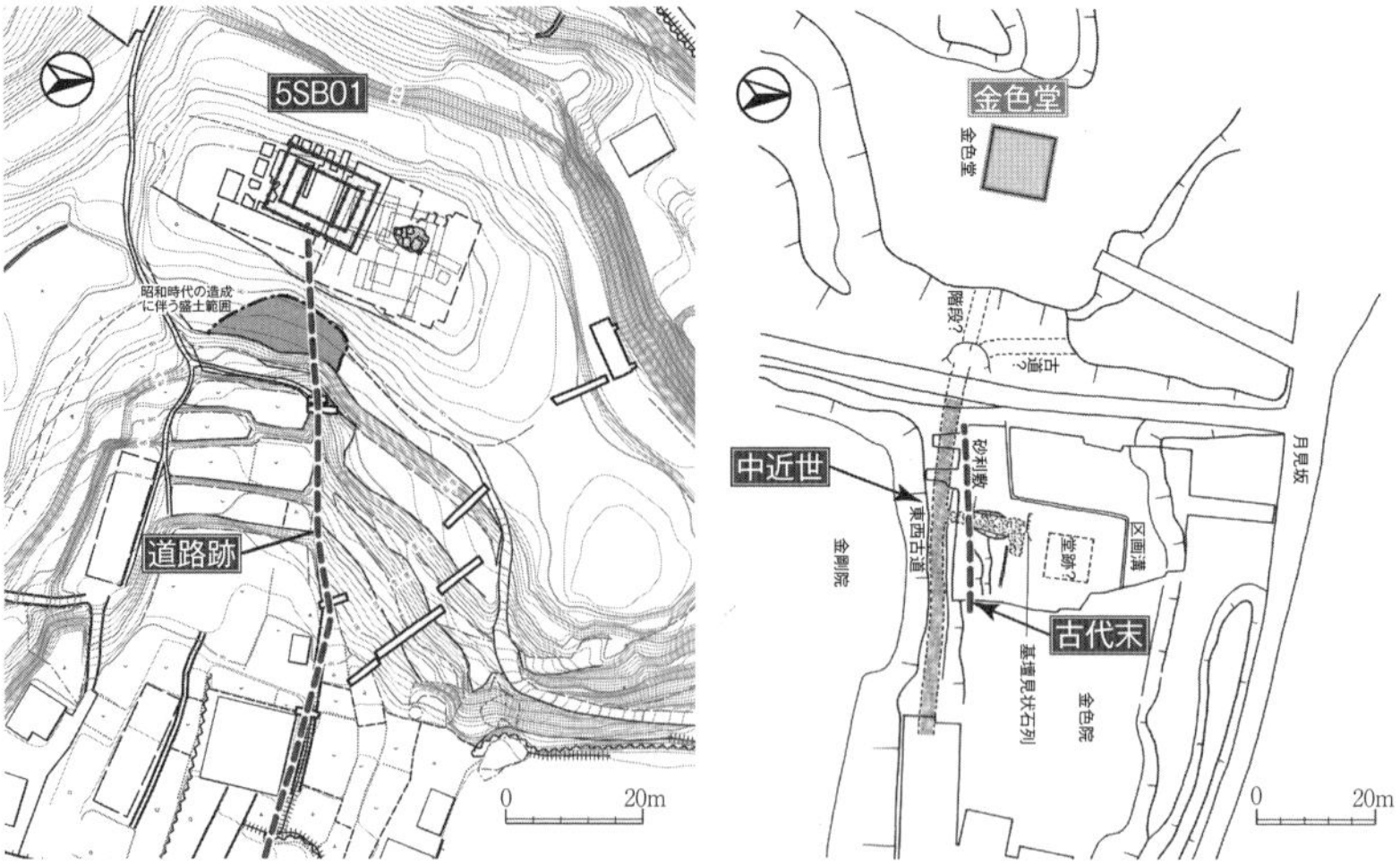

2-35　陣館と金色堂（『中尊寺仏教文化研究所論集』第3号，2012年より作成）

北東尾根頂部は南北四六メートル、東西二三メートルの方形平坦地があり、そこで四面廂掘立柱建物を検出した。桁行五間、梁行三間の身舎に、四面に廂が巡り、総長は廂を含めると桁行七間（一四・一メートル）、梁行五間（九・九メートル）で、面積約一四〇平方メートルで、方形平坦地内に収まっている。同時期とみられる遺構・遺物はまったくなく、柱抜取痕に短刀が刺さっていたのみである。これと類似する建物は大鳥井山遺跡頂部で確認された四面廂掘立柱建物跡のみである。共通点は、柱掘り方の規模が同じで平面プランが隅丸方形で、その立地場所や遺物がないことである。両者とも柱筋が揃っていることから比較的長く建っていたことが指摘されている（八重樫、二〇一五）。違いは、梁行間数で、梁行二間のものは古代城柵・国司館・寺院などで確認されるのに対し、三間の掘立柱建物跡は陣館遺跡が唯一である。この建物は身舎の南北にそれぞれ一間分の部屋を持っているとするならば、中世的な建物の雰囲気もあるが、方三間（方三間堂）に、南北に一部屋が付き、廂が四面にめぐる構造と考えられることもできる。

　四面廂掘立柱建物がある頂部から裾野の斜面にかけて五段の段状地形が現在でも確認でき、段状地形が途切れる場所で調査を行った。

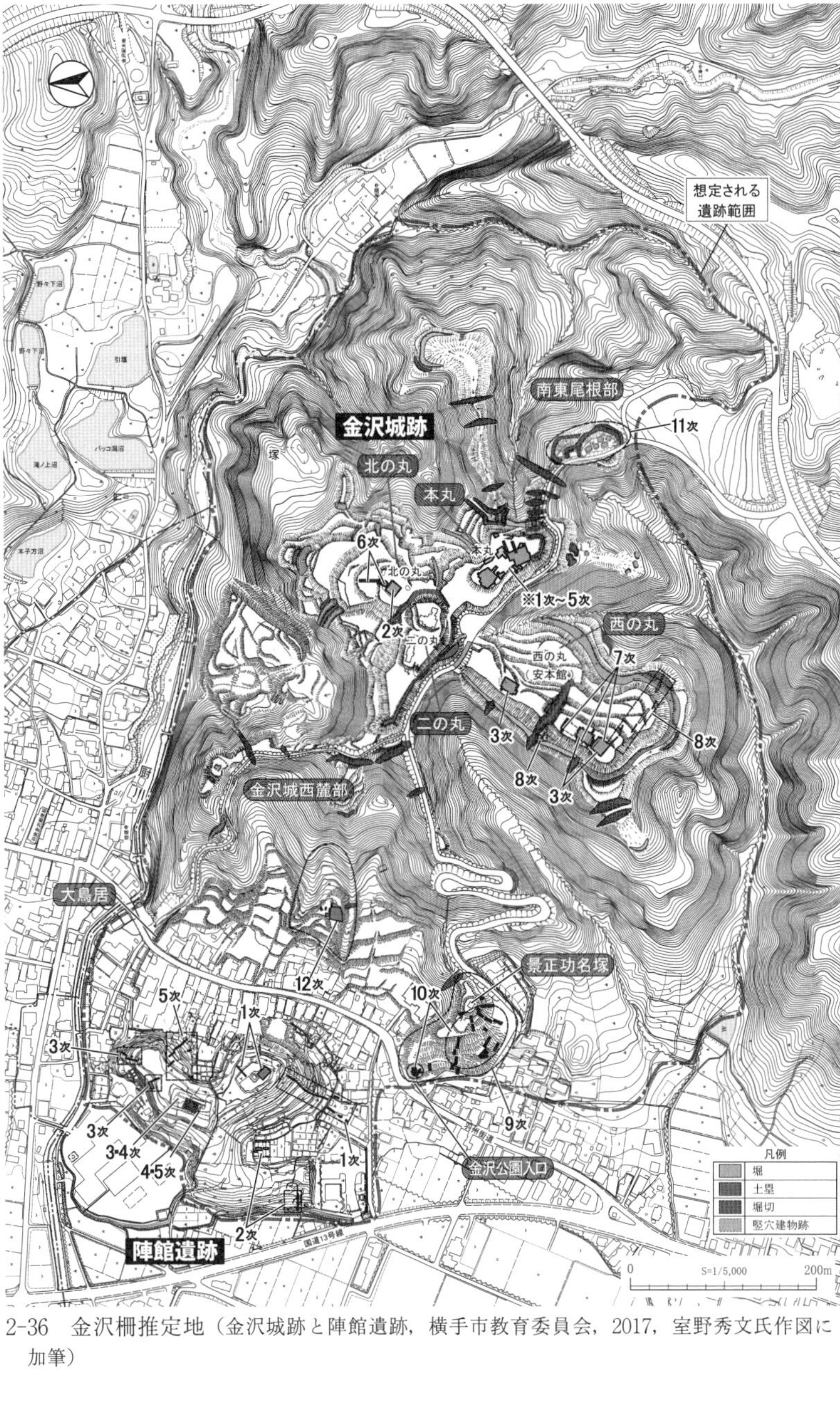

2-36　金沢柵推定地（金沢城跡と陣館遺跡，横手市教育委員会，2017，室野秀文氏作図に加筆）

結果として五期にわたる通路変遷が確認され、最下面では幅八〇〜九〇センチの幅に、階段と六回以上の補修痕跡が確認された。すれ違いが困難な通路は普通の道ではなく、補修してもなお維持しようとするということはそれ相応の往来があり、四面廂建物へ行く必要のある通路であったことが想定される。

　このような建物と段状地形、通路の関係は、中尊寺金色堂と共通するものがある。現在の参道は観光通路として北から入り、新覆堂《しんおおいどう》の正面を過ぎてから、南の入口から金色堂を参詣するという順路となっているが、金色堂は東向きであり、その正面斜面下方では幅八〇〜九〇センチの東西古道が調査によって見つかっており、急斜面に階段が想定されていた。また周囲の地形も段状地形を有しており、陣館遺跡と同じ思想だったことが考えられる。金色堂が三間四面の阿弥陀堂《あみだどう》であることを考慮に入れれば、陣館遺跡の四面廂建物は、三間四面の両側に部屋が付いた阿弥陀堂で、通路は参道と考えられる。このようなことから陣館遺跡は、金沢柵（館・城）の中の宗教空間であり、持仏堂である可能性が高いのである。隣接する桂徳寺の阿弥陀如来坐像は、中尊寺金色堂中央壇および西北壇本尊像と共通する造形との指摘があり（正次、二〇〇六）、平安時代後期の「銅造宝冠阿弥陀如来像」も納められていることから、四面廂建物と無関係ではないだろう。

　段状地形は街道側の山斜面に帯曲輪《おびぐるわ》状に構築しているのに対し、街道から見えない場所には段状地形がないことから、視覚的効果を狙ったものと思われる。羽州街道から枝分かれした参道から西にある陣館山頂部を仰ぎ見れば、細い参道とその両際には五段の段状地形があり、その先の頂部の空間は、太陽が沈む方向に格式の高い四面廂建物があり、荘厳に見えたのであろう。枝分かれした参道は西側だけに延びているのではなく、反対の東側にも延びていっている。そこは金沢城跡西麓部であり、そこに金沢柵の館があるのではないだろうか。

金沢柵推定地金沢城跡

金沢城跡は、根小屋集落から比高差九〇〜九二メートルを測る尾根と斜面部を城として利用した山城である。東西に延びる尾根の東側に本丸、西側に二の丸、南北に延びる尾根の北側に北の丸、南側に西の丸（安本館）がある。その範囲は東西九〇〇メートル、南北六〇〇メートルで、面積が五四万平方メートルを有する大規模な山城である。

近年、横手市教育委員会によって金沢柵特定のために測量・縄張《なわばり》・発掘の各調査が行われた。測量調査は城の範囲を特定するため、縄張調査は室野秀文氏に依頼し、地形から読み取れる城構造の特徴把握を（室野、二〇一七）、発掘調査は、金沢柵の時代の遺構・遺物を確認できるかどうかというものである。これら調査成果から次のようなことが明らかになった。本丸や西の丸では古代末期の中国産白磁碗が三点確認されたが、本丸整地層から出土した遺物の大部分は一四世紀後半〜一五世紀前半の中国産の白磁と青磁、国産の古瀬戸・須恵器陶器などの陶器類であり、一五世紀後半以降の遺物を含まないことから、一五世紀前半以前にも別構造の郭があり、現在目視できる本丸は一五世紀後半以降の造成で、遺跡の北側を占める本丸・二の丸・北の丸は、城普請のために

2-37　金沢城跡南東尾根の竪穴建物跡（横手市教育委員会提供）

2-38　金沢城跡南東尾根部の土塁・堀（横手市教育委員会提供）

2-39　金沢公園入口で発見された柵（横手市教育委員会提供）

2-40　盛土下の柵跡（横手市教育委員会提供）

大幅な改変を受けており、複雑な曲輪《くるわ》や大規模な堀切があるなど中世後期の城の特徴を有していた。その点、西の丸（安本館）は北側の郭と異なり、自然地形を最大限に利用した郭で、城構造としては古い様相を示していたことが判明したのである。

　この調査結果から現在目視できる姿は金沢柵ではなく中世金沢城であり、一四世紀後半〜一五世紀前半は南部《なんぶ》氏の時代で、一五世紀後半〜一六世紀は小野寺《おのでら》氏の時代のものと想定されたのである。中世後期の金沢城は大規模な山城で、秋田県内では、文献で確認される南部氏とのつながりを示唆し、かつ小野寺氏の城としては全容が把握される唯一の城であり、中世城郭としてもその価値は非常に高いといえる。大規模な城普請が行われた場所で、金沢柵の痕跡があるかどうか見極めることは困難であったが、発掘調査において金沢柵の時代と考えられる遺構が金沢城内の尾根南東部と西麓部の二ヵ所で確認されたのである。

　金沢城跡南東尾根部は、本丸から南東に延びる尾根の端で、金沢城外と考えられる場所に位置する。南北に長い痩せ尾根を堀と土塁で区画し、中に竪穴建物跡が複数確認された場所である。堀は斜面を掘削し、その排土を谷側に盛り土塁を構築している。尾根頂部から土塁頂部の上幅は七・五メートル、下幅二〇センチの薬研堀であり、大鳥井山遺跡の堀と土塁にも類似する。二棟の竪穴建物跡の調査では、カマドもなく、遺物もほとんど出土しなかった。北東北の古代区画集落では竪穴建物にはカマドや炉が存在し、遺物も多く出土するのとは対照的に生活感がまったくないこと、さらに堀と土塁の構造が金沢城のものは小規模区画の割に大規模に構築され、さらに比高差のある尾根の斜面裾野に構築するなど、比較的簡易な構造の北東北のものとは異なるのである。この場所は城の南東に面し、周囲は山のため正面とはいいがたいが、このような場所でも大規模な造成を行っていることは、それを構築するための動員力が可能なそれ相応の人物がいたことを示唆している。

金沢城跡西麓部は、平場などが目視できる場所で、景正功名塚《かげまさこうみょうづか》もここにある。街道からの比高差が二六メートルと、それほど高い場所ではなく、金沢城へ向かう入口付近となっている。大鳥井山遺跡で見られる堀や土塁、もしくは柵（布掘溝跡に一本柱列）の検出を目指して調査が行われていた。その結果、金沢公園入口付近で柵が見つかった。当初の現地形ではまったく把握できなかったが、褐色の盛土を取り除くと旧地形が現れ、それは谷側に向かって傾斜しており、そこで溝跡を確認した。上幅七四〜一〇〇センチ、底面幅が四〇〜五〇センチで、上面幅にばらつきがあるのは、旧地形の東側が高く、西側が低いため切土《きりど》による差である。この溝跡埋土を取り除くと、柱穴列が現れた。柱掘り方は円形で直径四〇〜六〇センチ、深さ一〇センチに、直径二八センチ前後の円形柱痕跡が確認されたことから、これは丸太材とみられる。この柱穴列より古い柱穴列もあることから、簡易的な柵から強固な柵へと変化したことが想定される。この構造は古代城柵の柵（一本柱列）のようで、規模が大きいことは指摘できる。

金沢柵と清原氏一族の攻防

『後三年合戦絵詞』に見る弓矢や弩《おおゆみ》などの飛距離を考えても、比高差が一〇〇メートルある中世金沢城を想定するより、比高差二〇〜三五メートル規模の清原氏関連遺跡である大鳥井山遺跡や虚空蔵大台滝遺跡と同様、金沢柵の館部分も同じ比高差の場所にあることが考えられる。金沢城跡西麓部は比高差が同規模で、段状地形もあり、街道からみれば崖のようになっている。前述の金沢城跡から発見された柵は、西麓部南側の羽州街道から八メートル高い場所にある。今後、金沢柵の館を特定するには、陣館遺跡と街道を挟んで向き合う南北三〇〇メートル、東西一〇〇メートルの範囲内である金沢城跡西麓部のいずれかの平場を調査すれば発見できる可能性は高いのではないかと思われる。

金沢柵の成立時期や範囲については不明な点も多いが、金沢城跡尾根上に広範囲に確認される竪穴建物の存在から、一〇世紀後半〜一一世紀前半までは古代区画施設の時代と推定しておく。金沢城跡南東尾根部で確認された堀と土塁は大鳥井山遺跡のものと類似することから、一一世紀後葉の構築ではないだろうか。金沢柵籠城戦では四方を囲まれていると記述されているが、柵（城・館）全体を取り巻くのではなく、複数ある出入口を押さえるものと考えられる。金沢城跡西麓部と陣館遺跡に挟まれる羽州街道の南北河川ぎわを押さえれば、正面側は遮断することはできる。金沢西麓部の背後には金沢城跡があるが、尾根を通じて、現在も北東方向と南東方向に急ではあるが道がある。これは金沢城跡の南東および北東の尾根道に通じることから、南東尾根部で発見された遺構は金沢柵の南東入口に関わる施設である可能性もある。これら二ヵ所の道を押さえれば、四方を押さえることになるのである。

後三年合戦前夜の清原氏の柵（城・館）と勢力分布を確認してみると、清原光頼・頼遠父子一族の大鳥井山遺跡、吉美侯忠武ら吉彦一族の虚空蔵大台滝遺跡、清原家衡が入った沼柵、清原武衡・家衡一族の金沢柵となる。これは出羽国山北清原氏と陸奥国奥六郡清原氏という関係となる。発掘調査で内容が明らかになっているのは前者の柵（城・館）で、これらは一一世紀後葉に大規模改修を行っている。金沢城跡西麓部では二期にわたる柵（柱穴列）を確認しており、新しい方が大規模につくり直されている。これが金沢柵の柵であるならば、その時期は一一世紀末葉であり、後葉には区画施設を伴う金沢柵が存在していた可能性が高いと思われる。

『奥州後三年記』によれば、清原真衡と吉彦秀武の袂を分けたのは、永保三年（一〇八三）夏頃に陸奥国奥六郡の清原真衡の館（柵・城）での内紛で、吉彦秀武が出羽国に戻り戦いの準備をしたことによる。その年の秋に源義家が陸奥守に赴任し、その直後、真衡が出羽国へ出征した際に途中で頓死する。その後の陸奥国奥六郡の統治に対して義家が裁量を行い、奥六郡南三郡を清原清衡、北三郡を清原家衡に配分したことで両者は仲違いしていくことになる。

三年後の応徳三年（一〇八六）夏頃、清原家衡が奥六郡内の清原清衡の館（柵・城）を奇襲するが、清衡は難を逃れ陸奥国守源義家に助けを請うことで、家衡は陸奥国奥六郡北三郡では分が悪いとみて出羽国平鹿郡西部の沼柵に夏以降に入ることとなる。陸奥国守義家が出羽国まで遠征してくるのは出羽国守との調停が必要と思われるが、そこは伝えていない。沼柵の戦いが秋冬に行われ、家衡は義家・清衡軍を退けることとなるが、清原武則の子である清原武衡がこの報を受けて喜び、翌寛治元年（一〇八七）春頃に家衡のいる沼柵を訪れ、山本郡南部の金沢柵に移り金沢での戦いに備えた。秋から冬にかけて、両者の戦いがあり金沢柵が十一月十四日夜に陥落するのは周知のとおりである。野中哲照氏によれば、後三年合戦は全体を三部に分けて把握することができ、第一部が真衡館合戦、第二部が沼柵合戦、第三部が金沢柵合戦であり、第一部と第二部は公戦であったが、第三部は源義家と清原武衡の、前九年合戦における双方の父の戦功をめぐる軋轢《あつれき》をベースにした私戦であったという（野中、二〇一五）。

ここで確認したいのは、吉彦秀武が出羽国に戻り出羽国山北三郡清原氏として館（柵・城）の防御性を高めた時間と、陸奥国奥六郡清原氏である清原家衡や清原武衡が戦いに備えた時間には差があるということである。

第一部では、陸奥国奥六郡清原氏清原真衡の出羽国山北三郡清原氏一族である吉彦秀武に対する侵攻であり、出羽国山北三郡清原氏一族は、これに対する防御を高める必要があった。それが大鳥井山遺跡や虚空蔵大台滝遺跡の大規模改修の契機となったのではないだろうか。この段階で出羽国にいた奥六郡清原氏と近しい一族の戦闘体制は、それほど緊迫はしていなかったと思われる。

第二部は沼柵合戦であるが、山北三郡平鹿郡西部の沼柵では陸奥国奥六郡清原氏を受け入れる下地があったことになる。前九年合戦の際に清原武則配下として登場する深江是則一族がこれにあたるとみられ、清原武則らが陸奥国奥六郡へ行ったとしても山北三郡に留まっていたのであろう。そう考えると金沢柵のある山本郡南部や雄勝郡にもそういう人物がいたことになる。出羽国の山北清原氏一族の館が城・柵として防御機能を高めていたが、出羽国山北三郡内の奥六郡清原氏に縁の深い一族は、急遽出羽国に入った家衡のために防御に時間を割く暇はなかったのであろう。

第三部では清原武衡と家衡が沼柵から金沢柵への移動をするのであるが、早くとも寛治元年春頃であり、金沢柵合戦が起こる秋までは半年しか時間がなく、彼らが大規模な堀と土塁をつくり直す時間がなく、柵（丸太材に横矢掛け）や櫓などの改修を行ったのではないだろうか。要するに、出羽国住人である山北三郡と秋田河辺二郡の清原氏の柵とみられる大鳥井山遺跡や虚空蔵大台滝遺跡は館（柵・城）の大改修まで三〜四年の時間があるのに対し、陸奥国住人であった奥六郡清原氏は家衡が沼柵に入った段階で旧来の館（柵・城）をそのまま利用し、金沢合戦では半年の間で旧来の柵（館・城）の部分的な改修を行ったのではないかと思われるのである。

2 沼柵

史料に見る沼柵

沼柵が史上に現れるのは、後三年合戦後半に清原家衡が、陸奥国奥六郡での清原清衡の館を焼き討ちにした後で、

2-41　沼柵での武衡と家衡（『後三年合戦絵詞』東京国立博物館所蔵）

出羽国に移り、平鹿郡西部の沼柵を拠点として、源義家と清原清衡の軍勢を撃退した記述である。『奥州後三年記』では沼柵の戦いの該当部分は欠落しているが、この部分を埋める史料として室町時代の中原安富《なかはらのやすとみ》の日記である『安富記』がある。戦いの経緯や状況については、「国司であった義家は清原清衡の訴えを聞き入れ、自ら数千騎を率いて清原家衡のいる沼柵へ出陣したが、合戦は膠着状態となり数ヵ月を経過して冬になって大雪に遭遇することとなる。国司義家の軍勢は、雪に慣れていないため戦況が不利となり飢えや寒さに苦しんだ。軍兵は凍え死ぬ者や飢え死にする者が多かった。飢えに対しては馬を殺してその肉を切って食べ、寒さに関しては義家が兵士の体を抱いて温めて生き返らせたりした。この苦戦で国司義家の軍勢はいったん国府に退却し、その後、義家はふたたび大軍を率いて沼柵へ進撃しようとしていた」とある。

『後三年合戦絵詞』に描かれる沼柵は、寝殿造《しんでんづく》りのような縁のある礎石建物と、土台造建物の二棟が館を表している。その庭で清原武衡と清原家衡が対面しており、家衡の郎従は青磁の瓶子《へいし》とかわらけを捧げ持っている。『後三年合戦絵詞』は、前章で述べたように平安末期に製作された『後三年絵』を南北朝期に写したものとされ、青磁瓶子の形態はこの時期のもので、建物も礎石建ちとして描かれるが、大鳥井山遺跡や陣館遺跡で検出されたものはすべて掘立柱建物である。寝殿造りのような建物は、東北地方では鎌倉時代以降に認められる。『後三年絵』の状況はわからないが、『後三年合戦絵詞』はその絵を参考とするものの、京都の絵師は南北朝期に生きた時代の京都の実情をもとに描かれていることも考慮に入れなければならない。

沼柵研究略史

沼柵の場所はいまだ不明であり、江戸時代から詮索されてきた。元禄十一年（一六九八）に戸部《とべ》正直《まさなお》が著した『奥《おう》羽永慶軍記《うえいけいぐんき》』では、沼館城について「沼の城は、昔、清原家衡が籠った場所」と、次いで文化五年（一八〇八）に、小野寺旧臣で佐竹氏角間川給人《かくまがわきゅうにん》が『松岡常辰等連署《まつおかつねたつとうれんしょ》』に「沼館は横手の西にあり、昔の沼柵で清原武則の古城」と記述している。同期に菅江真澄が『雪の出羽路』の沼館村の項で、「沼柵や沼館という地に沼柵はあるべきで、治暦・延久（一〇六五～七四）頃からあるのだろうか。『前太平記』三四巻の家衡出羽に移る件に、先祖の地に帰る」と記述した。また、沼柵と沼館の読みを「ヌマタテ」と表記し、別項では沼柵八幡宮と書かれた。また、豆敲祭《なっとう》がこの神社で行われ、別名納豆八幡と納豆発祥に関わる興味深い記事がある。

昭和十一年（一九三六）、秋田考古会から『秋田考古会誌』沼館号が刊行された。大山順造《おおやまじゅんぞう》は沼館城が沼柵かどうかについて現在の本丸付近は小野寺氏の城跡で、清原氏の沼柵はすでに原形が変化し、かつ精微な構えでなかったとする。そして城柵痕跡は沼館城だけではなく、造山まで続く広大なものと指摘した。柵の中心を造山に求め、沼柵が停止した後、小野寺氏が使用した一角の城回りに沼館の名が残ったとする。また、沼柵が清原武則の本拠地と伝承されてきた根拠に『松岡常辰等連署』をあげ、出羽に帰った清原家衡の籠城は死を覚悟したものであり、柵を祖先清原武則の旧地に選ぶことは当然のことで、さらに沼館に近接した地名を字とする者の多くが、武則に従って陸奥国の前九年合戦に繰り出したことも、沼柵に武則がいたことを暗示するものと指摘した。

昭和五十三年、新野直吉氏は、沼柵推定地の踏査をふまえ大曲市藤木の四十二館を沼柵跡とする説もあるが、それは当たらず、あのような小規模の範囲では清原軍の籠城は無理であるし、周囲の水郷は自然地形であり人工の城柵跡

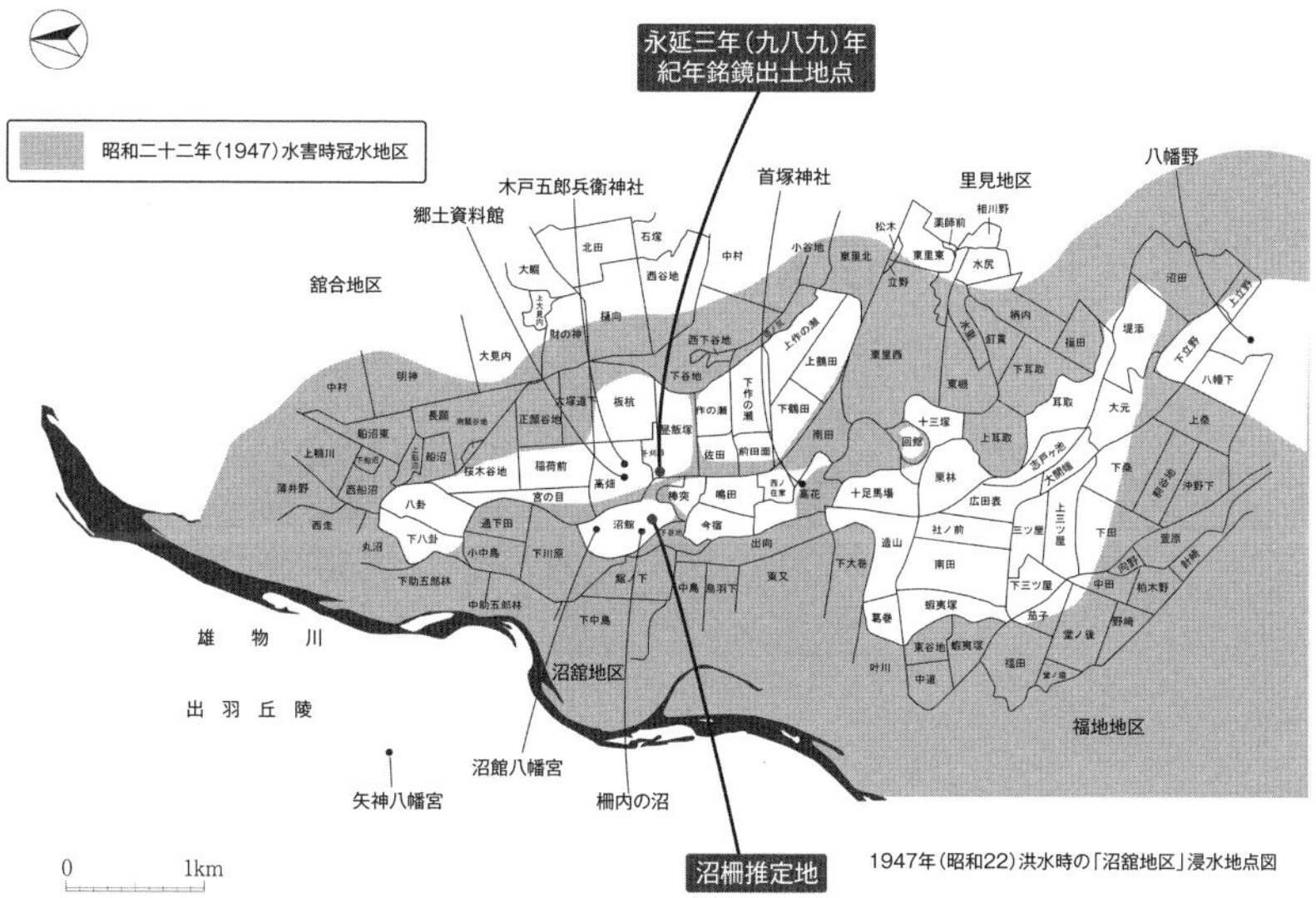

2-42　昭和22年洪水時状況（島田，1988に加筆）

とは見えないとし、沼柵は地名からしても沼館の地にあると認められるとした（新野、一九七八）。

その後、沼柵の研究をさらに進めたのが島田亮三氏である（島田、一九八八）。沼柵の地形については大山順造が想定した範囲を考慮に入れ、柵内における地名の分析・伝承の分析を行っている。伝承については沼館城跡の西、字名高畑《たかばたけ》に位置する木戸五郎兵衛稲荷神社がある所に一の木戸があったとし、この場所に「恵殿」という長者伝説が伝わり清原氏発祥の地ではないかとする。同じく長者伝説とみられる「土（父）太郎」や鏡像が出土した千刈田遺跡も同地区にあり、菅江真澄はここに「低館」があったと記述している。柵（館）に関わる小字名は、館野・桜木谷地・板杭・木戸・作（柵）の瀬・棒突（逆茂木か）などがある。いずれも柵（館）の区画施設と関係が深いと思われる。水に関わる小字名は、桜木谷地・正願谷地・西谷地・小谷地・作（柵）の瀬・志戸ケ池・黒石沼など谷地地名が多いのが特徴で、五〇年前までは冠水する場所が多かったようである。

沼柵推定地沼館城跡

沼館城跡については、横手市教育委員会が後三年合戦関連遺

2-43　沼柵推定地近景（筆者撮影）

跡調査事業の一端として、踏査・測量・縄張調査を実施してきた（横手市教育委員会二〇〇八・室野、二〇一四）。これらから沼館城跡は、本丸・二の丸・三の丸、南東の郭を梯郭《ていかく》式に配置した南北六五〇メートル、東西三二〇メートルの面積二〇万八〇〇〇平方メートルの自然堤防上に立地した大規模な平城であることがわかった。本丸は南北一六〇メートル、東西一三〇メートルの面積二万八〇〇〇平方メートルの不整形プランで、二の丸とはL字型の堀と土塁で区画されている。蔵光院《ぞうこういん》山門がある場所は、北側で内部に入るとそこは大区画であり、城主居館と推定されている。本丸には蔵光院と観音堂などのお堂が数棟ある。土塁は非常に残りがよく、高さ八メートル、上端幅五〜七メートル、基底幅一五メートル以上と巨大である。この土塁の北東隅と南東隅には櫓台が置かれていたと想定される。土塁東側中央部には古い虎口らしきくびれがある。南側土塁が高いのに対し、北側土塁が低いことから、北側の土塁を削り埋めた可能性は高いと思われる。二の丸は東西一八〇メートル、南北一五〇メートルの不整形プランで、現在は部分的に土塁と堀が確認される。北西側に内桝形の虎口がある。地籍図によれば東西方向に中軸道路があり、両際に三〇〜四〇メートル四方の地割があることから城主の近親者や上級家臣の宅地と推定されている（室野、二〇一四）。また氏は三の丸が家臣団の屋敷、南東曲輪は町屋とする。

中世沼館城は、小野寺氏が沼柵を改修して沼館城を構築したと伝わる。小野寺氏が本拠地である雄勝郡から平鹿郡への北進を始めたのは、系図や文献などでは一五世紀前半とされるが、沼館城への本格的な進出は小野寺稙道《たねみち》が大永年間（一五二一〜二八）に稲庭《いなにわ》城を晴道《はるみち》に譲り、自らは平鹿郡西部の沼館城を本拠地に定めたことによる。この理由

2-44　沼柵推定地（沼館城跡と千刈田遺跡周辺）

は平鹿郡東部には横手氏などの抵抗勢力がいたからである。また、稲庭城から沼館城へは、皆瀬川から雄物川へ直接通じることや、日本海へ通じる由利方面とのつながりという地の利を意識したものと思われる。沼館に移った稙道は、ここから上洛を果たし、横手盆地での戦国大名としての位置を確実なものとした。その後、最上《もがみ》氏との戦略上の観点からふたたび雄勝郡へ戻り山城湯沢《ゆざわ》城に拠点を移したが、横手《よこて》光盛《みつもり》と金沢の金乗坊《こんのじょうぼう》から攻められ討ち死にしたといわれる。のちに遺児の輝道《てるみち》は、大宝寺《だいほうじ》氏らに助けられ、沼館城から再起を図り、敵討ちを果たして平鹿郡東部も掌握し、横手城を築くこととなる（白根、二〇〇八）。

沼柵の想定

大鳥井山遺跡や金沢柵推定地での立地

条件としては、複数の郭（場）を持ち、その間に街道が通り、河川も隣接していることが考えられた。その条件に当てはまる場所は沼館城跡と「低館」と推定される千刈田遺跡周辺で、その間を南北に縦貫する角間川《かくまがわ》街道が通る（信太、二〇一一）。沼館城の西側には雄物川が北流し、東側は現在田んぼであるが、集落の間を河川が通っていたことは推測できる。

沼館城跡の現在目視できる姿は、中世後期に小野寺稙道によって構築されたものと考えられるが、その景観は城を本丸西側から見渡せば水田地帯が広がり、その奥には雄物川が流れている。

昭和二十二年（一九四七）の雄物川の洪水の際には、周辺が水に浸かるも沼館城跡と「低館」と推定される千刈田遺跡周辺は被害を免れており、造山地区も水没には縁の遠い土地であった。城は自然堤防上に浮かんでいるように見える水城といえるものであったと推測される。このようなことからも沼館城は沼柵を改修した可能性も考えられ、今後沼館城跡の発掘調査を行った際に、中世後期の遺構・遺物とともに古代後期のものが確認されれば、沼柵である可能性も高まるのである。

「低館」と推定される千刈田遺跡周辺では、平成十年（一九九八）に圃場整備事業が行われ現況は平坦に見える。しかし、明治十年代の高畑切絵図を見れば、河川の自然流路に逆らうように三重の水路が認められ、昭和三十年代の圃場整備事業前までは残っていたという。卵のような平面プランをしており、東側に張出した部分がある。南北総長四〇〇㍍、東西総長三〇〇㍍で、張出し部分を含めた面積は約一万平方㍍となる。水路と沿うように道路も描かれており、それぞれの郭を形成しているように思われる。内郭とみられる北側には、前述のとおり「恵殿」をはじめとする多くの伝承が残り、そこには木戸五郎兵衛稲荷神社があることから、館（柵）の中心地と想定される。南郭が現在の雄物川郷土資料館、東に張出した部分はコミュニティセンターがある場所で、東側には板杭の小字名が残る。この内郭を取り巻くように外郭がある。鏡像が出土した千刈田遺跡は南東部分にあたる。現在、この場所は公共施設や集落となっているが、往時の地形が確認されるのは西側、とくに南西部分にあるので、将来的に発掘調査を行い、その内容を確認する必要があるだろう。

沼柵の推定は、南北に縦貫する角間川街道を挟んで、西側の沼館城跡周辺と東側の千刈田遺跡を含んだ低館と想定される環状水路一帯地域と現在のところ想定されるが、南側の古代城柵の存在が推定される造山遺跡群まで視野に入れる必要があると思われる。街道を挟む複数の郭（場）の存在は、大鳥井山遺跡をはじめとする清原氏関連遺跡に共通する事項であるからである。

第六章 清原氏の城の意義

1 古代城柵と安倍・清原氏の城

平安時代中期以降に城柵の国衙機能の中枢が国司館に移っていったとしても、政庁と外郭からなるそのエリアの認識は国家施設と認識されていたのであろう。もともと古代の東北地方は、純粋に律令的な支配が及んでいた南部（内国）と、古代城柵を中心とした地方支配が行われていた中部、さらにその外側に広がる「北の境界」との三つの大きな地域区分が存在していた（小口、一九九八）。城柵支配地域であった中部については、城柵こそ消滅していったものの、陸奥国側では鎮守府支配（鎮守府将軍）の影響が、出羽国側では秋田城支配（出羽城介・秋田城介）の影響が、もちろん時代が下るにつれて象徴的な意味しか持たなくなっていくとはいえ、中世までの影響力はあったとする（小口、二〇一六）。現実の鎮守府や秋田城は一一世紀には消滅しているが、観念の中で残ったということを前提とすれば、現実の城柵の外郭外にあったはずとする。中世秋田城は、前述のように勅使館跡が有力であり、また、鎮守府胆沢城は、伯済寺遺跡や鳥海柵に機能が移った可能性が指摘された。一一世紀前葉成立とされる鳥海柵跡と一〇世紀中葉頃終焉とされる胆沢城跡や伯済寺遺跡の連続性については空白期があり、そこをつなげる解釈として、安倍氏宗家の館が最初は黒沢尻柵にあり、一一世紀前葉に鳥海柵に移った可能性が指摘されている（樋口、二〇二一）。考古学的には未解決な問題が双方にあり、奥六郡の城柵から安倍氏の柵（城・館）のつながりについては、近年、多賀城跡の土器の終末期が見直されている点からも再検討が必要と思われる。

大鳥井山遺跡の土器についても一一世紀代については現在も見直しを継続中であるが、大鳥井山遺跡では、秋田城跡と払田柵跡の終末期の土器と大鳥井山遺跡の初現期の土器が酷似することにより、宴会儀礼が城柵と館で行われていたことを示唆している。秋田城跡と払田柵跡と終末期の土器が一〇世紀後葉を示し、どちらかといえば払田柵政庁域より秋田城政庁域の方が早く機能を停止していると考えられることから（島田、二〇一六）、秋田城司が国司館で政務を行ったとしていても、払田柵（雄勝城司）がいたことになるか、清原某が在庁官人としてその役割を果たしていたことになる。北東北の古代城柵の役割は、鎮守府胆沢城が陸奥国奥六郡と北方世界、秋田城が出羽国秋田二郡と海上を含めた北方世界、払田柵が出羽国山北三郡と山道を中心とした北方世界の管轄であったとするならば、山北三郡では早い段階から清原氏が台頭できる政治状況が形成されていたのではないかと考えられるのである。

古代城柵の平面プランは、出羽国北半の秋田城や払田柵は不整形であるが、陸奥国奥六郡の鎮守府胆沢城は方形に近いといわれ、国家権力が機能しなくなったときに在庁官人である安倍氏・清原氏が模倣したのは、鳥海柵が鎮守府胆沢城、大鳥井山遺跡が払田柵であったという指摘がある（八重樫、二〇一五）。大鳥井山遺跡に関しては、平坦な小吉山と小高い大鳥井山という二つの独立丘陵を利用して構築されている。清原氏がこのような立地条件を選んだのは、払田柵跡が平坦な長森と小高い真山から構成されるように、平鹿郡東部内で同じような場所を探したからであろう。金沢柵と沼柵の推定地は古代からの地域拠点にあるのに対し、大鳥井山遺跡周辺で古代集落がほとんど確認されない。また、平鹿郡東部には手取清水遺跡など遺跡が集中する地域拠点があるのに、そこに館（城・柵）を設置しないのは払田柵を模倣する場所を求めたからと思われる。一一世紀の集落のあり方については、今後の検討課題であるが、石母田正が「辺境の長者」で示した条里制の範囲内に、平鹿郡東部の地域拠点が含まれている。

八木光則氏は、古代城柵と安倍・清原氏の館の関係について、胆沢城と鳥海柵との関係を、立地は胆沢城（八〇二年造営、一〇世紀中葉廃絶）が地形に制約されず直線的であるのに対し、鳥海柵（一一世紀前葉成立、一〇六九年廃絶）は地形を利用していること、区画施設は胆沢城が築地《ついじ》・横板塀に対し、鳥海柵は土塁・堀を基本とし、一部に柵（布掘溝跡に一本柱列）であること、主要建物は胆沢城の身舎は桁行五間が基調に対し、鳥海柵は桁行三間が基調であること、伯済寺遺跡は胆沢城司や鎮守府将軍の館（居館）で胆沢城廃絶後まもなく終焉すること、また区画施設が材木塀で、建物の身舎は桁行五間が基調であることを指摘している（八木、二〇一四・二〇一六）。このことから国家主導の古代城柵とは異なる在地の新たな設計理念によって鳥海柵が成立したとし、その要因は北上盆地の古代集落が段丘上や微高地に立地するのが一般的で鳥海柵と共通していること、自然地形として沢などで画される例も多いこと、一〇世紀頃に古代集落の中に掘立柱建物で構成される遺跡群が登場し建物に桁行三間のものが出現すること、建物軸線が正方位から振れる例があること、掘立柱建物主体の遺構群は各地の有力者層居住施設として竪穴住居に住む集落構成員とは階層分化がされることなどを指摘し、鳥海柵は古代集落の中から登場する在地有力者の居宅をベースに成立したとし、大鳥井山遺跡も同様と述べている。

しかし、これまで論述してきたように大鳥井山遺跡は払田柵と非常に繋がりが深いと考えており、横手盆地（出羽国山北三郡）と北上盆地（陸奥国奥六郡）の様相を比較しても、違いが大きいと思われる。具体的には、横手盆地の古代集落が古墳時代から古代にかけて沖積地に立地するのが一般的であり、九世紀末葉～一〇世紀初頭にかけて、おそらく元慶の乱の国家による移配政策を契機に集落が急増し、沖積地の選地が大部分であるが、新たな集団が台地上でも集落を形成するようになること、大鳥井山遺跡は一〇世紀後半にこれまでの類例にはない丘陵地を突如として選択していること、八世紀に律令国家が進出するまでは在地の竪穴建物からなる集落が一般的であったが、九世紀初頭には古代集落の中に掘立柱建物で構成される遺構群が登場し、九世紀中葉になると掘立柱建物で構成される集落が大勢を占め、竪穴建物がわずかしか見られないこと、九世紀末葉〜一〇世紀初頭にかけて集落の急増と合わせて、掘立柱建物の集落以外に竪穴建物で構成される集落が再確認されること、九世紀末葉には沖積地内に桁行五間に廂が付く主要建物に、米倉と見られる総柱建物や付属建物が配置され、その屋敷地を柵（布掘溝跡に一本柱列）で囲む集落が出現していることなどである。

繰り返すが、このような在地有力者の屋敷地は九世紀末葉には沖積地内に出現するが、一〇世紀後半にこれまでとはまったく異なる丘陵地に唯一出現するのが大鳥井山遺跡なのである。つまり、古代城柵と大鳥井山遺跡の館（城・柵）への流れがある出羽国山北三郡と、古代集落の中から登場する在地有力者の館（城・柵）の陸奥国奥六郡では、在庁官人としての成立過程が異なっていることを示唆しているかもしれない。

2 出羽国清原氏の城の特徴

出羽国の古代城柵にはなく、清原氏の館（城・柵）にあるのは、四面廂建物、土塁と堀、段状地形である。四面廂掘立柱建物跡は、陸奥国の国府多賀城跡やその周辺の国司館跡などで比較的多く確認されるが、出羽国では秋田城跡鵜ノ木地区と虚空蔵大台滝遺跡および大鳥井山遺跡と陣館遺跡の四ヵ所で確認されるのみである。秋田城跡と虚空蔵大台滝遺跡は三間四面堂と想定され、いずれも仏堂と考えられる。大鳥井山遺跡と陣館遺跡の四面廂掘立柱建物跡は五間四面堂であり、このような格式の高い建物は、これまでのところ出羽国北半では確認されていない。陸奥国の一一世紀〜一二世紀前半の五間四面堂は、宮《みや》ノ北《きた》遺跡の一棟と陣が峯城で一棟（福島県会津坂下町）、柳之御所

2-45　陣館遺跡の四面廂掘立柱建物跡・段状地形（横手市教育委員会，2017）

遺跡（岩手県平泉町）の三棟と少なく、一一世紀のものは宮ノ北遺跡のみである（八重樫、二〇一一）。近年、陸奥国の古代城柵である陸奥国府多賀城跡や鎮守府胆沢城などでは、終末期の見直しが始まっており、五間四面堂が取り入れられている政庁域や国司館の年代も一〇世紀後半〜一一世紀の可能性を示唆するものとなってきている。これら建物は、官衙域もしくは国司館という広い空間の中にほかの建物と規則正しく配置されている。大鳥井山遺跡小吉山北部の四面廂建物はこれに類する。しかし、大鳥井山遺跡大鳥井山西部や陣館遺跡の五間四面堂は、その構造から古代的な雰囲気が残る一方で、遺跡内の小高い山頂部の狭い空間に象徴的に建っていたという古代城柵では考えられない概念となっている。時代なのか地域性なのか今後の検討課題でもあるが、陸奥国で見られた政務空間に建てられた五間四面堂とは性格が異なるのである。どちらかというと国見山廃寺のような山岳にある寺院を自らの館（城・柵）内に取り入れた結果としての持仏堂と考えられる。陸奥国での一一世紀の寺院は、長者ヶ原廃寺跡などのように単独で建っているものが多いのに対し、出羽国では類例がないのも、前述した鏡像や瑞花双鳥八稜鏡の受容についても信仰思想が異なっていたのであろう。

土塁と堀については、九世紀末葉に沖積地内に現れた掘立柱建物と倉庫などからなる集落の屋敷地では、河川による区画と柵（布掘溝跡に一本柱列）を設置した区画が現れる。自然堤防上などのやや高い微高地に設置された屋敷地では、その縁辺部に柵を設け、低い沖積地面には自然の小河川が流れている場合があり、自然の区画が堀のように見えたのかもしれない。秋田城や払田柵では、築地が崩壊後に、残存した基底面を利用し柵を設けるが、その外郭外側に大溝があるのは、柵を立てるため土取りして、結果的に大溝という区画溝に見えたように思われる。しかし、それは外側から見れば、土塁の上に柵があり、手前に堀が巡っているようにも見えたことが想像できる。一〇世紀後半に大鳥井山遺跡が低丘陵地に館（柵・城）を構築した。平坦面を造成し、建物を建て、その縁辺部には柵を設置した。丘陵地の裾野と平坦部には比高差が生じ斜面となるが、その部分に区画施設として堀を掘り、その排出された土を下方に盛り上げることによって土塁が形成された。斜面の比高差があれば、上部は切岸を造成し、斜面の幅が広ければ二重の堀と土塁を構築することによって、区画施設を完成させたものと考えられる。時代とその時流によって、堀と土塁は防御性を高めるために堀はより深く、土塁はより高くなっていったことが想定でき、後三年合戦前後の時期がその最たるものといえよう。丘陵地に構築された館（城・柵）内の街道側の山斜面には段状地形が造られた。これは、雛壇のようなテラス状地形であり、その幅については差異があるが、それは斜面の傾斜や規模を考えた結果である。ただ単に山斜面であるよりも、段状地形を構築することによって、建物をより視覚的に重層に見せ、地業規模による権威威風を見せつけるものであったことが想定される。このような構造は、大鳥井山遺跡・陣館遺跡・虚空蔵大台滝遺跡で確認することができることから、清原氏の館（城・柵）という場合は、このような特徴を有する必要がある。金沢柵・沼柵についても同様の傾向があると思いたいが、これまで論述してきたように出羽国山北三郡清原氏の館は該当するが、陸奥国奥六郡清原氏については、異なる方法での構築や後三年合戦時に出羽国へ来たとしても館（城・柵）の区画施設を造り上げる時間が短いことから注意をする必要がある。

出羽国山北清原氏の館（城・柵）の立地は、街道を複数の郭で取り込んでいること、街道や河川の近くにあり水陸交通の要衝を押さえていること、街道側または視覚に入る場所には堀と土塁、段状地形を施して重層にしていること、一番広い郭が中枢域で政務空間の可能性が高いこと、広い台地は大溝により複数の場をつくり上げていること、西郭または南西郭には持仏堂や先祖墓など宗教空間があることなどが特徴として挙げられる。

3　出羽国古代城柵から奥羽両国中世の館へ

東北地方では、古代律令国家が地域支配にあたる拠点としてさまざまな機能と役割を持たせたのが古代城柵であった。出羽国山北三郡では払田柵がそれであったが、律令国家から王朝国家という時代の流れの中で、山北三郡の在地領主的存在であった清原某が在庁官人として頭角を現し、「公」の機関である払田柵で政務を行っていたことは間違いないであろう。城柵としての機能が停止してしまったのちは、山北三郡を「私」の力で統治するため、自らの館は秋田城をモデルとして模すのではなく払田柵としたのが、「私」の館である大鳥井山遺跡といえる。一〇世紀後半の初期段階では払田柵と相互補完的な関係を有していたと思われ、のちに払田柵が廃絶し、山北三郡の支配の中心拠点として払田柵が有していた機能の大部分が大鳥井山に移されるに至った段階で、施設が拡大整備されて出羽山北俘囚主の権勢を誇るにふさわしい館（城・柵）の威容を備えたものと考えられる（樋口、二〇一二）。一一世紀前葉〜中葉までの清原光頼・頼遠の時期であった。そして、前九年合戦から後三年合戦までの間に、戦争前夜という社会的緊張感が張りつめた段階で、現在目視される巨大区画施設を持つ館（城・柵）へ変化していったと思われる。この出羽国山北三郡清原氏の館（城・柵）の構造は、清原清衡に引き継がれ、藤原清衡として柳之御所遺跡が造られた可能性を指摘するのは先学が示したとおりである（大平、一九九四、八重樫、二〇一五）。

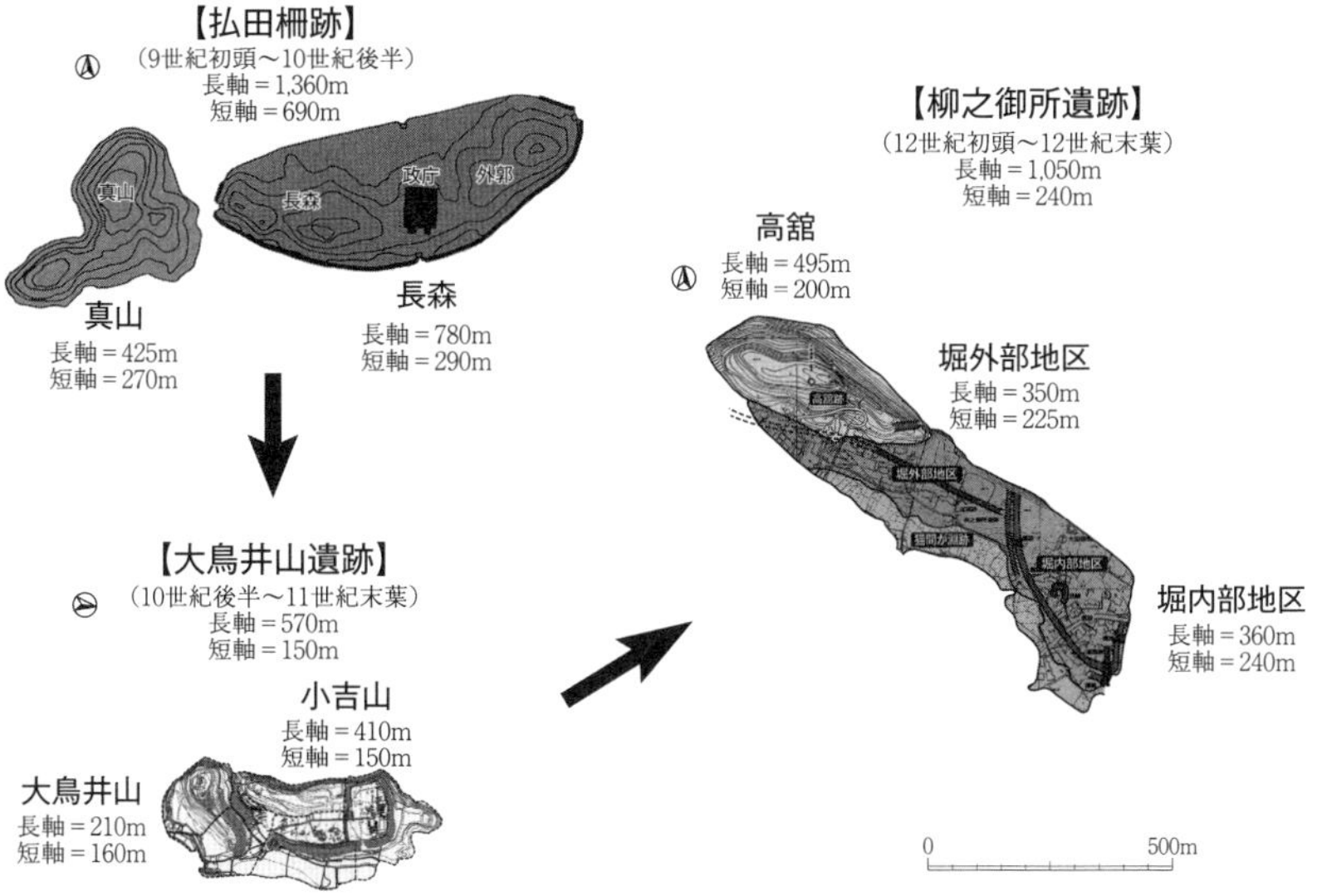

2-46　払田柵跡・大鳥井山遺跡・柳之御所遺跡（横手市教育委員会，2017）

小野正敏氏によれば、東国における中世前期の「館」の景観を図式化すると、「御館《みたち》＋寺院＋先祖墓＋氏神」で構成されるという。御館は現世の権威の象徴、御堂《みどう》（寺院）は来世や未来の象徴、先祖墓や氏神は過去の権威の象徴であり、東国では来世の象徴には都ぶりを選択したが、現世の権威の象徴となる館には四面廂の主屋と長大な侍所《さぶらいどころ》・厨《くりや》からなる建物構成を選択したものと評価できるという（小野、二〇〇四）。そこに「私」の権力そのものが具体化されたと考えられる。このことは平安時代後期の大鳥井山遺跡にも当てはまりそうである。御館は、ロクロ土師器（かわらけ）が大量に出土したことから、建物内で宴会儀礼が行われたと考えられる小吉山北部地区、御堂（持仏堂）は五間四面堂が検出された大鳥井山西部地区、先祖墓は火葬骨が石櫃に納められた積石塚のある小吉山西部地区、氏神は清原氏を祀る式内社塩湯彦神社が鎮座する御嶽山とあてがうことができることから、東国における「館」の景観が平安時代後期の大鳥井山遺跡までさかのぼることが可能であり、ここに武士と館の初源があるといっても過言ではないのである。金沢柵推定地にあてはめれば、御堂（持仏堂）は五間四面堂が検出された陣館遺跡、氏神は大鳥井山遺跡と同じ御嶽山、先祖墓と御館は不明であるが、これまでの調査の結果、御館は金沢城跡西麓部、先祖墓は金沢地区内の見通しがよいやや小高い所に存在するのではないかと思われる。

清原氏の館（柵）である大鳥井山遺跡は、同じ山北三郡に所在する「公」の機関である古代城柵払田柵から、その権威を引き継ぎ、「私」の「館」として、「御館・御堂（持仏堂）・先祖墓・氏神」を「公」に変わる「私」の新たな権威として具体化した。また、宴会儀礼に武士が集うことにより「館」としての機能が常に働いていた。区画施設では、丸太材の「柵」が館の縁辺の自然地形に合わせ囲み、街道からの景観は「館」を柵と呼ぶのにふさわしいものであった。区画施設の「柵」のほかに、新たに臨戦態勢時の「城」としての機能の堀と土塁を構築し防御機能を高め、後三年合戦時には「城」の機能が最高潮に達した。出羽国山北三郡の清原氏の館（城・柵）の機能を引き継いだのが清原清衡であり、出羽国山北三郡清原氏の館（城・柵）が藤原清衡として陸奥国で自身の「館」柳之御所遺跡の参考とした。しかし防御のための「柵」の機能はすでに必要としなかったし、「城」も現れなかったのである。これが奥羽両国の新たな「館」となったのであった。

「公」の古代城柵から「私」の館（城・柵）への変化の様相が日本列島において具体的に知ることのできる事例が清原氏の館（城・柵）であり、藤原清衡によって「館」のみの機能が完成を見たのであった。古代の「城」と中世の「城」とは分けて考えるべきと思うが、武士の世の中を中世とするならば、日本のこれまでの中世が一二世紀を初源としていたことが一一世紀となり、その起源が一〇〇年もさかのぼるのである。

第七章　大鳥井山遺跡を歩く

1　大鳥井山遺跡の全景

大鳥井山遺跡は、平坦な小吉山とやや小高い大鳥井山からなる館（城・柵）である。現状、大鳥井山が往時の景観を保っている一方、小吉山は都市公園として多目的広場・テニスコートやプールなどが造られ、往時の景観をイメージしにくい。国史跡指定後は、それら構造物が撤去されてきており、将来的にはわかりやすくなると思われる。ここからは、往時の調査写真と合わせて、現地の散歩コースと見どころについて解説していく。

図2-47は昭和五十二年（一九七七）の発掘調査前に撮られた大鳥井山遺跡の航空写真で、北側の南北に弓なり状に長いのが小吉山であり、南側の洋梨状の形が大鳥井山である。遺跡の西側は横手川が北流し、北側は吉沢川が、南側は明永川が西流してともに横手川に注ぐため、遺跡は河川によって取り囲まれているように見える。遺跡の東側には南北に縦貫する道・羽州街道があり、その東側には同時代の台処館跡が位置し、堀と土塁の痕跡が確認できる。台処館跡を含めた大鳥井山遺跡は、複数の郭からなり、街道を遺跡中心に取り込み、河港も擁していた交通の要衝であったことがわかる。

2-47　大鳥井山遺跡と台処館跡（横手市教育委員会提供）

2-48　大鳥井山西部の四面廂掘立柱建物跡（横手市教育委員会提供）

2-49　大鳥井山東部の土塁・堀（筆者撮影）

2　大鳥井山

西部地区

駐車場から大鳥井山に入ると、神社の参道が続いている。その傍らには、大鳥山太郎頼遠居館跡の石碑が訪問者を迎えるように佇んでいる。この参道を登ると看板があり、そこを左に進む。尾根道を登っていけば、右手に堀と土塁が構築されており、こんなところまで手の込んだ作業をしていることがわかる。

五分もたたないうちに大鳥井山頂上に到着し、大鳥井山神社が現れる。ここでは、格式の高い四面に廂がある建物があった。ここからは、秀麗な鳥海山や広大な横手盆地を目の当たりにすることができ、往時の主の気分に浸ることができる。

東部地区

参道を分岐点まで戻り、左手の堀切道を下っていく。その場所は、大鳥井山の二重の土塁と堀の内堀と土塁上に立っていることになる。下をのぞけば、自然地形に合わせた大規模な外堀と外土塁が確認できる。内側の堀と土塁上を歩く、または外堀にある土橋を下って外土塁の上を歩き、大鳥井山を見上げれば、一一世紀の館（城・柵）を感じることができる。

3　小吉山

西部地区

大鳥井山の土塁を北に向かって進んでいくと道路にでる。小吉山へ向かう道路を進んでいくと、左手に小吉山火葬墓の標柱がある。そこから小吉山の尾根部に向かっていけば、方形の積石塚がみられる。

中央部分は窪んでいるが、この場所は戦前に掘られており、そこには石櫃が二つ並んでおり、火葬した骨が出土したといわれている。この場所は小吉山で最も高く、横手盆地を見渡せるところでもある。もしかすると、出羽山北三郡俘囚主である清原光頼とその子大鳥山太郎頼遠の墓なのかもしれない。

北部地区

小吉山を北に向かって道路を進んでいくとテニスコートが見えてくる。そこは、堀と土塁、櫓状建物と柵で区画された館が存在する遺跡の中心域と考えられる場所である。

中心建物とみられる桁行三間の掘立柱建物や土坑などが見つかり、土坑のひとつからは完全な形で装飾が施された石硯が出土している。西側は急崖だが、そのほか三方には二重の堀と土塁が構築されていた。堀は部分的な調査にもかかわらず遺跡の九割を占めるおびただしい数のロクロ土師器（かわらけ）が出土している。土器は一〇世紀後半〜

一一世紀という一五〇年間の年代幅が途切れなく確認され、多くの武士たちがここに集まり、宴会儀礼を行っていたのであろう。

東部・南部地区

小吉山北部から東に向かって行くと多目的広場が目に見えてくる。そこは、大鳥井山遺跡を象徴する二重の堀と土塁が発見されたところである。東側にある羽州街道をつなぐ通路も確認され、この街道が平安時代から機能していたことを実感できる。

2-50　小吉山西部の積石塚（火葬墓）（横手市教育委員会提供）

2-51　小吉山北部の土塁と堀（横手市教育委員会提供）

2-52　小吉山北部の発掘調査（横手市教育委員会提供）

この通路の館（城・柵）側には、堀の中に土橋が造られ、その奥の平坦な小吉山の台地上には柵（布掘りに一本柱列）と櫓状建物があった。櫓状建物の周りには拳大の川原石も発見され、礫手《つぶらて》として武器として敵に投げていたこともわかっている。柵は簡単な構造であるが、堀と土塁が構築されているため、馬による攻撃ができない。土塁の上には逆茂木も造られ、櫓状建物や柵のある平坦部から土塁までは二〇メートルぐらいで、弓矢での応戦にちょうどよい距離となっている。館（城・柵）に近づくことは容易ではなかったのではないか。

2-53　小吉山東部の土塁・堀（横手市教育委員会提供）

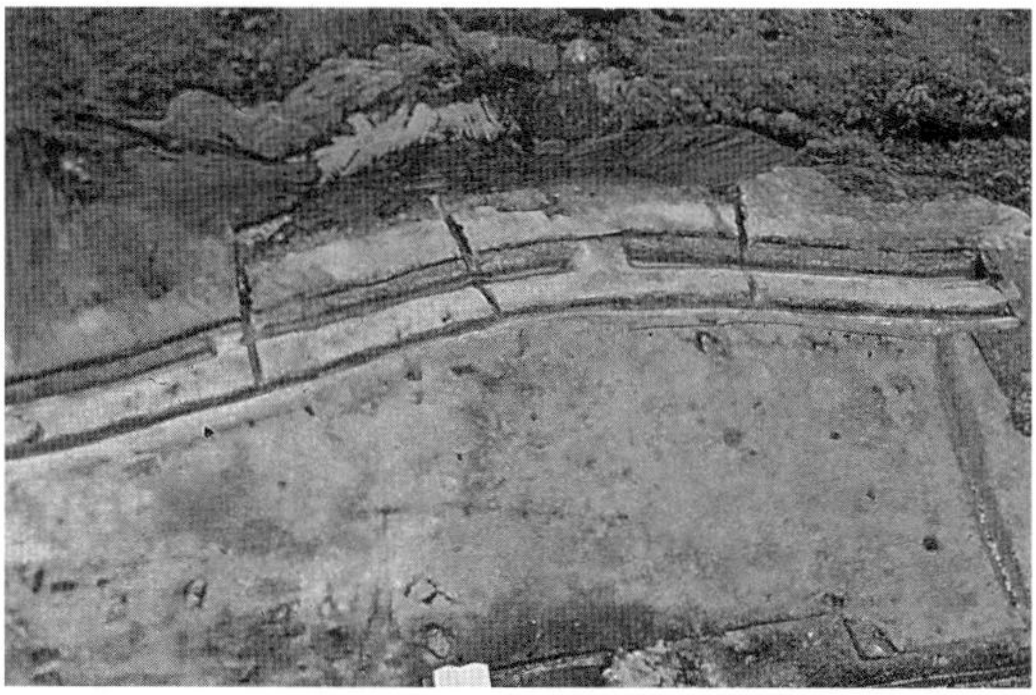
2-54　小吉山東部の土塁・堀・建物（横手市教育委員会提供）

2-55　小吉山南部（横手市教育委員会提供）

【参考文献】

秋田県教育委員会　一九七二『金沢柵跡発掘調査概報』秋田県文化財調査報告第二三集
秋田県教育委員会　二〇〇七『虚空蔵大台滝遺跡』秋田県文化財調査報告第四一六集
秋田市教育委員会　二〇〇八『秋田城跡Ⅱ　鵜ノ木地区』
浅利英克　二〇一九「鳥海柵跡の区画施設の構造」『平成三〇年度後三年合戦シンポジウム資料集』横手市教育委員会
飯村　均　二〇〇四「土器から見た中世の成立」小野正敏・萩原三雄・五味文彦編『中世の系譜』高志書院
五十川伸矢　一九九二「古代・中世の鋳鉄鋳物」『国立歴史民俗博物館研究報告』四六
五十川伸矢　二〇一〇「秋田県横手市金沢柵推定地陣館遺跡出土鍋C（内耳鍋）」『平成二二年度後三年合戦金沢柵公開講座資料集』横手市教育委員会
石母田正　一九五八「辺境の長者―秋田県横手盆地の歴史地理的一考察―」『歴史評論』九二・九五・九六
石母田正　一九七三『日本古代国家論』岩波書店
板橋　源　一九六六「文献史料にみえる金沢柵の立地条件と義家、家衡」『出羽路』三一、秋田県文化財保護協会
伊藤武士　二〇一〇「秋田城跡と大鳥井山遺跡」『平成二一年度後三年合戦シンポジウム資料集』横手市教育委員会
伊藤武士・五十嵐一治　二〇一一「出羽国城柵の終末―秋田城・払田柵を中心に―」『第三七回古代城柵官衙遺跡資料集』
井上雅孝　二〇一二「中世土器様式の確立」『安倍氏のうつわ検討会資料集』金ケ崎教育委員会
入間田宣夫　二〇一〇「亘理権大夫常清から平泉御館清衡へ」同編『兵たちの登場』高志書院
入間田宣夫・八重樫忠郎・樋口知志　二〇一一「前九年・後三年合戦を考える」入間田宣夫・坂井秀弥編『前九年・後三年合戦―十一世紀の城と館―』高志書院
岩井浩人　二〇一九「北東北の古代区画施設の構造」『平成三〇年度後三年合戦シンポジウム資料集』横手市教育委員会
羽後町教育委員会　一九九六『弁天森遺跡発掘調査報告書』羽後町文化財調査報告書第十五集
遠藤　巌　一九八六「秋田城介の復活」高橋富雄編『東北古代史の研究』吉川弘文館

遠藤基郎　二〇〇二「藤原清衡の妻たち」入間田宣夫・本澤慎輔編『平泉の世界』高志書院

奥州市教育委員会　二〇一三『長者ヶ原廃寺跡発掘調査報告書―総括篇―』

大平　聡　一九九四「堀の系譜」佐藤信・五味文彦編『城と館を掘る・読む』山川出版社

大山順造　一九三六「沼柵と関根柵」『秋田考古会々誌―沼館号―』秋田考古会

男鹿市教育委員会　二〇一三『「脇本城跡」総括報告書』

小口雅史　一九九八「日本古代・中世における境界観念の変遷を巡る覚書き」『古代中世史科学研究』下、吉川弘文館

小口雅史　二〇一六「城柵制支配の廃絶と北の境界世界」樋口知志編『東北の古代史5　前九年・後三年合戦と兵の時代』吉川弘文館

小野正敏　二〇〇四「中世武士の館、その建物系譜と景観―東国の事例を中心として―」小野正敏・萩原三雄・五味文彦編『中世の系譜』高志書院

利部　修　二〇一一「虚空蔵大台滝遺跡のかわらけ」『出羽の古代土器』同成社

鐘江宏之　一九九四「平安時代の『国』と『館』」佐藤信・五味文彦編『城と館を掘る・読む』山川出版社

神田和彦　二〇〇五「秋田平野周辺における集落の様相」『第三一回古代城柵官衙遺跡検討会資料集』

北秋田市教育委員会　二〇〇八『胡桃館遺跡埋没建物部材調査報告書』北秋田市埋蔵文化財調査報告書第一〇集

協和町郷土史編纂会　二〇〇一『協和町郷土史』協和町

工藤清泰　二〇二〇「古代と中世の城と館」『令和二年度後三年合戦金沢柵公開講座資料集』横手市教育委員会

窪田大介　二〇一六「安倍・清原氏の仏教」樋口知志編『東北の古代史5　前九年・後三年合戦と兵の時代』吉川弘文館

熊田亮介　一九九七「雄勝城と払田柵跡」『あきた史記歴史論考集』四

五味文彦　二〇一四「後三年合戦の歴史的位置」『平成二六年度後三年合戦シンポジウム資料集』横手市教育委員会

齋藤慎一・向井一雄　二〇一六『日本城郭史』吉川弘文館

坂井秀弥　一九九四「庁と館、集落と屋敷―東国古代遺跡にみる館の形成―」佐藤信・五味文彦編『城と館を掘る・読む』山

川出版社
山内村　一九九〇『山内村史』山内村郷土史編纂委員会
嶋影壮憲　二〇一九「大館市内の古代区画施設の構造」『平成三〇年度後三年合戦シンポジウム資料集』横手市教育委員会
島田祐悦　二〇〇五「横手盆地の奈良期における須恵器編年―末館窯跡の再検討―」『秋田考古学』四九
島田祐悦　二〇一一「古代出羽国の柵・館―後三年合戦関連遺跡群を中心に―」『第三七回古代城柵官衙遺跡検討会資料集』
島田祐悦　二〇一六「出羽山北三郡と清原氏」樋口知志編『東北の古代史5　前九年・後三年合戦と兵の時代』吉川弘文館
島田祐悦　二〇一九「横手盆地の古代遺跡変遷」『令和元年度後三年合戦シンポジウム資料集』横手市教育委員会
島田祐悦　二〇二一「秋田県の平安鏡の分類とその特徴」青木豊先生古稀記念発起人会編『二一世紀の博物館学・考古学』雄山閣
島田祐悦　二〇二二「大鳥井山遺跡の平安時代の建物跡（再考）」『令和三年度後三年合戦シンポジウム資料』横手市教育委員会
島田亮三　一九八六「ミカド屋敷」『雄物川町郷土史資料集』第一五集、雄物川町教育委員会
島田亮三　一九八八「後三年の役「沼の柵」」『雄物川町郷土史資料』
信太正樹　二〇一一「沼柵と金沢柵」入間田宣夫・坂井秀弥編『前九年・後三年合戦―一一世紀の城と館―』高志書院
白根靖大　二〇〇八『横手市史　通史編　原始・古代・中世』横手市
杉本　良　二〇二一「鳥海柵跡原添下区域SB〇一・〇二掘立柱建物跡仏堂説考」『令和二年度国指定史跡鳥海柵跡講演会資料集』金ケ崎教育委員会
鈴木拓也　一九九八『古代東北の支配構造』吉川弘文館
髙橋一樹　二〇一三「越後城氏と出羽清原氏」『平成二四年度後三年合戦金沢柵公開講座資料集』横手市教育委員会
髙橋　学　二〇〇六「出羽国北部における古代城柵の行方」東北中世考古学会編『中世の聖地・霊場』高志書院
髙橋　学　二〇二〇「出羽国北半の未発見城柵（1）―雄勝城―」『第四六回古代城柵官衙遺跡検討会資料集』

冨樫泰時　二〇一一「台処館跡の復元」入間田宣夫・坂井秀弥編『前九年・後三年合戦―一一世紀の城と館―』高志書院
富山　博　二〇〇四『日本古代正倉建築の研究』法政大学出版局
中澤克昭　一九九四「空間としての「城郭」とその展開」佐藤信・五味文彦編『城と館を掘る・読む』山川出版社
中澤克昭　二〇一九「金沢柵の立地と構造を巡って」『平成三〇年度後三年合戦シンポジウム資料集』横手市教育委員会
中村五郎　二〇〇〇「「藍津之城」考―蜷川荘と城氏―」『福島史学研究』七一
新野直吉　一九六五「金沢史蹟管見」『雪の出羽路』二八、秋田県文化財保護協会
新野直吉　一九七八『古代東北史の人々』吉川弘文館
新野直吉　一九八九『秋田の歴史　改訂版』秋田魁新報社
新野直吉・船木義勝　一九九二『払田柵跡の研究』
新野直吉　一九九九『論点　あきた史』秋田魁新報社
野中哲照　二〇一四『後三年記の成立』汲古書院
野中哲照　二〇一五『後三年記詳注』汲古書院
羽柴直人　二〇一六「奥州藤原氏時代の紫波郡以北の様相」『考古資料にみる「平泉」とその周辺』岩手考古学会
樋口知志　二〇一一『前九年・後三年合戦と奥州藤原氏』高志書院
樋口知志　二〇一三「奥羽における古代城柵の終焉と『館』の形成」鈴木靖民編『日本古代の地域社会と周縁』吉川弘文館
樋口知志　二〇一六A「前九年合戦」同編『東北の古代史5　前九年・後三年合戦と兵の時代』吉川弘文館
樋口知志　二〇一六B「後三年合戦」同右
樋口知志　二〇二一「鳥海柵と安倍氏」『多角的な視点でみる鳥海柵跡』金ケ崎町教育委員会
平川　南　二〇〇五「古代越後国の岩船郡と沼垂郡―新潟県中条町屋敷遺跡出土木簡から発して―」小林昌二編『古代の越後と佐渡』高志書院
藤原良章　二〇一四「後三年合戦絵詞の世界」同『中世人の軌跡を歩く』高志書院

文化庁　二〇一三『発掘調査のてびき―各種遺跡調査編―』
古川一明　二〇一一「陸奥国城柵の終末」『第三七回古代城柵官衙遺跡検討会資料集』
本堂寿一　一九九四「所謂蝦夷館から柳之御所遺跡まで」『歴史評論』五三五
水澤幸一　二〇〇六『奥山荘城館遺跡』同成社
正次浩二　二〇〇六『横手市史叢書八　横手市の仏像』横手市
宮本常一他　一九七六『菅江真澄全集』第六巻、未来社
村木二郎　二〇〇四「経塚の拡散と浸透」小野正敏・萩原三雄・五味文彦編『中世の系譜』高志書院
村田晃一　一九九五「宮城県における十世紀の土器」『宮城考古学』三六
村田晃一　二〇一六「奈良時代後半の城柵―陸奥国の城柵から第一次雄勝城を考える―」『平成二八年度後三年合戦沼柵公開講座』横手市教育委員会
室野秀文　二〇〇六「城館の発生とその機能」『鎌倉時代の考古学』高志書院
室野秀文　二〇一四「中世沼館城跡の遺構」『平成二六年度後三年合戦沼柵公開講座』横手市教育委員会
室野秀文　二〇一七「金沢城と周辺の城館を歩く（二）」『平成二八年度後三年合戦金沢柵公開講座』横手市教育委員会
八重樫忠郎　二〇一一「東北地方の四面庇建物」入間田宣夫・坂井秀弥編『前九年・後三年合戦―一一世紀の城と館―』高志書院
八重樫忠郎　二〇一五『北のつわものの都　平泉』新泉社
八木光則　一九八九「安倍・清原氏の城柵遺跡」『岩手考古学』一
八木光則　二〇一四「城柵の終焉と安倍・清原の台頭」『平成二五年度後三年合戦金沢柵公開講座』横手市教育委員会
八木光則　二〇一六「奥六郡と安倍氏」樋口知志編『東北の古代史5　前九年・後三年合戦と兵の時代』吉川弘文館
山口博之　二〇一九「虚空蔵大台滝遺跡の「銅製品小塔」小考―銭弘俶塔相輪の可能性について―」『米沢史学』三五
横　手　市　二〇〇六『横手市史　資料編　考古』

横手市　二〇〇八『横手市史　通史編　原始・古代・中世』
横手郷土史編纂会　一九三三『横手郷土史』一九七六年に東洋書院より第二版発行
横手市教育委員会　二〇〇八『金沢城跡・沼館城跡・大鳥井柵』横手市文化財調査報告第九集
横手市教育委員会　二〇〇九『大鳥井山遺跡―第九・十・十一次調査―』横手市文化財調査報告第一二集
横手市教育委員会　二〇一〇『町屋敷遺跡』横手市文化財調査報告第一五集
横手市教育委員会　二〇一五『南田東遺跡』横手市文化財調査報告第三六集
横手市教育委員会　二〇一七『金沢柵推定地陣館遺跡―総括報告書補遺編―』横手市文化財調査報告第四〇集
横手市教育委員会　二〇二〇『よこてだいすき―よこてを学ぶ郷土学―』
吉川耕太郎　二〇二〇「払田柵跡」『第四十六回古代城柵官衙遺跡検討会資料集』

樋口知志
一九五九年、東京都に生まれる
一九八二年、横浜国立大学教育学部卒業
一九八七年、東北大学大学院文学研究科博士後期課程単位取得中退
現在、岩手大学人文社会科学部教授、博士（文学）
〔主要編著書〕
『前九年・後三年合戦と奥州藤原氏』（高志書院、二〇一一年）
『東北の古代史5 前九年・後三年合戦と兵の時代』〈編〉（吉川弘文館、二〇一六年）

浅利英克
一九七二年、岩手県に生まれる
一九九五年、盛岡大学文学部卒業
現在、金ケ崎町役場課長補佐
〔主要論文〕
「安倍氏の歴史を伝える史跡 鳥海柵跡」（『日本歴史』七九八、二〇一四年）

島田祐悦
一九七二年、秋田県に生まれる
一九九七年、國學院大學文学部卒業
現在、横手市教育委員会課長代理
〔主要論文〕
「出羽山北三郡と清原氏」（樋口知志編『東北の古代史5 前九年・後三年合戦と兵の時代』吉川弘文館、二〇一六年）

安倍・清原氏の巨大城柵
—鳥海柵跡・大鳥井山遺跡—

二〇二二年（令和四）十月十日 第一刷発行

監修 樋《ひ》口《ぐち》知《とも》志《じ》
著者 浅《あさ》利《り》英《ひで》克《かつ》
島《しま》田《だ》祐《ゆう》悦《えつ》

発行者 吉川道郎

発行所 株式会社 吉川弘文館
郵便番号一一三—〇〇三三
東京都文京区本郷七丁目二番八号
電話〇三—三八一三—九一五一〈代〉
振替口座〇〇一〇〇—五—二四四番
http://www.yoshikawa-k.co.jp/

印刷＝株式会社 精興社
製本＝株式会社 ブックアート
装幀＝黒瀬章夫

ISBN978-4-642-08420-8

樋口知志編

前九年・後三年合戦と兵の時代

四六判・二九四頁・原色口絵四頁／二四〇〇円

一〇世紀以降、中央政府による城柵を拠点とした支配が崩れ、安倍・清原氏ら在地豪族が台頭する。現地の紛争に端を発した前九年・後三年合戦は、清和源氏を交えた全面戦争へ発展。平泉政権の誕生前夜、激動の東北を描く。

（東北の古代史）

（表示価格は税別）

吉川弘文館